PSYCHOKONZERN SCIENTOLOGY

Inhaltsverzeichnis

5. KAPITEL

6. KAPITEL

7. KAPITEL

8. KAPITEL

Bei sämtlichen Texten der Scientology-Organisation (SO) oder bei Texten von Beschwerden oder Zuschriften, die in diesem Buch zitiert werden, ist Folgendes zu beachten: Fehlerhaftes Deutsch, Grammatik oder Wortsemantik wurden <u>nicht</u> verändert!

Der Autor

VORWORT

Scientology ist ein gut florierendes Geschäft, das sich den Anschein einer Religion gibt. Das ist clever, denn es gibt eine neue Nachfrage nach Sinn. Viele alten „Götter" sind gestorben. Der Sozialismus ist tot, und ein platter Kommunismus kapitalistischer Bauart befriedigt auch nicht eine weiterführende Sehnsucht.

„Tüchtige" Geschäftsleute haben diese „Marktlücke" erkannt, und Scientology gehört zu den raffiniertesten Strategen, die Transzendenz vermarkten.

Ein bisschen „Krieg der Sterne", eine Hand voll Psychotherapie, ein Quäntchen Aufstiegshilfe, und das ganze verquast in einer Geheimsprache, die unheimliche Mächte am Werk suggerieren soll: Das ist Scientology. Man könnte das ganze als eine Art frühkindliche Variante eines verrückten Indianerspiels abtun, wenn bei diesem Spiel nicht so viele Seelen „umgebracht" würden. Mit brutal-subtilen Techniken werden Menschen umgedreht und in Abhängigkeit gebracht. Wer einmal in den Fängen von Scientology ist, bleibt lebenslang gefangen und entweicht nur selten. Mit allen Tricks der Gehirnwäsche werden Scientologen bei der Stange gehalten und ihrer Selbstständigkeit beraubt.

Scientology ist eine rentable Geldmaschine. „Make money, more money" ist der Missionsauftrag der Scientology-Jünger, wie der Gründer Ron Hubbard befohlen hat.

Scientology ist eine skrupellose Geschäftsidee, welche die Würde der Menschen gefährdet. Das beste Mittel gegen Scientology ist Aufklärung. Denn wer weiß, was Scientology wirklich ist und will, wird sich nicht sehenden Auges in die Seelengefangenschaft begeben.

Das Buch von Eberhard Kleinmann leistet diesen Dienst der Aufklärung.

Dr. Norbert Blüm
Bundesminister a. D., veröffentlicht im Juli 2004

Dr. Norbert Blüm, damaliger Bundesarbeitsminister, auf einer Demonstration gegen Scientology vor der Deutschland-Zentrale in Hamburg am 1. Dezember 1996.

Foto: Ullstein Bilderdienst

EINLEITUNG

Der Weg in die religiöse Revolte

Religiös verbrämte Psychotechniken bei Scientology, der Wirklichkeit entrücktes Meditieren bei Hare-Krishna, Heilserwartungen bei der Transzendentalen Meditation oder täglich neue Offenbarungen durch das Sprachrohr Gottes bei Fiat Lux – nur ein kleiner Ausschnitt dessen, womit sog. Sekten und Psychogruppen versuchen, Menschen für ihre Zwecke zu instrumentalisieren und in die völlige Abhängigkeit zu führen. Lebenslanges Glück, höhere Bewusstseinssphären, stetige Horizonterweiterung in bisher unzugängliche Bereiche bis hin zur Unsterblichkeit sind nur wenige der haltlosen Versprechungen, die den Menschen gemacht werden. Dem legitimen Wunsch nach mentaler Freiheit und Selbstverwirklichung wird dabei der Mythos vom Erreichen einer allumfassenden Glückseligkeit entgegengestellt.

In Anbetracht dessen wirft sich nun die Frage auf, was das für Leute sind, die den Seelenfängern auf den Leim gehen. Warum lassen sie sich derart blenden? Warum fehlt kurzerhand jegliches Reflexionsvermögen? Menschen mit einst gefestigtem Rückgrat geraten immer tiefer in eine Spirale aus irrwitzigen Versprechungen, aus Verblendung und aus gnadenlosem Druck und Zwang. Ein Blick in die Geschichte gibt Aufschluss.

Mitte des zwanzigsten Jahrhunderts hatte sich die Welt gravierend verändert. Die alten Werte verfielen und ließen die Menschen mit noch ungewissen Zielen zurück. Das tägliche Leben veränderte sich, bisherige Arbeitskonditionen wurden anders, soziale Kontakte lockerten sich auf, und das einst so stabile Stützkorsett der Familien begann ins Wanken zu geraten. Das Leben begann sich also nach und nach von traditionellen Rhythmen zu lösen und die Faktoren, welche den Menschen bisher Stabilität und Sicherheit verliehen, begannen in der althergebrachten Art und Weise immer mehr zu zerbröckeln. Dem Verfall der alten Werte stand eine Schaffung neuer Normen sowie eine Umstrukturierung des gesellschaftlichen Gefüges entgegen. Und wer bei dieser rasanten Entwicklung nicht mithalten konnte, rutschte leicht in eine Lebenskrise, gezeichnet von Zukunftsangst und Instabilität.

Viele Menschen begannen sich hilflos und als Marionetten im laufenden Prozess zu fühlen. Niemand wusste mehr so richtig, wer an den Fäden zog und in welche genaue Richtung die Neuerungen führen sollten. Der Wunsch, dagegen anzukämpfen um wieder Orientierung, Kontrolle und Sicherheit zu bekommen, begann aufzuflammen. Die älteren Generationen versuchten sich anzupassen und im neuen Strom mitzuschwimmen, während bei vielen Jüngeren der Drang zur inneren und äußeren Revolte stark wurde. Was für die einen Sicherheit schien, wurde für die anderen zur Bedrängnis.

„In eurer Welt gibt es kein Glück. Wir sind aufgebrochen, es zu suchen", schreiben Studenten der Pariser Sorbonne während der Unruhen im Mai 1968 an die Mauern ihrer Universität. Auch sie wissen nicht, wo sie ihr Glück eigentlich suchen sollen. Die Jugend schwankt zwischen Flucht und Aufbruch. Dieser innere Kampf führt manche in eine religiöse Revolte, die Mildenberger 1979 (Fischer Taschenbuch) beschrieben hat.

Wie kaum ein anderer gesellschaftlicher Bereich bildet die Religion in dieser Zeit eine Brücke zwischen Tradition und Moderne. Das hat ihr auch 2000 Jahre lang Überleben beschert. Suchenden Jugendlichen scheint aber das festgefügte Glaubensgemäuer bei christlichen Kirchen ebenso wie in kirchenkritischen Religionsgemeinschaften wie ein knorriger, alter Baum. Ihm werden kaum junge, frische Triebe zugetraut. Deshalb richtet sich der Blick auf den religiösen Untergrund, auf asiatische Religionen und Neureligionen.

Es beginnt mit der Beat-Generation in den USA. Dagegen sein ist in: Gegen rationale Weltdeutung, gegen technologische Zivilisation, gegen die Gefahr der atomaren Vernichtung. Es ist ein Auflehnen, dessen Ziele mystisch verschwimmen: universelle Liebe, Frieden als Pazifismus, Anarchismus als Alternative bisher gelebten Lebens.

In der christlich geprägten Umwelt wird die Verwirklichung dieser Ziele nahezu zwangsläufig in nichtchristlichen Religionen gesucht – finden sich doch gerade hier alte Stämme, die Sicherheit verheißen und dennoch junge Triebe nicht aussichtslos erscheinen lassen. So werden zunächst vor allem asiatische Religionen, und darunter besonders die japanische Form des Buddhismus (Zen) neu entdeckt.

Den Hippies der sechziger Jahre reicht das schon nicht mehr aus. Ihr Protest, ihre Ablehnung alles Bisherigen wird komplexer. Die eigene bürgerliche Herkunft drückt wie ein zwängendes Korsett. Gesellschaftliche Konventionen erscheinen als einengende Rollen, deren Spiel man als unwürdig ablehnt. Besitz ist die Fessel an die Macht, Erfolgsstreben und Konkurrenzdenken der verabscheute Tribut an alles Althergebrachte. Dagegen steht das Bekenntnis zur eigenen Subjektivität und zu neuen Formen des Zusammenlebens. Was sich im „Make love, not war" als Lebensmaxime spiegelt, deutet aber auch schon die Grenzen des Aufbruchs an. Es geht nicht mehr um eine bessere Welt, um rationale Konzepte der Problembewältigung. Stattdessen tritt die „Reise ins eigene Ich" in den Mittelpunkt. Eine Veränderung des Bewusstseins ist angesagt, und genau da setzen viele Psychogruppen und sog. Sekten an. Das an sich positive Streben nach Selbstverwirklichung wird zur Gefahr, nämlich in das Netzwerk einer Sekte zu geraten.

Das bestimmt den Umgang der Hippies mit religiösen Traditionen. Die mystische Religiosität Asiens bleibt im Blickfeld. Doch jetzt wird der Hinduismus interessant. Komfort und Geld sind verzichtbar, Leben muss kein Vergnügen sein. Die Suche nach dem Guru bestimmt den neuen Rhythmus: Ein Schweben in Ekstase und Enthusiasmus.

Der Rausch wird zur Brücke, über die die Hippies den Weg zu den neu entdeckten Religionen Asiens suchen. Dass diese Brücke die „Blumenkinder" ins Nichts führen wird, ahnt bisher niemand. Noch gelten psychische Erfahrungen mit Drogen als Tor in eine neue Welt. Allen Ginsberg und Timothy Leary – Leute, die schon das Aufbegehren der Beat-Generation in Worte zu fassen versuchten – knüpfen die Fäden, die Religion und Drogen verbinden sollen. Sie verkünden die „Psychische Weltrevolution" und erklären Drogen zur „Religion des 21. Jahrhunderts". Alte und neue Welt sind konsterniert, reagieren mit wütender Ablehnung. Logische Konsequenz der suchenden jungen Menschen: Eine Wiederbelebung der Religion kann nur ein revolutionärer Akt sein.

Wer das durch Drogen verursachte Aufbegehren wagt, tauscht sehr bald den Traum von der Befreiung gegen körperlichen Ruin. Gelingt rechtzeitig der Absprung, wächst meist eine Erkenntnis: Drogen taugen nicht als Vehikel in die Zukunft. Sie schaffen keine Freiheit, sie zerstören sie. Eine Alternative muss her. Eine Alternative, die wie eine Droge wirkt, aber nicht wie eine Droge krank macht.

In diesem Klima entstehen neue Formen von religiösem Jugendprotest. So formiert sich Ende der 60er Jahre, von Kalifornien ausgehend, die Jesus-People-Bewegung. Aus den enttäuschten und gescheiterten Blumenkindern werden „Kinder Gottes". Jetzt ist „Jesus der größte Trip". Die Begegnung mit Jesus schafft Freiheit und ersetzt so die falsche Freiheit durch eine neue „Droge".

Soziale Bindungen sind weniger wichtig als Bekehrung und Wiedergeburt. „Jesus Superstar" wird es richten und statt Systemveränderung ist Selbstverwandlung angesagt.

Diese neue Perspektive wird schnell zum Tunnelblick. Trotz vielfältiger Formen und Lebensweisen der Jesus-Bewegung bleibt sie eine eng begrenzte Episode. Weitere, neue und breitere Angebote sind gefragt. So wie sich der Beat in dieser Zeit zum Rock wandelt, wird spirituelle Ansprache erwartet, die religiösen Protest mit individuellen Bedürfnissen verbindet. So beginnt Anfang der 70er Jahre der Siegeszug unterschiedlichster Gruppen.

Schon ihre begriffliche Einordnung ist strittig. Die häufig zu findende Selbstdarstellung als „Kirche" lehnen christliche Theologen ab, weil sich für sie Kirche als „Haus des Gottes der Christen" definiert. In christlicher Tradition stehen auch „Sekten", die in ihrem Ursprung Abspaltungen bestehender religiöser Gemeinschaften sind. Die häufig benutzte Bezeichnung als „Jugendreligionen" oder „Neureligionen" hebt im Kern auf entstehungsgeschichtliche Zusammenhänge ab und bleibt somit auch nur in Teilen zutreffend. In Amerika werden die neuen religiös-weltanschaulichen Gruppierungen als „Kulte", oft auch als „destruktive Kulte" (destructive cults) bezeichnet.

Unbeschadet dieses Definitionsstreites lassen sich jedoch Gemeinsamkeiten aller Facetten der religiösen Revolte finden: – Zielgruppe sind Jugendliche und junge Erwachsene, – sie sind alle Ende der 60er, Anfang der 70er Jahre entstanden, – ihr Nährboden sind gesellschaftliche und religiöse Defizite, sie sind somit Nutznießer der gleichen Situation, – ihre Ansprüche sind ähnlich, – sie wenden sich an interessierte, geistig bewegliche Menschen, – die Gruppe entsteht um einen als Bringer der absoluten Wahrheit verehrten Gründer, – sie bildet strenge Lebensgemeinschaften, macht den Ausstieg schwer, – Menschen in schwierigen seelischen Lagen fühlen sich besonders angezogen. Selbstfindung, Selbstbefreiung und Suche nach dem wahren Glück bilden den Mittelpunkt aller Angebotspaletten. Es geht um die Kehrtwende von außen nach innen. In dieses Spektrum ordnet sich Scientology ein, auch wenn sich Scientology gegenüber anderen Kulten durch eine Reihe von Besonderheiten auszeichnet.

Die psychotherapeutische Technologie vor einem religiös-philosophischen Hintergrund hat keine feste Verankerung in asiatischen Hochreligionen wie Hinduismus, Buddhismus oder Konfuzianismus. Ebenso wenig basiert sie in ihrer Lehre und in ihren Lebensformen auf christlichen Glaubensgrundsätzen. Dessen ungeachtet werden von Scientology intellektuelle Ansprüche auf nahezu das gesamte Wissen unserer Welt erhoben.

1. KAPITEL

1.1 „Kirche" ohne Gott und Propheten – Scientology und ihr Erfinder L. Ron Hubbard

Scientology behauptet, Quintessenz aller religiösen Grundeinsichten und Philosophien zu sein. Dabei wird der Bogen von den östlichen Weisheiten des Hinduismus und Buddhismus über die „griechisch-römische Zivilisation" bis zu den großen Philosophen gespannt. Scientology-Vereine vermischen z. B. das Dharma und die Lehren von Buddha; das allgemeine Wissen über das Leben, das in den Lamaklöstern auf den westlichen Hügeln Chinas existiert; die Technologien und Glaubensrichtungen verschiedener barbarischer Kulturen; die verschiedenen Bestandteile des Christentums; die mathematischen und technischen Methodologien der frühen Griechen, Römer und Araber; die physikalischen Wissenschaften einschließlich der verschiedenen Betrachtungsweisen westlicher Philosophen wie Kant, Nietzsche, Schopenhauer, Herbert Spencer und Dewey und die verschiedenen Technologien, die in der Zivilisation von Orient und Okzident in der ersten Hälfte des zwanzigsten Jahrhunderts existieren..." (1).

Damit versteht sich Scientology weder als prophetische, noch neo-messianische oder Guru-Bewegung. Ihr Gründer Lafayette Ronald (Ron) Hubbard ist dennoch zentrale und singuläre Bezugsperson: „Scientologen erkennen die geistige Führerschaft von L. Ron Hubbard als dem Gründer und als die Quelle der religiösen Philosophie von Scientology an ..." (2). In diesem Sinne wird er als Wegbereiter zum persönlichen Heil, nicht als Heilsmittler, gesehen. Daraus erwächst sein Anspruch auf Verehrung und Bewunderung.

1.2 Lafayette Ronald (Ron) Hubbard – Ein Mann und seine Idee

Lafayette Ronald (Ron) Hubbard wird am 13. März 1911 in Tilden (Nebraska) geboren. Er ist das einzige Kind von Harry Ross Hubbard und dessen Frau Leodora May Waterbury.

Hubbards Vater war Seemann. 1904 bis 1908 diente er als Matrose bei der US-Kriegsmarine. Später avancierte er zum Offizier und war 1917 bis 1946 Zahlmeister. Wegen der damit verbundenen Abwesenheit des Vaters wuchs Hubbard auf der Rinderfarm seines Großvaters in Montana auf.

Hubbards Biographie gehört zum offiziellen Propaganda-Programm der Scientologen. Deshalb ist es wahrscheinlich, dass der Lebenslauf nachträglich kräftig „ausgeschmückt" wurde. Nur so erklären sich etliche Ungereimtheiten und Übertreibungen.

Nach Scientology-Angaben konnte Hubbard „schon reiten, bevor er noch gehen konnte. Später wurde er ein Blutsbruder der Schwarzfuß-Indianer (Pikuni)..." (3). Mit dreieinhalb Jahren soll er bereits gelesen und geschrieben haben.

Dichtung und Wahrheit setzen sich auch in der Beschreibung seines Lebensweges nach 1921 fort, als Hubbard die Farm des Großvaters verließ und wieder bei seinen Eltern lebte. So heißt es in der offiziellen Biographie weiter: „Zwei Jahre später, als er sich in Washington D. C. aufhielt, schloss er eine enge Freundschaft mit dem Sohn des Präsidenten, Calvin Coolidge jr., dessen vorzeitiger Tod wahrscheinlich der Grund für L. Ron Hubbards frühes Interesse an der Erforschung

Forts. S. 20

Lafayette Ron Hubbard (1911 – 1986)   Foto: Ullstein Bilderdienst

Diese und die folgenden zwei Seiten zeigen Auszüge aus Dokumenten der Verherrlichung von L. Ron Hubbard, Herausgeber L. Ron Hubbard Personal Public Relations Office Europe, Copenhagen (2004 und früher).

Ich habe kein von der
Welt abgeschlossenes Leben geführt
und verachte den weisen Mann, der nicht
gelebt hat, und den Gelehrten,
der nicht teilen will.

Es hat viele Männer gegeben,
die weiser waren als ich, aber wenige
haben so viel Weg zurückgelegt.

Ich habe das Leben von oben bis
unten und von unten bis oben gesehen.
Ich weiß, wie es von beiden Seiten
betrachtet aussieht. Und ich
weiß, es gibt Weisheit und
es gibt Hoffnung."

L. Ron Hubbard

ICH HABE DIE
WELT BEREIST UND
HABE DEN
MENSCHEN DABEI
STUDIERT, UM IHN ZU
VERSTEHEN, UND
DER MENSCH, NICHT
MEINE ABENTEUER,
DIE ICH BEI DIESEM
UNTERNEHMEN
BESTANDEN HABE,
IST DAS, WAS
ZÄHLT."

L. RON HUBBARD

DIE  -SERIE

Das Magazin, das L. Ron Hubbards Leben und seine Arbeiten erforscht

Die *RON-Serie*, die einen einmaligen Einblick in L. Ron Hubbards Errungenschaften auf vielen Gebieten vermittelt, enthält bisher unveröffentlichte Artikel von Hubbard, nie gesehene Photographien und einen prägnanten Überblick über ein Genie bei der Arbeit. Jede Ausgabe der Serie konzentriert sich auf ein einzelnes Betätigungsfeld.

Ron, der Schriftsteller
Die Legende beginnt
Das Genre verändern
Dichter/Lyriker

Ron, der Philosoph
Die Suche nach Wahrheit
Der Geist des Menschen

Ron, der Auditor
Von der Forschung zur Anwendung

Ron, der Kapitän
Kapitän zur See
Segler

Ron, der Künstler

Ron, der Filmemacher

Ron, der Pädagoge

Ron, der Menschenfreund

Ron, der Musiker

Ron, der Photograph

Ron, der Flieger

Ron, der Forscher

Ron, der Manager

Ron, der Gartenbauexperte

Mehr Informationen und Exemplare
dieser Veröffentlichungen erhalten Sie von:

L. Ron Hubbard Personal Public Relations Office Europe
Store Kongensgade 55
1264 Copenhagen K. Denmark
oder

New Era Publications International
Store Kongensgade 55
1264 Copenhagen K. Denmark

www.. lermanet.com/sientologynews/sptimes/spt-manbehinde.html

www.essentialscientology.org/Index.htm

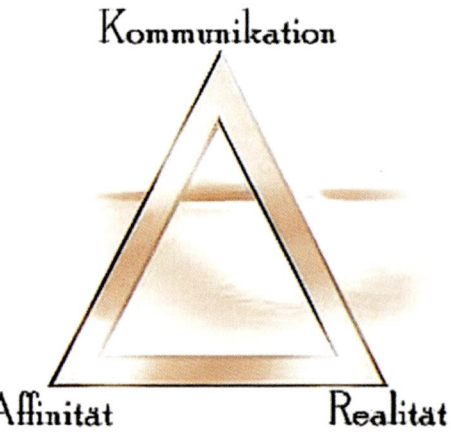

german.scripturaltraining.org/

Foto: Ullstein Bilderdienst

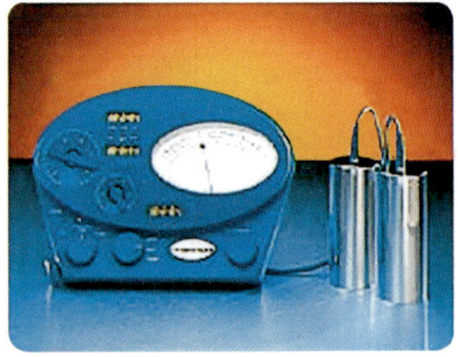

www.scientologytoday.org/corp/des3.htm

Zu den Abbildungen: Links oben: David Miscavige, Nachfolger von L. Ron Hubbard (links unten). Siehe auch Seite 26 (ARK-Dreieck), Seite 53 (E-Meter) und Seite 92 (Miscavige).

Hubbard, Lafayette Ronald   (Tilden, Nebraska, USA, 1911-1986)

Interviews: L. Ron Hubbard: Interview (1987).
Biographic Data: An impresive web page is maintained by the Church of Scientology.
Author Services, Inc. also maintains an L. Ron Hubbard web page.

Series

    Kilkenny Cats
        The Idealist (**1940**) [**SF**][as **Kurt von Rachen**]
        The Kilkenny Cats (**1940**) [**SF**][as **Kurt von Rachen**]
        The Mutineers (**1941**) [**SF**][as **Kurt von Rachen**]
        The Traitor (**1941**) [**SF**][as **Kurt von Rachen**]
        The Rebels (**1942**) [**SF**][as **Kurt von Rachen**]

    Ole Doc Methuselah
        Old Doc Methuselah (**1947**) [**SF**][as **René Lafayette**]
        Her Majesty's Aberration (**1948**) [**SF**]

Novels

    Slaves of Sleep (**1939**)
    Death's Deputy (**1940**)
    Fear (**1940**)
    Final Blackout (**1940**)[**Reviews**]
        Magazine Appearances:
        Final Blackout (Part 1 of 3) (**1940**)
        Final Blackout (Part 2 of 3) (**1940**)
        Final Blackout (Part 3 of 3) (**1940**)
    Typewriter in the Sky (**1940**)
        Magazine Appearances:
        Typewriter in the Sky (Part 1 of 2) (**1940**)
        Typewriter in the Sky (Part 2 of 2) (**1940**)
    The Kingslayer (**1949**)
        Magazine Appearances:
        The Kingslayer (Complete Novel) (**1950**)
    Return to Tomorrow (**1954**)
    Battlefield Earth (**1982**)[**Reviews**]
    The Invaders Plan (**1985**)
    An Alien Affair (**1986**)
    Black Genesis (**1986**)[Hu1987 n]
    The Enemy Within (**1986**)
    Fortune of Fear (**1986**)
    Buckskin Brigades (**1987**)
    Death Quest (**1987**)
    The Doomed Planet (**1987**)
    Villainy Victorious (**1987**)
    Voyage of Vengeance (**1987**)
    Disaster (**1988**)

Collections

    The Kingslayer (**1949**)
    Typewriter in the Sky and Fear (**1951**)
    From Death to the Stars (**1953**)
    Science-Fantasy Quintet (**1953**) **with** Ed Earl Repp
    Ole Doc Methuselah (**1970**)

Short Fiction

    The Dangerous Dimension (**1938**)
    Danger in the Dark (**1939**)

The Ghoul (**1939**)
Slaves of Sleep (**1939**)
The Ultimate Adventure (**1939**)
This Ship Kills! (**1939**) [as **Frederick Engelhardt**]
Vanderdecken (**1939**) [as **Frederick Engelhardt**]
Death's Deputy (**1940**)
The Devil's Rescue (**1940**)
Fear (**1940**)
The Professor Was a Thief (**1940**)
The Kraken (**1940**) [as **Frederick Engelhardt**]
One Was Stubborn (**1940**) [as **Rene La Fayette**]
The Indigestible Triton
    [**vt** *The Triton*] (**1940**) [as **René Lafayette**]
Borrowed Glory (**1941**)
The Case of the Friendly Corpse (**1941**)
The Crossroads (**1941**)
The Last Drop (**1941**) **with** L. Sprague de Camp
History Class, 2133 A.D. (**1941**) [as **Frederick Engelhardt**]
The Beast (**1942**)
Behind the Black Nebula (**1942**)
He Didn't Like Cats (**1942**)
The Invaders (**1942**)
The Room (**1942**)
The Slaver (**1942**)
Space Can (**1942**)
Strain (**1942**)
The Expensive Slaves (**1947**) [as **René Lafayette**]
Ole Doc Methuselah (**1947**) [as **René Lafayette**]
240,000 Miles Straight Up (**1948**)
When Shadows Fall (**1948**)
The Great Air Monopoly (**1948**) [as **René Lafayette**]
Her Majesty's Aberration (**1948**) [as **René Lafayette**]
The Automagic Horse (**1949**)
Battle of Wizards (**1949**)
A Can of Vacuum (**1949**)
A Matter of Matter (**1949**)
The Planet Makers (**1949**)
Beyond the Black Nebula (**1949**) [as **Rene LaFayete**]
The Emperor of the Universe (**1949**) [as **Rene LaFayette**]
Forbidden Voyage (**1949**) [as **Rene LaFayete**]
The Incredible Destination (**1949**) [as **Rene LaFayette**]
The Magnificent Failure (**1949**) [as **Rene LaFayette**]
The Unwilling Hero (**1949**) [as **Rene LaFayette**]
The Conroy Diary (**1949**) [as **René Lafayette**]
Plague
    [**vt** *Plague!*] (**1949**) [as **René Lafayette**]
Plague (**1949**) [as **René Lafayette**]
A Sound Investment (**1949**) [as **René Lafayette**]
Battling Bolto (**1950**)
Beyond All Weapons (**1950**)
The Final Enemy (**1950**)
Greed (**1950**)
Tough Old Man (**1950**)
The Last Admiral (**1950**) [as **Rene LaFayette**]
Ole Mother Methuselah (**1950**) [as **René Lafayette**]
To the Stars (**2000**) [Rh2001 n]
        Magazine Appearances:
        To the Stars (Part 1 of 2) (**1950**) - vt Return to Tomorrow
        To the Stars (Part 2 of 2) (**1950**)

Serials
    The Tramp (Part 1 of 3) (**1938**)
    The Tramp (Part 2 of 3) (**1938**)

The Tramp (Part 3 of 3) (**1938**)
General Swamp, C.I.C. (Part 1 of 2) (**1939**)
  [as **Frederick Engelhardt**]
General Swamp, C.I.C. (Part 2 of 2) (**1939**)
  [as **Frederick Engelhardt**]
The End Is Not Yet (Part 1 of 3) (**1947**)
The End Is Not Yet (Part 2 of 3) (**1947**)
The End Is Not Yet (Part 3 of 3) (**1947**)
The Masters of Sleep (Complete Novel) (**1950**)

Essays/Articles
Preface (The Kingslayer) (**1949**)
Why I Selected The Professor Was a Thief (**1949**)
The Analytical Mind (**1950**)
Dianetics: The Evolution of a Science (**1950**)
The Mayan Elephants (**1950**)
Author's Note (**1951**)
Dianometry (**1951**)
Art and Communication (**1977**)
Story Vitality (**1993**)
Magic Out of a Hat (**1994**)
Steps in the Right Direction (**1995**)

Die Bibliografie zeigt, dass L. Ron Hubbard vorwiegend unter Pseudonymen Literatur veröffentlicht hat.

des Geistes war. Als die Pflichten seines Vaters die Familie in den Fernen Osten führten, war L. Ron Hubbard im Alter von 14 Jahren in China und verbrachte die nächsten paar Jahre mit Reisen durch ganz Asien. Im Norden Chinas und in Indien beschäftigte er sich intensiv mit den Teilen des Menschen und mit seiner geistigen Bestimmung, und er studierte einerseits mit Lama-Priestern und wurde andererseits aufgrund seiner Reitkünste von kriegerischen Leuten akzeptiert." (4)
Hier wird das Bestreben der offiziellen Biographen deutlich, Hubbard bereits von frühester Jugend an Kompetenz und Autorität anzudichten, die in solch geballter Form zumindest übertrieben sein dürfte. Untersuchungen des „Navy-Records" seines Vater lassen Reisen des jungen Hubbard nach Indien, China und in die Mongolei als unwahrscheinlich erscheinen. „Die Quellen zeigen, dass L. Ron Hubbard nur zwei größere Seereisen in seiner Jugend gemacht hat. Beide führten ihn nach Guam, wo der Vater vom 5. April 1927 bis zum 21. August 1929 als Zahlmeister im Range eines Leutnants ... stationiert ist" (5).
Dass weitere Reisen stattgefunden haben, ist ebenso umstritten. (6)
Ins Dunkel gehüllt bleiben auch die nächsten Jahre im Leben des Ron Hubbard. Am 24. September 1930 wird er an der Fakultät für Ingenieurwissenschaften der George Washington Universität immatrikuliert, wo er zwei Jahre lang studiert. Angeblich besuchte er eines der damals noch seltenen Seminare über atomare und molekulare Phänomene und wurde so zu einem der ersten Studenten der Kernphysik in den USA. Das kann allerdings nur stimmen, wenn die Atomforschung zu jener Zeit in den USA außerhalb der Universitäten stattgefunden haben sollte!
Dennoch wird die Mär vom Atomforscher Hubbard später untermauert. 1957 erscheint ein kleines Büchlein ... das den nicht gerade bescheidenen Titel: „All about Radiation" – „Alles über radioaktive Strahlung" – trägt. Hubbard beansprucht die Urheberrechte, es wird bis heute verkauft. Die Schrift suggeriert, Hubbard sei einer der bedeutendsten Atomphysiker Amerikas – eine Ansicht, die fachkundige Leser des Pamphlets kaum teilen. Aber es passt ins schön gefärbte Gesamtbild: Die ungezügelte Atomkraft macht in den 50er Jahren den Menschen Angst. Doch da ist jemand, der „alles" darüber weiß. Verdient solch ein Genie etwa kein Vertrauen?
Noch dazu, wo auch auf eine gediegene wissenschaftliche Kompetenz verwiesen wird! Angeblich habe die Universität Los Angeles 1953 Hubbard den Titel eines Doktors der Philosophie verliehen. Das muss für ihn wenig eindrucksvoll gewesen sein, denn in seinen eigenen Schriften gibt er an, den Doktortitel an der University of Sequoia erworben zu haben. Diese obskure Alma Mater bezeichnet sich selbst auch als College für Heilung ohne Medikamente. Akademische Titel gab es im Angebot – Interessenten stießen bei Nachfrage lediglich auf eine Briefkastenfirma. Es ist nicht auszuschließen, dass sie zu Hubbards Firmen-Imperium gehörte.
Dem Meister selbst kamen seine angeblichen akademischen Würden irgendwann dann wohl doch suspekt vor: In einer riesigen Anzeige in der Londoner „TIMES" verzichtete er 1966 öffentlich auf den Doktorhut. Seine Anhänger hindert das nicht, Hubbard bis heute als „Doktor" zu titulieren, um seine wissenschaftliche Kompetenz gebührend zu unterstreichen. Ein Super-Student muss er wohl ohnehin gewesen sein, denn das Frankfurter College für angewandte Philosophie (CFAP) behauptet in seiner sechsseitigen Hubbard-Biographie: „Mit 21 Jahren beschloss er seine Hochschulstudien mit ‚Eins'." Eine Quelle dafür wird nicht angegeben.
Rar bleiben Belege auch für die auf das Studium folgenden Jahre. In Hubbards „Dianetik" ist dazu in bester Karl-May-Manier ein recht abenteuerliches Leben des jungen Ron nachzulesen: „Das erste, was er nach Abschluss des Colleges machte, war die Leitung einer Expedition nach Zentralamerika. In den nächsten Jahren leitete er drei weitere Expeditionen, die alle dem Studium von primitiven Völkern und Kulturen dienten, um ihm Material für seine Artikel und Geschichten zu liefern. Zwischen 1933 und 1941 besuchte er viele barbarische Kulturen und fand dennoch Zeit, um mehrere Millionen Wörter in Fachzeitschriften und Romanen zu veröffentlichen. Nachdem er zuerst in Asien begonnen hatte, sich für die Menschen und den menschlichen Geist zu interessieren, verstärkte sich dieses Interesse noch mit seinen Untersuchungen über primitive Völker, und bis zum Jahr 1938 hatte er ein bisher unveröffentlichtes Werk über die Grundprinzipien der menschlichen Existenz geschrieben." (7)

Unübersehbar bleibt im Hubbard-Heldenepos der Versuch, angebliche Tatsachen zu kolportieren, die seine universelle Kompetenz in allen Lebensfragen begründen sollen. Dieser Versuch nimmt ab und zu naive Züge an. So behauptet Scientology am 8. März 1978 in einer „Korrektur zum Bericht des Bundeskriminalamtes": „Als einer der ersten wagemutigen Männer in ihren fliegenden Kisten führten ihn seine Erfahrungen in der Luftkartographie dazu, die erste vollständige mineralogische Übersicht von Puerto Rico im Jahr 1932 zu machen; und im Jahr 1933 machte er Flüge über die ganzen Vereinigten Staaten, um bei der Korrektur der Daten über Bodennutzung und Einrichtungen zu helfen." (8)

1.3 „Die gefährliche Dimension" – Ein harmloser Spinner macht Karriere

Viel weniger abenteuerlich, wenn auch nicht ganz unspektakulär erscheint dagegen Ron Hubbards Karriere als Schriftsteller.

In den 30er Jahren gehört er in den USA zu den bekannten Science-Fiction-Autoren. „The Dangerous Dimension" – „Die gefährliche Dimension" heißt sein erstes Buch. Doch das klingt aufregender als es ist. Hubbard ist ein harmloser Spinner, der langsam aber stetig Karriere macht. Schnell folgt der Roman „The Tramp", der sich gut verkauft. Geschickt nutzt Hubbard die Neugier der Leser: „Beide Texte kreisen um das Thema paranormaler menschlicher Kräfte wie der Überwindung von Raum und Zeit und der Fähigkeit des Geistes, aus der Distanz auf andere Menschen einzuwirken." (9) Damit beschäftigt sich Hubbard bereits in seinen frühen Veröffentlichungen mit Problemen, die er später zum Mittelpunkt seiner Weisheiten machen wird.

Das geschieht mit einigem Erfolg. Hubbards Roman „Fear" – „Furcht" – lässt zweifellos auch literarisches Talent und erzählerischen Meisterschaft erkennen, doch dessen Formung scheint dem Meister nicht so wichtig zu sein. Für Hubbard zählt vor allem die Masse. Unter verschiedenen Pseudonymen wie Rene Lafayette, Kurt von Rachen oder Frederick Engelhardt produziert er Schriften verschiedener Genres wie am Fließband. Darunter sind auch Western, für die Hubbard den martialischen Autoren-Namen Winchester Remington Colt wählt. Das ist nicht nur eine Verbeugung an die Filmfabrik Hollywood, die an seinen Werken Interesse zeigt, sondern belegt die doch wohl etwas naive Geisteshaltung ihres Schöpfers!

Neidisch sind Hubbards Berufskollegen eher auf seine gewaltige Produktivität: „Seine Methode bestand darin, sich für ein oder zwei Tage mit einer Schreibmaschine – er war in der Lage, mit zwei Fingern neunzig Worte in der Minute zu schreiben – einzuschliessen, um dann mit einem fix und fertigen, verkaufbaren Manuskript wieder zum Vorschein zu kommen, das die allererste Niederschrift darstellte." (10)

Der Krieg unterbrach den Schriftenschmied. Am 19. Juli 1941 wurde Ron Hubbard als Marine-Leutnant zur US-Naval-Reserve einberufen.

Über sein weiteres Schicksal streiten Anhänger und Gegner. Freunde und Bewunderer behaupten, dass Hubbard bald als Korvettenkapitän und sogar als Geschwaderkommandant diente. Amtliche Urkunden, die dies belegen könnten, gibt es nicht.

Klar ist dagegen, dass Hubbard das Kriegsende krank, möglicherweise verwundet erlebte. Diese Zeit in Hubbards Leben wird gern als Beleg für seine wundersamen Heilkräfte genutzt. Und wo hätte er diese besser unter Beweis stellen können, als an sich selbst. So berichtet eine offizielle Biographie erwartungsgemäß: „1944 befand er sich verkrüppelt und erblindet im Marinehospital von Oak Knoll. Von Fregattenkapitän Thompson vom medizinischen Korps der US-Marine, der ein Freund seines Vaters und ein persönlicher Schüler Sigmund Freuds war, hatte er schon in jungen Jahren eine umfassende Ausbildung auf dem Gebiet des menschlichen Geistes erhalten. Er entwickelte Techniken, die ihm bei der Überwindung seiner Verletzungen und beim Wiedergewinnen seiner Fähigkeiten helfen sollten. Insgesamt erbrachte er fast ein ganzes Jahr in Oak Knoll, in dem er zu einer Synthese vereinigte, was er aus der östlichen Philosophie gelernt hatte, von der Kernphysik verstand und an Erfahrungen mit Menschen besaß." (11)

Im Werbetext für „Dianetics, die Entwicklung einer Wissenschaft" wird diese Zeit weit weniger dramatisch geschildert: „Trotz einer Verwundung im Zweiten Weltkrieg arbeitete er im letzten

Jahr des Krieges im Krankenhaus und betrieb eingehende Studien, um die Dianetics aus dem Schießpulver- und Kriegsstadium heraus auf eine Ebene des Aufbaus zu bringen." (12)

Auch Hubbards Personalakten im US-Marine-Ministerium jedoch liefern keinerlei Anhaltspunkte dafür, dass er im Dienst der Marine verwundet wurde. Ebenfalls unbewiesen bleibt die Behauptung, dass Hubbard zwei Mal für tot erklärt worden sei und ein Jahr lang – 1945 – in einem Marine-Hospital gelegen habe.

Allerdings erhielt Hubbard laut „Veteran's Administration" einen monatlichen Ausgleich von 160 Dollar für körperliche Schäden, die er sich während des Zweiten Weltkrieges zugezogen hatte. Sie machten ihn zu 40 % arbeitsunfähig. Seine Krankenakten verzeichnen in diesem Zusammenhang ein Geschwür am Zwölffingerdarm, eine Schleimbeutelentzündung in der rechten Schulter, Arthritis und Bindehautentzündung.

Da all diese Krankheiten nicht unbedingt kriegstypisch sind, liegt die Vermutung nahe, dass Hubbard seine Arthritis zur Lähmung und die Bindehautentzündung zur Blindheit aufbauschte. Laut Scientology-Biographie konnte er sich dann dank seiner bemerkenswerten Selbstheilungskräfte von allen Gebrechen befreien, so dass er 1949 gesundheitlich wieder völlig hergestellt gewesen sei und 1950 in Tauglichkeitsberichten als „geistig und körperlich völlig gesund" bezeichnet worden sein soll. (13) Diese Darstellung wird von Hubbard-Kritikern nachdrücklich bezweifelt.

1.4 Rotes Haar und grüne Augen – Hubbards „Astral-Visionen"

Auch wenn es keine phänomenalen eigenen Anstrengungen waren, die Hubbard aus der Krankheit heraus zum Wundermann machten, neue Denkimpulse erhielt er sehr wahrscheinlich unmittelbar nach Ende des Zweiten Weltkrieges durch Kontakte zum „Ordo Templi Orientis" (Orientalischer Templer-Orden). Erste Begegnungen mit Ordensmitgliedern gab es Ende 1945 in Kalifornien.

Die Geheimgesellschaft „Ordo Templi Orientis" war Anfang des 20. Jahrhunderts von dem Wiener Fabrikanten Dr. Karl Kellner gegründet worden. Ihre Botschaft: „Freiheit, Gerechtigkeit, Liebe! Tue, was du willst, doch bedenke, dass du Rechenschaft schuldig bist." (14) Großmeister des Ordens war der englische Magier Aleister (Edward Alexander) Crowley.

Interesse an der geheimnisvollen Vereinigung kann Hubbard getrost unterstellt werden, hatte er sich doch schon in seinen Büchern mit Okkultismus beschäftigt. So verfügte er sowohl über Erfahrungen, als auch über okkulte Vorstellungen, die er gemeinsam mit dem kalifornischen Ordensmeister Jack Parsons im Orden in magischen Experimenten umsetzen wollte. Parsons war von seinem „Schüler" begeistert. Enthusiastisch schrieb er an Großmeister Crowley über Hubbard: „Er ist ein Gentleman, rotes Haar, grüne Augen, anständig und intelligent, und wir sind enge Freunde geworden. Wenn er auch kein formales Training in Magie hat, so hat er doch außerordentliche Erfahrung und Verständnis auf diesem Gebiet. Ron hat allem Anschein nach eine Art hochentwickelter Astral-Visionen. Er beschreibt seinen Engel als eine schöne geflügelte Frau, die er die Empress (Kaiserin) nennt und die ihn sein Leben hindurch geleitet und oft gerettet habe." (15)

Die Freundschaft zwischen Parsons und Hubbard zerbricht, angeblich wegen finanzieller Differenzen zwischen beiden. Den Hubbard-Freunden ist dieser Grund zu banal. Deshalb verbreiten sie die Version, der Meister habe mit dem „Ordo Templi Orientis" nur Kontakt aufgenommen, um ihn zu unterwandern – ganz im Sinne der rechten Lehre versteht sich!

Doch die Nachkriegszeit ist für Ron Hubbard – damals ein Mann in den 30ern – auch eine bewegte Zeit von Liebe und Leid. 1947 wird er von seiner Frau Margaret Louise Grubb geschieden. Hubbard hatte sie am 13. April 1933 in Elkton (Maryland) geheiratet. Die Ehe war „turbulent und unglücklich", so Hubbards Sohn. (16) Offenbar bewahrten ihn seine Astral-Visionen nicht vor einem zweiten Missgriff. Hubbards Heirat mit Sarah Northrup setzte die familiären Querelen nahezu nahtlos fort. Im Mai 1951 reichte die Frau die Scheidung ein. Gut ein Jahr später, am 30. Oktober 1952, ehelichte Ron Hubbard Mary Sue Whipp. Mit ihr hat er vier Kinder – die Ehe scheint erträglich, der Weg zu großen Taten geebnet zu sein.

1.5 „Wenn man wirklich eine Million Dollar verdienen will, gründet man eine Religion", Dianetik (Dianetics) entsteht

Die erfolgreiche Zeit als Schriftsteller, der Krieg, die Erfahrungen mit dem magischen Okkultismus und die gescheiterten Ehen – Ron Hubbard denkt nach langem Säen langsam ans Ernten. Unter Autoren-Kollegen rutscht ihm 1949 so ganz nebenbei ein genialer Plan heraus: „Man wäre töricht, für einen Penny auch nur ein Wort zu schreiben. Wenn man wirklich eine Million Dollar verdienen will, wäre der beste Weg, seine eigene Religion zu gründen." (17)

Hubbard macht sich daran, die Glaubenssubstanz seiner neuen Religion zu erfinden. Er nennt sie Dianetik und versteht darunter die Wissenschaft vom Denken. Dianetik zeige die Funktion und den Aufbau des menschlichen Denkens und könne so über den Kopf den Körper heilen. Es passt zur Selbstdarstellung der Scientologen, die Erfindung von Dianetik als langen, erfahrungsreichen Prozess darzustellen, der bereits 1932 begonnen habe: „1948 war es dann soweit. Dianetics, The Original Thesis, lag als Bericht seiner Forschungen über den menschlichen Sinn vor. Das Manuskript wurde vervielfältigt und erzielte in der ganzen Welt große Aufmerksamkeit. Als Folge des außerordentlich großen Interesses, das diese Forschungsergebnisse erweckten, baten ihn Verleger, ein populärwissenschaftliches Werk über dieses Fachgebiet zu schreiben. So entstand im Jahr 1950 „Dianetics: The Modern Science of Mental Health." (18).

Hubbards „Moderne Wissenschaft der geistigen Gesundheit" fiel auf fruchtbaren Boden, bot sie doch scheinbare Auswege aus Lebenslagen, die vielen Menschen unbeherrschbar erschienen. Stolz berichtet die Scientologen-Geschichtsschreibung: „Immer größere Teile der allgemeinen Bevölkerung begannen sich für die Dianetik zu interessieren. Es begannen Briefe hereinzuströmen, in denen um Klarstellungen und Ratschläge gebeten wurde. Ihre Beantwortung entwickelt sich zu einer Vollzeitbeschäftigung. Gebraucht wurde ein komplettes, allgemeinverständliches Lehrbuch über das Fachgebiet, in dem alle Fragen beantwortet würden. Es gab einen Verleger, Hermitage House, der eifrig darum bemüht war, ein solches Buch zu drucken. Unter einer Bedingung: das Manuskript musste in sechs Wochen geliefert werden. Das Buch wurde in sechs Wochen geschrieben. Hier war die Anatomie des Geistes und eine Technik, die als Auditieren bezeichnet wird. Ein Durchbruch in 180.000 Wörtern, ‚Dianetik: Die moderne Wissenschaft der geistigen Gesundheit' erschien auf den Buchlisten des Monats Mai 1950 wie eine strahlende Kaskade des Lebens und der Hoffnung. Da das Buch in der Tat eine wahrhaft brauchbare, praktische Lehre vom menschlichen Geiste lieferte, die den Zustand des Menschen voraussagbar verbessern würde, schnellte es an die Spitze der Bestsellerliste der New York Times und blieb einfach dort." (19)

Ob die Welt wirklich schon so ungeduldig auf Hubbards Buch wartete, bleibt Spekulationen überlassen. Nachweisbar ist allerdings ein erstaunlicher Erfolg der Dianetik-Publikationen. Vor diesem Hintergrund gewinnen die Jubelarien der Scientologen ihren Sinn, denn andere Berichte rücken die Entstehungsgeschichte wesentlich dichter an den Science-Fiction-Bereich. Da sich Hubbard gerade auf diesem Gebiet Sporen verdient hatte, sind sie zumindest nicht unwahrscheinlich.

So berichtet der englische Psychologe Christopher Evans, dass die erste Veröffentlichung zur Dianetik aus der Geschäftsbeziehung zwischen John Campbell, Autor des größten und bedeutenden amerikanischen Science-Fiction-Magazins „Astounding Science Fiction", und Ron Hubbard hervorgegangen sei. Hubbard und Campbell kannten sich seit Jahren. Der Medienmann hat mehrere Artikel Hubbards veröffentlicht. Als er von dessen psychologisch-philosophischen Vorstellungen und den praktischen Übungen zur psychosomatischen Heilung hört, wittert er ein Geschäft. Deshalb kündigt er im April 1950 in „Astounding Science Fiction" reißerisch an: „Die im nächsten Monat erscheinende Ausgabe wird, glaube ich, überall im Lande wie eine Bombe einschlagen. Sie wird einen Aufsatz von 16.000 Worten enthalten mit dem Titel ‚Dianetik – Einführung in eine neue Wissenschaft', dessen Verfasser L. Ron Hubbard ist. Das Material wird meines Wissens nach hier zum ersten Mal veröffentlicht werden. Ich versichere Ihnen nachdrücklich und voller Überzeugung, dass es sich hier um einen der wichtigsten Aufsätze handelt, der jemals gedruckt worden ist. Darin berichtet Hubbard über seine eigenen steuerungstechnischen Forschungen zu dem Problemkreis ‚Wie funktioniert der menschliche Geist'.

Der Artikel stellt fundamentale Entdeckungen von ungeheurer Tragweite vor.

... Hier geht es weder um wilde Spekulationen, noch um Mystik, sondern hier geht es um eine nüchtern exakte Funktionsbeschreibung des menschlichen Geistes und darum, wie etwaige Funktionsstörungen zu beheben sind. Die Richtigkeit der neuen Theorie wurde im praktischen Test in rund zweihundertfünfzig Fällen bewiesen. Der Artikel läuft auf die eine große These hinaus: Die aus dieser Funktionsbeschreibung logisch abgeleiteten Methoden bewähren sich in der Praxis! Die Technik der Gedächtnisstimulation ist so wirkungsvoll, dass sich die meisten Menschen schon dreißig Minuten nach Beginn der Therapie an ihre eigene Geburt in allen Einzelheiten erinnern." (20)

Die Super-Reklame hatte Erfolg, Hubbards Dianetik-Artikel ein riesiges Echo. Rund 2000 Leserbriefe kamen allein in der ersten Woche – für den Schnellschreiber Ansporn genug, die Dianetik-Geschichte zum Buch zu erweitern.

Ein wesentlicher Grund für dessen Erfolg dürfte im strikt logischen Aufbau der Thesen Ron Hubbards liegen. Dieser durchaus geschickte Schachzug untermauert den Anspruch auf „Wissenschaftlichkeit", denn in einem in sich geschlossenen Denkgebäude werden Grundmauern kaum noch auf ihre Statik hin überprüft.

In 13 Punkten fasst Hubbard seine Vorstellungen von den Zusammenhängen zwischen Körper und Geist zusammen und verknüpft dabei geschickt Feststellungen und Behauptungen. Kostproben: „1. Dianetik ist eine systematisch aufgebaute Wissenschaft vom Denken, gegründet auf eindeutige Grundgesetze, d. h. auf Feststellungen von Naturgesetzen, die denen der Naturwissenschaften gleichwertig sind. 2. Sie umfasst eine therapeutische Technik, mit der alle nichtorganischen Geistesstörungen und alle organischen psychosomatischen Leiden mit der Gewissheit völliger Heilung in beliebigen Fällen behandelt werden können. 3. Sie ermöglicht dem Menschen den Vollgebrauch seiner Fähigkeiten und seiner Vernunft, die ihn weit über den Durchschnitt hebt... 4. Die Dianetik verleiht vollständige Einsicht in die vollen Möglichkeiten des menschlichen Geistes... 5. Die Grundnatur des Menschen wurde in der Dianetik nicht vermutet oder angenommen, sondern entdeckt... 6. Die einzige Ursache geistiger Störungen ist von Dianetik klinisch und experimentell entdeckt und nachgewiesen worden." (21)

Die damals von Hubbard verfassten Texte zu Dianetik werden bis heute nahezu unverändert in ihrer Ursprungsform verbreitet. Nachweisbar sind Variationen und neue Zusammenstellungen, inhaltliche Überarbeitungen oder Aktualisierungen gibt es nicht – eine mit wissenschaftlichem Anspruch eher unvereinbare Tatsache.

Dennoch geht für viele Menschen eine gewisse Faszination von Dianetik aus. Sie ist in der simplen Methode an sich begründet. Hubbard suggeriert, jeder kann sich selbst behandeln, jeder ist in der Lage, in kurzer Zeit zu den Wurzeln seelischen und körperlichen Leids vorzudringen und dieses dann auch noch zu beheben.

In der Entstehungsphase entsprach Dianetik zweifellos dem Zeitgeist der 50er Jahre. Das bestätigt auch das Interesse bekannter Schauspieler, Künstler, Wissenschaftler und Geschäftsleute, das diese von Anfang an der „neuen Wissenschaft" entgegenbrachten und das bis heute zu beobachten ist. Eine geschickte Vermarktungsstrategie ergänzt die Verbreitung von Hubbards Lehren. So tragen z. B. fast alle weltweit stattfindenden Scientology-Kurse der letzten 25 Jahre die Überschrift „Der Weg zur völligen Freiheit" (22) – eine an Unverbindlichkeit kaum zu übertreffende Verheißung!

Hubbard nutzt die Gunst der Stunde, publiziert Anfang der 50er Jahre umfangreich zu Dianetik und hält Vorträge. Bereits im Frühjahr 1950 soll in Elizabeth (New Jersey) die „Hubbard Dianetics Research Foundation" gegründet worden sein. Im September 1950 folgte die Schaffung einer gleichen Einrichtung in Los Angeles.

Trotz eines weitgehend positiven Medienechos und einer schnell wachsende Schar von Anhängern geriet Dianetik sehr schnell in Konflikt mit der klassischen Psychiatrie. Sie wehrte sich gegen den Scientology-Generalangriff auf die schulmedizinischen Grundsätze. Diese Auseinandersetzungen halten bis heute an.

Bereits in der ersten Phase der Verbreitung von Dianetik kam es auch zu Spannungen mit den amerikanischen Behörden. Angeblich sollte Hubbard im Staatsauftrag Forschungen mit dem Ziel betreiben „Menschen beeinflussbarer zu machen" (23), was er ablehnte. In der Konsequenz sollen die Behörden geplant haben, Hubbard erneut zur US-Navy einzuziehen und im Korea-Krieg an der Front einzusetzen. Dem konnte er sich durch Austritt aus dem Reservedienst bei der Marine – Hubbard war bereits um die 40 Jahre alt – entziehen.

Angesichts des damals bereits begonnenen Kalten Krieges und den zu jener Zeit in den USA durchaus üblichen Experimenten zur psychischen Beeinflussung des Menschen ist dieser Zusammenhang nicht völlig auszuschließen.

Unzweifelhaft deutlich wird hingegen aus Hubbards Schriften, dass er sich Zeit seines Lebens von allen nur möglichen Kräften und Mächten bedroht gefühlt hat. Immer wieder bezichtigte er Mitarbeiter des Verrats, verdächtigte sogar seine zweite Frau, sie wolle ihn aus der Leitung der Dianetics Resarch Foundation verdrängen. Gelegentlich behauptete Hubbard auch, er sei in seiner New Yorker Wohnung von Unbekannten unter Drogen gesetzt und einer Gehirnwäsche unterzogen worden.

In der offiziellen Biographie dienen die angeblichen Verfolgungen vor allem als Begründung für Hubbards heimliches Kurz-Exil in Puerto Rico, wo er den Nachstellungen in den USA entgehen wollte. Angeblich lernt er in Puerto Rico zufällig den Ölmillionär Don Purcell kennen, der als Dianetik-Anhänger Hubbard finanzielle Hilfe anbietet.

Purcell gründet in Wichita (Kansas) eine Dianetik-Stiftung, der Hubbard Urheberrechte an seinen Schriften überträgt. Dafür bekommt er einen festen Job als Leiter der neuen „Hubbard Dianetics Research Foundation" und hält dort seine Vorträge.

Offenbar fühlte er sich durch diese festen Job sehr bald beengt. Bereits im Februar 1952 geht Hubbard nach Phoenix in Arizona. Die Stiftung in Wichita macht wenig später Pleite.

1.6 SCIO und LOGOS – Scientology wird organisiert

Für Ron Hubbard bleibt das Angestellten-Intermezzo bei Purcell eine Episode. Er will mehr aus Dianetik machen und entwickelt sie deshalb zu Scientology weiter.

Die Scientologen erklären das Wort so: „Scientology kommt vom lateinischen SCIO und von dem griechischen LOGOS, wobei SCIO der nachdrücklichste Ausdruck für WISSEN war, den wir in der westlichen Welt hatten. Und LOGY (von LOGOS) bedeutet natürlich ‚Lehre von'. SCIO bedeutet ‚wissend im weitesten Sinne des Wortes', und die westliche Welt erkennt darin und in dem Wort Science (Wissenschaft) etwas, das nahe bei einer Wahrheit liegt." (24)

Ganz neu ist das Kunstwort „Scientology" dennoch nicht. Bereits 1934 erschien in München das Buch „Scientologie, Wissenschaft von der Beschaffenheit und Tauglichkeit des Wissens" des Deutsch-Argentiniers Dr. Anastasius Nordenholz. Obwohl dieses Werk nachweislich ins Amerikanische übersetzt wurde, leugnen die Scientologen jegliche Zusammenhänge zwischen Hubbard und Nordenholz.

Für ihren Meister stellt sich Scientology als Ergebnis der Weiterentwicklung von Dianetik dar. Ist bei Dianetik noch die Psycho-Technik des Frage-und-Antwort-Spiels als Ausgangskonstellation für die Heilung psychosomatischer Leiden deutlich erkennbar, scheint Scientology davon abgehoben: „Hubbard entwickelte eine Technik zur Wiedererlangung des Seins als geistiges Sein – und das bedeutet nicht den Körper..." (25)

Bei der Verbreitung von Scientology steht von Anfang an die Schaffung fester Organisationsstrukturen im Mittelpunkt der Bemühungen Ron Hubbards. So wird im September 1952 – also lange bevor von der Scientology-„Kirche" die Rede war – in Phoenix die „Hubbard Association of Scientologists" (HAS) gegründet. Schnell folgen weitere Organisationen und Nebenorganisationen.

Diese Art und Weise der Organisation von Scientology deutet auf zunächst vorwiegend wirtschaftliche Anliegen hin. Deshalb ist es vorstellbar, dass Scientology vor allem mit dem Ziel der wirtschaftlichen Verwertung der Veröffentlichungen Hubbards entstand. Dafür spricht auch, dass er sehr bald „Scientology" als Warenzeichen registrieren ließ. Vor diesem Hintergrund erscheint der später postulierte religiöse Anspruch eher als Verkaufsstrategie, denn als tragende inhaltliche Komponente.

Ganz im Sinne der Schaffung eines Markenproduktes gibt sich Scientology noch in der Aufbauphase ein eigenes Symbol (siehe Umschlaggestaltung und S. 77).

Es besteht aus dem Buchstaben „S" für „Scientology" und zwei Dreiecken. Die Eckpunkte des unteren Dreiecks (ARC-Dreieck genannt) symbolisieren durch „A" wie „Affinität", „R" wie „Realität" und „C" wie communication (Kommunikation), das Verhältnis der zwischenmenschlichen Beziehungen im Verständnis der Scientologen. Die „richtige" ARC-Relation gilt dabei als ihre grundlegende Verhaltensweise, die zum „Verstehen" führt. Wer auch nur eine Ecke des Dreiecks „verwirklicht" (heißt, das dort genannte Verhalten praktiziert), erfüllt gleichzeitig die anderen Teile automatisch mit Leben. Als Ansatzpunkt empfohlen wird die Ecke „C" – „communication". Das obere Dreieck (Bezeichnung: KRC-Dreieck) steht für Wissen („knowledge"), Verantwortung („responsibility") und Kontrolle („control"). Diese Symbolik fordert von den Scientologen, die drei genannten Punkte im alltäglichen Leben, in ihrem Denken und Handeln, unauflösbar miteinander zu verbinden.

Sehr schnell nach Gründung der HAS erstrecken sich Hubbards Aktivitäten auch auf international entstehende Scientology-Freundeskreise. So macht er unter anderen eine Weltreise und besucht dabei Australien und Südafrika. In dieser Zeit betont Hubbard in seinen Vorträgen und Kursen besonders den philosophisch-religiösen Charakter von Scientology.

Damit wird die Wandlung der Organisation zu einer „Kirche" eingeleitet. Die erste Kirchengründung wird am 18. 2. 1954 mit dem Hinweis, Scientology sei ein „religiöser Glaube" mit der „Church of Scientology of California" vollzogen.

Laut hauseigener Geschichtsschreibung wurde am 21. 7. 1955 „die Gründungskirche von Scientology als eine religiöse Gesellschaft in Washington D. C. gebildet." Ihre Zielsetzung sei: „Den als Scientology bekannten religiösen Glauben zu verbreiten und für die religiöse Verehrung in diesem Glauben als Kirche zu fungieren. Beim Unterstützen dieser Ziele und Absichten sollte die Gesellschaft und Körperschaft religiöse Gottesdienste für Männer, Frauen und Kinder ihrer Gemeinde abhalten und sich für die Ausbreitung ihres Glaubens in anderen Aktivitäten – religiöser und erzieherischer Natur – engagieren. Der Zweck dieser Aktivitäten soll es sein, die geistige Wohlfahrt ihrer Mitglieder zu fördern, die lebenswichtige und von Gott eingesetzte Beziehung zwischen Körper, Geist und Verstand der Menschheit anzuerkennen." (26)

Die neu gefundene Organisationsform von Scientology als „Kirche", lässt vor allem rechtliche – und in diesem Rahmen steuerrechtliche – Hintergründe vermuten. Dies wird von Hubbard bestätigt: „Es scheint, dass wir jetzt alles hinbekommen werden. Und gute Neuigkeiten! Alle Auditoren werden Geistliche sein, und Geistliche haben an vielen Orten besondere Privilegien, einschließlich Steuer- und Wohnungsvergünstigungen. Natürlich ist alles eine Religion, was den menschlichen Geist behandelt. Und auch Parlamente greifen Religionen nicht an. Aber dies ist nicht unser einziger Grund – es war eine lange, harte Aufgabe, eine gute Gesellschaftsform im Vereinigten Königreich und im Commonwealth zu schaffen, so dass die Gewinne transferiert werden konnten." (27). Damit stellt sich die Umwandlung von Scientology als taktisch kluge Maßnahme dar.

Wie wichtig den Scientologen die Tarnung ihrer Organisation als „Kirche" war, belegt die Tatsache, dass als neues Zeichen das Kreuz gewählt wurde, obwohl keine direkten Bezüge zum Christentum bestehen. Das Scientology-Kreuz kopiert in seiner Proportion das christliche Kreuz. Die Enden der Kreuzbalken sind abgerundet, das Zentrum des Kreuzes bildet ein vierzackiger Stern, der die 90-Grad-Zwischenräume zwischen den Kreuzbalken mit seinen Spitzen teilt.

Die Symbolik ihres Kreuzes definieren die Scientologen in Anlehnung an ihr Dreieck-Zeichen so: „Der vertikale Balken steht für das Streben nach höherer Spiritualität, während der horizontale Balken für die Notwendigkeit stehen soll, in dieser Welt anderen Menschen zu helfen, um Kriminalität, Krankheit und Krieg zu reduzieren und die Umwelt zu verbessern." (28) Die insgesamt acht Spitzen dieses Kreuzes symbolisieren die „Acht Dynamiken" (siehe unten) der scientologischen Lehre.

Diese Erklärung des Kreuzes deutet auf den Anspruch der Scientologen als Heilsbringer hin. Gegen ihr angeblich weltverbesserisches Anliegen dürfte dabei schwer zu argumentieren sein – wer ist nicht für weniger Kriminalität, Krankheit und Krieg! Gleichzeitig wird der Eindruck erweckt, scientologische Vorstellungen könnten den Weg zur Erlangung dieses Ziels weisen.

Die Urform des Scientology-Kreuzes soll von einem Tarot-Spiel stammen, das der englische Magier Aleister Crowley zur Wahrsagerei benutzte.

Wie erfolgreich der Hokus-Pokus um Dreieck und Kreuz zu vermarkten war, zeigte sich schnell, denn Kirchen und Missionsorganisationen sind gesellschaftlich etabliert und akzeptiert. Anfang der 70er Jahre gab es Scientology-Kirchen neben den in den USA bereits in Kanada, Australien, Neuseeland, Südafrika, dem damaligen Rhodesien, Frankreich, Deutschland, den Niederlanden, Dänemark, Schweden und Großbritannien. Scientology-Missionen wurden in Japan, Israel, Korea, Indien, Österreich, Belgien, Irland und Mexiko errichtet.

Damit war die Basis für einen weltweiten Scientology-Einfluss gelegt. „Die Methode, deren man sich bei der Gründung scientologischer Organisationen überall in der Welt bediente, war einfach und folgte in allen englischsprachigen Ländern dem gleichen Prinzip. Der erste Schritt bestand darin, dass lokale Gruppen in großen Städten (die im Allgemeinen dadurch entstanden, dass sich irgendwelche Leute – häufig waren es Science-Fiction-Jünger – zusammentaten, um sich gegenseitig in sog. Auditings zu analysieren) von einem Mitglied der Zentrale in Phoenix aufgesucht wurden. Dieser Mann, der als persönlicher Abgesandter Hubbards fungierte, hielt vor den Einheimischen jeweils eine Reihe von Vorlesungen und absolvierte gegebenenfalls gegen Honorar ein paar kleine Auditionssitzungen. Sahen die Dinge günstig aus, bereitete er die Einrichtung eines offiziellen Büros mit einem kleinen Stab von Mitarbeitern vor, das mit einem Grundstock von Büchern, Tonbändern von Hubbards Vorlesungen usw. ausgestattet wurde. Wenig später begann dann die Niederlassung offizielle Kurse in Scientology zu geben, nach deren Absolvierung den Teilnehmern Abschlusszeugnisse überreicht wurden, die es ihnen gestatteten, eine besondere Art von Psychotherapie auf der Basis scientologischer Methoden zu praktizieren." (29)

Der Dollarsegen seiner Religion hatte Hubbard innerhalb kürzester Zeit zum Herrscher über ein weltweites Imperium gemacht. 1955 verließ er die USA und ging mit seiner Familie nach London. 1959 kaufte er den südlich der britischen Hauptstadt gelegenen ehemaligen Landsitz des Maharadschas von Jaipur, Saint Hill Manor. Das Schloss aus dem 18. Jahrhundert erlaubte ihm ein wahrhaft königliches Residieren. Hubbard machte es für einige Jahre zum Scientology-Weltkommunikationszentrum. Auf Saint Hill Manor fanden die Schulungskurse der hochrangigen Scientologen statt und hier betrieb Hubbard seine „Studien", die vor allem zur umfangreichen literarischen Produktion führten.

Sehr bald fühlte sich Hubbard offenbar von der Pressefreiheit und den traditionsreichen demokratischen Strukturen Großbritanniens bedroht. 1965 reiste er deshalb nach Johannisburg (Südafrika) und hielt sich anschließend etwa ein halbes Jahr in Salisbury, der Hauptstadt des früheren Rhodesien, auf. Dort soll Hubbard Möglichkeiten sondiert haben, seinen ständigen Wohnsitz und die Scientology-Zentrale nach Rhodesien zu verlegen. Da sein Besuchervisum jedoch nicht verlängert wurde, musste er das Land verlassen, sein Plan erwies sich als undurchführbar.

Auch in Grossbritannien wurden die Scientologen immer argwöhnischer betrachtet. Möglicherweise legte Hubbard deshalb 1966 die Führung von Scientology nieder. In der offiziellen Begründung hieß es, er wolle sich noch intensiver um seine Forschungen kümmern. Das hinderte den „frommen Mann" nicht, aus der Sache kräftig Profit zu schlagen; im gleichen Jahr verkaufte er seine Namensrechte für 100.000 Pfund Sterling an seine eigene Organisation! Auf Grund von Praktiken untersagte das britische Parlament Hubbard und allen nichtbritischen Scientologen die Einreise. Saint Hill Manor verlor dadurch sehr schnell seine Bedeutung als Weltzentrum der Scientology-Organisation (SO).

Ein wesentlicher Grund für diese drastische Einschränkung von Seiten Großbritanniens war folgender Hintergrund: Im Januar 1969 erhielt Sir John G. Foster auf Veranlassung des House of Commons den Auftrag, die Praktiken und Auswirkungen von Scientology zu untersuchen. Im Dezember 1971 erschien der sog. „Foster-Report", der die menschenverachtenden Praktiken aufdeckte.

1.7 „Ron, der Menschenfreund" – Die hierarchischen Strukturen von Scientology

Der Ausstieg Hubbards als Chef der Scientology berührte seinen Anspruch auf geistige Führerschaft in keiner Weise. Er blieb die absolute Autorität der Bewegung, er stand an der Spitze der Scientology-Hierarchie. Als „Ron, der Menschenfreund" schmückt sein Konterfei bis heute die Scientology-Publikationen.

Diese hierarchischen Strukturen werden von den Scientologen selbst als Organisationsprinzip charakterisiert, das sich zwangsläufig aus dem Entwicklungsdenken Hubbards ergeben habe. Deshalb sei nicht nur die Bewegung (Kirchen) so aufgebaut, sondern auch das Kurssystem. Es steigt von unten nach oben zu immer höheren Graden an. (30)

Es dürfte jedoch kaum purer Zufall sein, wenn die Scientology-Organisation insgesamt dennoch schwer zu überschauen ist. In einem Handbuch für Geistliche wird die Organisation der Scientology-Kirchen in Grossbritannien folgendermaßen beschrieben: „Die internationale Leitung der Kirche (in England) liegt beim Internationalen Rat der Scientology-Organisation, beim Rat der Direktoren der Scientology-Kirche und beim Guardian. Aufgabe des Internationalen Rates ist die weltweite Verbreitung des Glaubens und seine Erhaltung, die Herausgabe der Lehranweisungen und die Beratung technischer Natur. Er setzt geistliche Richtlinien und Verwaltungs-Policy fest. Guardian und der Rat der Direktoren ernennen die örtlichen Leiter der Scientology-Kirchen. ... Jede lokale Scientology-Kirche wird durch einen unabhängigen Rat der Direktoren und einen Assistant Guardian, der durch den Guardian ernannt wird, geleitet. Obgleich jede Organisation autonom ist, hat jede Kirche die gleiche Lehre, Praxis, und (den gleichen) Glauben." (31) Als durchgängiges Prinzip gibt es sieben Abteilungen, die in sich wiederum gegliedert sind: Führung und Kirchenleitung; Einrichtung und Personalabteilung; Verbreitung/Verbreitungsabteilung; Finanzen und Material/Finanzabteilung; Produktion/Abteilung für religiöse Dienstleistungen; Korrektur/Qualifikationsabteilung; Expansion/Öffentlichkeitsabteilung. (32)

Bereits diese grobe Skizzierung der Scientology-Struktur belegt die Abwesenheit jeglicher demokratischer Ansätze. Auffallend ist besonders die Dominanz des Guardian Office, also des Sicherheitsbüros, das als Art „Geheimdienst" in vielen Ländern, auch Deutschland, bis heute fortbesteht.

Das „Weltsicherheitsbüro" der Scientologen wurde am 1. März 1966 in Saint Hill Manor gegründet. Als alleinige Leiterin fungierte Hubbards Ehefrau Mary Sue Hubbard. Ihr unterstanden – wiederum strikt hierarchisch organisiert – der „Guardian weltweit", diesem der Guardian eines Kontinentes und so weiter bis hin zu den Guardians in den einzelnen Organisationen. Innerhalb von Scientology wird diese Struktur mit der Aufgabe des „Guardian Office" begründet: „L. Ron Hubbard zu helfen, Policy Letters durchzusetzen und herauszugeben, Scientology-Organisationen, Scientologen und Scientology zu beschützen und sich mit einer Verbreitung auf lange Sicht zu befassen." In diesem Sinne galt Guardian als der „weltliche und sozialreformerische Arm" der Bewegung. (33) Gegen Mary Sue Hubbard und gegen ca. zehn weitere Spitzenfunktionäre der SO in den USA wurden einige Jahre später Strafurteile wegen krimineller Machenschaften gefällt.

Ab 1983 ersetzte Scientology das „Guardian Office" durch das gleichfalls streng hierarchisch strukturierte „Office of Special Affairs" (OSA).

Der deutsche Verfassungsschutz sieht im „Guardian Office" und dessen Nachfolger OSA den Geheimdienst der Scientologen (detailliert dazu Kapitel 3).

Diese Analyse wird durch zahlreiche Scientology-Aktionen gegen Kritiker belegt. Der als offizielle Funktion der Büros deklarierte „Dienst am Personal in allen Stäben und Einrichtungen" umfasst zum Beispiel u. a. die Sammlung und Auswertung von für Scientology wichtige Informationen, die Abwehr von „Eindringlingen und Agenten" und die Presse- und Öffentlichkeitsarbeit. In seinen Methoden entspricht dieser „Dienst" oftmals geheimdienstlichem Vorgehen. Erpressung, illegale Lausch- und Beobachtungsaktionen sowie Dokumentendiebstahl und deren unerlaubte Kopie sind an der Tagesordnung. Verantwortlich tätig ist der Scientology-Geheimdienst ebenfalls bei der juristischen Abwehr vermeintlicher Gegner, der Überwachung und Lenkung der Finanztransaktionen und der Koordination der Zusammenarbeit mit scientologischen Tarnorganisationen.

Solcherart Vorgehen brachte die Scientologen immer wieder in Konflikt mit den Gesetzen. Deshalb versuchte Hubbard Ende der 60er Jahre seine Bewegung über die so genannte „See-Organisation" („Sea-Org") zu steuern. Diese elitäre Gruppe wurde von ihm 1967 gegründet und hatte ihren Standort auf Schiffen.

Nach dem Verlassen Großbritanniens (1968) lebte Hubbard mit seinem engsten Mitarbeiterstamm mehrere Jahre auf See. Mit seinem Flaggschiff „Apollo", der früheren Kanalfähre „Royal Scotsman", kreuzte er unter der Flagge Sierra Leones auf den Weltmeeren. Diese „Fliegende-Holländer-Romantik" diente nicht nur dazu, das mystische Umfeld von Scientology zu stärken und Hubbard eine noch geheimnisvollere Aura zu verleihen, sondern hatte auch sehr handfeste Hintergründe: Mit der endlosen Reise unter der Billigflagge war die Bewegung jedem Zugriff jedweder Gegner entzogen. Nationale Gesetze griffen wegen des international üblichen exterritorialen Status' der Schiffe nicht; der Zugriff durch Polizei oder Strafverfolgungsbehörden blieb ausgeschlossen.

Intern versteht sich die „Sea-Org" als Bruderschaft, die die Erde nach Hubbards Weisheiten retten und schließlich „klären" will. Ihre Mitglieder arbeiten ausnahmslos in den „Fortgeschrittenen Organisationen" und nehmen damit in der Scientology-Hierarchie exponierte Stellungen ein. Mit ihrem gemeinschaftlichen Leben auf den Schiffen praktizierten sie bereits zu Zeiten ihrer Gründung die Scientology-Prinzipien von Unterordnung, Disziplin und Gehorsam und lebten den einfachen Mitgliedern das Idealbild der Bewegung vor. In den Kursen wird diese Lebensform immer wieder als beispielhaft hervorgehoben. Verschwiegen werden dabei in der Regel Privilegien der „Sea-Org", die von dem gewaltigen Reichtum profitierte, den Hubbard durch seine publizistische Tätigkeit erlangte.

1.8 Mister 10 % – Scientology als Dollarpresse

Die Welt verbessern und die Menschen befreien.... das ist Idealismus pur und so scheint es nahezu zwangsläufig, dass sich Hubbard Zeit seines Lebens immer als Idealist darstellte und dieses Image auch heute noch in den Scientology-Schriften propagiert wird. Über die gewaltigen Umsätze des florierenden Unternehmens Scientology wird der Mantel des Schweigens gebreitet. Das hat einen handfesten Grund: Umsätze oder Gewinne bestimmen die Steuerlast. Deshalb wehrt sich Scientology immer dann vor Gericht, wenn behauptet wird, Hubbard habe etwa ein Zehntel des Bruttoumsatzes von Scientology kassiert. Erstaunlicherweise werden bei diesen Prozessen anfallende Kosten in keiner Weise berücksichtigt. Der Versuch, das Geld vor der Steuer zu retten, scheint auch erhebliche finanzielle Belastungen in jedem Einzelfall zu rechtfertigen.

Unstrittig ist, dass Hubbard (und inzwischen seine Nachfolger) das Copyright an allen schriftlichen Scientology-Produkten beansprucht. Dies umfasst die etwa 25 Bücher zum bekannten Thema ebenso wie Hunderte von Broschüren, die Manuskripte für mehrere tausend Tonbandaufnahmen, Faltblätter und Plakate und geht bis hin zu Einladungskärtchen. Allein dieses Copyright sichert Hubbard eine Lizenzgebühr von 8 bis 10 Prozent vom Endverkaufspreis des Druckerzeugnisses. Wenn also der Bestseller „Dianetics" jährlich etwa 200.000-mal verkauft worden sein sollte – eine eher vorsichtige Schätzung – hätte Hubbard zu Lebzeiten nur mit diesem Buch rund 400.000 € pro Jahr eingenommen. Hinzu kommen Gelder aus den Kursen, dem Verkauf des „E-Meters" und der Tonband-Kassetten (siehe Kapitel 2).

Trotz heftiger juristischer Abwehrgefechte wird die Dimension dieser Einnahmen mittlerweile auch von Aussteigern wie dem ehemaligen Scientologen Kaufman („Übermenschen unter uns") und in internen Materialien bestätigt. So heißt es in der Gründungssatzung des College für angewandte Philosophie Hamburg, § 8: „Die Kosten des Vereins werden durch die Beiträge der Kursteilnehmer, die Mitgliedsbeiträge sowie durch Spenden getragen, von den Bruttoeinnahmen sind 10 % Lizenzen an L. Ron Hubbard abzuführen." Ein gleichlautender Abschnitt findet sich als § 9 in der Gründungssatzung von Dianetics München, Scientology College für angewandte Philosophie. (34)

Später wurden diese Satzungen geändert und ab etwa Mitte der 70er Jahre bezahlten die Scientology-Organisationen „10 % Lizenzen als Verwaltungskosten an die Mutterkirche" – so nachzulesen in Materialien von Dianetics München – oder „10 % an die Mutterkirche, Church of Scientology of California" (Dianetic College Frankfurt, wortgleich bei Scientology Heilbronn). (35) Wirtschaftliche Aktivitäten von Scientology bestätigen auch viele Urteile deutscher Gerichte. Der Entzug der Rechtsfähigkeit durch den Hamburger Senat und die Bestätigung durch das OVG Hamburg vom 6. Juli 1993 (Aktenzeichen Bf VI 12/91) und durch das BVerwG Berlin vom 12. Februar 1995 (Aktenzeichen IB 205 und 206/93), die Gewerbeanmeldungspflicht und die Steuerpflicht verdienen hier besondere Beachtung.

Rechtlich problematisch sind jegliche Zahlungen an Hubbard, seine Nachfolger oder seine Erben auch unter dem Aspekt der angeblichen Gemeinnützigkeit von Scientology. Nachdem Hubbard seine Rechte an Scientology verkauft hat, sind er und die mit ihm in rechtlichem Zusammenhang stehenden Personen nicht mehr mit Scientology identisch. Dadurch ist bei Zahlungen an ihn keine „Gemeinnützigkeit" gegeben.

In diesem Zusammenhang ist ein Urteil des US-Bundesfinanzgerichtshofes vom 19. Juli 1969 (Aktenzeichen 226-61) von Bedeutung, das über einen Antrag Hubbards auf Steuerrückzahlung folgendermaßen entschied:

Am 29. 3. 1967 führte die Klägerin (die Mutterkirche – der Autor) ein Entschädigungssystem (als „Anteils-Zahlplan" bekannt) ein, unter welchem Hubbard statt eines Gehalts 10 % der Bruttoeinnahmen der Klägerin ausgezahlt bekam. Andere Scientology-Gemeinden, Lizenzträger und Organisationen zahlten Hubbard ebenfalls einen Anteil ihrer Brutto-Einnahmen, für gewöhnlich 10 %. Zusätzlich erhielt Hubbard Tantiemen für seine zahlreichen Scientology-Bücher sowie Vorlesungs-Honorare und andere nebenbei anfallende Einkünfte …Während der fraglichen Jahre wurden diese anderen Prozentanteile, Honorare und Provisionen, soweit sie in den Akten ausgewiesen sind, ganz offensichtlich Hubbard zugänglich gemacht zum Zwecke seines persönlichen Nutzens. Eine derartige Regelung lässt den Schluss auf die Existenz eines Konzessions-Netzes für privaten Gewinn zu und wirft auf der anderen Seite Zweifel auf an der Korrektheit der Zahlungen durch die Klägerin an Hubbard und an die Mitglieder seiner Familie. Die Tatsache, dass Hubbard der Empfänger von Einkünften der Klägerin in der Form von Tantiemen und Provisionen war, gibt gleichermaßen Anlass zur Annahme des persönlichen Gewinns."

In der Entscheidung ist weiter die Rede von „verschleierten und ungerechtfertigten Verteilungen der Einkünfte", von „nichterklärten Beträgen" und von Zahlungen an die Familie Hubbards: kostenloses Auto und mietfreie Wohnung. Andererseits zahlte die „Mutterkirche" Miete an Hubbards Ehefrau und Kredite an seinen Sohn. Hubbards Tochter Kay erhielt ein Gehalt. Das Gericht dazu:

„In den Akten fehlt jeglicher Hinweis, aus dem sich eine Arbeitsleistung der Miss Hubbard für die Klägerin herleiten ließe … Aus diesen Tatsachen lässt sich die Schlussfolgerung ziehen, dass die Familie Hubbard das Recht besaß, über die Einkünfte der Körperschaft zu ihrem persönlichen Gebrauch zu verfügen."

Dieser eindeutigen Aussage eines der höchsten US-Gerichte zum Trotz kämpfte Scientology weiterhin in zahlreichen Prozessen gegen die Behauptung, Hubbard erhalte 10 Prozent von den Erlösen. Auch der Heinrich Bauer-Verlag hatte dies in einem Artikel mit dem Titel „Die miesen Geschäfte der falschen Christen" veröffentlicht und wurde dafür angegriffen. Der Verlag ließ darauf den Hauptbuchhalter der englischen Zentrale, Derek Field, vor Gericht laden, der immerhin bestätigte, Hubbard habe auch von dieser Organisation Geld bekommen. Es wurde als Gehalt bezeichnet und betrug rund 30.000 DM pro Jahr. Bemerkenswert war in diesem Zusammenhang auch die folgende Aussage des Buchhalters: „Es gibt eine kommerzielle Gesellschaft in Dänemark, die seine Bücher vertreibt. Diese Gesellschaft macht auch Gewinne… Hubbard hatte … mit dieser Gesellschaft einen normalen Schriftstellervertrag… Tantiemen wurden bezahlt für alle Dinge, die an die Öffentlichkeit verkauft wurden" (Protokoll vom 5. Mai 1977).

Der Hauptbuchhalter fasste zusammen, dass jede der damals etwa 60 Organisationen 10 Prozent ihrer Einnahmen an die Mutterkirche zahlen musste. Vor demselben Gericht erschien auch Inez Lockridge als Zeugin, die Leiterin des Scientology-„Finanzwesens". Sie bestätigte, dass „10 %

Nettoeinnahmen des Vereins an die Mutterkirche bezahlt" würden. – Und das sollte auch deutsche Finanzämter aufhorchen lassen, denn in der Satzung des Scientology-Zentralen-Vereins fehlt jeder Hinweis auf Zahlungen dieser Art. Dieser Widerspruch wurde nie glaubhaft aufgelöst.

Der Wirtschaftsprüfer der deutschen Scientology-Zentrale korrigierte Inez Lockrigde dahingehend, dass nicht 10 Prozent der Netto-, sondern 10 Prozent der Bruttoeinnahmen an die Mutterkirche abgeführt würden. Dieser immense Anteil hat nichts mehr mit Tantiemen oder sogar einer Rendite zu tun, denn diese dürfte nur aus dem Gewinn gezahlt werden. Hubbard besteuerte gewissermaßen seine eigene Organisation zum persönlichen Nutzen unter der Legende, Scientology sei gemeinnützig. (36)

1.9 Flecken auf der weißen Weste

Trotz dieses durchaus zweifelhaften Finanzgebarens Hubbards achtet Scientology streng darauf, dass der offizielle Lebenslauf des Meisters makellos bleibt. Urteile, wie jenes der 13. Strafkammer in Paris vom 14. Februar 1978, werden nicht erwähnt. Wegen seiner Geldgeschäfte wurde Ron Hubbard damals zu vier Jahren Gefängnis und 30.000 Francs Geldstrafe verurteilt. Mitangeklagt waren der Holländer Henry Willem Laarhuis, die Französin Jaqueline Valantin und der in Casablanca gebürtige Franzose Georges Andreu. Hubbard und seine Mitangeklagten – bis auf Andreu – ignorierten den Prozess, zahlten weder die Geldstrafe, noch traten sie die Haftstrafe an. In Vorbereitung des Prozesses hatten die Richter Sceintology-Geschäftsbücher überprüfen lassen und so ermittelt, dass ein Zehntel der Bruttoeinnahmen an die „Mutterkirche" nach England überwiesen wurde. Das Gericht stellte weiter fest, dass Scientology – unabhängig von der juristischen Form – ein „modernes, sehr rentables und keineswegs gemeinnütziges Unternehmen" sei, auch wenn die Bilanz keine Gewinne auswies, weil diese stets sofort in Grundstücke und andere Anlagen gesteckt wurden.

Weiterhin bestätigten die Franzosen eine bereits Jahre zuvor vom Bundesgericht der USA getroffene Feststellung, nach der damals 90 % der Scientology-Umsätze aus dem Verkauf von Kursen stammte. Diese Tatsache an sich ist nicht strafbar. Zum handfesten Betrug wird der Verkauf der Kurse aber durch die Garantie, dadurch geschäftliche Erfolge, berufliche Karriere, Gesundheit und Wohlergehen erlangen zu können. Die Richter der 13. Pariser Strafkammer: „Die französische Gruppe der Scientology ist ein kommerzielles Unternehmen, das sich hinter einer falschen, irreführenden Fassade versteckt, eine Firma, die Dienstleistungen verkauft; diese Gruppe hat mit betrügerischen Manövern Leute dazu verleitet, Dinge zu glauben, die in Wirklichkeit nicht stimmen." (37)

Nahezu harmlos scheinen solcherart Querelen jedoch im Vergleich mit stabsmäßig organisierten Scientology-Operationen zur Absicherung von Macht und Einfluss. Die Dimensionen solcher Feldzüge machen die Auseinandersetzungen um Scientology 1979 in den USA deutlich.

Über einen gut funktionierenden Spitzeldienst hatte Jane Kember, damals unter Hubbards Frau Mary Sue Chefin des „Guardian-Office" im Range des „Guardian weltweit", erfahren, dass Interpol Washington Belastungsmaterial gegen Scientology und Hubbard persönlich gesammelt hatte. Die Dokumente wurden im US-Schatzamt aufbewahrt. Darin sah Jane Kember eine Chance. Im November 1973 schrieb sie ihrem Stellvertreter: „Es ist wichtig, dass wir einbrechen und die Akten an uns bringen. Ich überlasse dir die Ausführung."

Die Fachliteratur berichtet wie folgt darüber: „Im September 1974 wurde der erste Scientology-Agent in eine US-Finanzbehörde in Washington eingeschleust. Einen Monat später erließ Jane Kember das berüchtigte Guardian Programm (GPO Nr. 1361). Solche GPOs sind Befehle von höchster Brisanz und durften nur von Hubbard, seiner Frau und Jane Kember ausgegeben werden. Gemäss ‚GPO 1361' sollte die Infiltration der Washingtoner Steuerfahndung und der Steuerabteilung des US-Justizministeriums in Angriff genommen werden, um alle Akten über ‚Scientology' und Hubbard sowie interne Aufzeichnungen der Staatsanwaltschaft über bevorstehende Scientology-Gerichtsverfahren zu stehlen. Im November 1974 installierten Scientology-Agenten elektronische Abhöranlagen in den Konferenzräumen der Steuerbehörde und hörten deren Verhandlungen ab. Gleichzeitig verschwanden die ersten Akten aus den Büros der Steuerfahndung. Die Diebstähle zogen sich über eine längere Zeit hin. Im Juni 1975 verfasste Jane Kember ‚GPO Nr. 9' mit der Anweisung, Agenten in das Interpolbüro einzuschleusen und jetzt alle dortigen Unterlagen über ‚Scientology' und Hubbard zu entwenden. Einen Höhepunkt in dieser Verbrechensserie stellte im Dezember 1975 die ‚GPO Nr. 158' („Early Warning System" – Frühwarnsystem) dar, die die ‚persönliche Sicherheit' des Sektengründers Hubbard gewährleisten sollte. Sie enthielt den Befehl, alle Regierungsstellen zu infiltrieren, die die Macht hätten, Hubbard unter Strafandrohung vorzuladen oder ein Strafverfahren gegen ihn einzuleiten. In den folgenden Monaten gelang es, Scientology-Agenten einzuschleusen. Diese fertigten Nachschlüssel an, fälschten Papiere und Ausweise und entwendeten große Mengen geheimen Materials. Im Sommer 1976 brachen Sekten-Agenten auch in Gerichtssäle und Büros von Staatsanwälten ein. 1976 wurden zwei der Agenten verhaftet und verurteilt. Daraufhin nahmen am 8. Juli 1977 über 130 FBI-Angehörige im amerikanischen Hauptquartier der SO in Los Angeles" an einer Durchsuchung teil, „bei der fast alle bis dahin gestohlenen Unterlagen sichergestellt wurden. Der Psychokonzern bezeichnete die FBI-Aktion als ‚faschistisch' und strengte eine Schadensersatzklage in Höhe von 750 Millionen Dollar gegen die amerikanische Bundesregierung an." (38)

Der Prozess war aufsehenerregend und führte zur Verurteilung von elf hohen Scientology-Funktionären wegen Diebstahls und Verschwörung gegen die Regierung. Als Hauptschuldige erhielt Mary Sue Hubbard fünf Jahre Zuchthaus. Jane Kember hatte sich dem Gericht durch Flucht entzogen und hielt sich in der englischen Scientology-Zentrale auf.

Bezeichnend für das Rechtsverständnis von Scientology, das an Verhaltensweisen krimineller Vereinigungen erinnert, war in diesem Fall besonders der Umgang des „Guardian Office" mit seinen Agenten.

Informationen, die nach ihrer Auswertung zur Installation des „Frühwarnsystems" führten, beschaffte zunächst Gerald Bennett Wolfe aus der Finanzbehörde. Ihm gelang es wenig später, Michael J. Meisner in dieselbe Behörde einzuschleusen. Damit bekam Scientology die Möglichkeit, Dokumente wie Beglaubigungsschreiben des Amtes zugunsten von Scientology zu fälschen. Meisner und Wolfe drangen mit Nachschlüsseln in das für Hubbard zuständige Gericht ein und stahlen dort zahlreiche Akten. Im Juni 1976 wurden sie auf frischer Tat von FBI-Beamten gestellt und verhaftet. In der Folge der Aussagen Wolfes gab es in Scientology-Stützpunkten in San Francisco und Los Angeles Hausdurchsuchungen.

Die FBI-Aktionen führten zu zahlreichen Verfahren gegen Scientologen wegen Meineids und Falschaussage. Das „Guardian Office" hatte angewiesen, die ganze Schuld auf Meisner und Wolfe abzuschieben. Meisner wurde von Scientologen in Los Angeles versteckt gehalten. Im Auftrag von Mary Sue Hubbard legte deren Mitarbeiter Richard Weigand für das FBI Spuren, die auf eine Flucht Meisners nach Kanada deuteten. Als Meisner der Psychostress schließlich zu groß wurde und er sich im April 1977 den Behörden stellen wollte, wies Mary Sue Hubbard an, ihn daran notfalls mit Gewalt zu hindern. Er wurde „verlegt" und in seinem neuen Versteck rund um die Uhr bewacht. An einer eventuellen Flucht sollte er mit Handschellen und Knebelketten gehindert werden. Laut Anklageschrift beauftragte Mary Sue Hubbard am 3. Juli 1977 ihren Mitarbeiter Henning Heldt schriftlich, Meisner „verschwinden" zu lassen, sollte er zum Verräter werden....

Neben den wirtschaftskriminellen Aktivitäten von Scientology zur Absicherung des riesigen Vermögens zeigt sich hier bereits eine zweite Schwerpunktlinie strafrechtlich relevanten Wirkens: Besonders aggressiv bei rücksichtslosem in Kauf nehmen von Gesetzesbrüchen wird immer gehandelt, wenn jemand für Scientology als gesamte Bewegung „gefährlich" wird. Kritiker innerhalb der Gruppe oder gar Abtrünnige werden gnadenlos verfolgt (siehe dazu im Anhang Dokument 6.5.).

Wie raffiniert dabei im Einzelfall vorgegangen wird, belegt das Beispiel einer Aktion gegen einen Beamten der Bundeswehr, der die Freistellung vom Wehrdienst bearbeitete. Anträge von Scientologen, die das Geistlichen-Privileg für sich in Anspruch nehmen wollten, lehnte er ab.

In einem Strafbefehl gegen einen Schweizer Scientologen (Aktenzeichen: 24 JS 3728/75), zugestellt durch die JVA München-Stadelheim und später durch ein entsprechendes Urteil bestätigt, heißt es dazu:

„Am 7.11.74 wurden an das Bayerische Innenministerium, die Wehrbereichsverwaltung VI und an die Polizei in München gleichlautende Schreiben versandt, in denen behauptet wurde, der bei der Wehrbereichsverwaltung VI in München beschäftigte Regierungsrat H. W. würde seit längerer Zeit laufend Geld von verschiedenen Leuten per Postanweisung erhalten.

Dabei seien diese Zahlungen jeweils als „Zeitzahlung" deklariert gewesen. Da Regierungsrat W. in der Wehrbereichsverwaltung VI tätig sei, könne es sich nur um Gegenleistungen von Wehrpflichtigen für deren rechtswidrige Freistellung vom Wehrdienst handeln. Zum Beweis seiner Behauptungen fügte der anonyme Schreiber seinen jeweiligen Schreiben v. 7.11.76 zwei Ablichtungen eines Mittelabschnittes und eines Empfängerabschnittes einer Postanweisung an H. W. bei. Der anonyme Schreiber bezeichnete sich als Bediensteter der Deutschen Bundespost und behauptete, die rechtswidrige Handlungsweise von Regierungsrat W. im Rahmen seiner Dienstverrichtungen entdeckt zu haben. Daher sei es ihm möglich gewesen, die Ablichtungen anhand der Originalbelege der an W. übersandten Postanweisungen herzustellen.

Es wurde festgestellt, dass Regierungsrat W. durch die anonymen Schreiben wissentlich falsch der Bestechung bezichtigt wurde. Regierungsrat W. erhielt vermutlich vom Verfasser der anonymen Schreiben v. 7.11.74 mehrmals Beträge von 200.- DM überwiesen."

Diese Überweisungen sollten als Beweismittel für die angebliche Bestechlichkeit von Regierungsrat W. dienen. Die als Beweismittel übersandten Ablichtungen dieser Postanweisungen waren Fälschungen. Diese Fälschungen wurden mit Hilfe einer Fotomontage hergestellt, wobei zur Herstellung teils die Einlieferungsabschnitte der Originalbelege an W. und teils Empfängerabschnitte von Postanweisungen verwendet wurden, die am gleichen Tage und an den gleichen Schaltern des gleichen Postamtes von dem Beschuldigten (dem Schweizer Scientologen – Anm. des Autors) aufgegeben wurden und auf denen nichtexistente Personen als Einzahler angegeben waren.

Der Tatbeitrag des Beschuldigten bestand darin, die am 17.10.74 an ihn selbst überwiesenen Beträge von jeweils 10.- DM am 18.10.74 in Empfang genommen und die Empfängerabschnitte zur Herstellung gefälschter Beweismittel (Fotomontage) an andere Personen weitergegeben zu haben.

Der Beschuldigte wusste, dass die auf den an ihn gerichteten Postanweisungen genannten Einzahler nicht existent und die Beträge fingiert waren. Dem Beschuldigten war bewusst, dass sein Tatbeitrag dazu dienen sollte, auf Regierungsrat W. den Verdacht der Bestechung zu richten.

Regierungsrat W. hatte die an ihn überwiesenen Gelder jeweils unverzüglich an seine Dienststelle abgeliefert." (38)

Der auf den Regierungsrat W. angesetzte Scientologe hatte bereits drei Wochen in Untersuchungshaft verbracht und wurde zu einer Geldstrafe von 100 Tagessätzen à 20.- DM verurteilt. Berücksichtigt wurde, dass er als Angestellter von Scientology nur 600.- DM monatlich verdiente. Strafmindernd wirkte sich aus, dass der Angeklagte nur ein kleines Rädchen in einem großen angelegten Plan war. Dennoch war sein Tatbeitrag zu würdigen, habe er doch gemeinsam mit anderen Tätern einen Beamten von dessen Posten drängen wollen, um so zu sichern, dass künftige Anträge von Scientology-Angehörigen auf Befreiung vom Wehrdienst positiv beschieden würden.

Der Plan war im Übrigen wesentlich raffinierter, als es zunächst scheint. Unterlagen der Post werden nach einer gewissen Zeit vernichtet und es bedurfte erheblicher technischer Hilfsmittel und eines großen Aufwandes, um das Komplott aufzudecken.

Der Kampf gegen Scientology-Kritiker durch Vortäuschen von Straftaten, die sie angeblich begangen haben sollen, ist an mehreren Fällen dokumentiert (ein Beispiel dazu in Kapitel 6: „Im Namen des Volkes").

Intern wird diese Methode als „geräuschvolle Ermittlungen" bezeichnet. Dazu findet sich in Scientology-Materialien folgende Anweisung: „Sobald jemand beginnt zu drohen, gewinnst Du einen Scientologen oder mehrere Scientologen, um <u>geräuschvoll</u> zu untersuchen. Du findest heraus, wo er oder sie arbeitet oder gearbeitet hat, Arzt, Zahnarzt, Freund, Nachbarn, einfach jeden und rufst sie an und sagst: „Ich untersuche Herrn/Frau ... ob er/sie kriminelle Aktivitäten entwickelt und versucht hat, die Freiheit der Menschheit zu verhindern und meine religiöse Freiheit einzuschränken, und die meiner Freunde, Kinder etc." Du sagst dann und wann: „ich habe bereits einige erstaunliche Tatsachen etc." (Benutze eine Verallgemeinerung). Es macht nichts aus, wenn Du nicht viele Informationen erhältst. Sei nur GERÄUSCHVOLL ..." (39)

1.10 Hubbards seltsamer Abgang

So „geräuschvoll" wie Scientology gegen seine Feinde wetterte, so still wurde es nach den Aufsehen erregenden juristischen Zwischenfällen um Gründervater Ron Hubbard.

Im Jahr 1978 war die „Apollo" verkauft worden und Hubbard kehrte in die USA zurück. Dort hatte die Scientology-Organisation „United Churches of Florida" in Clearwater (Florida) einen luxuriösen Hotel-Komplex erworben. Hier entstand nun das neue Hauptquartier der Bewegung. Wie früher schon in Saint Hill Manor werden jetzt die Scientology-Führungskräfte in Clearwater geschult.

In der hausinternen Geschichtsschreibung wird 1978 als erfolgreiches Jahr beschrieben. Neue Kurse werden entwickelt, Hubbard „entdeckt" den „Dianetik-Clear" (siehe unten) und perfektioniert die Gehirnwäsche für die „höheren Grade".

In der Propaganda nach außen werden die juristischen Querelen geschickt als „Unterdrückung" der Bewegung dargestellt. Dabei scheuen die Scientologen nicht einmal den haarsträubenden Vergleich ihres „Schicksals" mit dem Holocaust der Nazis! Trotz zunehmender Polarisierung der Meinungen zu Scientology kann die Bewegung insgesamt Erfolge verzeichnen.

Besonders in Europa gelingt es, überall Stützpunkte zu gewinnen. Das Europa-Zentrum entsteht in Kopenhagen, der liberalen dänischen Hauptstadt. Eine Zahl der Scientology-Anhänger ist für diese Zeit nicht verbürgt. Nach internen Angaben der Bewegung selbst sollen bis Mitte 2003 weltweit etwa sieben Millionen Menschen an Kursen teilgenommen haben. In Deutschland kann die Zahl der Scientology zuzuordnenden Personen mit ca. 30.000 angegeben werden. Diese definiert sich aus den Verbindungen dieser Personen zu der SO: Geldgeber (IAS-Ehrenstatus), Schulungsabschlüsse (Zeitschriften „Source" und „Auditor"), formaljuristische Mitglieder lt. Zeitschrift „Ursprung", Verbindungen lt. der „Advance!"-Zeitschrift usw.

Seit März 1980 ist Ron Hubbard nicht mehr in der Öffentlichkeit gesehen worden. Kritiker vermuteten eine Erkrankung. Dem widersprach Scientology heftig. Angeblich soll er sich auf einem Landsitz in der Nähe von Palm Springs (Kalifornien) zurückgezogen haben, um sich dort ganz und gar „seiner ersten Berufung, dem Schreiben" widmen zu können.

Als gesichert gilt, dass Hubbard die Führung von Scientology spätestens Anfang der 80er Jahre abgegeben hat. Aus der Struktur der Bewegung ergab sich die Möglichkeit eines relativ unproblematischen Machtwechsels, weil im Gegensatz zu indischen Guru-Bewegungen bei Scientology dem geistlichen Lehrer oder Meister nicht die zentrale, heilsvermittelnde Rolle zukam. Seine Aufgabe ist das Praktizieren des vorgegebenen Systems, Personen sind im Hinblick auf Organisationsstrukturen somit nur von zweitrangiger Bedeutung.

Vermutet wird, dass es bereits während der letzten Lebensjahre Hubbards innerhalb der Bewegung Auseinandersetzungen zwischen verschiedenen Gruppen gab. Dabei sollen sich vor allem jüngere und ältere Scientologen gegenüber gestanden haben. Durchgesetzt haben sich schließlich die jüngeren Kräfte, die einen auf harte Disziplin und finanziellen Erfolg ausgerichteten Kurs steuerten. Ihr Exponent David Miscavige folgte Ron Hubbard 1986 nach dessen Tod als Chef der Bewegung.

Seinen Führungsanspruch als Nachfolger Hubbards hatte Miscavige bereits 1984 als Zeremonienmeister der International Association of Scientologists (Internationaler Bund der Scientologen, IAS) deutlich gemacht. Er setzte auf das angebliche Märtyrertum der Scientologen und verkündete das Jahr 1984 als besonders erfolgreich, weil es gelungen sei, sich gegen die „Quellen der Unterdrückung" zu wehren.

Als „Vorstandsvorsitzender des Zentrums für religiöse Technologien" versprach Miscavige frühzeitig, er werde in die Fußstapfen Ron Hubbards treten. Sein Ziel sei es, Scientology weltweit zur
bedeutendsten Lehre überhaupt zu machen und „diesem Planeten Hoffnung und Gesundheit" zu
bringen.

Den richtigen Weg dazu habe ein für allemal Ron Hubbard mit der Schaffung seiner „Religion
des 20. Jahrhunderts" gewiesen.

KAPITEL 1 – QUELLEN

(1)   Reller, Horst, Hrsg. (1993): Handbuch Religiöse Gemeinschaften. Gütersloh. S. 868/869:
      Ursprung – das Magazin der Scientology Kirche Deutschland, Juli 1972.

(2)   Scientology Kirche Deutschland, Hrsg. (1975): Scientology ist eine Religion. München. S. 37

(3)   Hubbard, L. Ron (1980, 4. Auflage in Deutsch): Dianetik. Die moderne Wissenschaft der
      geistigen Gesundheit. Kopenhagen. S. 479: Über L. Ron Hubbard

(4)   Hubbard, L. Ron (1980, 4. Auflage in Deutsch): Dianetik. Die moderne Wissenschaft der
      geistigen Gesundheit. Kopenhagen. S. 479: Über L. Ron Hubbard

(5)   Haack, Friedrich-Wilhelm (1982): Scientology – Magie des 20. Jahrhunderts. München.
      S. 23

(6)   Haack, Friedrich-Wilhelm (1982): Scientology – Magie des 20. Jahrhunderts. München.
      S. 24

(7)   Hubbard, L. Ron (1980, 4. Auflage in Deutsch): Dianetik. Die moderne Wissenschaft der
      geistigen Gesundheit. Kopenhagen. S. 480

(8)   Haack, Friedrich-Wilhelm (1982): Scientology – Magie des 20. Jahrhunderts. München.
      S. 28

(9)   Evans, Christopher (1979): Kulte des Irrationalen, Sekten, Schwindler, Seelenfänger. Ham-
      burg. S. 33

(10) Evans, Christopher (1979): Kulte des Irrationalen, Sekten, Schwindler, Seelenfänger. Ham-
      burg. S. 34

(11) Haack, Friedrich-Wilhelm (1982): Scientology – Magie des 20. Jahrhunderts. München.
      S. 31 f.: Publications Department AOSHDK (1979): Der Kommunikationskurs. Kopenhagen

(12) ABI-Archiv

(13) Hubbard, L. Ron (1980, 4. Auflage in Deutsch): Dianetik. Die moderne Wissenschaft der
      geistigen Gesundheit. Kopenhagen. S. 481

(14) Martens, P. Ch. (o.J.2): Geheime Gesellschaften in alter und neuer Zeit. Bad Schmiedeberg,
      Leipzig. S. 208

(15) Haack, Friedrich-Wilhelm (1982): Scientology – Magie des 20. Jahrhunderts. München.
      S. 37: King, F.: Ritual Magic in England (1887 to the Present Day). London 1970

(16) Evans, Christopher (1979): Kulte des Irrationalen, Sekten, Schwindler, Seelenfänger. Ham-
      burg. S. 30

(17) ABI-Archiv

(18) Haack, Friedrich-Wilhelm (1982): Scientology – Magie des 20. Jahrhunderts. München.
      S. 43: L. Ron Hubbard (1974): Die Grundlagen des Denkens. Kopenhagen

(19) Haack, Friedrich-Wilhelm (1982): Scientology – Magie des 20. Jahrhunderts. München.
      Scientology Publications Organizations ApS. Der Kommunikationskurs. Kopenhagen

(20) Evans, Christopher (1979): Kulte des Irrationalen, Sekten, Schwindler, Seelenfänger. Ham-
      burg. S. 37

(21) Hubbard, L. Ron (1980, 4. Auflage in Deutsch): Dianetik. Die moderne Wissenschaft der
      geistigen Gesundheit. Kopenhagen. S. 18f.

(22) ABI-Archiv

(23) Haack, Friedrich-Wilhelm (1982): Scientology – Magie des 20. Jahrhunderts. München. S. 45: Handbuch für den ehrenamtlichen Geistlichen.

(24) Scientology Kirche Deutschland, Hrsg. (1975): Scientology ist eine Religion. München. S. 37, Fußnote

(25) Reller, Horst, Hrsg. (1993): Handbuch Religiöse Gemeinschaften. Gütersloh. S. 861 f.; Scientologen-Report, Dezember 1968

(26) Scientology Kirche Deutschland, Hrsg. (1975): Scientology ist eine Religion. München. S. 92

(27) ABI-Archiv

(28) Hauth, Rüdiger (1981): Jugendsekten und Psychogruppen von A – Z. Gütersloh. S. 112 f.

(29) Evans, Christopher (1979): Kulte des Irrationalen, Sekten, Schwindler, Seelenfänger. Hamburg. S. 77

(30) Haack, Friedrich-Wilhelm (1979): Jugendreligionen, Ursachen, Trends, Reaktionen. München. S. 16: Scientology – Die Brücke zu einer neuen Welt. (o.J.). Werbekarte. Kopenhagen

(31) Haack, Friedrich-Wilhelm (1979): Jugendreligionen, Ursachen, Trends, Reaktionen. München. S. 161f.

(32) Haack, Friedrich-Wilhelm (1982): Scientology – Magie des 20. Jahrhunderts. München. S. 208-210

(33) Haack, Friedrich-Wilhelm (1982): Scientology – Magie des 20. Jahrhunderts. München. S. 243: Scientology Kirche Deutschland Guardian Office. (o.J.). Guardian Office Deutschland. München. S. 4

(34) ABI-Archiv

(35) ABI-Archiv

(36) ABI-Archiv

(37) ABI-Archiv

(38) ABI-Archiv

(39) ABI-Archiv

2. KAPITEL

2.1 „Religion des 20. Jahrhunderts"? – Das Bedrohungspotential

Seit Scientology existiert, tobt ein „Glaubenskrieg" darüber, was diese Bewegung denn eigentlich sei.

Die Scientologen scheinen es selbst nicht so ganz genau zu wissen. Gewiss, heute wollen sie als Religion gelten, aber in ihrem nach wie vor gültigen Standardwerk und Lehrbuch „Have you lived before this life" (zu deutsch etwa: „Haben Sie vor diesem Leben gelebt?") hört sich das noch ganz anders an: „Gegen Ende 1958 versammelte sich in London eine Gruppe von Scientologen, um die am weitesten fortgeschrittenste Methode der Psychotherapie zu erlernen, die jemals zu Erfolg gebracht wurde." (1)

Ein eher praktischer Verein also, eine der vielen Psychogruppen mit einem bisschen harmlosen Hokus-Pokus, den man glauben kann oder auch nicht. Manchem mag er sogar geholfen haben, denn der Glaube kann bekanntlich Berge versetzen. Vielleicht hat gerade das die Scientologen angeregt, später dann doch von der Selbstdarstellung als Psychopraktiker abzurücken und der ganzen Sache ein wenig mehr Gewicht zu verleihen.

Bedeutsam sind aber nur ideelle Werte, gewonnen aus den verschiedenen Religionen. Hier zählen Zeit und Moralwerte, binden Traditionen und Rituale, schützen gesellschaftliche Konventionen und internationale Verbindungen. Was läge also näher als der Versuch, eine Bewegung, die ohnehin wie ein Gummiband in alle Richtungen flexibel ist, als Religion zu etablieren?

Genau dies geschieht in späteren Scientology-Veröffentlichungen. Da ist dann von Scientology als eine „angewandte religiöse Philosophie" die Rede, die als solche die „Religion des 20. Jahrhunderts" sei. (2) Erstaunlicherweise finden sich solcherart Aussagen vorwiegend in Materialien, die für die breite Masse der Gefolgsleute bestimmt ist. Für die Führungskräfte wird „Advance! Die Zeitschrift der Fortgeschrittenen Organisationen" etwas konkreter: „Die Scientology ist eine angewandte Philosophie, die sich mit dem Studium des Wissens beschäftigt. Sie kann, durch Anwendung ihrer Technologie, wünschenswerte Veränderungen der Lebensbedingungen erzielen." (3) Diese selektive Information zwischen „Führung" und „Gefolgschaft" erinnert an die Art und Weise der Informationspolitik von Diktaturen.

Angesichts eines solchen internen Definitionsdebakels darf sich Scientology nicht wundern, dass Kritiker die Bewegung vor allem als multinationales Wirtschaftsunternehmen sehen, das die Aufgabe hat, die Urheberrechte des amerikanischen Science-Fiction-Schriftstellers und Scientology-Gründers L. Ron Hubbard zu vermarkten. Dazu werden äußerst bedenkliche Geschäftsmethoden praktiziert. Sie schließen Persönlichkeitsveränderungen wie Realitätsverlust und Abbau der Kritikfähigkeit ihrer Kunden ein und sind damit zumindest als skrupellos zu klassifizieren. Solcherart moralisch fragwürdige Methoden werden nicht dadurch harmloser, dass sie – als Religion deklariert – eine andere Bewertungsebene beanspruchen. Der Versuch, wie selbstverständlich mit ungleichen Maßstäben zu messen und so schlichtes kommerzielles Handeln „ideell" erscheinen zu lassen, offenbart seine Hilflosigkeit immer dann besonders deutlich, wenn Worte und Taten von Scientology miteinander verglichen werden.

Das ist dann oftmals Sache von Gerichten, und auch in Deutschland bezweifeln diese in zunehmendem Maße, ob die Scientology-Selbstklassifizierung als Religion zutreffend ist. Ein Beispiel für diesen juristischen Erkenntnisprozess ist die Entscheidung des Verwaltungsgerichtshofes Baden-Württemberg vom 21. Januar 1993, Aktenzeichen 1 S 2616/92. Unter Berücksichtigung der bisher von der Rechtssprechung entwickelten Grundsätze hält er es für fraglich, ob Scientology eine Religions- bzw. Weltanschauungsgemeinschaft sei und damit den Schutz des Artikels 4 Grundgesetz – Glaubens-, Gewissens- und Bekenntnisfreiheit – genieße. Da diese rechtliche Verankerung aber letztlich die legale Existenzgrundlage von Scientology berührt, ist nicht nur eine Fortführung der Auseinandersetzung dazu, sondern auch deren Verschärfung zu erwarten (ausführlich zum Diskussionsstand der juristischen Bewertung von Scientology (siehe Abschnitt: Scientology – Muss das Warenzeichen vom Grundgesetz geschützt werden?) Dennoch hat der VGH Baden-Württemberg im Dezember 2003 festgestellt, dass die Stuttgarter Niederlassung von Scientology ein Idealverein ist (AZ 1 S 1972/00).

Damit ist das Problem Scientology schon heute über die Diskussion, ob es sich denn nun um eine harmlose Spinnerei oder um geistige Bedrohung handele und wie schmal der Grad zwischen diesen beiden Polen doch sei, hinausgewachsen. Ein Blick auf die Lehrinhalte der Bewegung offenbart in diesem Rahmen das in Scientology schlummernde Bedrohungspotential.

2.2 „Dasein ist Überleben" – Die Lehrinhalte

„Viele destruktive religiöse Gruppen wären für junge Menschen weniger gefährlich, wenn bereits zu Anfang so etwas wie eine Gesamtdarstellung der Lehre und Organisation gegeben würde", heißt es in einem Bericht der Landesregierung Rheinland-Pfalz Mitte der siebziger Jahre über die so genannten neuen Jugendreligionen. „Vieles würde als absurd empfunden und abschreckend wirken." (4)

Damit genau dies nicht von Anfang an passiert, schwebt auch um Scientology der Nebel des Mysteriums. Sicher kann die Bewegung nicht als Religion im herkömmlichen Sinne angesprochen werden. Zweifellos setzt sie aber in ihren Inhalten und bei den von ihr vertretenen Methoden auf eine religiös-philosophische Weltanschauung mit idealistischer Verankerung.

Dabei baut Scientology im Kern auf ein atheistisches Weltbild und stellt demzufolge nicht die Frage nach Gott, sondern die Frage nach dem menschlichen Leben in den Mittelpunkt: „Das dynamische Prinzip des Daseins ist Überleben. Das Ziel des Lebens kann als unendliches Überleben betrachtet werden. Wie sich beweisen lässt, gehorcht der Mensch als eine Lebensform in all seinen Handlungen und Absichten dem einen Befehl: Überlebe! Es ist kein neuer Gedanke, dass der Mensch überlebt. Neu ist der Gedanke, dass der Mensch nur durch Überleben motiviert ist." (5) Damit setzt der Anspruch von Scientology direkt beim Menschen an. Die Bewegung beginne „mit dem Menschen, hilft ihm seine Probleme zu konfrontieren, gibt ihm die Werkzeuge für deren Handhabung und ermöglicht es ihm, sich aller Aspekte des Lebens, des geistigen Lebens und seiner eigenen Beziehung zu seinem Erschaffer bewusst zu werden." (6) Daraus erklärt sich sowohl die Methode des direkten Zugriffs auf die Psyche der Scientology-Gefolgschaft, als auch das Verhältnis der Bewegung zu Gott.

2.3 Scientology und Gott

Gott oder ein „höchstes Wesen" wird von Scientology grundsätzlich anerkannt. Dennoch setzt sich die Bewegung mit allem Nachdruck von der „jüdisch-christlich-islamischen Religionstradition" ab, die mit der Lehre von Gott beginnt „und – alle Lebensformen und das physikalische Universum auf Ihn ausrichtet." (7)

Grundlage der Akzeptanz Gottes ist die Ansicht der Scientologen, dass Gottlosigkeit unmoralisch sei: „Keine Kultur in der Geschichte der Welt – außer den durch und durch verkommenen und aussterbenden – versäumte es, die Existenz eines Höchsten Wesens zu bejahen. Eine Regierung, die danach trachtet, ihr Volk bis zu einem Punkt zu verderben, wo es die treulosesten und verkommensten Handlungen akzeptieren wird, schafft als erstes die Vorstellungen von Gott ab... Diese zwei Wege, die von der Bejahung der Existenz eines Höchsten Wesens wegführen – moderne Wissenschaft und Totalitarismus – bringen die Menschen in einen maschinenartigen Zustand des Seins, in dem das Ideal ein schweißglänzender Muskelprotz oder ein verschmutzter Mechaniker ist, der einem heulenden Stahlmonster dient ... Die Preisgabe der Anerkennung eines Höchsten Wesens als Realität, dem Leben des Menschen ureigenst, macht Prostitution zum Idealverhalten einer Frau, Treuebruch und Verrat zur höchsten ethischen Ebene, die ein Mann erreichen kann, und Zerstörung mittels Tücke, Bombe und Gewehr zum höchsten Ziel, das eine Kultur erreichen kann. Folglich gibt es keine große Debatte über die Existenz eines Höchsten Wesens..." (8)

Trotz dieser religiös geprägt scheinenden Betrachtungsweise sind keine näheren Aussagen zu Gott in den Scientology-Publikationen zu finden. Jegliche Auseinandersetzung mit Gottes Wesen, seinen Eigenschaften und Daseinsformen werden vermieden. So ist es kaum verwunderlich, dass immer wieder Zweifel am angeblich religiösen Charakter von Scientology aufkommen, wenn Gerichte darüber zu befinden haben.

Dies war z. B. bereits Ende der 60er Jahre der Fall, als die Bewegung in England verlangte, die Kapelle der damaligen Zentrale in Saint Hill Manor als „Ort des Treffens zu religiöser Anbetung" anzuerkennen. Für die Scientologen wäre diese Anerkennung wichtig gewesen, weil sie dadurch den Status einer offiziellen Kirche erhalten hätten. Die Folge davon wäre gewesen, dass jeder, der ihren „Gottesdienst" gestört hätte, bestraft worden wäre. Die Chancen, den begehrten Freibrief zu bekommen, schienen nicht schlecht, denn das entscheidende englische Gesetz von 1855 schreibt lediglich vor, dass an dem als Kapelle gewünschten Ort Gebete stattfinden. Das konnte Scientology jedoch nicht nachweisen!

Deshalb wies der Gerichtshof für Strafsachen die Klage ab. Der zuständige Richter wunderte sich: „Man sollte doch zum mindesten erwarten dürfen, dass auch irgendeine Gelegenheit für eine Verehrung vorgesehen ist, entweder in der Form gesprochener Gelöbnisse oder in stiller Meditation. Ich kann nichts dergleichen finden." (9)

Obwohl sich hier bereits eine durchaus weite Religionsauslegung andeutet, definierte der Mann Religion offenbar doch immerhin als Glaube an eine überirdische Macht und deren Verehrung. Bei Scientology fand er nichts davon!

Dennoch ging die Gruppe in Berufung und am 6. Juli 1970 wurde erneut verhandelt. Richter Lord Denning blieb trotz der vorgelegten Beweise skeptisch: „Religiöse Verehrung bedeutet die Ehrfurcht, die Achtung vor Gott oder vor einem allerhöchsten Wesen. Ich finde davon nichts im Glaubensbekenntnis der Kirche der Scientology ... Ich finde hier nichts, das seiner Natur nach einer Verehrung entspricht." (10)

Ganz nebenbei: Das wäre auch schwierig, denn in den Unmengen von Scientology produzierten

Papiermengen steht zu den angeblich religiösen Inhalten nur wenig. Nehmen zum Beispiel die „Technischen Bulletins" und der „Organisations-Verwaltungs-Kurs" etwa 20 großformatige Bände in Anspruch, umfasst „Der Hintergrund und die Zeremonien der Scientology-Kirche" gerade einmal 70 Seiten!

Das hat Methode, denn wie vorteilhaft eine strenge Informationsbeschneidung sein kann, beweist der Fall des Scientologen Walter Fiedler. Das aktive Mitglied des Frankfurter College für angewandte Philosophie beantragte Freistellung vom Wehrdienst. Begründung: Er sei Geistlicher. Das Verwaltungsgericht Darmstadt gab seinem Antrag statt – den Richtern lag lediglich das Bändchen „Hintergründe und Zeremonien" vor und so schien ihnen alles rechtens. Fast müßig zu erwähnen, dass solche Einzelentscheidungen von den Scientologen selbst weidlich zu Werbezwecken ausgeschlachtet werden. Bleibt Gott in der Lehre von Scientology auch ein Geheimnis, fern und unbekannt, ist doch der religiöse Status allzu verlockend.

Er ist letztlich der Schlüssel zum großen Geld. Deshalb ist Gott gar nicht so furchtbar wichtig. Wo das Christentum in ihm Vater, Erlöser, Tröster und Helfer sieht, machen ihn die Scientologen zum geschäftsfördernden Element: Kommunikation mit Gott ist auf dem Wege der Aufwärtsentwicklung zu erreichen. Je höher man steigt, desto näher ist Gott. Entsprechende Kurse sind jederzeit buchbar!

Und damit das alles nicht gar so kommerziell klingt, wird immer wieder betont: Im Mittelpunkt der scientologischen Weltanschauung steht nicht Gott, sondern der Mensch. Dem scientologischen Menschenbild kommt deshalb die zentrale Bedeutung zu.

2.4 Unsterbliche Thetanen – Eine Erfindung des Sektengründers

Für Scientologen besteht der Mensch aus einer Dreiheit von Körper (body), Verstand (mind) und Geist oder Geistesseele (thetan).

Das Wesen jeder individuellen Persönlichkeit, ihre eigene, ganz unverwechselbare Identität macht den Thetanen aus. Diese Definition erinnert an bekannte philosophische Betrachtungen zur Seele, ist bei den Scientologen aber Ausgangspunkt eines anderen Denkgebäudes: <u>Thetanen</u> sind unsterblich und unzerstörbar und existieren demzufolge unabhängig von Geburt und Tod. Über herkömmliche Vorstellungen von der Seele hinausgehend, können sie Dinge feststellen („postulieren") und wahrnehmen. Dabei konzentrieren sich ihre Wahrnehmungen und Feststellungen auf die Materie (matter), die Energie (energy), den Raum (space) und die Zeit (time). Ron Hubbard fasst diese vier Komponenten mit dem Kunstwort MEST zusammen. Durch diese Fähigkeit werden die <u>Thetanen</u> zu Schöpfern des Universums. Dabei geht Hubbard davon aus, dass es drei unterschiedliche Arten von Universen gibt: das physikalische Universum, das Universum des Nächsten und das eigene Universum. In diesen Universen spielt sich das Leben ab, bewusst oder auch unbewusst. Da nun jeder daran interessiert sein müsste, sein Leben zu gestalten, muss es dazu einen aktiven Weg geben. Dieser Weg führt über das „Verstehen" und das kann man lernen – bei Scientology gegen Bares.

Dieser an sich simple Gedankengang wird in den Scientology-Lehrmaterialien verbrämt. Das mag seine Ursache in verkaufspsychologischen Taktiken haben: Menschen neigen dazu, es nicht zuzugeben, wenn sie Zusammenhänge nicht verstehen. Je tiefer sie dann in das System eindringen oder hineingeführt werden, um so schwieriger wird es, Fragen zu stellen und Unklarheiten auszuräumen.

Deshalb liest sich die Definition des Thetan bei Scientology so. „Bei Scientology ist der THETAN die Person selbst, nicht ihr Name, ihr Körper, ihre Besitztümer, und auch nicht ihr Verstand. Es ist das, was sich bewusst ist, bewusst zu sein, das Wesen, das im physikalischen Universum agiert, aber kein Teil davon ist. Bei Scientology wird das auch Statik genannt. Ein Statik hat keine Bewegung, es hat keine Weite, Länge, Breite oder Tiefe, es wird durch kein Gleichgewicht der Kräfte am Platz gehalten, es besitzt keine Masse, es enthält keine Wellenlänge, es hat keine Position in der Zeit. Sie sind ein Thetan. Sie sind das Statik." (11)

Hinzuweisen ist dabei auf den Versuch, durch die Verknüpfung vorstellbarer Begriffe („physikalisches Universum") mit eigens erfundenen, neuen Wortinhalten („Statik") dieser absoluten Lehrgrundlage einen „wissenschaftlichen Anspruch" zu verleihen. Kaum jemand dürfte die Definition auf Anhieb verstehen, aber das mag auch nicht unbedingt ihr Sinn sein. Bei einer ersten Konfrontation genügt es den Scientologen, bei den nach dem Sinn des Lebens Suchenden – und damit ihren potentiellen Kunden – die Ahnung zu erwecken, Statik und Thetan könnten irgendwie irgendwas mit Leben zu tun haben und so einen neuen Weg der Erkenntnis eröffnen.

Auf diesem „Erkenntnisstand" wird dann aufgebaut und es folgt die Schlussfolgerung von der Schöpferkraft der Thetanen. Damit ordnet sich Scientology wieder in das traditionelle Streben nach Erkenntnis ein, denn die zahlreichen Fragen zum Leben beschäftigen die Menschen seit Urzeiten. Ansätze von Antworten suchen alle möglichen geistigen Modelle – warum soll es da eigentlich nicht auch Thetanen geben?

Sind sie schließlich als die eigentlichen Schöpfer des Universums akzeptiert, wird auch dessen Unterteilung in verschiedene Ebenen – physikalisches Universum, Universum des Nächsten und eigenes Universum – nachvollziehbar.

Damit ist die Verbindung zu traditionsreichen Denkmodellen wieder hergestellt und die gefährlichste Klippe in der ideologischen Grundlage von Scientology umschifft. Schließlich fragt sich auch kein Gläubiger, wer der Schöpfer des Schöpfers ist. Der Thetan wird ihm faktisch als eine Art Gott mit menschlichem Bezug präsentiert.

Die nun folgenden und auf dieser Grundlage basierenden Gedanken sind relativ leicht verständlich, denn Ron Hubbard erklärt seine Universen rein praktisch: „Universen könnte man als die Spielflächen des Lebens betrachten. Man spielt gewollt oder man spielt ungewollt." (12) Hier trifft die Ideologie auf das menschlich Grundbedürfnis eines bewussten Lebens. In der Scientology-Diktion heißt das dann, jeder solle das „richtige Spiel" auf diesen „Spielflächen des Lebens" spielen. Dazu bietet Scientology „Verstehen" als Grundlage an. Verstehen wird als „der gemeinsame Nenner aller Lebensaktivitäten" bezeichnet, „dessen Grad und Qualität exakt den Wert allen weltlichen Strebens misst. Verstehen setzt sich aus Affinität, Realität und Kommunikation zusammen, die miteinander ein symbolisches Dreieck formen." (13) – das Dreieck des Scientology-Zeichens.

So wird aus dem unklaren ideologischen Kauderwelsch ein Angebot zur praktischen Lebenshilfe und damit die Grundlage einer möglichen Akzeptanz von Scientology. Doch gleichzeitig tut sich hier ein neues Problem auf. Denn um solch eine Lebenshilfe verkaufen zu können, muss Scientology ein Regelwerk des „Verstehens" etablieren, was mit der Beschreibung der die Menschen treibenden Urkräfte – bei Scientology „8 Dynamiken" genannt (siehe unten) – auch geschieht. Dieses Herangehen widerspricht aber der Kennzeichnung der Thetanen als freie Geisteswesen, die selbst Schöpfer ihrer Welt sind.

Diese Klippe umschifft Hubbard mit der angeblich von ihm entdeckten Geschichte der Thetanen. Er meint, ursprünglich haben die Thetanen im Reiche des Fürsten Xenn auf dem Planeten Helotrobus gelebt, der zu einer fernen Galaxie gehört.

Vor 35 Billionen Jahren (1 US-Billion entspricht einer Milliarde) löste Xenn das Problem der Überbevölkerung seines Planeten, indem er zwei Billionen Thetanen auf die Erde brachte. Dort band er sie durch Belastungen (bei den Scientologen „Engramme" genannt, mit Sünden vergleichbar) in den Kreislauf irdischer Wiederverkörperungen ein und nahm ihnen so ihre frühere Freiheit und die Möglichkeit der Selbstverwirklichung. (14)

Um dieser durchaus ernst gemeinten kosmisch-mythologischen Erklärung Hubbards, der als erfolgreicher Science-Fiction-Autor vielleicht sogar selbst an seine Visionen geglaubt haben mag, das nötige Gewicht zu verleihen, liefert der Meister dazu auch eine philosophische Interpretation.

Sie besagt, dass die Thetanen ihr Wissen um Ursache und Wirkung verloren und so in die Abhängigkeit ihrer eigenen Schöpfung gerieten. An die Stelle des einstigen Wissens traten nun Unwissenheit und Verwirrung. Dies konnte geschehen, weil Thetanen neben ihrer Fähigkeit zu schaffen und wahrzunehmen auch die Fähigkeit haben, „geistige Eindrucksbilder... aufzuzeichnen und festzuhalten." (15) So können Belastungen entstehen.

Dieser philosophische Deutungsversuch wird vor dem Hintergrund seiner Entstehungszeit verständlich, waren es doch gerade die Konfrontationen der Nachkriegszeit, die zu neuen religiösen

Interpretationen animierten. Das, was Hubbard hier in die Science-Fiction-Welt des Planeten Helotrobus transportiert, entsprach der Erfahrung einer ganzen Generation: Wissen um Ursache und Wirkung schien tatsächlich verloren gegangen, der gerade beendete Krieg verdeutlichte das nicht nur ideell, sondern auch materiell. Waren die Menschen nicht in die Abhängigkeit ihrer eigenen Schöpfungen – in dem Falle die der tödlichen Waffen – geraten? Und war es etwa nicht nötig, ja geradezu überlebensnotwendig, Erfahrungen festzuhalten? Die Entwicklungsspirale tödlicher Bedrohung schien sich immer schneller und unaufhaltsamer zu drehen! Viele Menschen sahen dem hilflos zu, waren auf der Suche nach Neuorientierung. Das Bild der Zeit präsentierte sich chaotisch – gesellschaftliche Bindungen waren nachhaltig gestört, zertrümmerte Städte mussten wieder keimen, sollte Überleben überhaupt möglich werden. Gleichzeitig entstanden neue, noch zerstörische und noch unbeherrschbarere Waffen. Die ersten Schritte ins All eröffneten eine neue Dimension, deren Rückwirkungen auf das menschliche Leben in keiner Weise erahnbar waren – was heute als naiver gedanklicher Ansatz anmutet, hatte damals ein anderes Gewicht. Nur so scheint der Beginn der Scientology-Rezeption überhaupt verständlich.

In diesen Kontext passt sich dann auch der Versuch ein, die menschlichen Triebkräfte zu definieren und die eigentlich unlogische Verbindung der Thetanen mit einem Regelwerk zu begründen.

2.5 Die acht Dynamiken und der Kampf gegen die Engramme

Triebkräfte, die die Menschen bewegen, sieht Scientology als unbeeinflussbare, ohne Anfang und Ende vorhandene Urkräfte an. Sie regeln das Spiel des Lebens, sind die Motive des Handelns der Thetanen und damit der Menschen. Die scientologische Lehre definiert acht solcher Urkräfte, die als „Dynamiken" bezeichnet werden:

1. Die Selbstdynamik als Drang zum eigenen Dasein;
2. Die Sexdynamik als Drang zum Dasein als eine sexuelle oder bisexuelle Unternehmung;
3. Die Gruppendynamik als Drang zum Dasein als Gruppe;
4. Der Drang zum Dasein als Menschheit;
5. Der Drang zum Dasein des Tierreichs;
6. Der Drang zum Dasein als physikalisches Universum;
7. Der Drang zum Dasein als geistiges Wesen oder von geistigen Wesen;
8. Die Gottesdynamik als Drang zum Dasein als Unendlichkeit.

Für Scientology gilt es als Ziel des Menschen, sich auf der Grundlage von Hubbards Lehre durch diese acht Dynamiken von unten nach oben zu entwickeln. Das Ergebnis wäre dann wieder ein freier Thetan. (16) Mit dem Weg durch die Dynamiken wächst die Erkenntnis Gottes. Damit knüpft Scientology einerseits an andere Glaubensrichtungen an, die ebenfalls einen vom Niederen zum Höheren führenden Weg geistlicher Erkenntnis sehen, schließt aber andererseits in sehr absoluter Form den Zugang zu Gott durch „niedere" Scientology-Mitglieder a priori aus. Hierin liegt u. a. eine der hierarchischen Wurzeln der Bewegung.

Die Bedeutung der acht Dynamiken wird durch die Symbolik des Scientology-Kreuzes unterstrichen. Seine acht Ecken entsprechen den hier genannten Dynamiken, die in der Regel noch weiter unterteilt werden.

Unabhängig von der Spezifizierung dieser Dynamiken bilden sie nach der Scientology-Vorstellung immer in ihrer Gesamtheit den Handlungsrahmen von Menschen und Thetanen. In diesem Rahmen spielen sich alle Erlebnisse ab, wobei in der Scientology-Lehre besonders die „Engramme" genannten negativen Eindrücke von Bedeutung sind.

Den Begriff „Engramm" entlehnt Ron Hubbard aus der Psychologie. Dort wird eine dauernde Änderung des Nervensystems, die aus einer vorübergehenden Erregung resultiert, als „Engramm" oder auch „Gedächtnisspur" bezeichnet. (17) Daran anknüpfend entwickelt Scientology eigene Vorstellungen von der Wirkungsweise der Engramme. Diese stützen sich auf die scientologische Definition des Verstandes (mind), die zwischen analytischem, reaktivem und somatischem Verstand unterscheidet.

Jede dieser Erscheinungsformen des Verstandes hat demnach einen eigenen Charakter: „Der analytische Verstand ist jener Teil des Geistes, der Erfahrungsdaten wahrnimmt und behält, um Probleme zu stellen und zu lösen und um den Organismus die ... Dynamiken entlang zu führen. Er denkt in Unterschieden und Ähnlichkeiten.

Der reaktive Verstand ist jener Teil des Geistes, der körperlichen Schmerz und schmerzliche Emotion einordnet und speichert und den Organismus einzig auf der Grundlage von Reaktionen auf Reize zu lenken sucht. Er ‚denkt' nur in Identitäten, d. h. indem er eines dem anderen gleichsetzt. Der somatische Verstand ist jener Verstand, der, gelenkt durch den analytischen oder reaktiven Verstand, Lösungen auf körperlicher Ebene verwirklicht." (18)

Negative Erlebnisse, also Engramme, die Menschen im Stadium der Bewusstlosigkeit, psychischer oder physischer Schmerzen, bei schmerzlichen Gefühlen, in Schocksituationen, Delirien oder Narkose-Zuständen aufnehmen, werden in der „Reaktiven Bank" des reaktiven Verstandes gespeichert. Dort sind sie dem bewussten Zugriff durch den menschlichen Geist entzogen. Dieser kann nur auf den analytischen Verstand zurückgreifen, der in seiner „Standard Memory Bank" sämtliche Eindrücke, Wahrnehmungen und Daten speichert.

Dennoch gibt es in der Scientology-Vorstellung eine Möglichkeit, dass sich auch die im reaktiven Verstand verschlossenen Engramme wieder aktivieren: Den „Reiz-Antwort-Mechanismus". Er löst nach Hubbard eine im Menschen durch die Person selbst unbeeinflussbare Reaktion aus. Dabei geschieht Folgendes: „Wird ein Engramm durch den Reiz-Antwort-Mechanismus wiederbelebt („restimuliert"), erhält es – da im Augenblick der Restimulation der analytische mind geschwächt ist – Befehlsgewalt über das ‚somatische Reflexsystem' des Menschen: dieser denkt, tut und fühlt, was er an sich weder denken, tun noch fühlen würde und legt so den Grundstein zu psychosomatischen Krankheiten. *Da* nach Hubbard der reaktive mind unfähig ist, vernünftige Schlüsse zu ziehen und völlig undifferenziert denkt, restimuliert er ähnliche Engramme verschiedenen Inhalts gleichzeitig und verwirrt den Menschen total." (19)

Was hier kompliziert klingt, ist im Grunde die einfache menschliche Erfahrung, dass Dinge krank machen können, die konkret kaum zu greifen sind. Da viele Menschen solcherart Erfahrungen gemacht haben und möglicherweise dabei darunter gelitten haben, keine Ursachen für ihr physisches und/oder psychisches Unwohlsein erkennen zu können, zeichnet sich hier ein weiterer Grund für die Akzeptanz von Scientology ab. Wie geschickt er genutzt wird, zeigt die simple und einfach nachvollziehbare Erläuterung des Reiz-Antwort-Mechanismus. Laut Scientology wird er durch ähnliche Vorgänge wie jene, die zur Bildung von Engrammen führen, ausgelöst: „Ist z. B. ein Mensch im Kindesalter einmal von einem Hund gebissen worden, kann er unter Umständen auch als Erwachsener noch Angstzustände, Kopfschmerzen usw. bekommen, wenn er einen Hund so oder ähnlich knurren hört, wie jener Hund in der Kindheit – an den er sich vielleicht gar nicht mehr bewusst erinnern kann. Das Engramm kann auch ‚Inhalte' haben, die sich aus – wiederum oft unbewussten – Eindrücken während der ‚Etablierung' des Gesamt-Engramms ergeben. Ist zum Beispiel ein Kind infolge eines Hundesbisses vor Angst und Schrecken ohnmächtig geworden und haben dabei umstehende Personen irgend etwas gesagt, dann können später, bei der „Dramatisierung des Engramms", diese Worte als „posthypnotische Suggestionen" funktionieren; wurde das Kind etwa geschlagen oder beschimpft, dann könnte eine spätere Dramatisierung des Engramms, ausgelöst durch Hundeknurren, dazu führen, dass der so stimulierte Träger des Engramms andere Personen schlägt oder beschimpft oder sich aber so verhält, als sei er selbst von anderen Personen geschlagen oder beschimpft worden." (20)

Ganz im Sinne des autoritären Grundcharakters von Scientology werden Engramme als „die ausschließliche Ursache von geistiger Störung und psychosomatischer Krankheit" angesehen. (21) Jeder Mensch trage 200 bis 300 Engramme in sich, wobei die zentrale Rolle im späteren Leben vorgeburtlich „Konzeptions-, Coitus-, Geburts- und versuchte Abtreibungs-Engramme" spielen. (22)

Grundsätzlich unterscheiden die Scientologen 4 Typen von Engrammen: das überlebensfeindliche Engramm; das überlebensfreundliche Engramm; das Mitgefühls-Engramm; das Engramm mit schmerzlichen Emotionen." (23)

Wie zum Beispiel ein überlebensfeindliches Engramm entsteht, schildert Ron Hubbard mit der Beschreibung einer „Auseinandersetzung zwischen Mutter und Vater Monate nach der Empfängnis".

Es folgen sinngemäße und wörtliche Wiedergaben der Quelle 24: Ein Vater misshandelt eine Mutter. Dies ist eine ernste aberriende Situation („von der normalen Form abweichende Situation" – der Autor) ……

„Das Kind muss nach der Geburt mit den Restimulatoren Vater und Mutter zusammenleben. Es hat noch weitere Auswirkungen, da es dem Aberrierten – wie alle Engramme – zusätzliche zwei Valenzen gibt, die eine, die der Mutter, ist eine Feiglingsvalenz, und die andere, die des Vaters, eine Tyrannenvalenz …… Kein Engramm, welcher Art auch immer, bietet irgendeinen Vorteil, doch solange eine Person Engramme hat, helfen manche Arten, besonders die Mitgefühls-Engramme, feindliche Engramme fernzuhalten." (24)

Die Gefahr der Engramme liegt laut Scientology darin, dass sie das Überleben des Einzelnen und dadurch das Überleben der ganzen Menschheit bedrohen. Sie sind das gespeicherte Fehlverhalten der Menschen, eine Betrachtungsweise, die wiederum an bekannte religiöse Vorstellung – wie z. B. die der „Erbsünde" im christlichen Glauben – anknüpft. Um der durch die Engramme drohenden Katastrophe zu entgehen, ist nur ihre „Löschung" möglich. Und diese funktioniert nur mit der von Ron Hubbard entdeckten Dianetik-Scientology-Therapie!

2.6 „Einer, der zuhört" – Das Heilsangebot

Die Kurse gehören neben Ron Hubbards Werken zu den zentralen Geschäftsfeldern der Scientologen. Sie verstehen sich als therapeutischer Prozess zur „Hebung und Tilgung des Inhalts der reaktiven Engrammbank" (25) und somit als überlebenswichtig. Ihre Grundform – ein Gespräch zwischen Patient und Therapeut – ist der üblichen psychologischen Praxis entlehnt, wird aber von Scientology als eigene Erfindung beansprucht. Deshalb heißen scientologische Gesprächsrunden „Auditing" und werden so definiert: „AUDITING ist das pastorale Beratungsverfahren in Scientology, durch das dem Einzelnen geholfen wird, seine Selbstbestimmung, seine Fähigkeit und sein Bewusstsein von sich selber als unsterbliches Wesen wiederzuerlangen. Es kommt während einer genau festgelegten Zeitperiode, der ‚Sitzung' zur Anwendung. In dieser Sitzung benützt ein AUDITOR (wörtlich: ‚einer, der zuhört') – ein ausgebildeter priesterlicher Berater von Scientology – interpersonale Kommunikation, sorgfältig ausgewählte Fragen und Drills, welche die auditierte Person, genannt ‚PRECLEAR', befähigen, selbstgesetzte geistige Einschränkungen zu entdecken und auf diese Weise zu entfernen." (26)

Dabei weist die von Scientology verwendete Bezeichnung „Preclear" für die Kursteilnehmer (kurz auch „PC" genannt) bereits auf den umfassenden, autoritären Besitzanspruch der Bewegung auf die Teilnehmer hin. Sie werden als noch nicht vom „Sündenfall" der Thetanen Befreite oder „Un-Geklärte" eingestuft, deren Leben – und über sie das der gesamten menschlichen Gemeinschaft – akut bedroht sei.

Diese Ausgangssituation gibt einen Hinweis auf die Gründe von immer wieder feststellbaren Abhängigkeiten zwischen Auditor und PC. Diesem Anliegen dient auch, dass Scientology dem Preclear von Anfang an feste Regeln für sein Verhalten während des Auditings vorgibt. Von zentraler Bedeutung ist dabei die strikte Anweisung zur Geheimhaltung. Der PC darf mit niemandem über den Verlauf des Auditings sprechen. Weitere Regeln betreffen persönliche Verhaltensweisen: Der PC soll nichts essen, was ihm nicht schmeckt, täglich mindestens 8 bis 9 Gläser Flüssigkeit trinken und wenigstens 7 bis 8 Stunden schlafen. Verboten sind ihm Alkohol, Drogen und Medikamente, aber auch entspannende Praktiken wie Yoga, Meditation oder künstliche Sonnenbäder. Selbstverständlich sind auch parallel laufende psychiatrische Behandlungen nicht erlaubt. (27)

Fester Bestandteil der Auditings ist die Benutzung des Hubbard-E-Meters. Dieses Gerät zum Ableiten und Messen elektrischer Hautwiderstände basiert auf auch in der Psychotherapie verwendeten Geräten, wird von den Scientologen aber in einer völlig anderen Dimension genutzt (siehe dazu unten). Der Ablauf der Sitzungen ist von Fragen und Antworten zwischen Auditor und PC ausgefüllt. Dabei orientieren sich die Fragen an Verhörtechniken: Der Auditor muss sie dem Preclear (PC) wortwörtlich mehrfach stellen, auch wenn dieser darauf bereits mehrere Male geantwortet hat. Alle Reaktionen des PC werden vom Auditor mit „danke" oder „gut" bestätigt. Der Auditor, der selbst bereits höhere scientologische Kurse absolviert haben muss, soll in der

Lage sein, der jeweiligen individuellen Situation des PC entsprechende Befragungstechniken zu nutzen: „Meist werden ‚auch sog. Verhörtechniken' angewandt: Die Standard Memory Bank des PC wird nach sicheren Daten befragt; deren ständige Wiederholung führt zum ‚Returning', dem zurückgehen auf der ‚Zeitspur' des PC (sie enthält alle Daten beider Banken), und ermöglicht den Kontakt mit Engrammen. Anschließend muss das Ereignis, das das Engramm verursachte, vom PC immer wieder von Anfang bis Schluss erläutert und erzählt werden, wobei alle Gefühlsregungen und Sinneswahrnehmungen von damals lebendig werden sollen. Auf diese Weise werden Schmerzen und Belastungen ‚eliminiert' und die Engramme reduziert. Ist das so behandelte Engramm ein Basis-Engramm, wird es durch diese Prozedur gelöscht werden; aus dem Engramm wird eine dem analytischen mind jederzeit verfügbare Erinnerung: der ‚Release'-Zustand ist erreicht." (28) Der PC ist nun ein „Clear", ein „Geklärter" im Sinne eines Befreiten.

Scientology kennt zwei Wege, um Clear zu werden, einmal über die Lehre der „New Era Dianetics", zum Anderen über sieben „Release"-Stufen. Letztere ist der gebräuchlichere Weg, der durch die aufeinanderfolgenden Kurse sicher auch das bessere Geschäft verspricht. Er beginnt bei 0 (Kommunikation) und beinhaltet folgende Grade: 1. Probleme, 2. Verursachungen, 3. vergangene Ärgernisse und Schwierigkeiten, 4. Fähigkeiten, Neues zu tun, 5. Fähigkeiten, etwas zu bewirken, 6. Handeln nach eigener Selbstbestimmung und 7. Clear-Kurse. (29)

Ist der Status eines Clear erreicht, gibt es laut Scientology keinen unkontrollierten Teil des Verstandes mehr. Der Mensch hat die volle Befehlsgewalt über seine Individualität. Er ist frei von ungewollten geistigen Schmerzen und muss keine Wiedergeburt mehr fürchten. Der Lebensinhalt des Clears ist das Mithelfen und das Streben, auch andere auf den Weg der Befreiung zu bringen. Bemerkenswert ist die Clear-Bilanz der Scientologen. 1950 stellte Hubbard der staunenden Öffentlichkeit die College-Studentin Sonia Bianca als „ersten Clear" vor. Auf der Bühne ließ das Mädchen allerdings ihre angeblichen übermenschlichen Fähigkeiten vermissen: Als ihr Hubbard einmal den Rücken zukehrte, konnte sie sich nicht einmal an die Farbe seiner Krawatte erinnern! Vielleicht dauerte es wegen dieses Flops bis 1952, bis der zweite Clear gefunden wurde.

An solche Geschichten wollen die Scientologen inzwischen nicht mehr erinnert werde. In der offiziellen Hubbard-Biographie des Frankfurter CFAP heißt es deshalb auch nur knapp: „Im August 1965 erklärte er (Ron Hubbard – der Autor) den Zustand des ‚Clear' als erstmals erreicht" (30), was denn nun auch stimmen mag. Erstaunlich ist besonders der rasante Anstieg der Clears, die von Scientology alle nummeriert werden. Wurden für 1968 gerade einmal 276 angegeben, waren es 1977 bereits 6146. (31) Ein Jahr später „entdeckte" Hubbard den „Dianetic-Clear" und den „Natural-Clear" und nun erlangten auch prominente deutsche Scientologen den begehrten Übermenschen-Status: Hellfried Riess mit der Nummer 7807, Kurt Weiland 7811, Birgit Schmieder 7824, Paula Preisinger 7825 und Joerg Stettler 7890.

Doch das Wunder nahm kein Ende. Nur einen Monat später bewegte sich die Zahl der Clears bereits im fünfstelligen Bereich und wieder waren Deutsche dabei: Hubert Berrang als Nummer 11609, Sigi Raitz von Frentz 11610, Gerd Tjkars 14596, Peter Blum 17283, Martin Ostertag 17309 und Dörte Girschkowski 17956.

Ron Hubbard hatte offenbar die Clear-Schleusen geöffnet: „So unglaublich es klingt, stoßen wir manchmal auf Dianetik-Clears, die in ihrem vorigen Leben, 1949 und 1950 Clear gegangen sind. Wir machen also nicht nur neue Clears, wir finden auch alte." (32)

Der Kursweg zum Übermenschen hatte sich offenbar zum profitablen Geschäft gemausert und schon allein deshalb wurde er zielstrebig weiter ausgebaut.

2.7 Der Weg ins Paradies der Thetanen – Die Kurs-Leiter

Das System der Scientology-Kurse, streng hierarchisch aufgebaut, wurde im Laufe der Jahre zielstrebig erweitert. Dabei blieb der grundsätzliche Rahmen einer „Entwicklung von unten nach oben" erhalten. Gleichzeitig wurde aber eine Unterteilung von Einzelthemen praktiziert und ein Angebot für bestimmte Zielgruppen (Studenten, Eheleute, Manager usw.) unterbreitet.

Die genaue Struktur dieses Systems schirmt Scientology nach außen ab und ordnet sich so in die auch bei anderen „Neureligionen" zu beobachtende Geheimhaltungsstrategie ein: „Viele destruktive religiöse Gruppen ... decken ihre Karten nie ganz auf, sondern haben Stufen der Einweihung und Erleuchtung entwickelt. Diese Stufen sind dann oft auch Stufen des Abbaus des kritischen Denkvermögens, so dass am Schluss alles geglaubt wird, was immer es auch sei." So lautet 1996 die Einschätzung der Landesregierung Rheinland-Pfalz dazu. (33)

Sie trifft ganz besonders auf Scientology zu. Die Gruppe lockt ihre zukünftigen Mitglieder zunächst in einen einfachen, völlig normalen Kommunikationskurs.

In diesem Stadium wissen die Kursteilnehmer meist noch gar nicht, dass sie bereits Scientology beigetreten sind und als Preclear (PC), also Ungeklärte, Unwissende, geführt werden. Sie ahnen möglicherweise auch nicht, dass ihnen – sollten sie sich nicht aus den Krakenarmen von Scientology befreien können – ein langer und kostspieliger Weg bevorsteht, auf dem der Clear nur die erste Stufe ist. Der getarnte Einstieg dient vor allen zur Bindung an Scientology und soll so die Voraussetzungen dafür schaffen, immer weiterführende Kurse zu belegen, um schließlich ein „Wissender" zu werden.

Die wichtigste Erweiterung nach Erreichen des Clear-Status war deshalb auch die Einführung der „Operating-Thetan-Kurse" (OT-Kurse), mit der Verheißung, ein „Operating Thetan" (OT) zu werden. Solch ein OT ist ein „Clear, der mit seiner Umgebung zu einem solchen Grad bekannt gemacht wurde, dass er völlig Ursache über Materie, Energie, Raum, Zeit und Gedanken ist, und der nicht in einem Körper ist." (33) Die OT-Kurse werden ständig fortentwickelt und erweitert, wobei die Skala noch oben offen ist. Bis 1982 wurden zunächst 7 OT-Kurse angeboten, dann „gab L. Ron Hubbard Nr. VIII frei". Ab 1982 wurde bereits von New OT IX gesprochen.

In einer Scientology-Werbung von 1981 werden die verschiedenen OT-Grade folgendermaßen dargestellt:

„OT I – Macht Sie wieder mit dem physikalischen Universum vertraut. Sie können einen OT-Gesichtspunkt in Bezug auf das Leben und auf andere Wesen gewinnen, und lernen, wie man als OT operiert.

OT II – Konfrontieren und handhaben Sie machtvolle Abschnitte des Whole Track, die für eine lange Zeit verhüllt waren. Riesige versteckte Ladungsgebiete werden angesprochen und sie von ihnen befreit; Sie bleiben frei und ursächlich zurück!

OT III – Ein tödliches Geheimnis, das niemand je zuvor durchdrungen hatte. Eine uralte Katastrophe von solchem Ausmaß, dass sie die eigentliche Natur der geistigen Wesen in der Gesellschaft in Mitleidenschaft zog. Dies ist OT III. Erfahren Sie das letzte Geheimnis dieses Sektors des Universums. Rons Durchbruch auf OT III erlaubt Ihnen, sicher durch diese ‚Feuerwand' hindurchzugehen. Ein bedeutender Schritt auf Ihrem Weg zum vollen OT-Zustand.

OT VII wird zur speziellen Problemlösung nach OT III gemacht.

Nach einem vorbereitenden Auditing im HGC * durch einen auf OTs spezialisierten Auditor wird der Abschnitt des Solo Auditings für diesen Level absolviert. OT VII stellt den Sinn von OT wieder her. * HGC: Abkürzung für Hubbard Guidance Center („Hubbard-Beratungszentrum").

OT III Expanded – Ziel von OT VII ist es, Sie ein zweites und letztes Mal durch die Feuerwand zu bringen. Nach OT VII beseitigen Sie alle Barrieren und gewinnen wieder die volle Selbstbestimmung. Das ist die abschließende Optimierung Ihrer OT III Gewinne.

OT IV – Auf OT IV wird ein Wesen von den Faktoren befreit, die es zu etwas Geringerem als ein OT werden ließen. Die Stufe besteht sowohl aus einem auditierten als auch aus einem solo-auditierten Teil. Gewinnen Sie, als geistiges Wesen, auf OT IV Sicherheit über sich selbst!

OT V – Warum scheint dieses Universum soviel Macht über einen Thetan zu haben? Was sind die Geheimnisse von MEST? OT V vergrößert die Fähigkeit eines Wesens, mit seiner Umgebung als OT umzugehen!

OT VI – Eine Stufe, die einen Thetan in Hochform bringt und ihn als OT in Aktion setzt, so dass er willentlich außerhalb des Körpers sehen, sich bewegen und handeln kann. Ein Wesen kann sehr ursächlich auf allen acht Dynamiken werden. Vollständiger OT VII – agiert von einer neuen, höheren Stufe aus. Mit OT VII hat man den Kommando-Faktor eines OTs, seine Macht, Dinge getan zu bekommen!

Nach der Stufe Vollständiger OT VII werden Sie für noch höhere OT Stufen bereit sein." (34)

Um der Kundschaft das Angebot, OT zu werden, auch schmackhaft zu machen, veröffentlicht Scientology in hauseigenen Zeitschriften regelmäßig schillernde „Erlebnisberichte" der Übermenschen. Diese Heldentaten werden als „Phänomene" bezeichnet, anknüpfend an den John-Travolta-Film „Phenomenon – Das Unmögliche wird wahr" von 1996. Travolta selbst operierender Thetan höchster Clearingstufe – fungiert so als Werbeträger für OT-Phänomene wie dieses: „Ich habe die Sitzung soeben beendet. Meine Hand schreibt, doch ich befinde mich, dank meines Willens, über der Erde. Ich bin an einem bestimmten Punkt über dem Mittelmeer und kann von Alaska nach Schweden hinübersehen. Der größte Teil Afrikas ist frei von Nebel und Wolken, Grönland und die Arktis funkeln in der Sonne. Ich kann die wunderschönen, grünblauen Eisschichten sehen und wie die Sonne hinter ihnen scheint." (35)

Solche Verheißungen locken und ließen schon damals Hubbards Kassen klingeln. Logische Folge: Er erklärte das Jahr 1978 zum „Jahr der technischen Durchbrüche" und erfand neue Kurse. In „RON‚S JOURNAL 30 – 1978 – DAS JAHR BLITZSCHNELLER NEUER TECHNOLOGIE" werden sie angepriesen.

Hier einige Auszüge aus den 16 DIN-A-4-Seiten, die in verschiedenen Übersetzungen verbreitet wurden und teilweise kurios voneinander abweichen:

A. Preassesment

Mit der neuen Preassesment-Tech, die für NED (= New Era Dianetic; Anmerkung des Autors) entwickelt wurde, wird jede Krankheit oder jeder Zustand, den der PC gehandhabt haben möchte und sollte, mit einer neuen Technik gehandhabt.

.....

E. Schwitzprogramm

Einige dieser neuen Drogen, wie die Geheimdienstdroge LSD (wurde entwickelt, um ganze Städte zu vergiften und lahmzulegen) oder Angel Dust (Engelsstaub) (wurde von betrügerischen Spielern entwickelt, um Rennpferde zu handhaben und Rennen zu beeinflussen), haben die ekelhafte Angewohnheit, im Körper zu bleiben und unerwartet irgendwann hochzukommen, um Leute auf „Trips" zu schicken. Das „Schwitzprogramm" wurde verfeinert, um das zu handhaben. Das ist ziemlich anstrengend – aber das ist ein Verkehrsunfall auch, wenn ein unerwarteter „Trip" losgeht. Jeder, der den Mut hat, ein Schwitzprogramm zu machen und dabei zu bleiben, ist strahlend daraus hervorgegangen.

.....

G. Erleichterungs-Rundown

Er handhabt Verluste, die die Leute in Verzweiflung und Düsternis des Lebens treibt, und er wischt die Tränen der Zeit hinweg.

H. Dianetik-Studenten-Rettungs-Intensiv

Diejenigen, die das Studieren schwierig finden, werden davon entzückt sein. Der langsame Student nimmt plötzlich neues Wissen blitzartig auf.

.....

J. Identitäts-Rundown

Freud sagte, dass Leute, die losgelöst sind und denen Dinge unreal sind, nie gehandhabt werden können, dieser Rundown setzt ihn ins Unrecht und den PC ins Recht.

K. Unfähigkeits-Rundown

Für einen PC kann Unfähigkeit mehrere Gestalten annehmen – alles, angefangen von der Unfähigkeit Mädchen anzusprechen, bis zur Unfähigkeit, Arabisch zu sprechen. Jetzt haben wir eine Methode, das zu handhaben, und sie funktioniert. (36)

Im Aufbau dieser Angebote zeigt sich der allmähliche Übergang von „traditionellen Scientology-Themen" zu mehr praxisorientierten Lebenshilfe-Kursen. Dieser Prozess begann bereits 1956 mit dem Hubbard-Buch „Probleme der Arbeit", die mit Scientology zu beseitigen seien. An den Angeboten im „Journal 30" wird deutlich, in welche Richtung er sich entwickelt:

Neu: Das Ehe-Intensiv

Damit handhaben Ehemänner und -frauen Eheschwierigkeiten, wodurch sie befähigt werden, ein glückliches Eheleben zu führen. Es kann die Blüte der Frühlingsromanze wiederherstellen!

Neu: Das Lehrer- oder das Überwacher-Intensiv

Dies ist für jede Person, die mit dem Lehren oder Überwachen oder der Erziehung zu tun hat, und befähigt ist, ein bei weitem besserer Lehrer oder Überwacher zu werden.

Neu: Geld-Prozessing-Intensiv

Das handhabt die Unfähigkeit, Geld zu haben und führt zu der Fähigkeit, das Einkommen zu erhöhen.

Neu: Berufs-Intensiv

Das befähigt Personen, Schwierigkeiten zu überwinden, denen sie in ihrem Beruf oder in irgend einem gegebenen Fachgebiet begegnen mögen.

Neu: Fixierte Person-Rundown

Das befähigt eine Person, den Zustand zu überwinden, ihre Aufmerksamkeit auf eine Person fixiert zu haben. (37)

All diese Kurse sind auch für Clears vorgesehen, die – glaubt man der Scientology-Propaganda – diese Probleme eigentlich gar nicht mehr haben dürften! Die Bewegung befand sich hier in einem klassischen Geschäftskonflikt: Einerseits musste nach den Marktregeln von Angebot und Nachfrage das Angebot verknappt werden, um die Preise hoch zu halten. Dies geschah dadurch, dass die höheren Weihen nach Scientology-Grundsätzen nur an Clears verkauft werden dürfen. Andererseits hatte die Bewegung aber bereits die Erfahrung gemacht, dass nur Masse den großen Profit brachte. Folge: Es musste ein Weg gefunden werden, den Endpunkt der „Erkenntnis" faktisch ins Unendliche zu rücken. Die Begründung gab Ron Hubbard so: »Dianetic-Clears. Zweifellos war die große Neuigkeit, über die 1978 auf der ganzen Welt sehr viel geredet wurde, die riesige Anzahl von Leuten, von denen entdeckt wurde, dass sie Dianetik-Clear gegangen waren. 1950 und später pflegten die Leute zu fragen: „Wo sind all die Clears?" Sie waren genau da! 1978 entdeckte ich, dass es tödlich war, einen Dianetik-Clear mit Dianetik weiter zu auditieren. Das gab den Anschein von keinem Fallgewinn (natürlich)! Als ich also ankündigte, dass das Auditieren von Dianetik bei Dianetik-Clears verboten ist, begannen sich die Leute umzuschauen, und siehe da, sie hatten mit Dianetik Clears hervorgebracht und einfach weitergemacht! Der PC, der es geschafft hatte, wurde nicht zum Clear erklärt und weiteres Dianetik wirkte bei ihm nicht (natürlich). Im Jahr 1978, nach meiner Ankündigung, begannen Auditoren es zu überprüfen und auf den PC zu hören und stellten fest, dass es überall Clears gab! NED (New Era Dianetic – Anmerkung des Autors) bringt jetzt viel schneller Gewinne hervor, und viele (nicht alle) NED PC's begannen, Clear zu gehen. Und die Zahl der Clears raste weiter nach oben.

Indem sie rehabilitiert waren und es erlaubt wurde, sie zu Dianetik-Clears zu erklären, wurden plötzlich die vollen Resultate des Clears erzielt! Lawinen von aufregenden Erfolgsberichten gingen Monate lang zu Tausenden aus der ganzen Welt bei mir ein.« (38)

Neben dem für Scientology typischen Anspruch, die ganze Welt erleuchten zu wollen und der damit verbundenen maßlosen Übertreibung der Dimension der Bewegung, erklärt sich hier auch die bereits erwähnte rasante Zunahme der Clears nach 1978. Es drängt sich die Vermutung auf, dass Scientology nach dem außerordentlich erfolgreichen Verkauf der Publikationen Hubbards einfach ein neues, vielversprechendes Geschäftsfeld noch umfangreicher als bisher beackern wollte. Sie wird vom Auftauchen neuer Kursangebote gestützt:

Neu: Dianetik-Clear-Rehabilitation

Der Zustand des Dianetik-Clear wird überprüft und rehabilitiert, was in den meisten Fällen eine sehr schnelle Aktion ist. Es muss überprüft werden, denn wenn eine Person es nicht erreicht hat, muss sie auf den Clearing-Kurs gehen; und wenn sie wirklich Dianetik-Clear erreicht hat, wäre es verhängnisvoll, den Clearing-Kurs zu machen, denn sie ist natürlich schon Clear." (39)

Bemerkenswert erscheint hier besonders das Drängen in die Kurse. Unterstellt, dass die Angesprochenen aufgrund ihrer bisherigen Scientology-Karriere bereits einem gewissen Einfluss der

Bewegung unterliegen, bleibt ihnen faktisch keine Wahl, ob erneut ein Kurs zu besuchen ist, oder nicht. Ihnen wird suggeriert, dass eine diesbezügliche Fehlentscheidung bis zum Tod führen kann. Damit dürfte ihnen die persönliche Entscheidungsfindung bereits weitgehend aus der Hand genommen sein.

In diesem Zusammenhang ist erneut auf die religiöse Camouflage bei Scientology hinzuweisen. Sie wird auch in den Kursen praktiziert, bei denen sie suggerieren soll, man stehe durchaus auf einer soliden Gedanken-Basis, die sich kaum von anderen ideell bestimmten Methoden der Selbstfindung und Welterkenntnis unterscheide.

2.8 Die religiöse Tarnkappe der Kurse

Trotz der weitgefächerten Kursangebote gibt Scientology über deren Inhalte wenig Auskunft. Weder wird das angeblich zu erlangende Wissen konkret benannt, noch wird erläutert, worin die in Aussicht gestellte geistige und mentale Bereicherung der Kursteilnehmer eigentlich besteht. Stattdessen hat Hubbard seinen psychotherapeutischen Dienstleistungsbetrieb „Scientology" religionisiert, ohne dass religiöse Inhalte im herkömmlichen Sinne vorhanden sind. Damit wurde Scientology zur „Kirche", der Heilsweg zum Kursweg. Diese Vermischung setzt sich in allen Lebensbereichen von Scientology und deren Organisationsstrukturen fort. So wird der Patient bzw. Kursteilnehmer zum „Gläubigen" und der Auditor zum „Geistlichen" mit schwarzer Amtstracht und scientologischem Kreuz. Engramme werden als „Sünde" bezeichnet, das E-Meter als „Religiöses Instrument", Kursgebühren als „Spenden". Indem Scientology insgesamt zur „Religion" erklärt wird, geraten automatisch sämtliche Aktivitäten der Bewegung zu „religiösen Aktivitäten". Die „Gottesdienste" in den scientologischen Kirchen werden so zur Umrahmung des „religiösen Geschehens", das sich in Form der Kurse abspielt. (40)

In den religiösen Kontext ordnet sich das „Glaubensbekenntnis" der Scientologen ein. In seinem ersten Teil umfasst es die Proklamation der Menschenrechte und bietet so eine Orientierung auf breit angelegtem Konsens und universeller Akzeptanz. Sehr allgemein gehaltene Aussagen fallen auch im zweiten Teil auf, der die Grundgedanken der scientologischen Weltanschauung zusammenfasst:

„Wir von der Kirche glauben:

Dass alle Menschen, welcher Rasse, Farbe oder welchen Bekenntnisses sie auch sein mögen, mit gleichen Rechten geschaffen wurden. Dass alle Menschen unveräußerliche Rechte auf ihre eigenen religiösen Praktiken und deren Ausübung haben.

Dass alle Menschen unveräußerliche Rechte auf ihre geistige Gesundheit haben.

Dass alle Menschen unveräußerliche Rechte auf ihre eigene Verteidigung haben.

Dass alle Menschen unveräußerliche Rechte haben, ihre eigenen Organisationen, Kirchen und Regierungen zu ersinnen, zu wählen und zu unterstützen.

Dass alle Menschen unveräußerliche Rechte haben, frei zu denken, frei zu sprechen, ihre eigenen Meinungen frei zu schreiben und den Meinungen anderer zu entgegnen oder sich darüber zu äußern oder darüber zu schreiben.

Dass alle Menschen unveräußerliche Rechte haben, ihre eigene Art zu schaffen.

Dass die Seelen der Menschen die Rechte der Menschen haben.

Dass das Studium des Verstandes und die Heilung der mental verursachten Krankheiten von Religion nicht entfremdet oder an nichtreligiöse Gebiete vergeben werden sollte.

Und dass keine Instanz außer Gott die Macht hat, diese Rechte aufzuheben oder außer acht zu lassen, sei es öffentlich oder verborgen.

Und wir von der Kirche glauben:

Dass der Mensch grundsätzlich gut ist.

Dass er danach trachtet zu überleben.

Dass sein Überleben von ihm selbst und von seinen Mitmenschen und von seinem Erreichen der Bruderschaft mit dem Universum abhängt.

Dass die Gesetze Gottes dem Menschen verbieten, seine eigene Art zu zerstören, die Gesundheit des Anderen zu zerstören, die Seele des Anderen zu zerstören oder zu versklaven und das Überleben seines Kameraden oder einer Gruppe zu zerstören oder zu reduzieren.

Und wir von der Kirche glauben:

Dass der Geist gerettet werden kann und dass der Geist allein den Körper retten oder heilen kann." (41)

Auch dieser Teil des „Glaubensbekenntnisses" bietet für religiös orientierte Menschen viele Identifikationsmöglichkeiten, ohne in Gewissenskonflikte zu geraten. Es ist zu vermuten, dass Scientology seine angeblichen „Handlungsgrundlagen" bewusst in dieser allgemeinen Form deklariert, um so die religiöse Legitimität der Bewegung zu unterstreichen. Als Maßstab der Bewertung des tatsächlichen Gewichts dieses „Glaubensbekenntnisses" bietet sich deshalb ein Blick auf seine praktische Umsetzung durch Scientology selbst an. Dabei fällt vor allem die prononcierte Intoleranz auf. Sie widerspricht in eklatanter Art und Weise der auch von Scientology für sich reklamierten Religionsfreiheit, die ja in ihrem Kern ein Toleranz gebietendes Grundrecht ist.

Wie sich dieser Widerspruch in der Praxis reflektiert, sei am Beispiel eines Briefes von Scientology München an den Bürgermeister der Stadt Dietzenbach vor vielen Jahren dokumentiert. Anlass des Briefes war eine in der Stadt geplante Informationsveranstaltung zu Scientology.

In dem Schreiben heißt es u. a.:

„Sehr geehrter Herr Bürgermeister,

gerade ging bei uns die unglaubliche Nachricht ein, dass im Dietzenbacher Rathaus morgen Abend um 20 Uhr eine volksgerichtsartige Inquisitionsveranstaltung über unsere Kirche stattfinden soll.

Wir dürfen Sie ausdrücklich darauf hinweisen, dass wir in dieser Verunglimpfung unserer Religionsgemeinschaft nichts weiter sehen, als die Fortsetzung einer unmoralischen Einbeziehung einer Minorität in Dietzenbachs interne Interessenszwiste.

Uns ist bekannt, dass einige Personen Ihrer Gegend, deren zweifelhafte Aktionen und fragwürdiger Lebenswandel dem Gros der evangelischen Kirche auf keinen Fall dienlich sind, maßgeblich an der Inszenierung dieser religiösen Hetztirade beteiligt sind....

Die Intention der für morgen geplanten „öffentlichen Auspeitschung und Kreuzigung" einer von maßgebenden Religionswissenschaftlern anerkannten Glaubensgemeinschaft geht eindeutig aus der Wahl des „Inquisitors" hervor: Ingo H., von der Stuttgarter ABI, ist bekannt für seine Fähigkeit zur Stimmungsmache und Aufheizung der Gemüter zu sorgen. Dass es ihm lieber ist, den religiösen Intimbereich unserer Gemeindemitglieder auf sträfliche Weise öffentlich zur Schau zu stellen, als zu den Vorwürfen Stellung zu nehmen, die erst vor kurzem anlässlich einer Pressekonferenz in Frankfurt/M. über seine Organisation bekannt wurden und die laut einer inzwischen vorliegenden Gerichtsentscheidung als berechtigte Schlussfolgerungen anzusehen sind, ist aufgrund der Schwere dieser Anschuldigungen nur allzu verständlich. ....

(Es folgen Anschuldigungen gegen die ABI, die aus Materialien der inzwischen aufgelösten scientologischen Tarnorganisation „Arbeitskreis für liberale Bildungsinformation der Verbraucher e. V. Darmstadt" – ALV – herangezogen werden. Der wesentliche Vorwurf gipfelt dabei in der Behauptung, die ABI werde durch „dunkle Geldgeber" finanziert – der Autor).

Allem Anschein nach wurde Ihre Unkenntnis dieser Tatsachen schändlich missbraucht, wodurch klar wird, wie es zu einer solchen Veranstaltung in Ihrem Rathaus kommen kann. Wir bitten Sie nun aber wahrlich zu beachten, wie eine solche Beschimpfungskampagne zustande kommt: Einige Kirchen und Behörden spielen mit abstruser Besessenheit an Minderheitsreligionen herum, und währenddessen beschreitet die moderne Jugend Deutschlands ungehindert einen Pfad in Richtung Kriminalität und Gewalt.

Es sieht aus, als ob die Verantwortlichen eine unerbittliche religiöse Auseinandersetzung erschaffen wollen, um eine realistische Analyse der Situation Jugendlicher in der heutigen Gesellschaft zu verhindern. ...."

Im weiteren Schreiben wird u. a. die Verlegung der Veranstaltung aus dem Rathaus gefordert und um Bereitstellung von Polizeischutz für die Scientologen gebeten. (42)

Das hier ausführlich zitierte Konglomerat von Anschuldigungen, Denunziationen und faschistoiden Betrachtungsweisen steht für eine Vielzahl von Dokumenten, die die Widersprüche zwischen den von Scientology selbst gesetzten Grundsätzen und deren praktische Handhabung belegen. Insofern lässt es erneut am immer wieder von der Bewegung reklamierten eigenen Anspruch zweifeln. Fragwürdig und wenig glaubhaft erscheinen bei solch aggressivem Propagandaton auch die immer wieder deklarierten hehren Ziele der Bewegung. Ihre Vision einer neuen Welt verheißt „eine Zivilisation ohne Krieg, ohne Wahnsinn und ohne Kriminalität, einen Zivilisation, in der sich der Mensch entsprechend seinen Fähigkeiten und seiner Rechtschaffenheit entwickeln kann, eine Zivilisation, in der der Mensch die Möglichkeit hat, sich zu höheren Ebenen zu entwickeln." (43) Angesichts des praktizierten Tons wird diese Vision eher zu einer autoritären Bedrohung, als zum Wegweiser in die „verlorenen Paradiese der Thetanen".

Doch Unfreiheit, Zwang und Ruin beschränken sich bei Scientology keineswegs auf den spirituellen Bereich. In den Kosten und den daraus folgenden finanziellen Verpflichtungen der Kursteilnehmer haben sie eine sehr reale Dimension.

2.9 Der teure Traum vom Übermenschen – Kosten der Bücher und Kurse

Scientologen sind offenbar begnadete Verkäufer. Seit Anfang der 80er Jahre verkaufen sie sogar simplen Sonnenschein – für 751 Mark war damals der „Sonnenschein-Rundown" zu haben. Natürlich nur für Clears, denen Hubbard versprach: „Der Sonnenschein Rundown ist ein strahlender, neuer Rundown, der dem Zustand Clear extra Glanz hinzufügt. ... Der Sonnenschein Rundown verleiht dem Clear einen frischen, neuen Ausblick und orientiert ihn als einen Clear wirklich auf die Gegenwart hin." (44)

Nicht ganz so preiswert ist es, wenn es um ernstere Probleme geht. So mussten schon vor 20 Jahren 3150 Mark ausgegeben werden, um einen „Reinigungs-Rundown" zu bekommen. Wie clever dabei an Stimmungen und Ängste der damaligen Zeit angeknüpft wurde – zur Erinnerung: Der NATO-Doppelbeschluss zur Raketennachrüstung ließ bei Vielen Kriegsängste wieder aufkeimen und die Friedensbewegung stark anwachsen – belegt das HCO-Bulletin vom 3. Januar 1980 mit seinem Kapitel: „Reinigungs-Rundown und Atomkrieg". Dort heißt es u. a.: „Ich will, dass Scientologen den 3. Weltkrieg überleben. Seit den späten 50er Jahren ist der Atomkrieg als Nachrichtenthema mehr oder weniger vernachlässigt worden. Aber das macht ihn nicht weniger bedrohlich. ... Strahlung hat eine kumulative Wirkung. Und sie hat wie ein Engramm frühere ähnliche Geschehnisse, die bis zu einem Basis-Engramm zurückgehen. Bombardiert mit der Strahlung radioaktiver Niederschläge ... neigen die Menschen heute weitaus mehr dazu, einem Atomkrieg zum Opfer zu fallen. Die kumulative Wirkung von Strahlung schafft bei ihnen die Bedingungen für einen raschen Tod im Falle schwerer radioaktiver Niederschläge. Das führt uns zu dem interessanten Aspekt, dass wahrscheinlich diejenigen, die einen vollständig und sachkundig durchgeführten Reinigungs-Rundown gemacht haben, überleben werden ... Und dies zeigt die interessante Möglichkeit auf, dass in Gebieten, die in einem Atomkrieg schwerem radioaktivem Niederschlag ausgesetzt sind, nur Scientologen ihrer Tätigkeit nachgehen werden." (45) Ein solch zynisches Geschäft mit der Angst, verbunden mit der Verheißung, durch einen Atomkrieg auch noch zur Weltherrschaft zu gelangen, demaskiert Scientology wohl mehr als alle Tarnstrategien verschleiern können.

Wenn es ums Geschäft geht, tritt bei Scientology angebliche Religiosität in den Hintergrund. Deshalb gibt es auch im Widerspruch zum immer wieder erhobenen Scientology-Anspruch, ihre Verlautbarungen wären „ewige Weisheiten", im Kurssystem ständige Veränderungen. Frühere Kurse werden plötzlich als überholt und überflüssig abgetan, neue Angebote offeriert. Haben Scientology-Interessenten solche Kurse bereits gebucht, werden sie automatisch in Ersatzkurse überführt. Auffällig ist dabei, dass bei den Inhalten dieser Angebote sehr schnell und flexibel auf Life-Style-Strömungen und jeweils gerade aktuelle Ängste und Sehnsüchte reagiert wird. Durch diese ständigen Veränderungen wird das Kurssystem unübersichtlicher und komplizierter. In den Scientology-Materialien wird dies jedoch als Vereinfachung und Vertiefung des scientologischen Weges zur totalen Freiheit verbrämt. So schreibt „Advance!" Anfang der 80er Jahre: „Ron hat eben der Brücke eine neue, schnellere Form gegeben. Sie entspricht jetzt noch mehr dem Aufbau des Minds und erlaubt es, problemloser und schneller durch die unteren Stufen zu Clear, OT und NEO für OTs hochzusteigen." (46)

Diese permanente Spezifizierung der Kursstrukturen ist mit ständigen Preissteigerungen verbunden. Im Jahr 1976 betrug der Stundensatz für das „Auditing" höchstens 64 Mark – ein Preis, der damals im Vergleich mit Stundensätzen ausgebildeter Psychologen durchaus bereits im oberen Segment lag. Wenig später stieg er bereits auf 350 Mark pro Stunde. Inzwischen liegt er im vierstelligen Bereich, rechnet man Paketpreise auf dafür geleistete Stunden um. (47) Bezahlt wird dabei im Wesentlichen das Markenzeichen Scientology, denn bei den erbrachten Leistungen handelt es um nichts weiter als um Gesprächsrunden mit nicht ausgebildetem oder lediglich angelerntem Personal.

Dem steht die auch von Scientology zugegebene Tatsache gegenüber, dass die Kosten der Kurse für die Bewegung geschrumpft sind. So heißt es in „Ron's Journal 30" vom 17. Dezember 1978: „Hallo!

Ich habe ein paar aufregende Neuigkeiten über Dienstleistungen. Das Auditing ist so schnell geworden, dass tatsächlich das Clearing ganzer Gebiete in Sicht ist.

1978 war das Jahr der technischen Durchbrüche!

Wenn das Auditing wegen der Inflation teurer werden musste, musste es sehr viel schneller und besser gemacht werden. Tatsächlich sind die Auditing-Kosten heute so niedrig wie nie zuvor und das werden sie bleiben, da die Verbesserungen so großartig gewesen sind." (48)

Hinzuweisen ist in diesem Zusammenhang auf die Tatsache, dass die Preise für die Kurse von Scientology selbst vorzugsweise als „Beiträge" oder „Spenden" bezeichnet werden. Damit wird suggeriert, dass sie steuerfrei verwendet werden dürfen, was der Gesetzgeber allerdings nur für gemeinnützige Vereine vorsieht. Die meisten Scientology-Vereine sind jedoch nicht als gemeinnützig anerkannt, was vielen Mitgliedern unbekannt sein dürfte. Hatten einzelne Vereine in der Vergangenheit den Status der Gemeinnützigkeit erlangt, wurde er ihnen in mehreren Fällen inzwischen wieder aberkannt. Dies betraf z. B. Dianetic Stuttgart e. V., der seine Mitglieder schriftlich bat, beim Finanzamt Protest gegen die Statusänderung einzulegen.

Steuerrechtlich kompliziert ist auch der Umgang mit Mitgliedsbeiträgen. Sie gelten für Vereine mit oder ohne Gemeinnützigkeit als steuerfreie Einnahmen. Letztere müssen aber vom Gewinn Körperschaftsteuern abführen, wobei unter bestimmten Voraussetzungen Mitgliedsbeiträge bei der Gewinnermittlung jedoch unberücksichtigt bleiben können. Für Spenden gilt vergleichbares: Der Spender kann sie von der Steuer absetzen und der Empfänger braucht sie nicht zu versteuern. Ob die Scientology-Vereine vor dem Hintergrund dieser von Schlupflöchern übersäten Gesetzeslage letztlich Steuern zahlen oder nicht, gehört zu deren am besten gehüteten Geheimnissen.

Neben dieser Finanzierung von Dienstleistungen durch angebliche Beiträge und Spenden verfügt Scientology – wie jeder Kaufmann – auch über ein ausgeklügeltes Rabatt-System. Zum Einen funktioniert es über die Möglichkeit, für ein geringes Gehalt in den Vollzeitdienst von Scientology zu treten, zum Anderen über den Verkauf von Scientology-Literatur und -kursen auf Provisionsbasis. In Zeitschriften und Broschüren wird für beide Wege unablässig geworben, in beiden Fällen erhalten Interessenten die Möglichkeit, Scientology-Angebote zu ermäßigten Preisen zu erwerben.

Neben den Kursen bringen die in Millionen-Auflagen verbreiteten Publikationen für Scientology das große Geld. Bereits in den 70er Jahren kostete das Standardwerk „Dianetik: Die moderne Wissenschaft der geistigen Gesundheit" laut Preisliste der Kopenhagener Scientology-Zentrale zwischen 33 und 44 Mark. Eine regelmäßige Erhöhung der Preise ist durch die Führungsanweisung LHR ED 284-5 vom 8. Mai 1979 eingeführt worden:

„Betrifft: ERHÖHUNG DER BUCHPREISE

......

Vom 1. Juni 1979 an werden die Preise aller Dianetik- und Scientology-Bücher, Kurs-Packs und anderer Materialien ... monatlich um 10 % steigen, wirksam um Mitternacht eines jeden Monats, am letzten Tag des vorangegangenen Monats. ... es sei erwähnt, dass ‚Dianetik, die moderne Wissenschaft der geistigen Gesundheit' in sein 29. Lebensjahr als ein ständiger Bestseller eintritt... Die Nachfrage bleibt weiterhin sehr hoch, und es muss alles unternommen werden, um mit ihr Schritt zu halten..." (49)

Gerechtfertigt werden solcherart Preissteigerungen mit der Inflationsrate. Dazu ist festzustellen, dass diese in keinem europäischen Land mit den rapide steigenden Scientology-Preisen korrespondierte, so dass derartige Erklärungen der Bewegung nur als Tarnmanöver bewertet werden können. Zeitlich entspricht das Einsetzen der Preiserhöhungsspirale Ende der 70er Jahre der Periode, die von schrittweisem Rückzug Ron Hubbards aus der aktiven Geschäftstätigkeit geprägt war. Somit liegt die Vermutung nahe, dass dabei neben dem steigenden Finanzbedarf der expandierenden Bewegung bereits Auseinandersetzungen um Hubbards Erbe eine Rolle gespielt haben können. Neben den ständig steigenden Preisen ist der Zahlungsmodus für Scientology-Dienstleistungen charakteristisch für das Finanzgebaren der Bewegung. Im Widerspruch zu den gesetzlichen Festlegungen über Vergütung nach Zeitabschnitten (§ 614 BGB) werden von Scientology stets Vorauszahlungen verlangt. Übersteigen sie die finanzielle Kraft des potentiellen Kunden, scheut Scientology nicht davor zurück, unseriöse Kreditvermittler einzuschalten, wie der Fall eines Stuttgarter Scientology-Interessenten belegt.

Der Mann hatte zunächst den 200-Fragen-Test absolviert. Dessen „Auswertung" durch den Stuttgarter Scientology-„Geistlichen" Helmut Kohl (nicht mit dem früheren Bundeskanzler identisch – Anmerkung des Autors) erbrachte ein äußerst negatives Ergebnis, eine übliche Methode, um den Anwärter näher an die Bewegung zu binden und ihm die Notwendigkeit des schnellen Eintritts in die Kurse glaubhaft zu machen. Deshalb offerierte Kohl dem verunsicherten Probanden eine „geistliche Beratung" von mindestens 200 Stunden. Der Preis pro Stunde sollte 48 Mark betragen, so dass insgesamt 9600 Mark zu zahlen gewesen wären. Über diese Summe verfügte der Interessent nicht. Deshalb vermittelte ihm Kohl einen Kontakt zu einem Kreditvermittler. Aufgrund der dort üblichen, verschleierten Geschäftspraktiken war für den Kredit ein Jahreszins von 23 % zu zahlen. Hinzu kamen Kosten für Bearbeitung, Versicherung u. ä., so dass der Kredit insgesamt mit etwa 40 % zu verzinsen war! (50)

Versucht ein derart betrogener Scientology-Interessent, bereits im Voraus gezahltes Geld zurückzubekommen, steht ihm ein vorgeschriebener langer und komplizierter Antragsweg bevor. So heißt es in den entsprechenden Formularen unter anderem:

„...2.) Der Antragsteller muss eine vom Notar beglaubigte Erklärung anheften, dass er in dieser Angelegenheit noch keine Rückzahlung bekommen hat.

3.) (Danach) muss der Antragsteller eine Bestätigung von der Technischen Abteilung bekommen, dass die entsprechende Leistung noch nicht in Anspruch genommen wurde. ...

4.) Nun bekommt der Antragsteller vom Leiter der Qualifikationsabteilung eine Bestätigung, welcher Art korrektiver Leistung er erhalten hat, oder ob er eine solche Leistung verweigert hat. ...

5.) Der Antragsteller geht jetzt zum Ethik-Officer der Kirche, wo er folgende Erklärung sowie eine Verzichtserklärung ... (gemäß Anordnung) ... unterschreibt.

6.) Ich, der Antragsteller, verstehe, dass eine Bearbeitungsgebühr für die Bearbeitung einer Rückzahlung erhoben wird. Die Gebühr wird festgelegt, nachdem mein Antrag vom G.B.V. überprüft wurde, da sämtliche Ausgaben, die durch das Bearbeiten dieses Antrages entstanden sind, in der Berechnung aufgeführt werden müssen.

7.) Der Antragsteller muss ebenso verstehen, dass sein Antrag zurückgewiesen werden kann, ...

...

... Wenn er/sie Verzichtserklärungen gefälscht hat, die aufgrund einer psychiatrischen Vergangenheit abgegeben wurden, oder die Kirche in anderer Weise hintergangen hat. ...

... Wenn irgendeine Drohung, Nötigung oder Einschüchterung von Seiten des Antragstellers versucht wurde. ...

... Wenn es irgendeinen anderen Verstoß gegen den ursprünglichen Vertrag gibt." (51)

Dieses Verfahren widerspricht eklatant der geltenden Rechtslage. Danach ist ein Vertrag mit Scientology ein Dienstvertrag, der wie alle Verträge dieser Art jederzeit gekündigt werden kann. Wenn es sich um „Dienstleistungen höherer Art" handelt, kann der Vertrag sogar „jederzeit" und ohne Angabe von Gründen gekündigt werden, so das BGB in § 627. Bereits mit der Kündigung kann eine Rückzahlung mit Setzung einer Frist gefordert werden.

In einem Urteil unter dem Aktenzeichen 9 G 836/77 aus dem Jahr 1977 hat das Amtsgericht München bestätigt, dass die von Scientology vorgeschriebenen Hürden vor der Rückzahlung bereits gezahlter Dienstleistungen unrechtmäßig sind:

„Der Rückzahlungsantrag enthält für denjenigen, der die Rückzahlung der bezahlten Gebühren beansprucht, nichts anderes als eine Reihe von Erschwernissen, die durch kein gerechtfertigtes Interesse des Beklagten (Scientology-Verein) gedeckt sind. Wenn der Beklagte (Scientology-Verein) darauf hinweist, dass die Formalien des Rückzahlungsantrages dadurch gerechtfertigt seien, dass klargestellt werden soll, dass nach Beendigung des Mitgliedschaftsverhältnisses keinerlei Rechte mehr bestünden, so greift diese Erklärung nicht durch. Den von dem Beklagten (Scientology-Verein) erwünschten Erfolg kann man schlicht und einfach dadurch erreichen, dass man den Austrittswilligen eine Erklärung unterschreiben lässt, in der er auf sämtliche Rechte aus dem Mitgliedschaftsverhältnis verzichtet. Warum hierzu, wie – in dem Rückzahlungsantragsformular vorgesehen, zunächst zum Rezeptionisten, dann zum Direktor für technische Dienstleistungen, schließlich zu Fallüberwacher gegangen werden muss, ist schlechthin unerfindlich, es sei denn, der Austrittswillige soll bei sämtlichen Stationen immer wieder vom Austritt abgehalten werden. Der Beklagte (Scientology-Verein) kann sich auch nicht auf Artikel 137 der Weimarer Reichs-Verfassung berufen. (Gem. Artikel 140 GG gilt Artikel 137 der Weimarer Verf. weiter.) Denn auch die durch diesen Artikel eingeräumte Regelungsfreiheit für Religionsgemeinschaften steht unter dem Vorbehalt von Treu und Glauben.

Schließlich kann sich der Beklagte (Scientology-Verein) nicht darauf beziehen, dass der Kläger die bezeichnete Regelung der Rückzahlung durch die Unterzeichnung der Regeln des Beklagten (Scientology-Verein) anerkannt habe. Einerseits kann nämlich zu einer sittenwidrigen Regelung eine wirksame Zustimmung ohnehin nicht erteilt werden, zum Anderen ist die Kompliziertheit des Weges beim Austritt aus diesen Regeln nicht zu ersehen." (52)

Scientology hat auf Berufung gegen dieses Urteil verzichtet. Offenbar schadet allzu viel Öffentlichkeit nur, denn auch die technische Begleitung der Scientology-Kurse ist äußerst fragwürdig. Hierbei steht das bereits erwähnte „Elektrometer" oder auch „E-Meter" im Mittelpunkt, ohne das kein Auditing stattfinden kann.

2.10 Übersinnliches aus der Konservendose – Das E-Meter

Der Gebrauch des E-Meters geht bis in die Anfangszeit der Bewegung zurück. Laut offizieller Hubbard-Biographie soll ihn kurz nach Gründung der „Hubbard Dianetics Research Foundation" im Frühjahr 1950 in Elizabeth (New Jersey) sein damalige Mitarbeiter Dr. Winter auf das Gerät zum Messen elektrischer Hautwiderstände aufmerksam gemacht haben. Diese Lesart ist wahrscheinlich, weil zu dieser Zeit Psychotherapie im Mittelpunkt der Scientology-Angebote stand und in der seriösen Medizin bereits Geräte ähnlicher Bauart (zum Beispiel die so genannte „Wheatstone-Brücke" oder verschiedene „Haut-Galvanometer") seit Jahrzehnten Verwendung fanden.

Das Interesse der Scientologen am E-Meter richtete sich jedoch von Anfang an auf dessen Nutzung als eine Art „Gedankenlesegerät". Sollte jemand seine Benutzung ablehnen, machte er sich verdächtig. Ron Hubbard dazu in seinem Standardwerk „Have you lived before this life?": „Das E-Meter ... spürt Gebiete geistiger Belastung und Überbelastung auf. Dies ist für den Polizeibeamten ebenso nützlich, wie für den Therapeuten, weil alles, was es anzeigt, die Person beunruhigt. Das E-Meter lokalisiert die Störung dann in Zeit und Charakter. Einige Leute mit schlechtem Gewissen haben berechtigterweise Angst vor dem E-Meter, denn wenn es durch einen Experten bedient wird, deckt es alles und jedes auf, was diejenigen getan haben und waren." (53)

In den USA wurden damals bei Verhören Lügendedektoren eingesetzt, die nach den gleichen technischen Grundprinzipien wie E-Meter arbeiten. Mit ihnen gewonnene Erkenntnisse dienten in verschiedenen Fällen sogar als gerichtsfeste Beweise. So ist es nicht verwunderlich, dass Scientology das E-Meter genau in diese Richtung weiterentwickelte. Als „Hubbard-E-Meter" wurde es

1960 in Großbritannien unter der Nummer 943012 patentiert. Im Zuge der religiösen Verbrämung der Scientology-Aktivitäten wurde das E-Meter später als „religiöses Gerät" bezeichnet. Von Anfang an gilt es als unverzichtbarer Bestandteil der Hubbard-Methode.

Während der Auditings hält der Preclear (PC) je eine Dose des Elektrometers in der Hand, während der Auditor die Skala beobachtet. „Die Bewegungen der Nadel an der E-Meter-Skala zeigen die Spannung an, die die sich ändernde Energie und Masse der Gedanken des PC auf seiner Zeitspur hinterlässt. Zusätzlich enthält das E-Meter eine Skala für die Stimmungsanzeige des PC. Ihr Wert (von 0 bis 5) heißt TA („tone arm action"). Der Auditor, der sämtliche Nadelreaktionen und deren Bedeutung genau kennen muss, verfolgt beim Auditing während seines Frage-Antwort-Spiels die E-Meter-Skalen. Sobald er eine ‚schwebende Nadel' bei einem TA von ca. 2,5 sieht, ist der Release-Zustand erreicht." (54)

Die Nadelausschläge dienen den Scientologen als Beweis für das schrittweise Verdrängen der Thetanen. Tatsächlich belegen sie lediglich die mystisch-technische (Verbrämung) der gesamten Scientology-Methoden, einer wissenschaftlichen Überprüfung halten sie nicht stand. So schreibt z. B. der Professor für Psychologie an der Universität Tübingen, Dr. N. Birbaumer in einem Gutachten:

„Bei dem uns zur Verfügung stehenden Hubbard-E-Meter (handelt es sich) um ein technisch mangelhaftes Gerät zur Ableitung von Hautwiderstandsänderungen.

Änderungen des Hautwiderstandes werden physiologisch durch elektrochemische Erregung der peripheren Schweißdrüsen ausgelöst. Gesteuert werden diese Erregungen von verschiedenen, z. T. noch nicht eindeutig lokalisierbaren Hirnregionen, vor allem dem so genannten limbischen System und Teilen des Großhirns. Änderungen des Aktivitätsgrades (in Richtung Erhöhung der Aktivität) dieser Hirnteile können eine Änderung des Hautwiderstandes in der Körperperipherie auslösen, wenn sie eine bestimmte Erregungsstärke überschritten haben (vor allem an der Handinnenseite oder den Fußsohlen, wo sich besonders viele Schweißdrüsen befinden)...

Aus einer aufgetretenen Änderung des Hautwiderstandes in einer Frage-Antwort-Situation (wie z. B. ein ‚Auditing' der Scientologen) kann nicht auf irgendwelche spezifischen Gedanken oder spezifische emotionale Änderungen geschlossen werden. Es ist aber durchaus möglich, durch geschickte Frageformulierungen informierte oder fehlinformierte Personen zur Preisgabe von Informationen zu bringen, die am Beginn der Befragung diese Personen nicht geben wollten.

Nur im psychologischen Experiment – und bei ‚Auditing' handelt es sich nicht um ein psychologisches Experiment – kann unter kontrollierten Reizbedingungen aus Änderungen des Hautwiderstandes auf Änderungen des zentralnervösen Erregungsniveaus geschlossen werden. ... Ein therapeutischer Effekt der Anwendung dieses Gerätes oder anderer Geräte zur Messung des Hautwiderstandes ist wissenschaftlich nicht nachgewiesen." (55)

Auch der technische Zustand der „Hubbard-E-Meter" ist äußerst fragwürdig, was seit etwa 20 Jahren in Deutschland bekannt ist. So wird in dem Gutachten des Psychologischen Institutes der Universität Tübingen u. a. auf Folgendes verwiesen:

„...2. Das E-Meter entspricht in der Technologie bei weitem nicht den heute üblichen wissenschaftlichen Geräten zur Messung von Hautwiderständen:

a) Die Justiermöglichkeit und die Einstellmöglichkeit des sog. Tonarms (Geräteteil, der die Nadel auf den Ausgangspunkt „set needle here" bringt – Anmerkung des Autors) ist zu ungenau.

b) Bei wissenschaftlichen Geräten wird heutzutage entweder der Strom, der durch den Menschen geschickt wird, oder die Spannung, die angelegt wird, konstant gehalten, so dass die Anzeige entweder proportional zum Widerstand oder proportional zur Leitfähigkeit ist. Keine der beiden Möglichkeiten ist im ‚E-Meter' realisiert.

c) Wissenschaftliche Erkenntnisgewinnung setzt eine Dokumentation der Daten durch ein geeignetes Registriergerät voraus. Das ‚E-Meter' hat keine Anschlussmöglichkeit für ein solches Gerät. Dadurch kann die Deutung der Widerstandsänderungen durch den Benutzer nicht überprüft werden.

3. Die Art der Widerstandsmessung mit dem E-Meter entspricht nicht den heutigen wissenschaftlichen Kriterien:

In der Wissenschaft wird der Hautwiderstand zwischen zwei bestimmten Stellen durch Anbringung von Elektroden von genau bestimmter Größe und Verwendung einer wohldefinierten Elektrodenpaste gemessen. Dabei wird durch die Elektrodenpaste ein bestimmter und gleichbleibender Übergangswiderstand zwischen Haut und Elektrode hergestellt.

Beim E-Meter entsprechen die Elektroden zwei Konservendosen, die der Proband in den Händen hält. Der Übergangswiderstand zwischen Haut und ‚Elektrode' hängt damit sehr stark davon ab, wie fest der Proband die Dosen hält. Dadurch können viele Widerstandsänderungen angezeigt werden, die mit den Hautwiderstandsveränderungen nichts zu tun haben: Während in der Wissenschaft das Auftreten solcher ‚Artefakte' so weit wie möglich vermieden wird, wird das bei ‚E-Meter-Messungen' offensichtlich sogar begünstigt!" (56)

Im Weiteren setzt sich das Gutachten mit der Berücksichtigung der elektrischen Sicherheitsbestimmungen beim Bau des E-Meters auseinander und kommt zu der Schlussfolgerung, dass diese eklatant verletzt werden. Im Extremfall können diese Sicherheitsmängel zum Fließen von Strömen über 10 mA führen, die als lebensgefährlich gelten.

Es ist davon auszugehen, dass die technischen Mängel zwischenzeitlich abgestellt wurden. Die wissenschaftlichen Bewertungen fanden jedoch keinerlei Eingang in die Nutzung des E-Meters durch die Scientologen und können dies offenbar auch nicht tun, weil das Gerät das wichtigste praktische Hilfsmittel zur Umsetzung des gesamten scientologischen Gedankengebäudes ist.

In diesem Zusammenhang sei daran erinnert, dass Scientology behauptet, Thetanen aufzuspüren und ihre Engramme, also ihre belastenden Überbleibsel aus früheren Leben, zu löschen. Damit gewinnen Zeit und Raum in ihrer Dimension als Unendlichkeit zentrale Bedeutung: Will man jemanden oder etwas finden, muss das Gesuchte punktgenau definiert werden. Genau dies geschieht angeblich mit dem E-Meter.

Die Methode dazu ist im „Buch der E-Meter-Übungen" beschrieben. Beispiele:

„E-METER-ÜBUNG NR. 22

Name: Finden verborgener Daten aus diesem Leben mit Hilfe des E-Meters. Zweck: Den Student-Auditor zu trainieren, ein Datum auf der Zeitspur mit Hilfe des E-Meters zu finden, die Realität des Student-Auditors über die tatsächliche Existenz der Zeitspur und über das wirkliche Funktionieren des E-Meters zu erhöhen....

Das Datum wird mit Hilfe von Eliminieren herausgefunden. Die Fragen des Student-Auditors sind folgender Art: „Liegt das Datum vor 1940 nach Christus? ...Nach 1940 nach Christus?" Wenn die Nadel reagiert, lautet die Antwort ja. Wenn bei der ersten Frage eine Nadelreaktion erfolgt, wird die zweite Frage nicht mehr gestellt. Wenn die Nadel auf keine der beiden Fragen reagiert, dann ist das Jahr, das der Student-Auditor gefragt hat, dem gesuchten Datum nicht nahe genug. Wenn das Jahr gefunden ist, bestimmt der Student-Auditor den Monat des Jahres ...Sobald der Student-Auditor die Übung besser kann, sollte der Coach den Schwierigkeitsgrad der Übung erhöhen, indem er den Student-Auditor Monat, Jahr, Tag und ebenfalls Minuten und Sekunden herausfinden lässt. ...Der Student-Auditor besteht diese Übung, wenn er leicht, richtig und genau mit dem E-Meter datieren kann..." (57)

Angesichts der Unendlichkeit der „Zeitspuren" – Hubbard schreibt in seinem Buch „A history of man": „Dies ist ein kaltblütiger und sachlicher Bericht über unsere letzten sechzig Billionen Jahre..." So werden angeblich sekundengenau Ereignisse bestimmt, die bis zu „Billionen von Billionen von Billionen von Jahren" zurückliegen. So wird in der „E-Meter-Übung 25" die beschriebene Methode des Eliminierens benutzt, um ein Datum „56.276.345.829.100 Jahre, 315 Tage, 42 Stunden, 15 Minuten und 10 Sekunden" zurück, festzulegen! (58) Zum Vergleich: Die Wissenschaft datiert das Alter unseres Universums auf etwa 5 Milliarden (5.000.000.000) Jahre.

Als „Beweise" für die Ergebnisse der Befragungen mit Hilfe des E-Meters führen die Scientologen 42 „Fälle" an, die das Dasein der Probanden in anderen Leben zu anderen Zeiten beschreiben. Beispiele: „Fall 3 am 19. März 56 vor Christus von einem römischen Legionär getötet. 45 Minuten lang konnte er nicht verstehen, weshalb er lebte, sein Körper aber tot war. Drei Stunden hielt er sich neben dem toten Körper auf, fühlte die Hitze der Sonne auf dem toten Körper und fühlte, wie der Soldat sein Schwert herauszug. Später beschloss er, den Körper des Bruders seiner Frau zu benutzen, die ihn vergiftet hatte. ... Fall 5 hatte das Ungeschick, dass der stärkste Zeigeraus-schlag auf eine Zeit vor 78 Billionen Jahren deutete. Er fand sich in einer phantastischen Raum-Fabrik, in der goldene Tiere, meistens Elefanten und Zebras, konzentrisch am Nacken aufgehängt waren. ... Fall 10 lebte vor 55.000.000.000.000.000.000 Jahren – exakt herausgefunden mit dem Zeiger des E-Meters. Damals hat er u. a. die atomgetriebenen Maschinen eines Raumschiffs repa-riert. Fall 11 liegt erst 254 Jahre zurück. Er war damals ca. 35 Jahre alt, Zimmermann, zwölf Jahre verheiratet, drei Kinder. Obwohl er immer pleite war, legte er sich eine Mätresse zu und war des-halb erst recht pleite. (59)

Solch phantastische Erkenntnisse rechtfertigen – zumindest nach Meinung der Scientologen – beträchtliche Preise für das E-Meter. 1976 war die magische Wunderkiste für etwa 500 Mark zu haben. Die Herstellungskosten lagen damals bei etwa 50 Mark, was von Scientology nicht dementiert wurde. Das gebräuchlichste Modell – in der Standardausführung ein brauner Holzkas-ten mit einer runden Skala und eingelassenen Einstellknöpfen, inzwischen „Arbeitspferd" genannt – kostete etwa 1500 Mark. Eine optisch etwas bessere Ausführung wurde für rund 2500 Mark angeboten. Mit der explosionsartigen Zunahme der Kurse Ende der 70er Jahre explodierten auch die Preise für das E-Meter. So kostete das Modell „Mark V" 1982 bereits 1575 Mark, das Nach-folgemodell „Mark VI" bereits 4095 Mark. Inzwischen gibt es Hinweise auf „edle Luxusausfüh-rungen" im fünfstelligen Preisbereich. (60) Eine Sicherung des Absatzes wurde u. a. dadurch erreicht, dass Scientology jeden Auditor anwies, mindestens zwei E-Meter zu besitzen.

Neben dieser mysteriösen technischen Komponente beim Praktizieren der Scientology-Lehre bedient sich die Bewegung darüber hinaus auch einer eigenen Sprache, die einen weiteren wich-tigen Pfeiler im gesamten System der Verschleierung dessen, was Scientology eigentlich ist, dar-stellt.

2.11 „Wortklären" – Ron Hubbards Rezept für den Gedanken-Salat

Teilnehmern von Scientology-Kursen fällt zuerst meist das ungewöhnliche Vokabular der „Lehrer" auf. Meist ist es aus dem Amerikanischen entlehnt, was auch in den bisher zitierten Einlassungen aus Ron Hubbards Werken deutlich wird.

Selbstredend bietet Scientology seinen Teilnehmern ein „Studierpaket" an, das ihnen sowohl den scientologischen Wortschatz näher bringen, als auch dessen Bedeutung erläutern soll. Im inter-nen Sprachgebrauch der Gruppe heißt das „Wortklären", den Kurs-Teilnehmern gegenüber spre-chen die Scientologen vom „Redefinieren von Worten". Ein entsprechendes „Wörterbuch" ist für rund 100 Mark zu haben, dem „Redefinieren von Worten" wird ein erheblicher Teil der „Ausbil-dungszeit" gewidmet.

Kein Hinweis findet sich dabei – weder in den Kursen, noch im Wörterbuch – darauf, dass viele der dort enthaltenen Vokabeln lediglich Scientology-Kunstworte sind. Sie existieren weder in der amerikanischen Umgangssprache, noch in der Hochsprache. Die Sprachinhalte werden im Sinne von Scientology dargestellt, so dass sich hier eine von Scientology zwar effektiv genutzte, aber beileibe nicht selbst erfundene Methode der Manipulation durch Sprache offenbart.

Wie weitgehend sie ist, zeigt bereits das Wort „Scientology" selbst. Seine Herkunft aus lateini-schen und griechischen Quellen wird zwar ausführlich erklärt (siehe oben), es gibt aber nir-gendwo auch nur den geringsten Hinweis darauf, dass es sich hier bereits um ein Kunstwort mit ideologisch determiniertem Inhalt handelt.

Weshalb ein solcher Aufwand überhaupt betrieben wird, offenbart die entsprechende Führungs-anweisung von Ron Hubbard vom 5. Oktober 1971, die auf den folgenden Seiten vollständig wiedergegeben wird (Anmerkung: Redefinition bedeutet im Folgenden etwa Rück- und Gegen-definition und PR-Öffentlichkeitsarbeit, auch Propaganda):

»Hubbard Kommunikations-Büro (abgekürzt HCO – Anmerkung des Autors)
Saint Hill Manor, East Grinstead, Sussex
HCO Politik Brief vom 5. Oktober 1971
POLITIK DURCH REDEFINITION VON WORTEN

Eine langfristige Technik der Propaganda, die von den Sozialisten (gleichermaßen Kommunisten und Nazis) benutzt wurde, ist für PR-Praktiker von Bedeutung. Ich kenne keine Stelle der PR-Literatur, in der sie erwähnt wäre. Aber die Einzelheiten zirkulieren mündlich in Kreisen der Intelligenz und sie ist laufend in Gebrauch. Der Trick ist – Worte sind zu redefinieren, bis sie zum Vorteil des Propagandisten etwas anderes bedeuten. Ein wichtiges Beispiel ist das Wort KAPITALIST. Früher bedeutete es, „jemand, der seine Einkünfte daraus bezieht, dass er anderen Geld leiht". In der Volkswirtschaftslehre ist das noch heute die Definition. Durch die Redefinition der Propaganda wurde er eine Person mit Reichtum, die in Geschäfte investiert (wodurch er zum Eigentümer wird und nicht zum Bankier), und zur Zeit ist er jemand, der andere ausbeutet, Kriege anzettelt und Arbeiter niedertrampelt! In kurzer Zeit hat sich die Bedeutung des Wortes gewandelt durch die Anstrengungen derjenigen, die unter der Maske des Arbeiterfreundes danach trachten, alles im Land in ihren Besitz zu bringen. Totalitärer Sozialismus muss private Eigentümer ausrotten mit dem Auftrag, das Besitztum an sich zu reißen.

Somit eine intensive Konzentration auf die Redifinition der Wörter „Kapitalist" und „Kapitalismus". Es gibt viele solche Beispiele. Das sind keine „natürlichen" Änderungen der Sprache. Es sind Änderungen durch Propaganda, sorgfältig geplant und durch eine Werbekampagne durchgeführt mit dem Auftrag, bei der öffentlichen Meinung einen Vorteil für die Gruppe zu erlangen, welche die Propaganda durchführt.

Wird die Redefinition oft genug wiederholt, kann die öffentliche Meinung dadurch geändert werden, dass die Bedeutung eines Wortes geändert wird. „Psychiatrie" und „Psychiater" ist leicht redefiniert in die Bedeutung „ein anti-sozialer Feind des Volkes". Dadurch werden die verrückten und tötenden Psychiater von der Liste der bevorzugten Berufe verschwinden. Dies ist ein guter Gebrauch von dieser Technik, denn für ein Jahrhundert haben die Psychiater einen für alle Zeiten geltenden Rekord der Unmenschlichkeit an Menschen aufgestellt.

Die Redefinition von Wörtern wird dadurch bewirkt, dass andere Gefühle und Symbole mit ihnen verbunden werden, als diejenigen, die man erwartet. Die amerikanische medizinische Gesellschaft (AMA) und die Nationale Gesellschaft für Geistige Gesundheit in England und Südafrika und die „Britische Psychologische Gesellschaft" in Australien haben sehr hart daran gearbeitet, Scientology im öffentlichen Bewusstsein zu redefinieren.

Aus diesem Grund sind zwei Dinge eingetreten: die Scientologen redefinieren „Arzt", „Psychiatrie" und „Psychologie" in die Bedeutung von „unerwünschte antisoziale Elemente", und sie versuchen, die gegenwärtige Bedeutung von Scientology zu stabilisieren. Die AMA hat es sogar fertiggebracht, US-Wörterbücher zu veranlassen, „Dianetics" als eine „Pseudo-Wissenschaft von Science-Fiction" zu redefinieren …

Die Massenmedien glauben, die öffentliche Meinung zu steuern, aber das Gegenteil kann eintreten. „Die kapitalistische AMA versucht, der Bevölkerung die Wohltat neuer Entdeckungen wie von Scientology zu verweigern, weil sie die großen Profite ausrotten würde, welche die AMA mit den psychosomatischen Krankheiten der Leute macht."

So könnte eine Erklärung lauten, durch welche die Umkehr der Bedeutung bewirkt werden könnte. Man muss die Propagandisten finden, bombardieren und anprangern, um Fortschritte gegen solche Versuche der Redefinition zu machen. Man muss die Propagandisten brandmarken und die Bemühungen des Redefinierens anfachen, indem man dazu eine ständige PR-Kampagne benutzt. Man kann die Redefinition auch dazu benutzen, den Versuch des Redefinierens bloßzustellen. Ein typischer Fall ist das Wort „Psychologie".« (Soweit Hubbard)

Definition nach „Das Wissen des 20. Jahrhunderts:" Ganz allgemein versteht man unter dem Begriff Psychologie die wissenschaftliche Lehre und Erforschung von den Tatsachen des seelischen Erlebens. Da der Mensch als ein beseeltes Wesen betrachtet wird, nimmt man für seine vielfältigen äußeren Verhaltensweisen innerhalb der ihn umgebenden Welt einen Bereich an, aus dem diese Handlungen zu verstehen sind: den seelischen Bereich oder die Psyche.

Neben den rein vom Verstand und der Vernunft bedingten Verhaltensweisen bestehen auch Triebe und Strebungen, die dem Menschen nicht unmittelbar bewusst sind. Insofern erhält der Mensch als Träger von Stimmungen und Gefühlen, Vorstellungen und Träumen auch aus seiner

„Innenwelt" Antriebe, die ihn gewisse Handlungen ausführen lassen. „Innenwelt" und „Außenwelt" stehen sich aber nicht in einer streng abgegrenzten Weise gegenüber, sondern sind mannigfach miteinander verflochten. Derartige wissenschaftliche Definitionen sind L. Ron Hubbard ein Dorn im Auge. Er will derartige Definitionen „redefinieren". Dazu Hubbard: „Der Weg, ein Wort zu redefinieren, besteht darin, die neue Definition so oft wie irgend möglich zu wiederholen. Dementsprechend ist es nötig, Medizin, Psychiatrie und Psychologie abwärts zu redefinieren und Dianetics und Scientology aufwärts zu definieren.

Soweit es Worte angeht, geht die Schlacht um die öffentliche Meinung darum, dass deiner Definition geglaubt wird und nicht derjenigen der Opposition. Konsequente und wiederholte Anstrengung ist der Schlüssel zu jedem Erfolg mit dieser Technik der Propaganda. Man muss wissen, wie es anzustellen ist."

L. RON HUBBARD Gründer

LRH: mesrd

Diese Betrachtung zeigt nicht nur den wissenschaftlich unverantwortlichen Umgang von Scientology mit zeitlich völlig unterschiedlichen Betrachtungsweisen ohne historischen Kontext, sondern gibt auch Einblick in die demagogische Konsequenz, mit der dabei vorgegangen wird. Nach Scientology-Logik dürften sich Definitionen mit wachsender Erkenntnis nicht verändern, ein vor einhundert Jahren vor dem Hintergrund der damaligen Zeit völlig zu Recht als „Motorkutsche" beschriebenes Auto wäre heute noch genauso zu definieren! Eine solche Denkweise macht es bereits aus sich heraus unmöglich, Neues zu erkennen und belegt damit deutlich die dogmatischen Grundstrukturen bei Scientology.

Diese These wird durch die umfangreiche und ausgeklügelte praktische Anwendung des Prinzips vom Redefinieren der Worte gestützt. So heißt es z. B. in einer Anweisung Hubbards vom 2. Januar 1967 an das „Personal der Qualifikationsabteilung, Personal der Technischen Abteilung, Studenten des Clearing-Kurses, SHSBC-Studenten", ungewöhnlicherweise rot gedruckt, unter „DATIEREN – VERBOTENE WÖRTER":

„Die Wörter „mehr" – „weniger" kommen in der Bank vor, und ihre Verwendung beim Datieren ist verboten …

Im Buch der E-Meter-Übungen muss die Formulierungsweise über das Datieren der Zeitspur,

Dr. Rolando Zamora Gonzáles, ehemaliger Leitender Direktor im Bildungsministerium von Costa Rica, Kursteilnehmer bei Applied Scholastics, der weltweiten Schulungsorganisation der SO zur „Steigerung der Fähigkeiten von Studenten".

Foto: privat

E-Meter-Übung 25, in der die Wörter „mehr" oder „weniger" enthalten sind, verändert werden zu „größer als" – „kleiner als" ...

Jeder, der beim Datieren die Wörter „früher" – „später" verwendet, Wörter, die in keiner E-Meter-Übung zu finden sind, macht sich nicht nur der „Veränderung" (hier im Sinne von Missbrauch – Anmerkung des Autors) der Technologie schuldig, sondern wird seinen Studenten oder Preclear in die Bank („Bank" entspricht nach der Scientology-Sprache einem menschlichen Gedächtnisteil) hineinquetschen, da diese Wörter ebenfalls in der Bank vorkommen und daher verboten sind." (61)

Was hier zunächst als harmlose Wortvorschrift anmutet, berührt letztlich ein Grundprinzip von Scientology: Soll tatsächlich der Anspruch durchgesetzt werden, eine obskure Psychotechnik als „Kirche" zu etablieren und deren Dienstleistungen zu als „Spenden" deklarierten Preisen zu verkaufen, klappt das nur durch ständiges Wiederholen des Angebots und die Durchsetzung strenger Verhaltensregeln für die Anhänger. Das ist die eigentliche Funktion der linguistischen Würze im Scientology-Gedankensalat, frei nach der Erkenntnis der Demagogen aller Couleur: Wird eine Lüge nur oft genug publiziert, gerät sie irgendwann ganz von selbst zur Wahrheit. Es versteht sich, dass Scientology diese Problematik ganz anders sieht und sich in Auseinandersetzungen dazu immer wieder gern auf ihren angeblichen Charakter als Religionsgemeinschaft zurückzieht. Der Vergleich des Menschen- und Gesellschaftsbildes von Scientology mit der Werte- und Rechtsordnung des deutschen Grundgesetzes (das in anderen demokratischen Staaten dieser Welt seine Entsprechungen hat) lässt diese angebliche Religiosität auch unter juristischen Gesichtspunkten als höchst zweifelhaft erscheinen.

2.12 Scientology – Muss das Warenzeichen vom Grundgesetz geschützt werden?

Seit dem gesellschaftlich relevanten Auftauchen von neuen weltanschaulichen Vereinen Anfang der 70er Jahre in Deutschland wird von den Juristen die Frage diskutiert, ob sie als Religionen im Sinne des Artikels 4 Grundgesetz anzusehen sind und die daraus folgende Religionsfreiheit für sich in Anspruch nehmen können.

Von der Rechtsprechung anerkannt ist dabei die Tatsache, dass Religionsfreiheit nicht schrankenlos gelten kann – man denke dabei nur an Menschenopfer archaischer Religionen oder an bestimmte Riten im Hinduismus. Die Grenze der Religionsfreiheit besteht immer in der Wahrung der Menschenwürde. Strittig dabei bleibt deren exakte Definition.

Das Bundesverfassungsgericht setzt es als selbstverständlich voraus, dass sich der Schutz des Artikels 4 Grundgesetz auf eine Glaubenstätigkeit beschränkt, die „sich bei den heutigen Kulturvölkern auf dem Boden gewisser übereinstimmender sittlicher Grundanschauungen im Laufe der geschichtlichen Entwicklung herausgebildet hat." (62) Über diesen Grundkonsens hinausgehend sind Schranken der Religionsfreiheit im Einzelfall durch Güterabwägung zu bestimmen.

Dieser Prozess vollzieht sich zur Zeit im Hinblick auf die bereits als Warenzeichen eingetragene Scientology-Organisation, so dass auch unterschiedliche Beurteilungen des Charakters dieser Bewegung in der Logik der Sache liegen.

So sah zum Beispiel das Oberlandesgericht Düsseldorf bereits 1983 in der Tätigkeit von Scientology keinen überwiegend ideellen Zweck, weil dabei wirtschaftliche Interessen bestimmend seien. Folge: Die Eintragung als Idealverein wurde abgelehnt. (63) Anders das Landgericht Hamburg. Im Januar 1988 verfügte es die Eintragung der dortigen Scientology-Niederlassung im Vereinsregister. (64)

Unterschiedliche Meinungen gibt es vor allem dazu, wie die wirtschaftliche Tätigkeit von Scientology zu bewerten ist und ob dies dazu führt, dass der Schutz des Artikels 4 Grundgesetz entfällt. So urteilten das Hamburger Verwaltungs- und Oberverwaltungsgericht, dass sich die dortige Scientology-Organisation als Gewerbe anmelden muss (65, siehe oben). Das Bundesverwaltungsgericht bestätigte die Entscheidung. (66) Gleichzeitig ist das Bundesverwaltungsgericht nach einer Entscheidung aus dem Jahre 1992 aber auch der Meinung, dass der Schutz der Religionsfreiheit nicht automatisch entfällt, wenn überwiegend eine wirtschaftliche Tätigkeit betrieben wird. Dies wäre nur dann der Fall, wenn die religiösen oder weltanschaulichen Lehren nur als

Vorwand für die Geschäftspraktiken dienten. (67) So erklärt sich, dass das Verwaltungsgericht Stuttgart eine Entziehungsverfügung des Regierungspräsidiums Stuttgart nach § 43, Absatz 2 BGB gegen Scientology bestätigte, der VGH Mannheim diese aber wieder aufhob. (68) Wieder anders entschied das Bundesarbeitsgericht, das über die Arbeitsverhältnisse bei Scientology zu urteilen hatte. Die Richter stellten fest, dass es Mitarbeiter im Außendienst gibt, die auf Provisonsbasis bezahlt werden und eine intensive geschäftliche Werbung betrieben wird. Für sie sind deshalb die Scientology-Aktivitäten ein Gewerbe im Sinne des § 14 der Gewerbeordnung – eine Religions- oder Weltanschauungsgemeinschaft konnten sie nicht erkennen. (69)

Neben den bereits vorliegenden Urteilen ist diese kontroverse Diskussion auch in der juristischen Fachliteratur voll entbrannt. Auffallend ist dabei, dass sich die kritischen Stimmen mehren, je mehr über Scientology öffentlich bekannt wird, je mehr Opfer die Bewegung produziert und je umfangreicher ihre Aktivitäten werden.

Politologen ordnen Scientology inzwischen überwiegend als totalitäre Organisation ein. Dazu berufen sie sich auf folgende Strukturmerkmale:
– einen Alleinvertretungsanspruch
– eine hermetisch abgeschlossene „Weltanschauung"
– eine anti-aufklärerische, absolutistische Legitimationsbasis
– eine rigide Unterscheidung zwischen Gut und Böse
– die Bildung eigener, in sich geschlossener Begriffssysteme
– den Vorrang der Rechte des Kollektivs gegenüber individuellen Freiheitsrechten. (70)

Diesem Ansatz folgt auch der Jurist Prof. Dr. jur. Ralf B. Abel, der im April 1996 im Auftrag der Ministerpräsidentin des Landes Schleswig-Holstein, Heide Simonis, Scientology begutachtet hat. Er untersuchte das Verhältnis der Scientologen zu Demokratie und Pluralität, ihr Sozialverhalten und Rechtsverständnis, die Benutzung der Macht und die politischen Konsequenzen der scientologischen Lehren. Ergebnis: Es ist somit festzuhalten, dass das Menschen- und Gesellschaftsbild von Scientology den elementaren Prinzipien der Gesellschafts- und Wertordnung des Grundgesetzes widerspricht. Es handelt sich nicht nur um einzelne punktuelle Überschreitungen des von der Verfassung gezogenen Rahmens, denn scientologische Ideologie und Verhaltensmuster lassen schon im Ansatz keinen Raum für die Anerkennung und Umsetzung der demokratischen, rechtsstaatlichen und humanen Werte des Grundgesetzes. Die Programmakte von Scientology führt vielmehr – vorgeblich im Zeichen einer „besseren Welt" – zur Ausblendung dieser Werte aus dem gesellschaftlichen und politischen Leben und – systembedingt – zu deren aktiver Bekämpfung. Der Inhalt der scientologischen Schriften zwingt zu der Annahme, dass eine entsprechend der scientologischen Ideologie beeinflusste oder „gleichgeschaltete" Gesellschaft die grundsätzliche Werteordnung und somit die darauf beruhenden rechtlichen und politischen Gewährleistungen im Kern einschränken oder, bei entsprechenden Machtverhältnissen, beseitigen würde. Das scientologische Gedankengut erscheint damit nicht bloß als verfassungsfremd, sondern durchgängig als verfassungsfeindlich." (71)

Abel hat in seiner Analyse Scientology am Verhältnis zwischen ihren Worten und Taten gemessen. Dieser naheliegende und im Grunde sogar simple Weg begründet sein vernichtendes Urteil. Die von Scientology praktizierten Lebensformen bestätigen es tagtäglich.

KAPITEL 2 – QUELLEN

(1)   ABI-Archiv
(2)   Reimer, Philipp-Diether (1982): Scientology und Religion. Materialdienst der EZW. S. 244-253
      Reimer, Philipp-Diether (1983): Ein "Handbuch" demaskiert den Scientology-"Geistlichen". Materialdienst der EZW. S. 244ff.
      Scientology Kirche Deutschland, Hrsg. (1975): Scientology ist eine Religion. München. S. 95-118
(3)   Advance! Die Zeitschrift der Fortgeschrittenen Organisation, 17/1981: S.19

(4)   ABI-Archiv

(5)   Hubbard, L. Ron (1980, 4. Auflage in Deutsch): Dianetik. Die moderne Wissenschaft der geistigen Gesundheit. Kopenhagen. S. 44

(6)   Scintology Kirche Deutschland, Hrsg. (1975): Scientology ist eine Religion. München. S. 44

(7)   Scientology Kirche Deutschland, Hrsg. (1975): Scientology ist eine Religion. München. S. 48

(8)   Scientology Kirche Deutschland, Hrsg. (1975): Scientology ist eine Religion. München. S. 52, Anmerkung (10)

(9)   ABI-Archiv

(10) ABI-Archiv

(11) Scientology Kirche Deutschland, Hrsg. (1975): Scientology ist eine Religion. München. S. 58

(12) Scientology Kirche Deutschland, Hrsg. (1975): Scientology ist eine Religion. München. S. 60

(13) Scientology Kirche Deutschland, Hrsg. (1975): Scientology ist eine Religion. München. S. 61

(14) Kaufman, Robert (1972): Übermenschen unter uns. Frankfurt/Main. S. 166

(15) Scientology Kirche Deutschland, Hrsg. (1975): Scientology ist eine Religion. München. S. 63

(16) Obst, Helmut (1984): Neureligionen, Jugendreligionen, destruktive Kulte. Berlin. S. 208

(17) Eysenck, Hans Jürgen/ Arnold, Wilhelm/ Meili, Richard, Hrsg. (1996): Lexikon der Psychologie. Augsburg.   S. 467

(18) Hubbard, L. Ron (1980, 4. Auflage in Deutsch): Dianetik. Die moderne Wissenschaft der geistigen Gesundheit. Kopenhagen. S. 53

(19) Reller, Horst, Hrsg. (1993): Handbuch Religiöse Gemeinschaften. Gütersloh. S. 866

(20) Obst, Helmut (1984): Neureligionen, Jugendreligionen, destruktive Kulte. Berlin. S. 211

(21) Hubbard, L. Ron (1980, 4. Auflage in Deutsch): Dianetik. Die moderne Wissenschaft der geistigen Gesundheit. Kopenhagen. S. 86

(22) Reller, Horst, Hrsg. (1993): Handbuch Religiöse Gemeinschaften. Gütersloh. S. 866

(23) Hubbard, L. Ron (1980, 4. Auflage in Deutsch): Dianetik. Die moderne Wissenschaft der geistigen Gesundheit. Kopenhagen. S. 301-315

(24) Hubbard, L. Ron (1980, 4. Auflage in Deutsch): Dianetik. Die moderne Wissenschaft der geistigen Gesundheit. Kopenhagen. S. 301f.

(25) Hubbard, L. Ron (1980, 4. Auflage in Deutsch): Dianetik. Die moderne Wissenschaft der geistigen Gesundheit. Kopenhagen. S. 204

(26) Scientology Kirche Deutschland, Hrsg. (1975): Scientology ist eine Religion. München. S. 70

(27) Obst, Helmut (1984): Neureligionen, Jugendreligionen, destruktive Kulte. Berlin. S. 213

(28) Reller, Horst, Hrsg. (1993): Handbuch Religiöse Gemeinschaften. Gütersloh. S. 867

(29) Reller, Horst, Hrsg. (1993): Handbuch Religiöse Gemeinschaften. Gütersloh. S. 872

(30) ABI-Archiv

(31) Obst, Helmut (1984): Neureligionen, Jugendreligionen, destruktive Kulte. Berlin. S. 214

(32) ABI-Archiv

(33) ABI-Archiv: Scientology in der Wirtschaft.

(34) Advance! Die Zeitschrift der Fortgeschrittenen Organisation, 17/1981: S. 19

(35) ABI-Archiv

(36) ABI-Archiv

(37) ABI-Archiv

(38) ABI-Archiv

(39) ABI-Archiv

(40) Obst, Helmut (1984): Neureligionen, Jugendreligionen, destruktive Kulte. Berlin. S. 217

(41) Scientology Kirche Deutschland, Hrsg. (o.J.): Glaubensbekenntnis der Kirche der Scientology. Hubbard Scientology Organisation München e.V. München

(42) ABI-Archiv

(43) Hubbard, L. Ron (o.J.): Die Ziele der Scientology. Flugblatt. Hubbard-Copyright von 1976

(44) Advance! Mitgliedschaftsbeitrag. Beilage Nr. 72. Hubbard-Copyright von 1981/82

(45) HCO Bulletin: "Reinigungs-Rundown und Atomkrieg". 03.01.1980. Zitiert nach: Haack, Friedrich-Wilhelm (1982): Scientology – Magie des 20. Jahrhunderts. München. S. 128f.

(46) Advance! Mitgliedschaftsbeitrag. Beilage Nr. 72. Hubbard-Copyright von 1981/82

(47) ABI-Archiv. Detaillierte Angaben zu den Preisen von Scientology-Dienstleistungen siehe Kapitel 4, Abschnitt "Scientology ist ein Gewerbe"

(48) ABI-Archiv

(49) ABI-Archiv

(50) ABI-Archiv

(51) ABI-Archiv

(52) ABI-Archiv

(53) ABI-Archiv

(54) Reller, Horst, Hrsg. (1993): Handbuch Religiöse Gemeinschaften. Gütersloh. S. 877

(55) ABI-Archiv

(56) ABI-Archiv

(57) ABI-Archiv

(58) ABI-Archiv

(59) ABI-Archiv

(60) Obst, Helmut (1984): Neureligionen, Jugendreligionen, destruktive Kulte. Berlin. S. 224

(61) ABI-Archiv

(62) NJW 1961, S. 211; NJW 1969, S. 31

(63) OLG Düsseldorf, in: NJW 1983, S. 2574

(64) LG Hamburg, in: NJW 1988, S. 2617

(65) OVG Hamburg, Gewerbearchiv 1994, S. 16

(66) BVerwG, NVwZ 1995, S. 463

(67) BVerwG, NJW 1992, S. 2496

(68) VG Stuttgart, NVwZ 1994, S. 612. Vom VGH Mannheim aufgehoben, sowie VGH Mannheim: Urteil. VS 438/94 vom 02.08.1995

(69) BAG, NJW 1996, S. 143

(70) Jaschke, Hans-Gerd (1996): Gutachten im Auftrag des Innenministeriums des Landes Nordrhein-Westfalen. Düsseldorf

(71) Abel, Ralf Bernd (1996): Ist das Menschen- und Gesellschaftsbild der Scientology-Organisation vereinbar mit der Werte- und Rechtsordnung des Grundgesetzes. Gutachterliche Stellungnahme im Auftrag der Ministerpräsidentin des Landes Schleswig-Holstein. Informations- und Dokumentationsstelle "Sekten und sektenähnliche Vereinigungen".

3. KAPITEL

3.1 Glauben gegen Bares – Lebens- und Organisationsformen

Es klingt so einfach, plausibel und hilfreich: „Scientology-Ethik ist, wie L. Ron Hubbard sagt, Vernunft. Sie stellt den Menschen die Mittel zur Verfügung, die ihnen sagen, wie sie sich am besten verhalten, wenn es um ihr langfristiges Überleben, das Überleben ihrer Familie, ihrer Gruppe, ihres Planeten und weiteres geht...." (1)

Das Überleben, das sahen seit Anfang der 70er Jahre viele als massiv bedroht an. Die Hinwendung zu allen nur möglichen Glaubensrichtungen boomte und die damalige Bundesregierung erkannte darin sehr schnell „individuelle und soziale Ursachen ..., die auf tiefgreifende Sozialisationsdefizite bei den betroffenen jungen Menschen hindeuten. ... Nicht wenige Jugendliche finden sich in der Vielfalt der Identifikationsmöglichkeiten und „Sinnangebote" nicht mehr zurecht. Sie sind – insbesondere emotional verunsichert und – beim Vorliegen bestimmter innerer und äußerer Voraussetzungen – bereit, sich rückhaltlos und total für „Gegengruppen" zu entscheiden, von deren Angeboten und „Hilfen" sie sich die angestrebte Identität erhoffen. Das Bedürfnis nach Sinngebung und -erfahrung ist in der Regel mit der Suche nach emotionaler Geborgenheit und Gemeinschaftserfahrung gepaart. Weitere Motive sind existentielle Verunsicherung und übersteigerte Zukunftsangst sowie das Unvermögen, Leistungsdruck zu kompensieren und psychische und soziale Konflikte befriedigend zu bewältigen." (2)

Vor dem Hintergrund dieser Motivation – die in den anderen entwickelten Demokratien Europas ebenso festzustellen ist – offerierte Scientology mit seinen Lebensformen geradezu maßgeschneiderte Angebote. Ihren Mittelpunkt bildet bis heute die Behauptung, Scientology habe das „rettende Konzept" für die gesamte Menschheit. Ihre Probleme seien auf der ganzen Welt nahezu identisch, weil das Verhalten der Menschen überall identisch sei: „Es gibt zwei Arten von Verhalten – jenes Verhalten, das darauf angelegt ist, konstruktiv zu sein, und jenes, das darauf angelegt ist, katastrophal zu sein. Dies sind die zwei vorherrschenden Verhaltensmuster. Es gibt demzufolge Leute, die versuchen, die Dinge aufzubauen und andere, die versuchen, die Dinge niederzureißen. Und es gibt keine anderen Typen. Es gibt tatsächlich nicht einmal Grauschattierungen." (3)

Scientology begreift seine Lebensformen und Verhaltensweisen nicht als einen Teil aller nur möglicher Varianten menschlichen Sozialverhaltens, sondern als absoluten Anspruch. Das Scientology-Rezept für die Rettung der Welt ist kein Angebot. Es ist das wie ein Schwert gehandhabte Instrument einer Selektion zwischen Freund und Feind. Grundprinzip der scientologischen Lebensformen ist die totale Unterwerfung unter die Kontrolle der Organisation und die strikte Befolgung der zentralen Anweisungen und Befehle. Andersdenkende werden bekämpft, schon geringe Abweichungen von den vorgegebenen Strukturen gelten als Verbrechen. Dazu zählen u. a.: „absichtliche und nicht genehmigte Änderung von LHR-Technologie, -Richtlinien, -Ausgaben oder -Checksheets" und „das Organisieren einer Splittergruppe, um Scientology-Daten oder irgendeinen Teil davon zu verwenden, um Leute von der Standard-Scientology abzulenken." (4) Das aktive Vorgehen gegen jegliche Scientology-Kritiker wird den Funktionären („Geistlichen") der Bewegung angewiesen: „Der Zweck der Ethik ist: Gegenabsichten aus der Umwelt zu entfernen. Nachdem das erreicht worden ist, hat sie zum Zweck, Fremdabsichten aus der Umwelt zu entfernen. Dadurch ist der Fortschritt für alle möglich." (5)

Die Verwirklichung der von Scientology propagierten Lebensformen entspräche im Endeffekt dem Errichten einer totalitären Diktatur. Es liegt in der Natur der Sache, dass dieses Ziel mit aller Kraft verschleiert werden soll. Dabei bewährt sich zum Einen die Scientology-Praktik des Redefinierens" von Wörtern und Begriffsinhalten, zum Anderen die religiöse Camouflage der Bewegung.

Von Freiheit, Persönlichkeit, Menschenwürde und Recht ist bei Scientology oft die Rede. Der Bewegung wohlwollend Gesonnene oder gar Scientology-Interessenten assoziieren mit solchen Worten ihnen geläufige Begriffsinhalte. In der geschlossenen Gedankenwelt der Bewegung sind diese jedoch unzutreffend. So ergibt sich bei der Lektüre von Scientology-Materialien zunächst durchaus der Eindruck, die Organisation wolle die individuellen Freiheitsrechte stärken. Dem gegenüber steht aber die scientologische „Redefinition" des Freiheitsbegriffs. Er setzt für das Erreichen der als Ziel angegeben „völligen Freiheit" die widerspruchslose und komplette Unterwerfung unter die „standardgemäße scientologische Technologie" voraus. Damit ist quasi „unausgesprochen" gesagt, dass das eigentliche Ziel eine geistige und seelische Gleichschaltung der Scientology-Mitglieder ist, die ihrerseits wiederum eine straffe Organisation erfordert, um die „notwendige" Kontrolle und Überwachung auszuüben. So gelingt eine auch in anderen totalitären Strukturen zu beobachtende Begriffsverdrehung. Mit dem angeblichen „Schutz der Individualität" wird faktisch die Etablierung eines Spitzelsystems („Ethik-Offiziere") und die Anlage personenbezogener Überwachungsakten („Wissensberichte") begründet. (6) Besonders für Scientology-Anfänger wird über das „Redefinieren" die Qualität der Bindung an Scientology zielgerichtet verschleiert, indem von „Gruppe" gesprochen wird, wenn die Organisation gemeint ist. So heißt es zum Beispiel unter der Nummer 3 im „Ehrencodex" der Scientologen: „Verlasse niemals eine Gruppe, der du Unterstützung schuldest." (7)

Der zweite Aspekt beim Verschleiern der tatsächlichen Inhalte scientologischer Lebensformen ist der pseudoreligiöse Rahmen. Der in der Religionsgeschichte wohl einmalige Fall, dass jemand durch den Kauf eines Kurses Mitglied einer „Kirche" wird, bleibt von den Scientologen unkommentiert. Gottesdienste mit kultischen Handlungen finden statt, bilden aber nur den Rahmen des Kursprogramms, das den absoluten Mittelpunkt „kirchlichen Lebens" bei Scientology darstellt.

Aus der logischen Konsequenz der scientologischen Lehre ergibt sich somit das „Auditing" als der wahre „Gottesdienst" der Bewegung.

Offiziell sind scientologische „Gottesdienste" öffentlich. Die Scientology-Geistlichen tragen dabei eine Amtstracht und das scientologische Kreuz als Zeichen. Im Ablauf orientieren sie sich an bekannten Religionen. So können Musik und Gesang den „Gottesdienst" umrahmen, das Glaubensbekenntnis wird abgelegt, es werden „Gebete" gesprochen und es gibt eine „Predigt". Zusätzlich sind Lesungen aus Hubbard-Werken und Gruppenauditings üblich. In Anlehnung an christliche Feiern gibt es auch scientologische Namensgebungen, Trauungen und Begräbnisse. Weltweit wird ein Gebetstag begangen.

Ein gemeinsames Leben ist für die einfachen Scientology-Mitglieder nicht vorgesehen. Ganz im Sinne der bei der Bewegung üblichen Überheblichkeit in der Beurteilung anderer, wird davon ausgegangen, dass die Kurse mit ihren mystisch-technischen Ritualen ausreichen, das „Fußvolk" zu disziplinieren. Hinzu kommt, dass Scientology-Interessenten in der Regel sehr schnell auch in finanzielle Abhängigkeiten geraten, so dass auch hier bereits frühzeitig die Hebel angesetzt werden können, um Macht über sie auszuüben.

Hauptamtliche und leitende Scientology-Funktionäre leben in Gemeinschaften zusammen. Die wichtigste Gruppe ist dabei die Sea-Org.

3.2 Verkaufen im Zeichen des Kreuzes – Die Sea-Org zieht die Fäden

Die 1967 von Ron Hubbard gegründete Sea-Org (See-Organisation) versteht sich als „Familie" der scientologischen Führungsgruppe und als „Avantgarde der gesamten Menschheit". Ihre Mitglieder, die vor ihrer Aufnahme in diese Elite-Gruppe ihre weitgehende Unabhängigkeit von äußeren Einflüssen garantieren müssen und deren Beitrittsbedingungen streng geregelt sind, treten der Organisation „für eine Milliarde Jahre" bei. Diese Formel unterstreicht den scientologischen Anspruch, der Bewegung nicht nur in diesem Leben, sondern auch darüber hinaus bis in alle Ewigkeit zu dienen. Ein Austritt aus der Sea-Org ist nicht vorgesehen. Bekannt geworden sind jedoch Einzelfälle, in denen er gegen den erheblichen Widerstand von Scientology vollzogen wurde.

Die Mitglieder der Sea-Org wohnen zusammen. „Gewöhnlich wird für diesen Zweck ein großes Hotel erworben, wie das Chateau Elysee („The Manor") in Los Angeles, das Fort Harrison für die Flag-Landbasis oder das Saxohus in Kopenhagen. Die Räume werden gemeinsam bewohnt, im Schlafsaal-Stil. Verheiratete Paare haben natürlich eigene Zimmer. Fürs Essen wird gesorgt, und die Mahlzeiten werden von Sea-Org-Mitgliedern, die diese Tätigkeit als Job haben, zubereitet und serviert. Dies bedeutet, dass Sea-Org-Mitglieder von den täglichen Aufregungen um Miete, Essen, Kochen usw. befreit sind und ihre Zeit ihrer Arbeit und ihrer persönlichen Entfaltung auf allen Dynamiken widmen können." (8)

Hintergrund dieser Lebensform dürfte nicht unbedingt ein karitatives Anliegen von Scientology, sondern eher die angestrebte lückenlose Überwachung sein. Zur Erinnerung: Bei Scientology führt der Weg in die totale Freiheit nur über die totale Disziplin. Außerdem begrenzt das gemeinsame, abgeschottete Leben rechtliche Schritte gegen Scientology durch die Länder, in denen sich die Bewegung etabliert hat. Für die Bundesrepublik Deutschland sah die Regierung bereits vor mehr als 20 Jahren dafür folgende Faktoren als wesentlich an: „– das sich unter Ausschluss der Öffentlichkeit vollziehende Leben innerhalb der Sekten entzieht sich weitgehend der rechtlichen Beurteilung; – die hier in Betracht kommenden Vereinigungen berufen sich in ihrer Mehrzahl auf die verfassungsrechtlichen Privilegien für Religions- und Weltanschauungsgemeinschaften; – bei den Sektenmitgliedern und -anhängern handelt es sich überwiegend um junge, voll geschäftsfähige Erwachsene, die weder den Bestimmungen des Sorgerechts, noch den Vorschriften des gesetzlichen Jugendschutzes unterliegen." (9)

So, von äußerlichen Störungen weitgehend unbeeinflusst, formuliert Hubbard vier Aufgaben für die Mitglieder der Sea-Org: „1. Wissen verbreiten, 2. Bücher verkaufen, 3. Die Umgebung kontrollieren, 4. Den Planeten klären." (10)

In die Erfüllung dieser Aufgaben, die sich im Kern auf die einzige Aufgabe des Verkaufs der Scientology-Ware in Form von Kursen und Literatur reduzieren lassen, sind ausnahmslos alle Scientologen einbezogen. Dieser absolute Vorrang wirtschaftlicher vor weltanschaulichen Interessen bestätigt erneut die Auffassung, dass Scientology nichts anderes darstellt, als ein weltweit operierendes Verkaufsunternehmen mit religiös-philosophischen Werbestrategien. Dabei muss es nach uralter Kaufmannserfahrung seine Ware nur möglichst schillernd präsentieren, um auf dem Markt zu bestehen.

Wie dies erfolgreich geschieht, ist in zahllosen scientologischen Zeitschriften, Werbebroschüren und Büchern nachzulesen und selbstverständlich wird es von Stufe zu Stufe immer spannender. Schließlich sollen die potentiellen Kunden ja erahnen, welch paradiesische Einsichten sie erwarten.

Beispiele:

„OT II

Meine Sicherheit als Wesen und als ich selbst hat sich stabilisiert. Die Menge Ladung, die ich losgeworden bin, ist phänomenal. Ich erhielt wertvolle Aufmerksamkeitseinheiten, die mir das Vertrauen gaben, das ich brauchte, um den Whole Track zu konfrontieren... R. S.

OT III

Diese Stufe war unglaublich, all das, wovon ich träumte, dass es sein würde. Ich fühle mich phantastisch. Ich bin in der Lage, ohne Beschränkungen all-bestimmt auf all meinen Dynamiken zu handeln. Ich habe mich nie zuvor so frei gefühlt! M. F.

OT IV

Ist die unglaublichste Stufe, die ich je gemacht habe. Die Fähigkeiten, die ich gewonnen habe, sind nahezu unglaublich. Ich sah, was totale Freiheit ist, und bemerkte, dass ich nur noch einen Schritt von ihr entfernt bin. Ich bin exterior zum MEST-Universum und spüre bloß noch, wie sich der Körper in ihm bewegt. Ich spiele jetzt aus Distanz und bin nicht mehr darin festgefahren. L. B.

OT V

Es ist gewaltig, sich der Materie, der Energie, des Raumes und der Zeit bewusst zu sein. Ich bin auch mehr meiner selbst und anderer Wesen bewusst. Ich dachte schon vorher, meine Bewusstheit wäre gut; jetzt aber ist sie nahezu unglaublich gesteigert worden. Es ist gewaltig! L. S.

OT VI

Ich bin von jeder Art von Falle befreit, sei sie in der Vergangenheit, Gegenwart oder Zukunft. Ich kann wirklich problemlos ohne Körper handeln. Es war ein rechter Berg, den es zu besteigen galt, aber im Vergleich mit der sich verjüngenden Spirale, in der ich mich befand, war das Herausklettern kurz, einfach und positiv. Der Zustand ist sehr stabil. Ich weiß, dass ich nie wieder aufhöre, zu expandieren oder zu erschaffen. Von hier aus ist's eine Spirale, die nach oben führt. Millionenfachen Dank an Ron für all das. R. G.

Vollständiger OT VII

Meine Gewinne auf allen Dynamiken sind zu zahlreich, als dass ich sie aufzählen könnte. Mein Leben ist OT. Ich bin OT. Ich bin total ich, und es ist schwer, sich an eine Zeit zu erinnern, wo ich nicht so frei war. Ron hat es für uns so einfach gemacht, Clear und OT zu erreichen, und das AO-Personal gibt uns einen völlig sicheren Raum mit einer Lieferung, die 100 % Standard ist. Kommen auch Sie hierher, auf den Gipfel! L. D. (11)

Den „Weg auf den Gipfel" macht Scientology gegen Bares jederzeit möglich. Dabei gibt es nur ein Problem: Der erste Kontakt. Ist ein potentieller Interessent erst einmal angelockt, sorgt der an Gehirnwäsche erinnernde Kursverlauf im Zusammenspiel mit moralischem Druck, Nutzung von gruppendynamischen Verhaltensweisen und finanzieller Einbindung bereits von Anfang an dafür, dass ein möglicherweise beabsichtigter Ausstieg kompliziert ist. Um also die Klippe des ersten Kontaktes zu überwinden, bedient sich Scientology erprobter Werbemethoden, die letztlich jeder Straßenverkäufer beherrschen muss: Aufmerksamkeit erregen, harmlos jemanden ansprechen, seine Neugier kitzeln und schließlich ein Buch verkaufen oder gar einen Termin vereinbaren.

3.3 „Wieviel Schuhe haben Sie an?" – Die Werbestrategien

Meist fängt es ganz harmlos an. Irgendwo in Deutschland, in irgendeiner Fußgängerzone spricht ein junger Mann oder eine junge Frau Passanten an. Sie sind unauffällig gekleidet, keine wallenden, grellen Gewänder, keine Trommeln oder Schellen – ganz einfach ordentliche junge Leute die wissen wollen: „Wieviel Schuhe haben Sie eigentlich an?" Kaum jemand, der solch harmlose Frage nicht beantwortet – vielleicht steckt ja ein toller Witz dahinter oder sogar ein Warengutschein? Doch die Ansprecher tun geheimnisvoll: „Ich habe sie angesprochen, um mit Ihnen ins Gespräch zu kommen. Das ist Ihnen doch sicher auch schon aufgefallen, dass die Menschen heutzutage viel zu wenig miteinander reden." Dem ist kaum zu widersprechen. Aber was dagegen tun? Der Werber weiß da offensichtlich mehr: „Ich gehöre zu einer Organisation, die den Kontakt unter den Menschen fördern will." Interessant. Das Wort Scientology taucht in solchen oder ähnlich locker angebahnten Werbegesprächen erst einmal gar nicht auf. Scheinbar geht es um Verbesserung der Kommunikation, um das Lernen und Üben, miteinander zu reden – eine Sache also, die keinesfalls schaden kann und gefährlich ist sie auch nicht! Dass der „Kommunikationskurs" die erste Stufe auf dem Weg ins Scientology-Kurssystem ist, erfahren Interessenten manchmal erst, wenn sie bereits drin stecken und von der Organisation als Mitglieder geführt werden.

Oft gibt es auch ein Angebot zu einem „kostenlosen Persönlichkeitstest", ganz unverbindlich, versteht sich. Nur mal so sehen, worauf es im Leben eigentlich ankommt und wie ich dem gewachsen bin. Und natürlich auf streng wissenschaftlicher Grundlage, wie schon der Name ausweist! Zum Beispiel die „Oxford Capacity Analysis". Die etwa 200 Fragen lesen sich harmlos: „1. Machen Sie unbesonnene Bemerkungen oder Anschuldigungen, die Ihnen später leid tun? 2. Wenn andere nervös werden, bleiben sie dann verhältnismässig ruhig? 3. Blättern sie oft zum Vergnügen in Fahrplänen, Telefon- oder Wörterbüchern?.." (12)

Interessenten schicken den Test – der sich natürlich auch im Briefkasten finden kann – ein. Wenig später werden sie von einer freundlichen Stimme angerufen oder bekommen per Post eine Antwort, manchmal sogar handschriftlich. Sehr höflich, mit sehr persönlichen Redewendungen wird dann versucht, einen Termin in einem der Scientology-Büros zu vereinbaren „gern auch nach Feierabend". Bei dieser Methode erfüllt die Werbung eine ganz wichtige Voraussetzung aus Scientology-Sicht: Der Interessent soll von sich aus den Kontakt aufnehmen. Damit ist bereits eine gewisse Vorauswahl getroffen, denn es sind oft kontaktarme Personen, Einsame und sogar Kranke, die auf solche Methoden ansprechen, weil sie sich Hilfe und Verständnis erhoffen. Für Scientology ist dabei wichtig, dass sie aus ihrer vertrauten Umgebung fort in eine Gemeinschaft gleichermassen Neugieriger und Verunsicherter gelockt werden.

Kommt der Besuch im Scientology-Büro zustande, wird dem potentiellen Neukunden meist ein Diagramm mit der Auswertung seines „Tests" vorgehalten. Die Scientologen betonen seine Stärken, weisen auf seine Schwächen hin – 200 Fragen geben dazu ausreichend Ansatzpunkte – und nutzen die Gelegenheit, weitere persönliche Daten abzufragen. Schnell wird man sich einig, dass es nun gilt, die Schwächen abzubauen und dazu wird ein Kommunikationskurs offeriert.

Bis hierher muss immer noch nicht das Wort Scientology gefallen sein – im Mittelpunkt der Gespräche steht vielmehr das Angebot, bei der Lösung aller Probleme zu helfen. Von vielen wird dann auch der Kommunikationskurs als angenehm empfunden. Die Scientology-Ideologie bleibt erst einmal im Hintergrund und ist nur an einigen Besonderheiten, wie z. B. dem minutenlangen Starren in die Augen, zu erahnen. Der Hauptzweck des Kurses besteht dann auch einfach darin, den Einstieg in weitere solche Veranstaltungen vorzubereiten. Scientology-Argument: Der Kurs habe zwar etwas geholfen, aber noch nicht genug. Wer aber jetzt dranbleibt, der wird schließlich alle seine Probleme los sein... Wie eine Spirale zieht Scientology so seine neuen Kunden langsam aber stetig in das System hinein.

Rechtlich ist die Straßenwerbung für Scientology problematisch. Zum Einen verstößt diese Art der Vertragsanbahnung gegen das Gesetz gegen den unlauteren Wettbewerb (UWG). Zum Anderen handelt es sich dabei um die so genannte Sondernutzung öffentlicher Verkehrsflächen. Deshalb

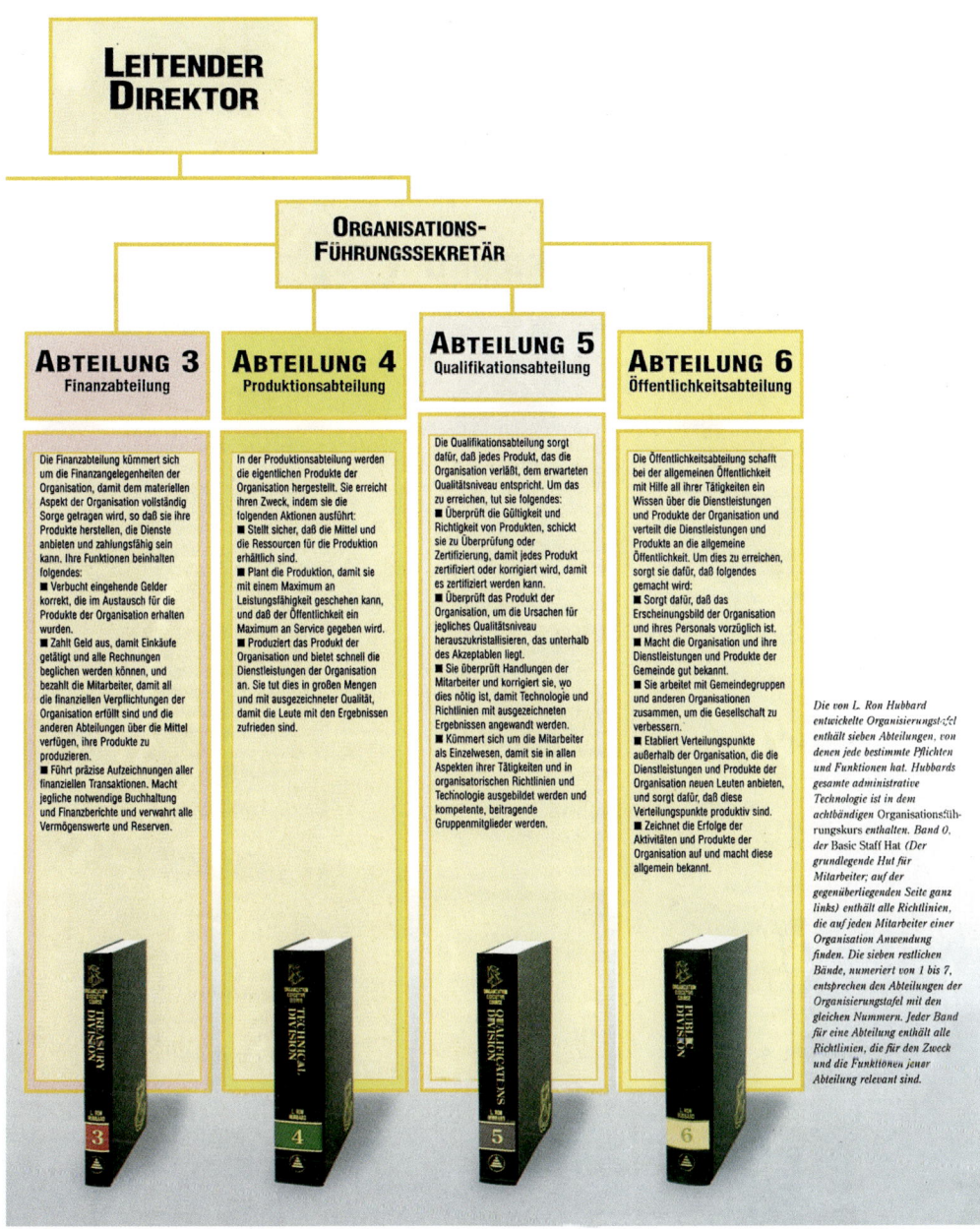

LEITENDER DIREKTOR

ORGANISATIONS-FÜHRUNGSSEKRETÄR

ABTEILUNG 3
Finanzabteilung

ABTEILUNG 4
Produktionsabteilung

ABTEILUNG 5
Qualifikationsabteilung

ABTEILUNG 6
Öffentlichkeitsabteilung

Die Finanzabteilung kümmert sich um die Finanzangelegenheiten der Organisation, damit dem materiellen Aspekt der Organisation vollständig Sorge getragen wird, so daß sie ihre Produkte herstellen, die Dienste anbieten und zahlungsfähig sein kann. Ihre Funktionen beinhalten folgendes:
■ Verbucht eingehende Gelder korrekt, die im Austausch für die Produkte der Organisation erhalten wurden.
■ Zahlt Geld aus, damit Einkäufe getätigt und alle Rechnungen beglichen werden können, und bezahlt die Mitarbeiter, damit all die finanziellen Verpflichtungen der Organisation erfüllt sind und die anderen Abteilungen über die Mittel verfügen, ihre Produkte zu produzieren.
■ Führt präzise Aufzeichnungen aller finanziellen Transaktionen. Macht jegliche notwendige Buchhaltung und Finanzberichte und verwahrt alle Vermögenswerte und Reserven.

In der Produktionsabteilung werden die eigentlichen Produkte der Organisation hergestellt. Sie erreicht ihren Zweck, indem sie die folgenden Aktionen ausführt:
■ Stellt sicher, daß die Mittel und die Ressourcen für die Produktion erhältlich sind.
■ Plant die Produktion, damit sie mit einem Maximum an Leistungsfähigkeit geschehen kann, und daß der Öffentlichkeit ein Maximum an Service gegeben wird.
■ Produziert das Produkt der Organisation und bietet schnell die Dienstleistungen der Organisation an. Sie tut dies in großen Mengen und mit ausgezeichneter Qualität, damit die Leute mit den Ergebnissen zufrieden sind.

Die Qualifikationsabteilung sorgt dafür, daß jedes Produkt, das die Organisation verläßt, dem erwarteten Qualitätsniveau entspricht. Um das zu erreichen, tut sie folgendes:
■ Überprüft die Gültigkeit und Richtigkeit von Produkten, schickt sie zu Überprüfung oder Zertifizierung, damit jedes Produkt zertifiziert oder korrigiert wird, damit es zertifiziert werden kann.
■ Überprüft das Produkt der Organisation, um die Ursachen für jegliches Qualitätsniveau herauszukristallisieren, das unterhalb des Akzeptablen liegt.
■ Sie überprüft Handlungen der Mitarbeiter und korrigiert sie, wo dies nötig ist, damit Technologie und Richtlinien mit ausgezeichneten Ergebnissen angewandt werden.
■ Kümmert sich um die Mitarbeiter als Einzelwesen, damit sie in allen Aspekten ihrer Tätigkeiten und in organisatorischen Richtlinien und Technologie ausgebildet werden und kompetente, beitragende Gruppenmitglieder werden.

Die Öffentlichkeitsabteilung schafft bei der allgemeinen Öffentlichkeit mit Hilfe all ihrer Tätigkeiten ein Wissen über die Dienstleistungen und Produkte der Organisation und verteilt die Dienstleistungen und Produkte an die allgemeine Öffentlichkeit. Um dies zu erreichen, sorgt sie dafür, daß folgendes gemacht wird:
■ Sorgt dafür, daß das Erscheinungsbild der Organisation und ihres Personals vorzüglich ist.
■ Macht die Organisation und ihre Dienstleistungen und Produkte der Gemeinde gut bekannt.
■ Sie arbeitet mit Gemeindegruppen und anderen Organisationen zusammen, um die Gesellschaft zu verbessern.
■ Etabliert Verteilungspunkte außerhalb der Organisation, die die Dienstleistungen und Produkte der Organisation neuen Leuten anbieten, und sorgt dafür, daß diese Verteilungspunkte produktiv sind.
■ Zeichnet die Erfolge der Aktivitäten und Produkte der Organisation auf und macht diese allgemein bekannt.

Die von L. Ron Hubbard entwickelte Organisierungstafel enthält sieben Abteilungen, von denen jede bestimmte Pflichten und Funktionen hat. Hubbards gesamte administrative Technologie ist in dem achtbändigen Organisationsführungskurs enthalten. Band 0, der Basic Staff Hat (Der grundlegende Hut für Mitarbeiter; auf der gegenüberliegenden Seite ganz links) enthält alle Richtlinien, die auf jeden Mitarbeiter einer Organisation Anwendung finden. Die sieben restlichen Bände, numeriert von 1 bis 7, entsprechen den Abteilungen der Organisierungstafel mit den gleichen Nummern. Jeder Band für eine Abteilung enthält alle Richtlinien, die für den Zweck und die Funktionen jener Abteilung relevant sind.

Weltweites Organigramm der Scientology-Organisation (SO). Der Leitende Direktor International ist derzeit Guillaume Lesèvre. Es handelt sich bei ihm um die höchste Managementposition.

Scientology-Quelle: Die Ron-Serie. Das Magazin, das L. Ron Hubbard's Leben und seine Arbeiten erforscht, Kopenhagen (Vertrieb bis 2004).

KOMMUNIKATIONS-FÜHRUNGSSEKRETÄR

ABTEILUNG 7
Führungsabteilung

Die Führungsabteilung koordiniert und überwacht die Tätigkeiten der Organisation, damit sie reibungslos läuft, ihre Produkte existenzfähig produziert und ihre Produkte und Dienstleistungen in hoher Qualität an einzelne und an die Gemeinde liefert. Sie leitet die Unternehmung erfolgreich, indem sie die folgenden Funktionen ausfüllt:
■ Macht die Planung der Organisation und sorgt dafür, daß sie ausgeführt wird, damit Ziele erreicht werden.
■ Sorgt dafür, daß die Technologie und die Richtlinien der Organisation ohne Abweichung befolgt werden.
■ Sorgt dafür, daß die Räumlichkeiten der Organisation in gutem Zustand sind, und erwirbt zusätzlichen Raum, um für Expansion Platz zu bieten.
■ Erhält ein ordnungsgemäßes Verhältnis zu Behörden aufrecht und kümmert sich um rechtliche Angelegenheiten.
■ Im Fall eines Betriebs könnte dies das Büro der Person umfassen, die die Organisation gegründet hat, oder desjenigen, der das von der Firma hergestellte Produkt entwickelt hat.

ABTEILUNG 1
Kommunikationsabteilung

Die Kommunikationsabteilung ist vollständig für die Etablierung der Organisation verantwortlich. Sie erreicht dies durch folgende Aktionen:
■ Stellt geeignetes Personal ein und plaziert es zum Wohle des einzelnen und der Organisation.
■ Sorgt dafür, daß neue und existierende Mitarbeiter wissen, wie sie ihre Arbeit machen sollen.
■ Richtet standardgemäße Kommunikationssysteme ein und bringt etablierte Kommunikations- routen zur Anwendung, damit mit allen Kommunikationen an die und von der Organisation sowie innerhalb der Organisation rasch und korrekt umgegangen wird.
■ Sammelt die Statistiken der Organisation ein und trägt sie akkurat auf Diagrammen ein, damit sie von Führungskräften verwendet werden können.
■ Erhält ein hohes Niveau ethischen Verhaltens unter den Mitarbeitern aufrecht.
■ Inspiziert die Aktivitäten der Organisation, damit jegliche Schwierigkeiten, die Expansion verhindern, aufgedeckt und an die entsprechende Führungskraft berichtet werden, damit dies umgehend gelöst werden kann.

ABTEILUNG 2
Verbreitungsabteilung

Die Verbreitungsabteilung macht die Produkte und Dienstleistungen der Organisation weit bekannt und schafft Nachfrage dafür und schafft ein großes Volumen an Leuten, die diese Produkte und Dienstleistungen erhalten. Um das zu erreichen, werden die folgenden Aktionen unternommen:
■ Verwendet informative Postsendungen, Magazine, Werbung und andere Methoden der Kommunikation, um die Öffentlichkeit über die Dienstleistungen, Produkte und veröffentlichte Materialien der Organisation zu informieren, die sie anbietet, damit diese in einer existenzfähigen Menge erworben werden.
■ Hält alle veröffentlichten Materialien auf Lager, damit sie prompt zur Verfügung stehen.
■ Kontaktiert einzelne, die Interesse an den Produkten der Organisation gezeigt haben, damit sie sie erhalten.
■ Führt akkurate Ablagen über Personen, die früher Dienstleistungen oder Produkte von der Organisation erhalten haben, und erhält die Korrespondenz mit ihnen aufrecht, damit sie weitere Produkte und Dienstleistungen erwerben können.

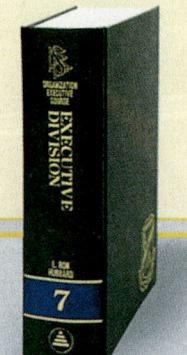

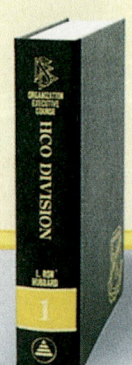

Die SCIENTOLOGY – Organisation
Struktur und Vertriebswege

RTC

Religious Technology Center
Chairman: David Miscavige

Internationales Management

IAS

International Association
of Scientologists

Watchdog Committee

WISE

World Institute of Scientology
Enterprises

weltweit ca. 3000
Unternehmen,
davon ca. 170
in der BRD
z.B.

Martin Kolb
Private Akademie
für Management
und Kommunikation
GmbH

Silvio Markus Vogel
Unternehmer-Service

Heimo Bucerius
Idee und Geld,
Finanzberatung

TMT GmbH
Dirk Braun

Scientology-»Kirche«

.Schiff »Freewinds«

Flag Land Basis /
»Flag«

Advanced »Orgs« /
Organizations

Saint Hills

»Orgs« / » Kirchen«

Celebrity Centers:
John Travolta
Tom Cruise
Chick Corea

Missionen

ABLE

Association for Better Living
and Education

Applied Scholastics
ZIEL
WLC / World
Literacy Crusade

Narconon

Criminon

Der Weg zum
Glücklichsein

»Reform«

Gruppen

z.B.
KVPM / Kommission
für Verstöße der
Psychiatrie gegen
Menschenrechte

Idee und Gestaltung: (aktualisierte Fassung 4 / 2004)   Dr. Helga Lerchenmüller

Weltweites Organigramm in deutscher Sprache.

Die Diktatur von SCIENTOLOGY
Totalitäre Beherrschung durch den Hubbardismus

Macht-zentrum (Gesetz-gebung und Gerichte)

Religious Technology Center
Captain David Miscavige
Vollmachten eines Diktators
- keine Gewaltenteilung -

Macht-ausübung (Dikta-torische Regierung)

EXEC Strata International

Befehle/ Weisun-gen

Kirche
Thetan, Staatsreligion, Kontrolle der Ideologie

WISE
Handel, Banken, Kontrolle der Geldmittel und Produktion

ABLE
Gesellschaft, Familie und Kinder, Kontrolle von Polizei, Schule und Ausbildung

Ziel

Totale Kontrolle über die Welt

ABI e.V. 1997

Flagschiff „Freewinds".
Quelle: Scientology.fso.org/global/

Weltweite Schulungszentrale „Fort Harrison" in
Clearwater (Florida).
Quelle: Scientology.fso.org/global/

Ansicht und Luftaufnahme.
Quelle: www.stpetersburgtimes.com/2002/06/02/photo/
tb-superpower.jpg

Flagschiff „Freewinds" im Einsatz.
Quelle: www.scientologytoday.org.corp/struc7.htm

Europäische Schulungszentrale, Saint
Hill Manor (Großbritannien).
Quelle: www.scientology.org.uk/
locator/shuk.htm

Dieses Bild zeigt das Flaggschiff „Freewinds". Auf diesem Flaggschiff werden „Übermenschen" geschult. „Übermenschen"
sind Absolventen von OT-Kursen, die ihre „Gewinne optimiert" und alle „Barrieren beseitigt" haben.
Quelle: Zeitschrift „Freewinds" Nr. 9, Eingang ABI im April 2000.

wurden inzwischen mehrfach Verfügungen erlassen und Urteile gefällt, die diese Art der Werbung durch Scientology verbieten oder zumindest einschränken.

Damit gewinnen weitere Werbestrategien an Bedeutung. Die Bundesregierung wies damals in diesem Zusammenhang auf folgendes hin: Sektenmitglieder sollen „vor allem in ihrem eigenen Bekanntenkreis Bücher der Sekte verkaufen und die Anschriften der Käufer an die Sektenzentrale melden (z. B. „Scientology-Church"). Von dort erhalten die Käufer dann Briefe und Umfragen, mit denen sie um Stellungnahme zu dem erworbenen Buch gebeten werden." (13) Mailings mit Handzetteln in Hausbriefkästen oder neuerdings sogar als Beilagen zu Werbepost von mit Scientology verbundenen Firmen ergänzen inzwischen diese Methoden.

Auch über Anzeigen wird getarnt geworben: Scientologen können zum Beispiel gut bezahlte Heimarbeit anbieten, Bekanntschaften suchen oder zu Single-Partys einladen. Anliegen ist es dabei stets, potentielle Interessenten zu erkennen und deren Adressen zu sammeln. Die eigentliche Bearbeitung erfolgt dann meist durch Anrufe, persönliche Briefe oder Prospekte. Obwohl Scientology ein Lehrbeispiel für Intoleranz ist, wird in dieser Phase der Geschäftsanbahnung meist an die Toleranz des Beworbenen appelliert: „Sie sind doch ein weltoffener Mensch, bilden sich selbst Ihre Meinung, ohne sich von den Medien beeinflussen zu lassen..." und ähnlich, lauten dabei gängige Sprüche.

Oftmals erfolgt auch eine direkte Zielgruppenwerbung. So gehörte beispielsweise zu den „technischen Durchbrüchen" der „Neue Drogenrundown" mit dem Versprechen: „Das ist die Antwort auf die Träume eines Drogennehmers. Ohne Entzugserscheinungen kommt er in einer Raketenfahrt ohne Schmerz und Belastung direkt wieder zum Leben zurück." (14) Hier werden Menschen mit manifesten Problemen, manchmal vielleicht sogar in ausweglos erscheinenden Lebenssituationen, mit einem konkreten Hilfsangebot angesprochen. Damit wird ein relativ stabiles Kundenpotential erschlossen, was durch vorschnelles Aufdecken der wahren Identität des Anbieters nicht erschreckt werden soll. Deshalb wird in diesen Bereichen von Scientology bevorzugt über Tarnorganisationen gearbeitet.

Flag „Mekka", weltweite Schulungszentrale „Fort Harrison" in Clearwater (Florida).
Quelle: Source, Ausgabe Nr. 149/2003.

Luftaufnahme der Europäischen Schulungszentrale „Saint Hill Manor" (Großbritannien). Quelle: website.lineone.net/~steve_c-t/Scientology/St_Hill_Piccies/Saint%20Hill.jpg

KSW NEWS

NEUIGKEITEN ÜBER "DIE FUNKTIONSFÄHIGKEIT DER SCIENTOLOGY ERHALTEN", AUSGABE 44
VERÖFFENTLICHT VON RELIGIOUS TECHNOLOGY CENTER® – EIGENTÜMER DER ZEICHEN DER DIANETIK UND SCIENTOLOGY

SONDERAUSGABE

EIN EINBLICK IN DIE AKTIONEN, DIE RTC UNTERNIMMT,
UM DIE FUNKTIONSFÄHIGKEIT DER SCIENTOLOGY ZU ERHALTEN.

DIE FUNKTIONS-FÄHIGKEIT DER SCIENTOLOGY ERHALTEN

EINS: DIE KORREKTE TECHNOLOGIE HABEN.

ZWEI: DIE TECHNOLOGIE KENNEN.

DREI: WISSEN, DASS SIE KORREKT IST.

VIER: DIE KORREKTE TECHNOLOGIE KORREKT LEHREN.

FÜNF: DIE TECHNOLOGIE ANWENDEN.

SECHS: DAFÜR SORGEN, DASS DIE TECHNOLOGIE KORREKT ANGEWENDET WIRD.

SIEBEN: INKORREKTE TECHNOLOGIE VER-NICHTEN.

ACHT: INKORREKTE ANWENDUNGEN AUSMERZEN.

NEUN: JEDER MÖGLICHKEIT INKORREKTER TECHNOLOGIE DIE TÜR VERSCHLIESSEN.

ZEHN: INKORREKTER ANWENDUNG DIE TÜR VERSCHLIESSEN.

Die KSW News enthalten Neuigkeiten über „Die Funktionsfähigkeit der Scientology erhalten" Ausgabe 44, veröffentlicht von Religious Technology Center (RTC) – Eigentümer der Zeichen von Dianetik und Scientology.

Quelle: www.scientologytoday.org/ corp/rtc1.htm

*"Scientology is the route
to total freedom and ability
as a spiritual being.
It is the study and handling of
the spirit in relationship to itself,
universes and other life."*

L. Ron Hubbard
From the book
Scientology 0-8: The Book of Basics

Quelle: boulder.smi.org/

Quelle: www.rtc.org/matters/tech.htm

Quelle: www.wise.org/

Die Bilder auf dieser und den nächsten zwei Seiten stellen Symbole und Logos der Scientology-Organisation (SO) dar, WISE entspricht dem World Institut of Scientology Enterprises (weltweite Dachorganisation der Wirtschaftsunternehmen, die Verbindungen zur SO haben). – Der weltweit tätige Psychokonzern Scientology veröffentlicht sein Gedankengut in zahlreichen eigenen Zeitungen, Zeitschriften und Broschüren. Einige dieser Veröffentlichungen haben eigene Logos, mit denen das Gedankengut weltweit verbreitet wird. Hier sind einige typische Beispiele aufgeführt. Eine vollständige Zusammenfassung aller weltweiten Veröffentlichungen würde den Rahmen dieses Buches sprengen.

Quelle: www.drugfreemarshals.org/whoteach.htm

Quelle: www.xenu.net/archive/ techniques/

WELCOME TO
SCIENTOLOGY
APPLIED RELIGIOUS PHILOSOPHY

Quelle: www.unc.edu/~unclng/ Display12-00.htm

Quelle: news.scientology.org/

Quelle: www.freedommag.org/english/
la/issue02/page13.htm

Quelle: scientology.fso.org/ scientology-fso.htm

Quelle: www.freedominla.org/issue01/page04.htm

FREEDOM

INVESTIGATIVE REPORTING
IN THE PUBLIC INTEREST

PUBLISHED BY THE CHURCH OF SCIENTOLOGY
SINCE 1968

Quelle: www.scientology.org.uk/ related.htm

Alt.Religion.Scientology
Central Committee

Quelle: www.ezlink.com/~perry/Cu$/

IAS
Ehrenstatus

Warum sollte man einen Ehrenstatus erreichen? Mit den Mitgliedsbeiträgen allein wäre die IAS nicht in der Lage, alle förderungswürdigen Projekte mit bewilligten Zuwendungen zu unterstützen. Das zeigte sich schon sehr früh in unserer Geschichte.

Mitglieder begannen, mit weiteren Spenden zu helfen, auch wenn sie schon Mitglied auf Lebenszeit waren. Zuerst wurde die Honor Roll etabliert und dann der Ehrenstatus Patron. Danach entwickelte sich eine Gradientenskala, um Mitglieder entsprechend ihrer Unterstützung lobend anzuerkennen.

Es folgt eine Beschreibung der verschiedenen Arten des Ehrenstatus. Die Spenden werden in US-Dollar oder als gleichwertige Beträge in anderen Währungen angenommen.

SPONSOR
Wird jemandem verliehen, der 5 000 Dollar gespendet hat.

CRUSADER
Wird jemandem verliehen, der 10 000 Dollar gespendet hat.

HONOR ROLL
(Ehrenliste) Wird jemandem verliehen, der 20 Leuten geholfen hat, IAS-Mitglied zu werden, oder der 20 000 Dollar gespendet hat.

PATRON
Wird jemandem verliehen, der 40 000 Dollar gespendet hat.

PATRON WITH HONORS
(Patron mit Ehrenauszeichnung) Wird jemandem verliehen, der 100 000 Dollar gespendet hat.

PATRON MERITORIOUS
Wird jemandem verliehen, der 250 000 Dollar gespendet hat.

SILVER MERITORIOUS
Wird jemandem verliehen, der 750 000 Dollar gespendet hat.

SENIOR HONOR ROLL
(Höhere Ehrenliste) Wird jemandem verliehen, der 100 oder mehr Leuten geholfen hat, IAS-Mitglied zu werden, oder der einen herausragenden Beitrag zur Expansion der IAS geleistet hat.

SENIOR HONOR ROLL

Leah Abady
Mary L. Adams
Gianmario Albanese
Franz Albisser
Elena Alevizopolou
Louise (Weege) Anderson
Mary Andrews
Eva Antonelli
Mark Arnold
Marco Arrigoni
Lyndon Arthurson
Maurice Bachi
Philippe Badoux
Ray Baiardi
Maurizia Balmelli
Britta Bang
Michael Bang
John Barber
Jeff Battershall
Valerie Beardon
Ann Beatty
Karin Brackett Beaty
Howard Becker
Joachim Bendig
Barbara Benton
Nathan Bertman
Roberto Bertoli
Rainer Biermann
Cliff Bowen
Nancee L. Braan
Ted R. Bragin
Luigi Brambani
Beate Braun
Attea Braunstein
Doug Brown
Stephanie Brymer
Joe Bueno
Helen Burke
Enid Byrne
Giorgio Caliolo
Pasquale Calone
Luca Cantoni
Pascal Carminati
Marie-Christine Carroux
Stephanie Cary
Marco Catucci
Luisa Ceribelli
Force Chamberlain
Halina Cirillo
Elizabeth Clapp
Peter P. Cocolla
Gerard Condolo
Debbie Cook
Enrico Corti
Mario Costanza Filidor
Giulio Cozzoli
Giorgio Cristini
Annie Cunningham
Nives Dalby
Dennis Dawson
Albert De Beer
Ed Dearborn
Tina Dearborn
Rose Denness
Carlo S. Di Lorenzo
Bernadette Di Palma
Ruthie Discher

Sandy Dodwell
John Donaghy
Joachim Doose
Steve Edelstein
Chris Estey
Andrea Fechner
Raymond Fenech
Ken Ferrara
Lauren Ferriss
Mark Freedman
Fabio Frigerio
Anthony Gallegos
Richard Gambino
Cathy Garcia
Josh Garfield
Malcolm Gellatly
Marcel Gemme
Nancy S. Goodwin
Roland Graf
Stephanie Groeger
Nathalie Grzesiak
Nicole Gueroux
Karen Hackenberg
Robin Hanses
Robert Hitz
Fran C. Hoefer
Missy Holland
Dave Horwedel
Freddy Hunkeler
Georges Hussler
Morihiko Ida
Lawrence G. Jaffe
Heber Jentzsch
Laurie Jessup
Edgar A. Johnson
Pamela L. Johnson
Kathy Johnston
Bobby Jones
Christian Jost
Ray Jourdain
Matthew Judkin
Stephane-Istvan Juhasz
Björn Karlsson
Sammy Katembela
Steve Kemper
Soren Kiersgaard
David King
Attila Kis
Niels Kjeldsen
Valery Knoll
Katharina Koller
Brigitte Kramer
Kenneth Krieger
Jack Kruchko
Anton Kuchelmeister
Helene Lacombe
Giorgio Lanaro
Heather Landrey
Thierry Langellier
Wendy Lannoye

Karen Lavender
Susanne Lavooy
Katherine Leffler
Guillaume Lesevre
Gabi Lester
Richard Lore
Tobias Loreto
Michael MacDonald
Celia Madigan
Jann Magerowski
Philippe Magnard
Gabriele Maierhofer
Jacinthe Malenfant
Rafael Manriquez G.
Juan Carlos Marijuan
Jessica V. Marks
Sauveur Martin
Kazue Matsumoto
Susanne Mayer
Mary McCrink
Renee McKinstry
Janet Mc Laughlin
Andre McLean
Janet Meinsma
Randy Merrill
Marianne Meschi
Dino Messina
Ron Meyerson
Didier Michaux
David Miscavige
Michele D. Miscavige
Ray Mithoff
Antonello Moi
Patricia M. Moloney
Gregoire Montangero
Minoru Motokawa
Dave Motutara
Steven Mueller
Nicholas Nierop
Heribert Nonnen
Anne Norlen
Ron Norton
Judee O'Leary
Sylvie Orts-Courvoisier
Claudio Palandri
Floriana Paris
Jean-François Paris
Michael E. Parodi
Massimo Parrino
David Paul
Diane Peloquin
Guy Peloquin
Rick Pendery
David Petit
Diana Petit
Daniele Petrin
Michael David Phillips

Ken Pirak
Jeff Pomerantz
Karen Poulin
Luciano Prodorutti
Kevin Pruett
Sue Rabin
Jerald Racheff
Mark C. Rathbun
Heinz Rau
Carol Renna
Mike Rinder
Michael D. Roberts
Debbie Rodger-Leake
Thorsten Rohde
Ewa Ronnquist
Paul Rood
Kay Rowe
Albert Rüegg
Franco Sanna
Hirofumi Sanpei
Gina Santandreu
Giovanni Sarain
Vic Scelza
Andrik Schapers
Sabine Schneider-Brendel
Hermann Schubotz
Dan Shea
Jeni Shilson
Janice Silber
Sharon Skonetski
Ginger Smith
Andrea Somplatzky
David Sonenfild
Soren Rode Sorensen
Graziella Spagone
Vincent Spataro
Norman F. Starkey
Roland Stillhart
David W. Stobbe
James Sturges
Mary Taufer
Stefan Thut
Irmi Tjarks
Elisabetta Tonellotto
Cristina Tonon
Roberto Toppi
Jaap Van Der Meer
Norman E. Vespi
Peter J. Vilinsky
Joachim von Neuhaus
Martina Waidelich
Robert Walker
Jeanne Walsh
Carole Warren
Kurt Weiland
Benny Weinreb
Sarah Wells
Nicole Wheldon
Greg Wilhere
David Worthen
Marc Yager
Tatsuya Yamashita
Bridget Yavaraski
Marjorie Zacks
Karin Zagury
Patrick Zagury
Herbert N. Zerden
Gianfranco Zovi

Verschiedene Stufen des IAS-Ehrenstatus. Stufe 7 heißt z. B. SILVER MERITORIOUS („Wird jemandem verliehen, der 750.000,– Dollar gespendet hat"). Quelle: Impact Nr. 92 (2000)

3.4 „Wir wollen doch nur helfen..." – Die Tarnorganisationen und deren Strategien

Die Menschen „gebrauchen ihren Verstand nur, um ihr Unrecht zu rechtfertigen, und ihre Sprache allein, um ihre Gedanken zu verbergen", meinte der scharfzüngige Spötter und Aufklärer Voltaire schon vor 250 Jahren. Doch wer sich mit den dubiosen Praktiken von Scientology beschäftigt, könnte das für eine brandaktuelle Analyse halten. Da ordnet sich die Organisation nahtlos in die Schar jener ein, die immer dann aggressiv reagieren, wenn irgend jemand irgendwo ihre Pfründe bedroht. Da die „Kirche" der Scientologen vor allem handfeste Profitinteressen verfolgt, ist auch für sie das Tarnen, Verschleiern und Täuschen unabdingbare Geschäftsgrundlage. Kritiker oder auch nur aufmerksame Beobachter werden zu Feinden. Wenn es um die üppig sprudelnden weltweiten Einkünfte von Scientology geht, geifert sogar „Ron, der Menschenfreund" wie ein Bullterrier: „Wir haben keinen Scientology-Kritiker ohne kriminelle Vergangenheit gefunden, wir haben dies noch und noch bewiesen."

Er wird mit diesem und den folgenden Sätzen bis heute zitiert: "Gruppen, die uns angreifen, sind, gelinde gesagt, nicht gesund." „Es ist sehr günstig für uns, dass wir nur von verrückten Gruppen angegriffen werden, da die Leute in diesem Zustand unweigerlich das falsche Ziel wählen und kein Durchhaltevermögen haben. Also sind sie nicht schwer zu besiegen, indem man Einblicke in ihre versteckten Verbrechen verschafft und selbst eine untadelige Lebensweise führt." „Diese Leute, die angreifen, haben Geheimnisse und verstecken Verbrechen." „Wenn wir untersuchen, fällt all dies auf den Angreifer zurück. Er zieht sich zu schnell zurück, als dass dieser Rückzug noch geordnet vonstatten gehen könnte." „Ein Angreifer ist wie eine Hausfrau, die im Rathaus erzählt, wie schrecklich ihr Nachbar sein Haus führt, aber wenn man ihre Tür öffnet, fallen die Spülschüsseln und die dreckigen Windeln auf die Veranda." „Ich kann mehrere schwere Angriffe aufzählen, die zusammengebrochen sind, nachdem wir geräuschvoll eine Untersuchung über die Angreifer begonnen haben." „Diejenigen, die jemanden kritisieren, weil er Scientologe ist, können eine persönliche Überprüfung früherer Motive und Handlungen nicht überstehen. Das ist zufällig eine glückliche Tatsache für uns. Der Verbrecher scheut das Tageslicht, und wir sind das Tageslicht." (15)

In offiziellen Scientology-Dokumenten klingt das dann etwas sachlicher und gibt sich den Anschein einer Analyse. So heißt es zum Beispiel in einer Presseerklärung der Bewegung vom 19. September 1977:

„Scientology antwortet auf Falschberichte ...

Die jahrelangen Auseinandersetzungen mit den Elementen der Gesellschaft, die sich den sozialen Verbesserungen widersetzen, ließ einen gemeinsamen Nenner offenbar werden, der all den Operationen zugrunde liegt:

– Sie schützen irgendwelche versteckten Interessen, die durch eine Enthüllung vor dem Antlitz der Öffentlichkeit gefährdet erscheinen.
– Diese Elemente unterhalten enge Verbindungen zu Psychiatern und bedienen sich wiederholt „autoritiver", psychiatrischer Äußerungen.
– Ihre offensivste Waffe stellt die Verbreitung falscher Berichte dar.
– Sie betreiben Propaganda durch die Redefinition von Worten (Degradierung eines wichtigen Wortes und kontinuierliche Wiederholung dieses Ausdrucks, so lange, bis die „neue" Bedeutung unbewusst und vor allem weitläufig akzeptiert wird)." (16)

Bezeichnend für die geistige Enge bei Scientology ist hier, dass die Abteilung Öffentlichkeitsarbeit vermeintlichen Gegnern unterstellt, die gleichen Methoden wie die Bewegung selbst – zum Beispiel das Prinzip ständiger Wiederholung und der „Redefinition" von Worten – zu benutzen. Damit wird unbeabsichtigt ein Grundprinzip der Scientology-Informationspolitik illustriert: Es wird immer eine selektive Informationsstreuung praktiziert, im Klartext also Desinformation betrieben. Die Abteilung Öffentlichkeitsarbeit darf demzufolge nur so viel wie unbedingt erforderlich wissen. Gleiches gilt für alle Mitarbeiter und natürlich erst recht für den unbeteiligten Rest der Gesellschaft. So erklärt sich die Tatsache, dass es der Bewegung selbst in „Verteidigungssituationen" nicht gelingt, ihren eng begrenzten ideologischen Rahmen zu sprengen.

Dieser Widerspruch reflektiert sich besonders auch in den mannigfaltigen Scientology-Tarnorganisationen und deren Strategien.

3.5 „Dies ist eine tödlich ernste Angelegenheit..."

Erklärtes Ziel von Scientology ist die Weltherrschaft. Bereits 1965 verkündete Hubbard: „Wir haben im Sinn, alles aus dem Weg zu räumen, das aus dem Weg geräumt werden muss, ganz egal, wie groß es auch sein mag, um eine Zivilisation zu schaffen, die tatsächlich überleben kann." (17) Doch der Griff nach der Macht ist kompliziert. Deshalb ist für die Bewegung eine Infiltration in jeden Bereich gesellschaftlichen Lebens interessant und erstrebenswert: „Wir spielen nicht irgendein unbedeutendes Spiel in der Scientology... Die gesamte qualvolle Zukunft dieses Planeten ... und ihr eigenes Schicksal für die nächsten endlosen Billionen Jahre hängen davon ab, was sie hier und jetzt mit und in der Scientology tun. Dies ist eine tödlich ernste Angelegenheit." (18)

Die Voraussetzung dafür, diese „tödlich ernste Angelegenheit" im Sinne der Bewegung zu steuern, ist ein möglichst breiter Einfluss auf die Gesellschaften, in denen das Krebsgeschwür Scientology bereits wuchert. Dabei sind Tarnorganisationen ein probates Mittel. Sie unterbreiten ein direktes Hilfsangebot an die Bürger, der Scientology-Hintergrund wird gezielt verschleiert. Solchen Tarnorganisationen verdankt die Bewegung einen großen Teil ihres Erfolges. So rechnen Scientology-Kritiker gegenwärtig mit rund 800.000 Menschen, die allein in Deutschland Kontakte zu Scientology unterhalten, oftmals unerkannt. Der „harte Kern" der Scientologen wird auf etwa 30.000 Menschen beziffert (siehe auch Seite 34).

In den letzten Jahren sind oder waren in Deutschland und der Schweiz unter anderem folgende Tarnorganisationen für Scientology tätig:
> Aktionskomitee für freie religiöse Entfaltung, München, inzwischen Löschung
> ALV – Arbeitskreis für liberale Bildungsinformation der Verbraucher e. V., Darmstadt, inzwischen Löschung. War mit ähnlichem Begriff „Bildungsinformation" gegen die ABI gerichtet
> Applied Scholastics, internationaler Sitz in Los Angeles und in verschiedenen deutschen Städten
> Dianetik-College e. V. und anderen Städten (auch unter Dianetik e. V.)
> Kommission für Verstöße der Psychiatrie gegen Menschenrechte e. V., Stuttgart
> MUT – Mitbürger Unterstützen Toleranz, Hamburg, „Initiative zur Wahrung der Menschenrechte in Deutschland"
> Narconon Norddeutschland e. V.
> ZIEL, Zentrum für individuelles und effektives Lernen, Luzern

Diese Aufstellung erhebt keinen Anspruch auf Vollständigkeit, verdeutlicht aber eines sehr klar: Scientology versucht neben der direkten Verbreitung seiner Ideologie stets auch, Defizite im gesellschaftlichen Zusammenleben zu entdecken und diese gezielt für eine Einflussnahme zu nutzen. So erklären sich beispielsweise Angebote gegen die von Vielen als ungünstig und belastend empfundene Individualisierung des Lernens („ZIEL" und andere) oder zur Betreuung von Drogensüchtigen („Narconon"). Diese Tarnorganisationen im Jahr 2004 sind im Vergleich mit einer Aufstellung in einer Antwort der Bundesregierung 1979 deutlich niedriger (19). Dafür hat die Unterwanderung der Wirtschaft durch Scientology bis 2004 deutlich zugenommen (s. Kap. 4.8 und 4.11).

Mit den Tarnorganisationen hat sich Scientology neben der bereits mehrfach erwähnten religiösen Camouflage ein zweites, davon weitgehend unabhängiges Standbein zur Verschleierung ihrer Aktivitäten geschaffen. In Deutschland macht sie sich das gesellschaftlich allgemein anerkannte und von einer langen Tradition geprägte Vereinsleben zunutze. Da verschwinden sie plötzlich aus dem Vereinsregister und tauchen anderswo wieder auf, führen Persönlichkeiten als Mitglieder ihrer Präsidien auf, die davon gar nichts wissen oder verfügen nur über eine Postfachadresse. All dies gehört zu den ausgefeilten Tarnstrategien der unheimlichen Helfer Hubbards.

3.6 Harmlose Namen, hilfreiche Dienste

Scientology ist vielerorts als höchst berüchtigt bekannt. Die zahlreichen Presseerklärungen der Bewegung werden deshalb kaum von der Öffentlichkeit wahrgenommen und schon gar nicht von den Medien publiziert. Das schafft ein Problem für Scientology, denn die Gruppe ist auf Kunden ("Mitglieder") angewiesen. Dazu muss sie weltweit präsent sein; Publikationen sind immer auch Ausweis öffentlicher Anerkennung. Weil aber die direkte Berichterstattung über die Bewegung rar ist, finden sich in der internen Werbung der Bewegung immer wieder Veröffentlichungen, die über Scientology-Tarnorganisationen lanciert wurden. Diese Tarnorganisationen sind oft untereinander und darüber hinaus auch mit Firmen, die Verbindungen zu Scientology haben, personell verfilzt, so dass sich dadurch ein breites Spektrum von Einflussmöglichkeiten ergibt. Das ist wichtig, um den Mitgliedern den Rücken zu stärken – auch gegenüber deren Angehörigen und Freunden. Da Scientologen in der Regel unkritisch alles glauben, was ihnen die Gruppe vorsetzt, stärkt ein solches Vorgehen das Selbstbewusstsein eines einzelnen Scientologen ebenso, wie den inneren Zusammenhalt der Organisation.

Zur Durchsetzung dieser Tarnstrategie hat sich die Registrierung der entsprechenden Zusammenschlüsse als eingetragener Verein bewährt. Dadurch werden sie zu juristischen Personen. Bei der Eintragung beim Registergericht wird darauf geachtet, den Bezug zu Scientology möglichst nicht zu erwähnen oder ihn zumindest zu verschleiern. So finden sich z. B. in den Registerunterlagen der Tarnorganisation ZIEL keinerlei Angaben zu Scientology, es taucht lediglich der Name von Gründervater Ron Hubbard auf.

Insgesamt lassen sich zwei große Richtungen der Tarnung von Scientology-Vereinen erkennen: Über Namen oder über Dienstleistungsangebote, die auf den ersten Blick keinen Bezug zu Scientology erkennen lassen. Aufschluss über die wahren Hintergründe von Gruppen aus beiden Sparten gibt es meist nur, wenn Namen bekannter Scientology-Aktivisten im Vorstand oder als Gründungsmitglieder auftauchen oder wenn sich in den Satzungen typische Scientology-Begriffe finden lassen.

Wie wirksam diese genannten und weitere Tarnstrategien funktionieren können, demonstrierte Narconon Norddeutschland e. V. (Rechtssitz in Itzehoe, Schleswig-Holstein). Die Gruppe bot Drogenentzug ohne Nebenwirkungen an und warb mit einer Erfolgsquote von 80 Prozent. Das glaubte damals sogar der Berliner Senat, so dass Narconon dort bis 1976 rund 1,5 Millionen Mark aus der Sozialhilfekasse für seine Aktivitäten kassieren konnte. Erst als der Scientology-Hintergrund der Organisation durch Presseveröffentlichungen ans Licht kam, ließen Berlins Regierende den Laden durch Sachverständige prüfen. Ergebnis: Die Erfolgsquote von 80 % war schlichter Bluff. Gezählt wurden nämlich all jene, die den von Narconon vermarkteten Scientology-Kurs zum Drogenentzug erfolgreich absolviert hatten! Derartiges wird der Bayrischen Staatsregierung im Jahr 2004 wohl nicht passieren, die die neuen Aktivitäten von Narconon in Bayern im Jahr 2004 kritisch beobachtet!

Ein anderes Beispiel ist ZIEL:

Der Verein machte zunächst in der Schweiz durch mehrere Presseveröffentlichungen auf sich aufmerksam. Das nutzte der deutsche ZIEL-Ableger und tönte: „Eine Gruppe engagierter Schweizer Lehrer" habe sich zusammengetan, um die Lerntechniken des großen amerikanischen „Humanisten" Ron Hubbard zu verbreiten. In Deutschland tauchte ZIEL dann erstmals in den renommierten „Südwestdeutschen Schulblättern", der Zeitschrift des Philologen-Verbandes von Baden-Württemberg, auf. Dort wurde überschwänglich über die „Präzisionstechnologie" des Lernens berichtet, die dazu geführt habe, dass nach den Methoden des „amerikanischen Humanisten" Hubbard „in Mexiko zur Zeit 4.500 Lehrer in dieser Methode ausgebildet" würden. Das dementierte die mexikanische Botschaft und bat um Richtigstellung.

Autor des ZIEL-Artikels war damals der Stuttgarter Gymnasialprofessor Rainer P.

Überliefert ist hingegen, dass P. vor den Ferien den Schülern die Telefonnummer seines Urlaubsdomizils an die Tafel schrieb: Es war die Nummer der Scientology-Zentrale Saint Hill in England. L. Ron Hubbard bezeichnete er als großen „amerikanischen Humanisten".

2004 ist ZIEL nur in der Schweiz aktiv. Dort gelang es, zahlreiche Pro-Scientology-Artikel in der Presse zu lancieren, darunter auch eine ausführliche Hubbard-Biographie in der Zeitschrift „Frau". In der Satzung des Vereins steht u. a.: „§ 2 Zweck des Vereins – Zweck des Vereins ist die Entwicklung und Förderung und Anwendung wirksamer Unterrichts-, Studier- und Lerntechniken. Der Verein bemüht sich um die Entwicklung und Rehabilitierung der Studier- und Lernfähigkeiten bei Studenten, Schülern, Kindern im Vorschulalter, Eltern, Lehrern und sonstigen interessierten Personen. Der Verein verfolgt diese Aufgabe ausschließlich mit Hilfe der Studier- und Lerntechnik, welche von L. Ron Hubbard entwickelt wurde." Dieser Eintrag erfolgte vor ca. 25 Jahren. (20)

Das Wort „Scientology" wurde nicht verwandt. Ebenso fehlte jeder Hinweis darauf, dass die oben angeführte „Lerntechnik" üblicherweise unter dem Markenzeichen „Scientology" verkauft wird. Dafür findet sich aber der aufschlussreiche Hinweis, dass der Verein „ausschliesslich und unmittelbar gemeinnützige Zwecke im Sinne des Abschnittes ‚steuerbegünstigte Zwecke'... verfolgt." (21)

Das Gründungsprotokoll wurde von sieben Leuten unterschrieben, der Mindestzahl, die das Gesetz für eine Vereinsgründung überhaupt vorsieht. Zu ihnen gehörten bekannte Scientologen, wie zum Beispiel Christa Stock-Thies, unter der Scientology-Nummer 7933 „Clear" geworden. Aktiv bei ZIEL tauchte auch Edith von Thüngen auf, die später als stellvertretende Vorsitzende der „Kommission für Verstöße der Psychiatrie gegen Menschenrechte e. V." fungierte. Ihren Beruf gab sie schlicht als „Auditorin" an.

Vor vielen Jahren mietete ZIEL ein heruntergekommenes Wohnhaus an, in dem Schülern Nachhilfe-Unterricht erteilt wurde. Danach bekamen sie Reklame-Zettel zum Verteilen unter ihren Mitschülern. Von Scientology stand dort kein Wort, wohl aber, dass es sich um einen Kurs handele, „der schon längere Zeit ausgezeichnete Resultate ergab und den Schüler befähigt, gerne selbstständig und ohne Mühe zu lernen." Das sollte dann für „max. 4 Wochen" satte 450 Mark kosten (22) – die Sache flog auf und führte zum üblichen Schlagabtausch zwischen Scientology und der ABI – vor Gericht.

Trotz des Bedrohungspotentials, das in solcher Art Aktivitäten steckt, haben Scientology-Tarnorganisationen wie Narconon oder ZIEL auch Einfluss – leider hin und wieder im politischen Bereich.

3.7 Top secret – Kampforganisationen und subversive Gruppen

Die Taktik, um politischen Einfluss zu gewinnen, hat Hubbard bereits 1966 offen beschrieben: „Denken Sie dran, KIRCHEN WERDEN ALS REFORMGRUPPEN ANGESEHEN. Deshalb müssen wir auch auftreten wie eine Reformgruppe, wir müssen von einer angegriffenen Gruppe zu einer Reformgruppe werden, die faule Stellen in der Gesellschaft angreift ... Wir sollten nach Bereichen Ausschau halten, die zu untersuchen sind und Dinge ans Tageslicht bringen und als mächtige Reformgruppe bekannt werden. Wir sind gegen Sklaverei, Unterdrückung, Folter, Mord, Perversion, Verbrechen, politische Schandtaten und alles, was den Menschen unfrei macht ... Denken Sie daran – der einzige Grund dafür, dass wir mit der Presse oder Regierungsbehörden Schwierigkeiten haben, ist der, dass wir nicht die faulen Stellen der Gesellschaft ausfindig machen und bloßlegen. Wir müssen die gesamte Gruppe, genannt Gesellschaft, auditieren. Falls wir es nicht tun, wird sie uns angreifen..." (23) Dazu liefert Hubbard auch gleich die Taktik mit „DER EINZIGE WEG, UM LEUTE ZU KONTROLLIEREN, IST SIE ANZULÜGEN." (24)

Diese Strategie und Taktik vereinen sich immer dann, wenn Scientology über ihre Tarnorganisationen versucht, politischen Einfluss zu gewinnen.

Beispiel: „Kommission für Polizeireform e. V., München (derzeit nicht aktiv). Die Polizei sammelt Informationen und tauscht sie über Ländergrenzen hinweg aus. Damit wird sie für Scientology zum strategisch wichtigen Angriffspunkt. Gelingt es, hier Informanten zu platzieren, wäre das von nahezu unschätzbarem Wert für die Bewegung.

Deshalb wurde bei den im Polizeiapparat durchaus vorhandenen Missständen und Unzufriedenheiten angeknüpft und die „Kommission für Polizeireform" gegründet. Dabei war die Verwendung des Begriffs „Kommission" gleichermaßen geschickt wie irreführend. Er assoziiert eine offizielle Stelle, wie sie häufig vom Staat selbst eingesetzt wird, ebenso Seriosität und kritische

Distanz seiner Mitglieder, Vertrauen und verantwortlichen Umgang mit allen Daten und Fakten. Kein Wunder also, dass es der „Kommission" recht schnell gelang, eine Korrespondenz mit Politikern und anderen Personen des öffentlichen Lebens anzuzetteln.

So erhielt auch der damalige Stuttgarter SPD-Bundestagsabgeordnete Peter Conradi einen Brief. Seine noch arglose Antwort wurde ohne sein Wissen von Scientology veröffentlicht, Conradi wurde daraufhin von den Scientology-Kritikern der ABI über die wahren Hintergründe informiert. Nun blies Scientology zum direkten Angriff. Der Politiker bekam am 23. September 1975 einen Brief, in dem es u. a. hieß: „Wie dringend zum Beispiel das Problem Datenschutz ist, beweist doch die eben von der ABI inszenierte Hetzkampagne und die gezielte Verbreitung von Lügen und Diffamierungen. Es ist eine Schande, dass in unserem Land die Grundrechte auf diese Art und Weise weiter mit Füssen getreten werden dürfen." (25) Im Weiteren wird die ABI bezichtigt, Kampagnen gegen Scientology zu inszenieren und es werden falsche Tatsachen über juristische Auseinandersetzungen zwischen Scientology und ABI kolportiert. Doch auch Conradi wurde persönlich angegriffen: „Für uns stellt sich in diesem Zusammenhang die Frage, wie weit diese Vorkommnisse von Ihnen in Ihrer Eigenschaft als verantwortlicher Politiker für gut geheißen werden." Conradi beendete darauf den dubiosen Briefwechsel und bat nachdrücklich darum, von weiteren Scientology-Schreiben verschont zu werden. (26)

Beispiel: Kommission für Verstöße der Psychiatrie gegen Menschenrechte e. V. (KVPM). Die aggressivste Scientology-Tarnorganisation konzentriert sich ausschließlich auf Verleumdungs- und Diffamierungskampagnen der Psychiatrie. Das ist sogar verständlich, sah sich Scientology zunächst ja selbst als Teil und Methode der Psychiatrie, die dann mit der Perfektionierung des eigenen Geschäftes immer stärker zur Konkurrenz wurde. Und über Konkurrenz schimpft jeder Kaufmann! Doch es scheint noch einen weiteren Hintergrund für den Hass der Scientologen auf diese medizinische Sparte zu geben: Nach einem Bericht der „Washington Times Herald" vom 24. August 1951 hat Hubbards zweite Ehefrau Sarah, geborene Northrup, ihre Scheidungsklage damit begründet, dass Hubbard hoffnungslos geisteskrank sei. Die zuständigen medizinischen Berater sollen damals empfohlen haben, ihn zur Beobachtung einer „paranoiden Schizophrenie" in ein privates Sanatorium einzuliefern.

Unklar ist, ob es sich bei dem aggressiven Kampf von Scientology gegen die Psychiatrie nun um die Fortsetzung eines endlosen Privatkrieges von Hubbard handelt oder um einen schlichten „Konkurrenzkampf." Auffällig ist besonders die demagogische Geschichtsklitterung, mit der Parallelen zwischen den von der NS-Diktatur gedeckten Verbrechen der Psychiatrie und der heutigen Psychiatrie gezogen werden. So heißt es im ersten öffentlichen Porträt der Psychiatrie-Kommission, erschienen in der Scientology-Zeitschrift „Freiheit", Nr. 1 vom August 1972, in dem zunächst Vorgänge in der Psychiatrie des Dritten Reichs geschildert werden: „Die Wahrheit ist, dass die Kinder kaltblütig von deutschen Psychiatern ermordet worden sind! ... Die Psychiater haben offensichtlich ohne Unterbrechung ihre Lähmungen durch Elektroschocks, ihre Morde und das Gefangenhalten von unschuldigen, gesunden Menschen fortgesetzt. ... Diese Gräueltaten wurden von Psychiatern ausgeführt, die dabei eine Unterstützung des Kaiser-Wilhelm-Institutes (Psychiatrische Abteilung) erhielten, das inzwischen in Max-Planck-Institut umbenannt wurde (das jedoch die gleichen Theorien und Methoden anwendet)." (27)

Das international renommierte Max-Planck-Institut erwirkte im Sommer 1973 vor dem Landgericht München eine einstweilige Verfügung, die dem „Freiheit"-Chefredakteur Hermann Brendel unter Androhung einer „Geldstrafe in unbeschränkter Höhe oder Haftstrafe bis zu 6 Monaten" verbot, derart ehrenrührige Behauptungen zu wiederholen. Am 6. August 1973 wurde diese Verfügung durch ein Urteil bestätigt. Auf die Berufung von Herrn Brendel hin bekräftige das Oberlandesgericht München unter dem Aktenzeichen 21 U 3811/73 diese Entscheidung. Die KVPM wirbt in Fußgängerzonen mit Broschüren für „Menschenrechte" und verwendet auch das auf S. 79 abgebildete Zeichen, so in Berlin (2004) und Stuttgart (2003).

Beispiel: Arbeitskreis für liberale Bildungsinformation der Verbraucher e. V., (ALV), Darmstadt (Auflösung durch Beschluss der Mitgliederversammlung am 29. 12. 1984). Für subversive Gruppen wie den ALV ist es typisch, dass Scientology in aller Regel jede Verbindung zu ihnen leugnet. Da sie wahrscheinlich vom Scientology-Sicherheitsbüro aus direkt gesteuert werden, mag dies sogar stimmen – beschränkt man sich auf Verbindungen zu deutschen Scientology-Organisationen! Die Aufgabenstellung solcher Gruppen ist sehr zielgerichtet, der ALV entstand so allein deshalb, um die Scientology-kritische Aktion Bildungsinformation e. V. Stuttgart (ABI) direkt zu bekämpfen. Der „Arbeitskreis" bestand zunächst nur aus zwei Personen: Thomas Rothfuss aus Hemmingen bei Stuttgart und Helga Schwerer aus Darmstadt. Sie verbreiteten in loser Folge Presseinformationen und schickten Briefe an Behörden, Schulen und Lehrer, um die ABI zu diffamieren. Doch es gab auch subtilere Methoden. So erschien am 21. Mai 1977 in der „Stuttgarter Zeitung" und in den „Stuttgarter Nachrichten" folgende Anzeige: „Eltern, die von der Hausaufgabenbetreuung der Aktion Bildungsinformation enttäuscht sind. Bitte melden beim Arbeitskreis für liberale Bildungsinformation der Verbraucher, Geschäftsführer Helga Schwerer..." (28) Dazu das von der ABI angerufene Oberlandesgericht Stuttgart unter dem Aktenzeichen 4 W 19/77: „Der Anzeigentext stellt einen raffinierten Angriff auf die ABI dar, weil er dem Zeitungsleser suggeriert, bei der Hausaufgabenbetreuung der ABI bestünden erhebliche Missstände, die es zusammenzufassen und zum Schutz der betroffenen Kinder auszuwerten gelte ... die raffinierte Suggestion zum Nachteil der ABI, die in dem Anzeigentext liegt, lässt darauf schliessen, dass die Beklagte mit der Anzeige vorsätzlich schaden wollte." (29) Das Gericht klassifizierte diese Schädigung als vorsätzlich und sittenwidrig im Sinne des § 826 BGB.

Die juristischen Auseinandersetzungen zwischen ALV und ABI setzten sich in der Folgezeit fort, wobei sich durch unterschiedliche Urteile – auch solche zu Gunsten des ALV – sowohl die Unabhängigkeit der deutschen Justiz bestätigte, als auch das Beweismaterial bei der ABI zur personellen Verflechtung solcher Gruppen mit Scientology stetig wuchs.

Beispiel „Gesellschaft zur Förderung religiöser Toleranz und zwischenmenschlicher Beziehungen e. V., München (derzeit keine Tätigkeit mehr). Der Motor dieser Gesellschaft war Luise Buhl, die sich als Schriftführerin bezeichnete. Durch den angeblichen Einsatz der „Gesellschaft" für bedrängte Minderheiten liess sich der Scientology-Hintergrund nahezu perfekt tarnen. Hinweise darauf gab allerdings die Personalpolitik: Vorsitzender des Vereins war der Scientology-Aktivist und durch zahlreiche Kurse „qualifizierte" Serbe Zivorad Milenkovic. Er war Gesellschafter der Druckerei, in der die Scientology-Zeitschrift „Freiheit" produziert wurde. Zweiter Vorsitzender war Rudolf Schimann, bei Scientology als „Clear Nr. 13303" geführt. Als Kassier fungierte Rudolf Moyses, der auch dem Präsidium einer sog. Menschenrechtsorganisation angehörte und Schriftführer der Scientology-Tarnorganisation „Kommission zum Schutz der Bürger gegen Datenmissbrauch e. V." war.

Die wenigen hier dargestellten Beispiele belegen die auch vom deutschen Verfassungsschutz geteilte Auffassung (30), dass sich Scientology selbst als kriegführende Partei im Kampf gegen „Unterdrückung" sieht, in dem ihr alle Mittel erlaubt sind. Legitimiert und initiiert wird dieser Kampf von der obersten Scientology-Führungsspitze. Koordiniert werden die Aktionen von einer geheimdienstähnlichen Organisation innerhalb der Gesamtstruktur von Scientology.

3.8 Der Scientology-Geheimdienst

Nach einer gründlichen Analyse der Scientology-Aktivitäten in der Bundesrepublik Deutschland stellte die Münchner Staatsanwaltschaft bereits 1986 in einer Verfügung fest, dass die Bewegung zur Abwehr ihrer inneren und äußeren Gegner auch geheimdienstliche Methoden anwende, im Grenzbereich zur Illegalität operiere und gegebenenfalls auch nicht vor kriminellen Aktionen zurückschrecke. (31) Das Ziel ist dabei in jedem Fall die Durchsetzung der Scientology-Ideologie, wobei der „Krieg" der Bewegung gegen den Rest der Welt zwei wichtige Funktionen hat: Nach innen wird die aus der Gesellschaft kommende Kritik und Ablehnung als stabilisierendes Element der Bewegung genutzt. Nach außen – und hier liegt der Schwerpunkt – ist er Bestandteil einer Strategie, die alle Hindernisse aus dem Weg räumen soll, die die Expansion von Scientology bedrohen könnten. Sie manifestiert sich in den Scientology-Dokumenten, deren Anspruch auf ewige Gültigkeit ja immer wieder postuliert wird, und zwar in Form von theoretischen Richtlinien und praktischen Handlungsanweisungen.

Die drei entscheidenden Elemente zur Umsetzung der scientologischen Strategie sind „Ethik", „Technologie" (Tech) und „Verwaltung" (Administration). Da sich die Bewegung selbst nun als Inkarnation absoluter Vernunft und Wahrheit versteht, gilt alles als „ethisch", was Scientology nützt und demzufolge alles als „unethisch", was ihr schadet. (32) Als Zweck der Ethik definiert Ron Hubbard: „Gegenabsichten aus der Umgebung zu entfernen. Nachdem das erreicht worden ist, wird der Zweck: Die Existenz anderer Absichten aus der Umgebung zu entfernen auch erreicht …" (33). Die Bedeutung aller drei Bereiche im Sinne eines dreistufigen Gesamtkonzeptes erläutert Hubbard so: „Wenn man Ethik hereinbringen kann, dann kann man Scientology-Technologie hereinbringen. Wenn man Scientology-Technologie hereinbringen kann, dann kann man Verwaltung hereinbringen. Wenn man alle drei Gebiete zur vollen Anwendung bringen kann, dann hat man eine Org und Expansion … Indem wir kleine Bereiche handhaben, mit sich selbst, Scientology-Gruppen und Organisationen anfangen, können wir die drei Zyklen wiederholen – Ethik, Tech und Verwaltung. Allmählich vermehren wir uns und expandieren unsere Sphäre von Ethik-Tech-Verwaltung. Und eines Tages haben wir Ethik auf diesem Planeten drin, Tech auf diesem Planeten drin, Verwaltung auf diesem Planeten drin. Unser einziges Hindernis ist die SP." (34)

„SP" ist die scientologische Bezeichnung für „suppressive person" (also: unterdrückerische Person). Daraus wird deutlich, dass die Bewegung davon ausgeht, dass ihr nur eine relativ kleine Anzahl sehr einflussreicher und mächtiger Personen und deren Zusammenschlüsse in Institutionen oder Regierungen wirklich gefährlich werden könne. Einfluss auf diese Leute zu gewinnen ist die wichtigste Aufgabe des scientologischen Geheimdienst- und Propagandaapparates. Damit gewinnt er sowohl für die Überlebensfähigkeit, als auch für die Expansion der Bewegung eine nahezu existenzielle Bedeutung. Bis zum Ende der 50er Jahre hatte sich Scientology zunächst vor allem mit Abtrünnigen aus den eigenen Reihen und einzelnen amerikanischen Behörden auseinander zu setzen. Dann eskalierte nach Auffassung Ron Hubbards der „Krieg" und er sah akuten Handlungsbedarf zur Schaffung eines Nachrichtendienstes. Er sollte sowohl der Überwachung der Scientology-Anhänger, als auch der Kontrolle der Feinde der Bewegung dienen. Hubbard entwickelte seine Vorstellungen dazu erstmals 1959 im so genannten „Handbuch des Rechts" (35), das damit zum Ausgangspunkt der Geschichte des scientologischen Geheimdienstes wurde.

3.9 Die geheimdienstlichen Vorläuferorganisationen

„Auge um Auge, Zahn um Zahn" – Das alttestamentarische Rechtsprinzip war für Ron Hubbard von Anfang an die grundlegende Orientierung für die Tätigkeit seines Geheimdienstes: „Leute greifen Scientology an: Ich vergesse das nie, ich zahle immer mit gleicher Münze zurück, bis der Punktestand ausgeglichen ist." (36)

Dabei umfasst das „Recht" in Hubbards Vorstellung vier Teilgebiete: Die nachrichtendienstliche Tätigkeit, die Beweisuntersuchung, das Urteil oder die Strafe und schließlich die Rehabilitation. Damit ist das Sammeln und Auswerten von allen nur irgendwie erreichbaren Informationen – also eine Tätigkeit, die Arbeitsgrundlage jedes Geheimdienstes ist – für Hubbard zunächst die wichtigste Aufgabe. Den Nutzen der entsprechenden Maßnahmen dazu sieht er in der Langzeitwirkung: „Sorgfältig erinnert oder abgelegt und mit Querverweisen indiziert erzählen diese Daten eines Tages ihre eigene Geschichte… Wenn irgendwo ein Angriff auf Scientology beginnt, schauen wir uns die Leute an, die daran beteiligt sind und legen sie lahm. Der Angriff verschwindet. Der Grund, weshalb wir heute stabile Organisationen haben, wo wir früher nur Trümmer hatten, liegt darin, dass wir nachrichtendienstliche Wege gehen, um unsere Freunde von unseren Feinden zu unterscheiden, und dass wir schnell handeln. Es ist nicht so sehr die bessere Organisation, sondern vielmehr der zusätzliche Friede, den wir uns durch wachsamere nachrichtendienstliche Aktivität erkauft haben. Wir kennen unsere Feinde, ehe sie zuschlagen. Wir halten sie von wichtigen Positionen fern …Nachrichtendienstliche Wachsamkeit … zahlt sich aus in Form von Ruhe, Wachstum und Fortschritt. … Nachrichtendienstarbeit ist daher die Tätigkeit, die Daten sammelt und sie summiert, damit wir unsere Feinde von unseren Freunden unterscheiden können und damit wir in jeder gebotenen Situation die Verursacher des Ärgers herausfiltern können…" (37)

Bereits in dieser Aussage Hubbards wird deutlich, dass die Überwachung der eigenen Mitglieder sehr bald hinter dem „Kampf gegen die Feinde" eingeordnet wurde. Dies bestätigt sich in seinen Anweisungen zur „Beweisuntersuchung": „Wenn Dinge schief laufen und wir nicht schon durch nachrichtendienstliche Tätigkeit wissen, warum, dann verlegen wir uns aufs Untersuchen. Wenn wir es für nötig erachten, jemandem nachzustellen, dann untersuchen wir. Untersuchen ist das sorgfältige Entdecken und Sortieren von Fakten. Ohne eine gute Untersuchung gibt es keine Gerechtigkeit, nur planlose Rache. Wenn wir untersuchen, dann tun wir das immer geräuschvoll ... Merken Sie sich das eine – durch Untersuchung alleine können wir Angriffe drosseln ... Die Macht liegt allein schon im Stellen von Fragen! Merken Sie sich, ein Nachrichtendienst arbeitet auf Flüsterebene. Untersuchungen werden mit einem Schrei durchgeführt... Bekommen Sie die Namen ... Klauben Sie sie mit dem auseinander, was Sie schon über sie wissen, eine Untersuchung (muss sich) immer gegen eine bestimmte Person, die Zeit und den Ort richten. Sonst geraten Sie in ein Dickicht von Verallgemeinerungen und erreichen nichts." (38)

Zur Ergänzung eigener Aktivitäten empfiehlt Hubbard auch die Nutzung von Privatdetektiven: „Offene Untersuchungen durch eine externe Detektei von jemandem oder etwas, der oder das was angreift, sollte öfter getan werden, und pfeifen Sie auf die Kosten. Es ist sehr wirkungsvoll... Detektive kosten Hunderte. Sie sparen Tausende..." (39). Dabei empfiehlt er nachdrücklich, private Ermittlungen stets der öffentlichen Rechtspflege vorzuziehen: „Verwenden Sie staatliche Behörden, wenn es nicht anders geht ... aber versuchen Sie zu handeln, ohne die örtlichen Gesetzesvertreter mit einzubeziehen. Wir sind immer besser dran, wenn wir es selbst oder mit Privatdetektiven machen..." (40)

Auch Gerichtsprozesse gegen Scientology-Kritiker hält Hubbard in diesem Zusammenhang für geeignete Druckmittel: „Der Zweck von Prozessen ist, zu quälen und zu entmutigen, nicht so sehr zu gewinnen. Das Gesetz kann sehr leicht dazu gebraucht werden, um zu quälen..." (41) Schuldbewusstsein der Betroffenen sind für Hubbard dabei unerheblich: „Schuld wird durch die Aktionen und Äußerungen einer Person festgestellt, durch Zeugen und schriftliche Beweise... eine Person kann im Unrecht sein, ohne dass sie es erkennt, dass sie unrecht handelte." (42) Natürlich akzeptieren die Scientologen bei der Bewertung von Schuld ausschließlich ihre eigene Rechtsauffassung, die jeden Andersdenkenden automatisch als Feind und potentiellen Täter sieht: „Niemand unter uns richtet oder bestraft gern. Trotzdem sind wir vielleicht die einzigen Leute auf der Erde mit einem Recht zu bestrafen..." (43).

Die Scientology-Auffassungen von Selbstjustiz gehen dabei so weit, auch ideologisch begründete Urteile zu fällen und zu vollstrecken: „Seien Sie gerecht. Stecken Sie nicht routinemässig einen Kopf auf die Lanze, solange es nicht der richtige Kopf ist. Aber denken Sie daran, dass es Zeiten gibt, in denen es lebenswichtig ist, einen Kopf, irgendeinen Kopf auf die Lanze zu stecken, um aufkeimende Unordnung zu ersticken." (44)

Ganz anders sieht es aus, wenn Scientology selbst Gegenstand juristischer Untersuchungen ist. Dazu befiehlt Hubbard: „Wenn Sie oder die zentrale Organisation untersucht werden – sitzen Sie still, kooperieren Sie nicht ... und geben Sie freiwillig keine Informationen. Stellen Sie zuallererst sicher, dass Sie von vornherein mit beiden Beinen auf dem Boden von Recht und Gesetz des jeweiligen Landes stehen. Schmeißen Sie danach alles Untersuchungspersonal und Reporter die Treppe hinunter." (45)

Neben diesem Kampf gegen „Unterdrückung" entwickelte Hubbard auch von Anfang an eine auf Geheimdienstmethoden basierende Strategie, um Scientology offensiv zu verbreiten. Sie fand ihren organisatorischen Niederschlag zunächst im „Spezialbereichsplan" („Special Zone Plan") und darauf aufbauend in der Schaffung so genannter Spezialbereichsabteilungen („Special Zone Departments"). Ihre Hauptaufgabe bestand „in der Koordination der konspirativen Durchdringung der gesellschaftlichen Strukturen des jeweiligen Gastlandes."

Im August 1960 wurden diese Einrichtungen in die neu geschaffene „Abteilung für Regierungsangelegenheiten" („Department of Government Affairs") eingegliedert. Sie wurde zunächst ausserhalb der offiziellen Scientology-Strukturen organisiert und sollte mit ihren weitreichenden Befugnissen der Bewegung in allen Rechts- und Steuerangelegenheiten den Rücken freihalten.

Damit ist die Schaffung dieser Abteilung ein Beleg dafür, wieweit bereits Anfang der 60er Jahre die Geschäftstätigkeit von Scientology deren angeblich religiöses Anliegen dominierte.

Als Methode zur Durchsetzung der expansiven Interessen von Scientology schreibt Hubbard offensives Handeln vor: „Verteidigen Sie sich niemals, greifen Sie immer an ... Um zu gewinnen, brauchen wir Finanzen und Schwung... Wenn das Department mit Schwung und Elan arbeitet ... gewährleistet es einen Schirm, hinter dem die Organisationen arbeiten können ...Das Ziel des Departments ist es, Regierungen und feindlich gesinnte Philosophien oder Gesellschaften in einen Zustand vollständiger Übereinstimmung mit den Zielen von Scientology zu bringen... Dringen Sie in solche Einrichtungen (der Regierungen – der Autor) ein. Kontrollieren Sie solche Einrichtungen." (46)

Am 13. März 1961 ersetzt Hubbard mit einem Richtlinienbrief die „Abteilung für Regierungsangelegenheiten" durch die „Abteilung für offizielle Angelegenheiten" („Department of Offcial Affairs"). Dabei blieb der Auftrag der Kontrolle und Infiltration von Regierungen erhalten; geändert wurde faktisch nur der Name. Ebenfalls weitergeführt wurde die geheimdienstliche Methodik der Arbeit: „Die Aktion, eine Pro-Scientology-Regierung hervorzubringen, besteht darin, sich die am höchsten platzierte Person im Regierungsapparat, die man erreichen kann, zum Freund zu machen, und im privaten Haushalt und in Büropositionen in ihrer Nähe Scientologen zu postieren und dafür zu sorgen, dass Scientology ihre Schwierigkeiten ... löst." (47) Das neue Department fungierte als aktenführende Stelle, die alle Anti-Scientology-Gruppen, -Personen und -Aktivitäten erfasste.

Mit dieser Strategie machte Hubbard faktisch jeden Scientologen, dem sowieso das Abweichen von den Normen der Bewegung strengstens untersagt ist, zu potentiellen Scientology-Agenten. Dieser Prozess vollzog und vollzieht sich für viele Betroffene unbemerkt oder unbewusst. Dennoch ist er eine der Grundvoraussetzugen für das geheimdienstliche Funktionieren von Scientology.

Mit der Gründung der so genannten „Öffentlichen Ermittlungsabteilung" („Public Investigation Section") am 17. Februar 1966 erfolgte ein weiterer Ausbau der organisatorischen Strukturen zur Schaffung eines eigenen, professionellen Geheimdienstes. Hubbard definiert die Aufgabe der Ermittlungsabteilung so: „Scientology steht für Freiheit. Diejenigen, die keine Freiheit wollen, neigen dazu, Scientology anzugreifen. Diese Sektion untersucht die einzelnen Mitglieder der Angreifergruppen und sorgt dafür, dass die Ergebnisse der Nachforschungen entsprechende rechtliche Schritte nach sich ziehen und öffentlich bekannt werden." (48)

Dementsprechend orientierte sich die Bewegung daran, ausschließlich professionelle Ermittler zu rekrutieren: „Das Personal für diese Abteilung wird durch vertrauliche Inserate gesucht. Wir geben dazu nur unsere Telefonnummer an und die interessierten Leute werden zu Personalbesprechungen ... herangezogen. Bei der Auswahl dieses Personals muss größte Sorgfalt angewendet werden, vor allem, was die frühere Tätigkeit dieser Leute anbelangt ... Man wird sehen, dass die Abteilung all die nützlichen Funktionen einer Spionage- und Propaganda-Agentur hat. Sie findet die notwendigen Daten und achtet darauf, dass gehandelt wird ... Wir benützen die herkömmlichen Spionagetechniken. Die Abteilung führt eine Akte über jedes Projekt und Akten nach Namen von Personen innerhalb dieses Projektes. Dieses Verzeichnis enthält auch Namensverweise etc." (49) Angesichts der sich rapide ausweitenden geschäftlichen Aktivitäten von Scientology wies die Zentrale an, dass jede Scientology-Organisation eine solche Ermittlungsabteilung mit mindestens 150 Mitarbeitern zu bilden habe.

Ihre Tätigkeit wird genau definiert: „Diese Sektion sollte erkennen, dass die Medien und die Öffentlichkeit an Mord, Gewaltanwendung, Zerstörung, Gewalt, Sex und Unehrlichkeit interessiert sind, und zwar in dieser Reihenfolge. Untersuchungen, die diese Faktoren in den Aktivitäten einer Scientology angreifenden Gruppe aufspüren, sind so wertvoll, wie sie eine Reihe dieser Faktoren enthalten." (50) In einem wenig später folgenden „Richtlinienbrief" zum Thema „Angriffe auf Scientology" wird die Strategie der Ermittlungsabteilungen genau vorgegeben:

„Stimmen Sie NIEMALS einer Untersuchung von Scientology zu. Stimmen Sie NUR einer Untersuchung der Angreifer zu...

Folgendes ist das korrekte Verfahren:
1. Finden Sie heraus, wer uns angreift.
2. Beginnen Sie damit, ihn augenblicklich auf Begehung von KAPITALVERBRECHEN oder Schlimmeres hin zu untersuchen...
3. Verbinden Sie unsere Antwort mit einem Gegenangriff, indem Sie eine Untersuchung des Gegners begrüßen.
4. Beginnen Sie damit, die Presse mit erschütternden Berichten von Blut, Sex und Verbrechen mit tatsächlichen Beweisen über die Angreifer zu füttern.

Unterwerfen Sie sich niemals auf zahme Weise einer Untersuchung von Scientology. Machen Sie es den Angreifern die ganze Zeit hart und dornenreich." (51)

Dass Scientology diese Handlungsanweisungen durchaus todernst meint, ist durch zahlreiche Schicksale von Opfern der Bewegung belegt. In immer wieder auftauchenden „Richtlinienbriefen" wird die Scientology-Kritikern zugedachte Behandlung unverblümt beschrieben. Die Methoden reichen dabei von offener oder verdeckter Bespitzelung über Psychoterror, falsche Beschuldigungen und Strafanzeigen, Verleumdungen („Schwarze Propaganda"), Diebstahl und Einbrüchen bis hin zu Morddrohungen. Dabei sieht Hubbard für den scientologischen Geheimdienst ein weites Betätigungsfeld: „Es gibt gewisse Merkmale und geistige Einstellungen, die etwa 20 % einer Rasse dazu bewegen, sich jeder Unternehmung oder Gruppe, die etwas verbessern will, mit Gewalt zu widersetzen ... Da sie nur 20 % der Bevölkerung ausmachen, und da nur 2,5 % unter diesen 20 % wahrhaft gefährlich sind, sehen wir, dass wir mit nur sehr wenig Anstrengung die Lage der Gesellschaft wesentlich verbessern können." (52)

Bekannt wurden die Verfolgungspraktiken des Scientology-Geheimdienstes zunächst unter dem Namen „Freiwild-Gesetz" („Fair Game"), auf das in drei Befehlen Hubbards aus dem Jahr 1965 Bezug genommen wird. Später wurden diese „Richtlinienbriefe" angeblich wieder zurückgezogen, dienten aber weiterhin als Ausbildungsgrundlagen für den Scientology-Geheimdienst. Nach Aussagen mehrerer hochrangiger Scientology-Aussteiger wurde das „Freiwild-Gesetz" jedoch nie wirklich abgeschafft, so dass davon auszugehen ist, dass es bis heute eine bindende Scientology-Richtlinie darstellt. Im Sinne dieses Gesetzes strebt die Bewegung eine gnadenlose Verfolgung und Vernichtung der von ihr als „Feinde" betrachteten Personen an: „SP-Order" (Erklärung zur „Unterdrückerischen Person" – der Autor). Ihr kann das Vermögen weggenommen werden, oder ihr kann durch jedes Mittel Schaden zugefügt werden von jedem Scientologen, ohne dass dieser dafür irgendwie zur Rechenschaft gezogen wird. Sie kann ausgetrickst, verklagt oder belogen oder vernichtet werden." (53)

Praktiziert wurde dieses menschenverachtende Vorgehen zur Durchsetzung des kriminellen Machtstrebens von Scientology ab 1966 vor allem durch den weltweit aktiven Scientology-Geheimdienst „Guardian Office" (GO), der alle Vorläuferorganisationen ablöste.

3.10 Das „Guardian Office" 1966 bis 1983

Im Zuge des Aufbaus der „Öffentlichen Ermittlungsabteilung" installierte Hubbard bereits Ende Februar 1966 eine Vertrauensperson an der Spitze seines Geheimdienstapparates, den so genannten „Guardian" (Wächter). Er sollte ihn bei der Herausgabe und Durchsetzung seiner Richtlinien unterstützen. Dieser Posten wurde sehr schnell zu einer eigenen Organisation, dem „Guardian Office" (GO) ausgebaut, die alle bis dahin existierenden Einrichtungen des Scientology-Geheimdienst- und Propagandaapparates integrierte.

An der Spitze dieser Organisation stand zunächst der „Guardian World Wide" (Guardian WW). Mit Richtlinienbrief vom 21. Januar 1969 wurde ihm der „Controler" übergeordnet. Dieses Amt wurde Hubbards Ehefrau Mary Sue Hubbard auf Lebenszeit übertragen. Ihre Nachfolgerin als „Guardian WW" wurde Jane Kember. Hauptsitz des GO war der damalige Wohnsitz Hubbards in Saint Hill Manor/East Grinstead in der Nähe von London. Später zog das GO in die jeweilige Zentrale der Bewegung mit. Organisatorisch wurde das „Guardian Office" in das „Hubbard Kommunikationsbüro" (HCO) eingegliedert und – entsprechend der auf allen Hierarchieebenen gleichen Organisationsstruktur – in den Scientology „Orgs" in der jeweiligen Führungsabteilung 7

(„Executive Division 7") vertreten. GO-Mitarbeiter unterstanden nicht dem Scientology-ED („Executive Director") vor Ort, sondern ihrem territorial übergeordneten GO-Funktionär, so dass sich sehr bald eigene, abgeschottete Befehlsstränge innerhalb des „Guardian Office" herausbildeten. (54)

Ron Hubbard maß dem zunächst offen als Geheimdienst („Intelligence Bureau"), später als „Informationsbüro" bezeichneten „Guardian Office" eine herausragende Bedeutung zu. Er ließ sich wöchentlich mindestens einmal über die GO-Aktivitäten informieren. Innerhalb kürzester Zeit wurde der Scientology-Geheimdienst zur eigentlichen Macht- und Entscheidungszentrale der Bewegung. Bereits in den 70er Jahren umfasste er weltweit 400 bis 500 hauptamtliche Mitarbeiter, von denen etwa 200 in der damaligen Zentrale in Los Angeles und der Rest in etwa 25 Büros in verschiedenen Ländern arbeiteten (55). Der Scientology-Aussteiger Jon Atack behauptet, dass dem „Guardian Office" Anfang der 90er Jahre bereits 1100 Mitarbeiter angehört hätten. Dazu kam noch eine unbekannte Zahl so genannter „Field Staff Members" (FSM), die neben- oder hauptamtlich im Außendienst tätig waren. (56).

In Deutschland wurde 1972 in München der erste GO-Ableger mit 5 Mitarbeitern gegründet. Bis 1976 hatte sich deren Zahl bereits auf 30 versechsfacht.

Damit verfügte L. Ron Hubbard wahrscheinlich über den größten und effektivsten privaten Geheimdienst der Welt. Und er wusste ihn zu schätzen!

In einer 1976 von der „Scientology Kirche Deutschland e. V." herausgegebenen Informationsschrift lobt er seinen Geheimdienst und bestätigt dessen überragenden Stellenwert innerhalb der gesamten Scientology-Bewegung: „Es gibt kein erfolgreicheres Informationsnetz als das BÜRO DES GUARDIAN ... Voran und weit über den anderen steht das GUARDIAN INFORMATIONSNETZ. Es gibt keine vergleichbare Gruppe auf diesem Planeten. Es expandiert und verteidigt Scientology überall auf der Erde und hat schon lange den Machtzustand überschritten." (57)

In einem GO-Flugblatt, vermutlich aus dem Jahr 1978, wird die Aufteilung des Büros in sechs Abteilungen und deren Funktion – dabei auch ausdrücklich die geheimdienstliche Tätigkeit der nachträglich in das „Guardian Office" integrierten „Informationsabteilung" – detailliert definiert:

Das Service-Büro
trägt dazu bei, aus dem GO ein Team von „unvergleichlichen Personen" zu machen, welches daran arbeitet und bereits gearbeitet hat, eine geistig gesunde Zivilisation zu erschaffen, und zwar durch die Anwendung der Technologie, Standard Scientology Training, Auditing, Korrekturen und Ethik.

Die Informationsabteilung
ist unentbehrlich für den Einsatz des Guardian Office. Dort werden grundlegende Daten gesammelt, durch deren Auswertung vorausgesagt werden kann, wie die Dinge laufen werden, so dass man sich darauf einstellen kann, Situationen zu handhaben, die der Verbreitung von Scientology schaden könnten.

Das Presse- und Öffentlichkeitsamt
ist aufmerksam dabei, falsche Berichte über Scientology zu enthüllen und diese zu korrigieren. Hier wird moderne Technologie von L. RON HUBBARD über Public Relations verwendet, um die allgemeine Beziehung von Scientology zur Öffentlichkeit zu handhaben – es arbeitet mit Fernsehen, Radio, Presse, VIPs und Regierungsbeamten zusammen. Das Resultat ist, dass die gute Arbeit von Scientology weit verbreitet wird und zwar durch Tausende von vorteilhaften Berichterstattungen in jeder Woche überall auf der Welt.

Das Rechtsamt
ist Schützer des Rechts für alle und alles, was Scientology betrifft. Es macht bei jenen Gerechtigkeit gültig, die danach trachten, die Expansion von Scientology zu unterdrücken. Folglich hilft es, eine geistig gesunde Zivilisation zu erschaffen – es schützt die Urheberrechte der Standard Scientology Technologie – handhabt alle rechtlichen, Regierungs- und Steuerangelegenheiten.

Die Finanzabteilung
ist mit der Verantwortung für die Sicherung des Guthabens und des guten Rufes der Kirche betraut – es bringt Zahlungsfähigkeit und geistige Gesundheit in Scientology-Organisationen hinein,

David Miscavige, Vorstandsvorsitzender des Religious Technology Center

DER 16. JAHRESTAG DER IAS
Tausende feiern ein Jahr beispielloser Erfolge

Aus ganz England und Europa, aus den Vereinigten Staaten und aus vielen anderen fernen Ländern wie zum Beispiel Israel, Mexiko und Japan strömten IAS-Mitglieder nach East Grinstead.

Die über 4000 Mitglieder, die in Saint Hill eintrafen, gehören den unterschiedlichsten Schichten und Berufen an. Aber als sie sich in der Great Hall zur offiziellen Eröffnungsfeier des 16. Jahrestages versammelten, waren sie alle durch ein gemeinsames Ziel vereint und freuten sich miteinander an den außerordentlichen Erfolgen *ihrer* Gruppe, die beispiellos in der Geschichte sind.

David Miscavige, der Vorstandsvorsitzende des Religious Technology Center, begrüßte als Master of Ceremonies die Gäste mit folgenden Worten: „Herzlich willkommen zu diesem Abend, an dem wir verdeutlichen, was es heißt, die einzige Gruppe wirklich freier Menschen auf der Erde zu repräsen-

tieren; und was es heißt, als diese Gruppe zu *handeln:* Es heißt, unsere Religion zu vereinen, zu fördern und zu unterstützen – von Verbreitungsprogrammen für die Bewohner ferner Länder bis zur Einführung der Technologie L. Ron Hubbards in den höchsten Ebenen der Gesellschaft; es heißt, Scientology und Scientologen trotz aller Widrigkeiten zu schützen, und jedes Mal nicht nur siegreich, sondern stärker und zahlreicher aus diesen Auseinandersetzungen hervorzuziehen; und letzlich heißt es, die Ziele der Scientology zu einer konkreten Realität zu machen.

Die IAS ist die Gruppe, die den Preis der Freiheit zahlt – in vielen Ländern von Alaska bis Argentinien, vom Südpazifik bis zur Ostsee.

Als die IAS vor 16 Jahren gegründet wurde, standen wir allein. Eine Handvoll entschlossener Leute, die einer scheinbar unüberwindlichen Opposition gegenüberstanden. Aber wir waren wohl gerüstet.

David Miscavige, Vorstandsvorsitzender des Religious Technology Center (RTC).
Quelle: Impact Nr. 93 (2000), („Die treibende Kraft des neuen Milleniums").

Mike Rinder, Scientology, USA, Sprecher der Scientology-Organisation International, Leiter des Internationalen Büros für spezielle Angelegenheiten, Office of Special Affairs (OSA). Rede bei Demonstration in Berlin, 27. 10. 1997.

Foto: Ullstein Bilderdienst

Sabine Weber, Sprecherin der Scientology-Organisation Deutschland, 19. 4. 1998.

Foto: Ullstein Bilderdienst

John Travolta, geb. 18. 2. 1954, Schauspieler und Sänger aus USA, beim Signieren des Buches „Battlefield Earth" des Gründers der Scientology-Sekte L. Ron Hubbard am 25. 5. 2000.

Foto: Ullstein Bilderdienst

Isaac Hayes, geb. 20. 8. 1942, Musiker, Soul, USA, 27. 10. 1997

Foto: Ullstein Bilderdienst

indem es sicherstellt, dass Richtlinien bezüglich Finanzen befolgt werden, und dass als Resultat Scientology expandiert.

<u>Das Büro für soziale Koordination</u>

ist ein Reformator auf dem Gebiet der geistigen Gesundheit, der Kriminellen- und Drogenrehabilitation, der Erziehung und grundsätzlichen Menschenrechte – dynamisch erschafft es eine Anerkennung der Unentbehrlichkeit der Scientology Technologie innerhalb der Gesellschaft selber. Folglich macht es das Ziel von Scientology real, nämlich eine Zivilisation ohne Geisteskrankheit, ohne Verbrechen und ohne Krieg.

Die in diesem Rahmen ausschließlich auf geheimdienstliche Tätigkeit konzentrierte „Informationsabteilung" („Information Bureau") ist in mehrere Zweige („Branches") gegliedert. „Branch I" ist dabei für die Sammlung öffentlich zugänglicher Daten („Overt Data Collection", ODC), die verdeckte Datensammlung mit nachrichtendienstlichen Mitteln („Covert Data Collection", CDC) und die Organisation und Durchführung verdeckter Geheimdienstoperationen („Covert Operations", CO) zuständig. „Branch 11" ist für die „innere Sicherheit" von Scientology verantwortlich. Als grundlegende Strategie des gesamten „Guardian Office" definiert Hubbard die Aufgabe: „Den Widerstand ausreichend zur Seite zu fegen, um ein Vakuum zu schaffen, in das Scientology hineinexpandieren kann." (59) Dabei sei der Idealzustand für die Bewegung erreicht, wenn die „... Angreifer gegen Scientology lokalisiert und von ihren Machtpositionen entfernt sind und Scientology auf diese gelangen kann. Und jede Drohung eines Angriffs in die Schranken gewiesen ist, damit Scientology freies Feld hat." (60)

Die langfristigen Ziele („targets") von Scientology richten sich nach wie vor auf die Erringung einer autoritären Herrschaft über die ganze Welt. Dieser globale Ansatz ist in einem bis heute gültigen „Richtlinienbrief" vom 16. Februar 1969 niedergelegt: „Die lebenswichtigen Ziele, in die wir die meiste Zeit investieren müssen, sind:

T 1. Den Feind seiner Popularität berauben, bis sie völlig ausgelöscht ist.

T 2. Erlangung der Kontrolle oder Ergebenheit der Leiter oder Eigentümer aller Nachrichtenmedien.

T 3. Erlangung der Kontrolle oder Ergebenheit von politischen Schlüsselpersonen.

T 4. Erlangung der Kontrolle oder Ergebenheit derjenigen, die die internationalen Finanzgeschäfte überwachen ...

T 5. Die Gesellschaften, in denen wir operieren, generell neu beleben.

T 6. Eine überwältigende öffentliche Unterstützung gewinnen.

T 7. Alle ähnlichen Gruppen als Verbündete nutzen.

Dies sind natürlich sehr weitreichende Ziele. Aber es ist das, was getan werden muss, um die Langlebigkeit unserer Organisationen fortzusetzen." (61)

Um diese Ziele zu erreichen erfuhr der Scientology-Geheimdienst einen permanenten Ausbau. Damit sollte er in die Lage versetzt werden, auf erkannte „Fehler" in der Expansionsstrategie der Scientologen zu reagieren. Als „Fehler" bezeichnete Ron Hubbard wörtlich oder sinngemäß:

1. Nur verteidigen.

2. Nur auf Scientology-Terrain verteidigen.

3. Vernünftig zu sein und dem Feind milde Motive zuzuschreiben.

4. Zu versagen, zu früh und nicht hart zurückzuschlagen.

7. Taktiken des Feindes nicht zu lernen, anzuwenden und zu verbessern.

8. Zu versagen, nicht stark genug um die öffentliche Meinung und öffentliche Medien geworben zu haben.

9. Zu versagen, den Feind nicht zu identifizieren und ihn nicht zu schlagen (analog Quelle 62).

Das wichtigste Instrument bei der Verarbeitung dieser negativen Erfahrungen ist für Hubbard das „Guardian Office": „Ein Geheimdienst identifiziert Ziele und findet die feindlichen Pläne heraus und ihre Zwecke, die Verbindungen des Feindes, Dispositionen etc. Es ist fatal, den falschen Feind anzugreifen ... Gute geheimdienstliche Arbeit markiert die Punkte, wer, wann, wo, was ... Ein gutes PRO („Public Relations Office" – der Autor) plant eine Aktion und Operationen kämpfen die Schlacht ... Das Recht ist eine schwerfällige, wenn auch oft letzte Kampfarena ... Wenn

Geheimdienst und PRO gute Arbeit geleistet haben, dann gewinnt man die Rechtsstreitigkeiten leicht." (63)

Noch deutlicher in der Beschreibung dessen, wie Scientology illegale und kriminelle Aktivitäten zur Erlangung und Festigung ihres Einflusses und ihrer Macht nutzen will, ist Hubbards Ehefrau Mary Sue. In einem vom „Commodore's Staff Guardian" (CS-G) herausgegeben Strategiepapier vom 2. Dezember 1969 heißt es zum Thema „Verdeckte Operationen": „Mit einer verdeckten Operation wird in erster Linie beabsichtigt, andere zu behindern und in Verlegenheit zu bringen, zu diskreditieren oder einen tatsächlichen oder möglichen Gegner zu vernichten oder zu entfernen. Es ist ein kleiner Krieg, der ausgetragen wird, ohne dass dessen wahre Quelle aufgedeckt wird ... Er folgt allen Regeln des Krieges, aber gebraucht Propaganda, psychologische Überraschungs- und Schockeffekte, um das Endziel zu erreichen." (64) Und: „... alle Etappen zur Machtübernahme auf nationaler Ebene beginnen mit einer verdeckten Operation." (65)

Das theoretische Rüstzeug für den Krieg von Scientology gegen den Rest der Welt wird in einem speziellen Kurs für die Geheimdienstmitarbeiter vermittelt. Dieser „Intelligence Course" vom 9. September 1974 umfasst auf etwa 800 Seiten alle wichtigen (und „ewig" gültigen) Richtlinien und Anweisungen Hubbards sowie weiteres Schulungsmaterial über geheimdienstliche Praktiken. Dazu gehört eine detaillierte Beschreibung aller technischen Möglichkeiten zum Abhören von Telefonen ebenso, wie eine Anleitung in zwölf Schritten, um in Regierungsgebäude einzubrechen und Dokumente zu entwenden unter dem Titel „The Strike" („Der Schlag") vom 17. Oktober 1971.

Als gängigste Methode im Bereich der „Verdeckten Operationen" wird den GO-Mitarbeitern empfohlen, mit anonymen Hinweisen an Polizei und Justiz über angeblich Straftaten von Scientology-Kritikern zu operieren. Dieses weitgehend risikolose Vorgehen kann bis zu Mordbezichtigungen reichen.

Bei „Verdeckten Datensammlungen" durch Scientology konzentriert sich deren Geheimdienst auf illegale Zugänge zu Bankkonten, Computerarchiven und Telefonverbindungen. Weiterhin gehört das Ansetzen von Agenten an Zielpersonen und das geheime Aufzeichnen per Video oder Tonband dazu. Ziel solcher geheimdienstlicher Ausspähung ist es, kompromittierendes Material zu beschaffen, auf dessen Grundlage dann gegebenenfalls Erpressungsversuche gegen Scientology-Gegner gestartet werden können.

Ganz nach dem Muster der großen Vorbilder von der amerikanischen CIA über den israelischen Mossad bis hin zum russischen KGB lanciert auch der Scientology-Geheimdienst gezielte Indiskretionen, um Misstrauen und Feindschaft zwischen verschiedenen „Zielpersonen" zu säen („Roll-Back-Technologie"). Besonders Pressesprecher werden in Praktiken der Desinformation und im Manipulieren von Dokumenten geschult.

International aktenkundig sind inzwischen Aktionen wie: Vortäuschung eines Autounfalls, in den angeblich ein Scientology-Kritiker verwickelt war; Einbruch in ein Anwaltsbüro, das einen Scientology-Gegner vertrat, und bei einem Journalisten sowie einer Zeitungsredaktion in Florida. Scientologen wurden auch der wissentlichen Falschaussage vor Gericht überführt. Einen missliebigen Journalisten verdächtigte Scientology grundlos, Kinder sexuell missbraucht zu haben. Eine Reporterin wurde durch manipulierte Geldgeschäfte mit dem organisierten Verbrechen in Verbindung gebracht. Eine Buchautorin sollte mit Hilfe einer Doppelgängerin, die vor Zeugen Morddrohungen gegen den USA-Präsidenten äußerte, als Terroristin denunziert werden. Als weitere Maßnahme war geplant, einen Scientology-Liebhaber auf sie anzusetzen, der sie dann abrupt verlassen und so Selbstmordabsichten initiieren sollte. (66)

Diese und weitere Aktionen des Scientology-Geheimdienstes blieben jahrelang unentdeckt, weil es gelang, den Bereich streng nach außen abzuschotten und hohe Sicherheitsstandards innerhalb der Organisation durchzusetzen. Wie bei anderen Geheimdiensten auch, wird strikt nach den Regeln der Konspiration gearbeitet. Jeder Mitarbeiter darf nur soviel wissen, wie für die Erledigung seiner Aufgaben unbedingt erforderlich ist. Alle Schriftstücke, die auf nachrichtendienstliche Aktivitäten Bezug nehmen, sind als „vertraulich" („confidential"), „geheim" („secret") oder sogar „streng geheim" („top secret") einzustufen. Denunziationen von Verrätern werden belohnt:

„Sollten beim Verdacht von Unterwanderung/Spionage weitere Nachforschungen bekannt werden und in der Festnahme oder Verhaftung einer Person resultieren, die vorsätzlich versucht, dieser Organisation Schaden zuzufügen, wird eine Belohnung von 1000 Dollar vom International Finance Office ausbezahlt werden ... Sollte jemand sich einem Mitarbeiter nähern und ihn bitten, irgendeine der (im HCO Richtlinienbrief genannten – der Autor) Handlungen zu unternehmen, so sollte der Mitarbeiter so tun, als ob er zustimmen würde, er sollte das angebotene Geld annehmen – das er behalten mag – und er sollte diese Angelegenheit schnell und unauffällig an das Religious Technology Center berichten, so dass die Anstifter aufgespürt und verhaftet werden können." (67)

Eine weitere Anweisung zur „inneren Sicherheit" nennt als „Hauptziel", jedes Mittel einzusetzen, um Infiltration durch Doppelagenten oder unzufriedene Mitarbeiter, Scientologen oder deren Verwandte aufzudecken. Um solche Personen zu enttarnen wird auch ausdrücklich die Nutzung der „Processing-Akten" angewiesen, also der Aufzeichnungen aus den angeblich streng vertraulichen Auditing-Sitzungen!

Alle Unterlagen, die kriminelle Aktivitäten und illegale Operationen von Scientology belegen könnten, sind in beweglichen Behältnissen, „Red Box" genannt, aufzubewahren. (68)

Trotz all dieser Sicherheitsmaßnahmen wurde dennoch eine Neustrukturierung des Scientology-Geheimdienstes notwendig, als Ende der 70er Jahre nach dem Prozess gegen die Führungsspitze des „Guardian Office" nach und nach immer mehr Informationen an die Öffentlichkeit gelangten (siehe 1. Kapitel „Flecken auf der weißen Weste"). Zunächst versuchte Scientology die Ereignisse als Fehltritt einzelner „vom rechten Weg abgekommener" führender Mitglieder der Bewegung abzutun. Intern eröffnete sich damit aber für die Gruppe jüngerer Scientology-Funktionäre um David Miscavige (damals 20 Jahre alt), dem heutigen Scientology-Chef, die Möglichkeit, ihre Machtambitionen umzusetzen. 1981 war dafür die Gelegenheit günstig, weil Hubbard bereits in den Untergrund abgetaucht und wahrscheinlich auch schwer krank war. Die Verbindung zu ihm hielt Miscavige mit der so genannten „Commodore's Messenger Organisation" (der persönlichen „Boten-Organisation" Hubbards) aufrecht. Aus dieser streng geheimen Führungsgruppe heraus wurde beschlossen, das „Guardian Office" als unabhängige Scientology-Einrichtung zu eliminieren. In der Folge wurden Mary Sue Hubbard und Jane Kember entmachtet und zahlreiche weitere hohe Scientology-Funktionäre durch ein internes Scientology-Gericht „exkommuniziert". Da sich unter den verdrängten Funktionären auch der „Oberste Fallüberwacher" und persönliche Auditor Hubbards, David Mayo, befand, ist zu vermuten, dass Miscavige mit dieser Aktion damals bereits die entscheidenden Weichen stellte, um Hubbards Erbe als Chef von Scientology anzutreten. Bis zur offiziellen Auflösung bzw. Umbenennung des „Guardian Office" in „Office of Special Affairs" (OSA) stand der Geheimdienst unter seiner Kontrolle. Durch diesen Handstreich erhielt Miscavige Zugriff auf die gesamten Geldmittel von Scientology und damit faktisch die Macht über alle weltweit verstreuten Scientology-Organisationen. (69)

An den Zielen und der Strategie der Bewegung änderte sich mit diesem Wechsel an der Führungsspitze nichts und auch der Scientology-Geheimdienst wechselte faktisch nur seinen Namen.

3.11 Das „Office of Special Affairs"

1983 behauptete der neue starke Mann bei Scientology, David Miscavige, dass er das „Guardian Office" geschlossen habe und die meisten Mitarbeiter entlassen worden seien. Mit dieser bewussten Täuschung der Öffentlichkeit sollte die Tatsache verschleiert werden, dass auch nach den internen Machtkämpfen die Geheimdienstarbeit ungebrochen fortgesetzt und noch weiter perfektioniert wurde. Maßgebliche frühere GO-Mitarbeiter rückten auf wichtige Posten innerhalb der Bewegung auf. Die Begründung dafür liefert Miscavige selbst: „Machen wir uns nichts vor, wir spielen auf diesem Planeten ein Spiel auf Leben und Tod ... SP's („Unterdrückerische Personen", Bezeichnung für Scientology-Feinde – der Autor) schrumpeln nicht einfach hinweg wie Trauben am Rebstock. Manchmal muss man das Problem mitsamt der Wurzel herausreißen. Und manchmal reichen diese Wurzeln ziemlich tief, und viele starke Arme müssen gemeinsam daran ziehen, um es zu schaffen." (70)

Dass die „starken Arme" von Scientology die geheimdienstliche Tradition des „Guardian Office" im OSA ungebrochen fortsetzten, bestätigt auch Scientology-Insider Robert Vaughn Young, 1973 bis 1989 Chef der Öffentlichkeitsabteilung des GO US und des OSA in Los Angeles. Er sagt, dass sämtliche wichtige GO-Abteilungen wie PR, Recht und Geheimdienstarbeit nahtlos an das OSA übertragen und die Personalstrukturen auf rund 1000 Leute weltweit aufgestockt wurden.

Gezogen werden die Drähte inzwischen mitten aus Hollywood. Seit dem 13. Mai 1989 residiert das Scientology-Hauptquartier unter der Adresse Hollywood Boulevard 6331. Geleitet wird es von Mike Rinder, sein Stellvertreter ist der Österreicher Kurt Weiland. Die wichtigsten Scientology-Aktivitäten werden wahrscheinlich direkt vom Wohnsitz David Miscaviges aus, der so genannten „Gold"-Basis im Dorf Gilman Hot Springs, etwa 100 km östlich von Los Angeles gelegen, gesteuert.

Trotz der allein durch diese räumliche Trennung gegebenen guten Bedingungen für die Tarnung der geheimdienstlichen Scientology-Aktivitäten wird die Kontinuität zwischen GO und OSA auch in den „vertraulichen" Ausbildungsprogrammen der OSA-Agenten deutlich. Ihr im so genannten „Investigations Officer Hat Pack" zusammengefasstes Ausbildungsprogramm enthält Materialien, wie z. B. das Buch „The Art of War" von Tsun Tzu und Hubbards einschlägige Richtlinienbriefe, die bereits in den 70er Jahren von GO-Leuten benutzt wurden. Zum Training gehören nach wie vor Grundlagen der geheimdienstlichen Praxis („Invest Basics"), Ermittlungstechniken („Investigation Tech"), „Sicherheit und Infiltration", „Angriffe auf Scientology", Umgang mit Regierungen und Behörden und so weiter.

Teilweise wurden auch Anweisungen des angeblich aufgelösten „Guardian Office" als „OSA-Netzwerkorder" (OSA NWO) neu herausgegeben. Bemerkenswert ist, dass der Führung von Privatdetektiven und Rechtsanwälten für OSA-Zwecke ein gesondertes Ausbildungskapitel gewidmet ist („Handling Professionals"). Hier wurden offenbar Schlussfolgerungen aus der Vergangenheit gezogen. (71)

Zu diesen Schlussfolgerungen gehört auch das Bestreben, über das OSA noch weniger Informationen an die Öffentlichkeit dringen zu lassen, als dies beim „Guardian Office" bereits der Fall war. In internen Informationen, wie dem vertraulichen Leitfaden „Die Führungskanäle der Scientology" werden wenig Details preisgegeben: „Das Büro für Spezielle Angelegenheiten International (OSA INT) ist ein Netzwerk, das sich über die kontinentalen Verbindungsbüros bis in die Unterabteilungen erstreckt, Unterabteilungen für Öffentliche Angelegenheiten. Das OSA-Netzwerk ist für die Handhabung aller externen Angelegenheiten der Kirche (inklusive Rechtsfragen, Verteidigung, Regierungs- und Medienbeziehungen) verantwortlich, mit dem Ziel, die völlige Anerkennung von Scientology und ihres Gründers L. Ron Hubbard zu erreichen. OSA hilft durch seine Aktivitäten bei der Errichtung eines sicheren Umfeldes, in denen die Orgs arbeiten und expandieren können. Es erfüllt seine Funktion, indem es dafür sorgt, dass die Orgs in voller Übereinstimmung mit den Gesetzen des Landes handeln, indem es bezüglich der Behörden im Umfeld der Org die LRH Public Relations-Technologie anwendet und indem es sicherstellt, dass die Org frei von externer Enturbulation (etwas von außen turbulent machen, Aufregung schaffen – der Autor) ist, so dass sie darin fortfahren kann, ihr Gebiet zu klären. OSA INT ist Teil des Flag-Führungs-Büros und wird vom kommandierenden Offizier OSA-INT geführt, der dem WDC OSA gegenüber verantwortlich ist." (72) *)

Bestätigt wird damit eindeutig, dass das OSA in Aufbau und Zielsetzung weitgehend dem GO entspricht. Allerdings ist es nicht mehr für die Kontrolle des internen Finanzsystems zuständig. Der Grund dafür liegt wahrscheinlich in der Machtverteilung innerhalb der Scientology-Zentrale und den Kämpfen um Einfluss und Zugriff auf die Gelder nach dem Ausscheiden Hubbards.

Deutliche Parallelen zwischen dem früheren GO und dem heutigen OSA liegen auch in den Befehls- und Kommunikationsstrukturen. Kernstück der OSA-Aktivitäten ist ein ausgeklügeltes Berichtssystem direkt an die oberste Scientology-Führung. Neben regelmäßig zu erstellenden Berichten erhält es auch aktuelle Eilmeldungen. Verantwortlich für den Versand ist die „Data

---

*) WDC = Watchdog Committee, „Wachhund Komitee", eine Art Überwachungsgeheimdienst des Geheimdienstes OSA (s. Seite 69)

Branch" des OSA INT (Abteilung für Sammlung, Auswertung, Analyse und Speicherung aller Daten). Kommuniziert wird über ein E-Mail-System, wobei vertrauliche Informationen verschlüsselt werden. Interne Richtlinien legen den Umgang mit diesen Informationen genau fest. Sie lösen gegebenenfalls auch die Aktionen gegen die „Feinde" der Bewegung aus. (73)

Um jegliches Vorgehen in dieser Richtung noch effektiver zu gestalten, wurde kurz nach der offiziellen Gründung des OSA die Organisationsstruktur perfektioniert. Zentrale Bedeutung für die geheimdienstlichen Aktivitäten des OSA hat dabei deren „Department of Special Affairs" (DSA, „Unterabteilung für Spezielle Angelegenheiten"). Dessen heutige Struktur belegt dabei sowohl den nachrichtendienstlichen Hintergrund dieses Teils der Scientology-Tätigkeit, als auch die ungebrochene Kontinuität zwischen „Guardian Office" (GO) und „Office of Special Affairs" (OSA). Die „Unterabteilung für Spezielle Angelegenheiten" (DSA) umfasst folgende Bereiche:

– Sektion für Ermittlungen
– Einheit für Sicherheit
– Einheit für die Beschaffung von Daten
– Einheit für Analysen
– Einheit für Unterstützung

PR-Sektion der Unterabteilung für Spezielle Angelegenheiten
– Einheit für Beobachtung und Information
– Untereinheit für Umfragen
– Einheit für Planung und Programmerstellung
– Spezialisten-Einheit
– Einheit für Anerkennungen
– Untereinheit für PR bei Firmen
– Interkonfessionelle Untereinheit
– Untereinheit für Menschenrechte
– Untereinheit für soziales Recht und Reform

Rechtssektion der Unterabteilung für Spezielle Angelegenheiten
– Einheit für körperschaftlichen Status und dessen Aufrechterhaltung
– Untereinheit für die Vorbereitung des dazu nötigen Termin-Kalenders
– Untereinheit für körperschaftliche und rechtliche Rudimente
– Untereinheit für Lizenzvergabe und Gebrauch von Warenzeichen
– Einheit für Nachforschung, Vorbereitung und Unterstützung
– Einheit für die Handhabung von behördlichen und Steuerangelegenheiten
– Einheit für Rechtsstreitigkeiten

Datensektion der Unterabteilung für Spezielle Angelegenheiten
– Archiv-Einheit der Unterabteilung für Spezielle Angelegenheiten
– Statistik-Einheit der Unterabteilung für Spezielle Angelegenheiten (74)

In Deutschland gebraucht Scientology statt des offiziellen Namens „Unterabteilung für Spezielle Angelegenheiten" (DSA) oftmals die Bezeichnung „Presse- und Informationsamt" oder sogar den noch älteren Namen „Büro für Öffentliche Angelegenheiten". 1992 bestätigte der damalige Sprecher der „Scientology Kirche Hamburg e. V.", Franz Riedl, dass in Hamburg 15 Leute für das OSA arbeiteten. In München sollen der DSA etwa 20 Personen angehören, die Zahl der bundesweit hauptamtlich tätigen aktiven OSA-Mitarbeiter dürfte bei 100 Personen liegen, so die Erkenntnisse des Hamburger Landesamtes für Verfassungsschutz.

Trotz des relativ gering anmutenden Personaleinsatzes sind die in Deutschland tätigen OSA-Funktionäre ein wichtiges Bindeglied im weltweiten Scientology-System. Anfang der 90er Jahre wurden die deutschen Scientology-Organisationen mit Computer Hard- und Software ausgestattet und miteinander vernetzt. Über diese Computeranlage läuft seither auch die geheime Kommunikation zwischen den OSA-Dienststellen in Deutschland, zur Scientology-Europazentrale in Kopenhagen und zum internationalen Hauptquartier in Los Angeles. Wie intensiv diese Kommunikation stattfindet, bestätigte der deutsche OSA-Chef Helmuth Blöbaum, der offiziell das Amt des Präsidenten der „Scientology Kirche Deutschland e. V," in München bekleidet. In einer

„Eidesstattlichen Versicherung" Blöbaums vom 11. Mai 1992 heißt es, dass sich das „Rechtsamt" der „Kirche" „in fast täglicher Korrespondenz per Fax, Telefon oder Telex mit Mitarbeitern der Mutterkirche Church of Scientology International in Los Angeles" befinde. Im Jahr 2004 ist der Telex-Verkehr weitgehend durch Emails abgelöst. (75)

Insider-Berichte aus der Arbeit der deutschen OSA-Abteilungen sind rar. Ein Scientology-Aussteiger bestätigte jedoch, dass die internationale Organisation des OSA selbstständig tätig wird, sobald irgendwo Kritik oder Negativ-Schlagzeilen auftauchen. Interessanterweise würden dann die Kosten für die inszenierten „Gegenaktionen" den jeweiligen Scientology-Missionen direkt in Rechnung gestellt, so dass die betroffenen Einrichtungen der Bewegung „in der Schuld" des OSA stünden. Das schafft wiederum die Möglichkeit, jederzeit auf die nationalen Scientology-Vereine Druck auszuüben und letztlich zentral über deren Fortbestand oder Schließung (und den damit verbundenen Job-Verlust) zu entscheiden.

Dieses System mit den Potenzen von Erpressung und Nötigung erstreckt sich faktisch auf jeden einzelnen Mitarbeiter. So berichten ehemalige OSA-Funktionäre, dass sie „vertrauliche" Aufzeichnungen über Scientologen einsehen konnten, die durch Befragungen am E-Meter entstanden waren. Anhand dieser Unterlagen sollte überprüft werden, ob die betreffenden Mitarbeiter eine Gefahr für die Organisation darstellten. Diese Akten enthielten „intimste Offenbarungen", die „fast wie Pornos" gewirkt hätten. Damit hatte der Scientology-Geheimdienst offenbar Dossiers geschaffen, die jederzeit eine massive Erpressung abtrünniger Gefolgsleute möglich gemacht hätten. (76)

Eine Intensivierung der geheimdienstlichen Tätigkeit von Scientology in Deutschland ist zu erwarten, weil die Bewegung hier vor ernsthaften Problemen steht. Parallel zur Aufschwungphase Ende der 80er, Anfang der 90er Jahre wuchs mit dem Bekanntheitsgrad der Bewegung auch die Kritik an Scientology. Inzwischen ist sie in eine offene politische Auseinandersetzung eingemündet. Aus Sicht von Scientology muss Deutschland damit zu einem Hauptangriffsziel werden, weil dort die „Unterdrückung" der Bewegung angeblich am stärksten sei und von staatlicher Seite auch noch gefördert werde. In diesem „Kampf auf Leben und Tod" soll das OSA als Geheimdienstorganisation und dessen Unterabteilungen die tragende Rolle spielen. Das sei legitim, denn Scientology habe immerhin eine Aufgabe zu erfüllen, von der der Fortbestand der Welt abhängt! In dieser abstrusen Gedankenkonstruktion der Scientologen spiegelt sich letztlich die Einschätzung der Bewegung und ihres Gründers wieder, die der amerikanische Richter Paul G. Breckenridge vom Los Angeles Superior Court nach Durchsicht von umfangreichem Beweismaterial aus dem persönlichen Archiv Ron Hubbards bereits im Jahr 1984 traf: „Die Organisation ist eindeutig schizophren und paranoid, und diese bizarre Kombination scheint ihren Begründer widerzuspiegeln. Das Beweismaterial porträtiert einen Mann, der praktisch ein krankhafter Lügner war, wenn es um seinen Werdegang, seinen Hintergrund und seine Leistungen ging. Seine als Beweise vorgelegten schriftlichen Abhandlungen und Dokumente geben zudem seinen Egoismus, seine Habgier, seinen Geiz, seine Machtgier sowie seine Rachsucht und Aggressivität Personen gegenüber wieder, die er als unloyal und feindlich empfindet. Gleichzeitig ergibt sich, dass er Ausstrahlung besitzt und eine große Fähigkeit darin hat, seine Anhänger zu motivieren, zu organisieren, zu kontrollieren, zu manipulieren und zu inspirieren. ... Offensichtlich ist und war er immer eine vielschichtige Person und diese Vielschichtigkeit zeigt sich weiterhin in seinem Alter Ego, der Scientology-Kirche..." (77)

Der hier skizzierte Geisteszustand Hubbards und seiner Bewegung zeigt sich im Scientology-Geheimdienst besonders krass. Er ist der Teil der Bewegung, der ihre schizophrenen und paranoiden Grundstrukturen in die Praxis umsetzt. Das erfolgt ohne Rücksicht auf Opfer und Verluste auf der Grundlage der gruppeninternen Rechtsauffassung. Für Kritiker oder gar Abtrünnige hat das oftmals verheerende Auswirkungen.

3.12 Das Gefahrenpotential von Scientology – Selbstjustiz und Unterwanderung

Ende des Jahres 2000 schlug der kanadische Soziologie-Professor Stephen A. Kent Alarm. Er veröffentlichte seine Studie „Gehirnwäsche im Rehabilitation Force Project (RPF) der Scientology

Organisation". Darin belegt der Wissenschaftler anhand von Zeugenaussagen Betroffener, dass Scientology in „Straflagern" abtrünnige Sea-Org-Mitglieder gefangen hält und einer „Umerziehung" unterwirft. Kent: „Dort wird eine ernsthafte Verletzung der Menschenrechte betrieben."
Das bestätigte öffentlich die Scientology-Aussteigerin Stacey Brooks, die in einem solchen Straflager „mitten in Los Angeles" festgehalten wurde. Sie berichtete über Maßnahmen wie Schlafentzug und stundenlange Verhöre, denen allein dort zeitweise bis zu 350 Menschen unterworfen wurden. Kents Forschungen ergaben weiterhin, dass in mindestens 10 solcher Straflager u. a. in den USA, Dänemark und England auch Schwangere und Kinder unter scharfer Bewachung festgehalten wurden. Zu den üblichen Methoden, den Abweichlern den Willen zu brechen, gehörte Zwangsarbeit bis zu 30 Stunden ohne Unterbrechung und dürftiges Essen, nur aus Reis, Bohnen, Wasser und Suppe bestehend. Er dokumentierte Inhaftierungszeiten bis zu einem Jahr.
Selbstverständlich wies Scientology seine Vorwürfe zurück. Es gebe keinerlei Straflager und auch Gehirnwäsche sei „abwegig", so die Hamburger Scientology-Organisation. Doch interessanterweise bestätigte sie: Bei dem kritisierten RPF-Programm handele es sich um ein „Projekt zur Rehabilitierung" von Mitgliedern der Sea-Org, um diesen statt eines Ausschlusses „eine neue Chance" zu geben! (78)
Eine solche Aussage wird inhaltlich nur vor dem Hintergrund des Selbstverständnisses von Scientology verständlich. Die Bewegung versteht sich als alleiniger und ausschließlicher Besitzer der als „Technologie" bezeichneten „Wahrheit", deren Anwendung die einzige Möglichkeit ist, die Menschheit vor dem Untergang zu retten. Daraus leitet sie ihr feststehendes Erkenntnis- und Handlungsmonopol ab, das weder einer Kritik, noch einer Diskussion offen gegenübersteht. Schon das geringste Abweichen von der standardisierten „Technologie" – aus Scientology-Sicht „dem einzigen rechten Weg" – kann somit nicht nur als Vergehen gelten, sondern stellt sich in der Scientology-Ideologie als „Verbrechen" dar. So gesehen gewinnt die Aussage von einer schlichten „Umerziehung" ein völlig anderes Gewicht, denn der autoritäre Alleinvertretungsanspruch der Scientologen manifestiert sich in dem, was die Bewegung vor diesem Hintergrund als „Straftatbestand" sieht:
– „Es zu versäumen oder sich zu weigern, eine direkte, rechtmäßge Anordnung eines Mitgliedes des internationalen Vorstandes oder eines assistierenden Vorstandsmitglieds als erhalten zu bestätigen, weiterzuleiten oder auszuführen." Und – „Befolgung illegaler Anordnungen oder illegaler lokaler Richtlinien ..., obwohl man weiß, dass sie den vom internationalen Vorstand erlassenen Anordnungen oder Richtlinien verschieden sind oder ihnen widersprechen." (79)
Als „Schwerverbrechen", in deren Folge Sanktionen bis zum psychischen oder sogar physischen Eliminieren der Betroffenen gehen, gilt, „dass man sich öffentlich von der Scientology abkehrt oder unterdrückerische Handlungen begeht." Zu solchen „unterdrückerischen Handlungen" zählen u. a.:
– „öffentliche Verwerfung und Verleugnung von Scientology oder von Scientologen, die bei den Organisationen der Scientology in gutem Ansehen stehen"
– „öffentliche Äußerungen gegen Scientology oder Scientologen"
– „Gesetzgebung oder Verordnungen, Vorschriften oder Gesetze, welche auf die Unterdrückung der Scientology ausgerichtet sind, vorzuschlagen, zu empfehlen oder dafür zu stimmen"
– „vor staatlichen oder öffentlichen Untersuchungen von Scientology ein feindliches Zeugnis abzulegen, um Scientology zu unterdrücken"
– „Anti-Scientology-Briefe an die Presse zu schreiben oder Daten, die sich gegen Scientology oder Scientologen richten, an die Presse zu geben"
– „im Dienst einer Anti-Scientology-Gruppe oder -Person zu stehen"
– „fortgesetzt einer Person oder Gruppe anzugehören, die vom HCO zu einer unterdrückerischen Person oder Gruppe erklärt worden ist"
– „offenkundige und vorsätzliche Behinderung von Unternehmungen der Kirche oder vertraglichen und anderen Verpflichtungen der Kirche, so dass der Expansion oder den Aktivitäten der Kirche geschadet wird." (80)
Diese (bei weitem noch nicht vollständige) Liste belegt die nahezu alles umfassende Macht der

Scientology-Führung über ihre Mitglieder. Sie hat es damit in der Hand, gruppenintern jegliche Abweichung persönlich oder kollektiv zu ahnden und damit zu verhindern. Damit wird nicht nur pluralistisches Denken schon im Ansatz ausgeschlossen und als verabscheuenswürdiges Verbrechen dargestellt, sondern auch der demokratische Prozess jeglicher Meinungsbildung unmöglich gemacht. Die rigide Einteilung der Menschen in ein starres Freund-Feind-Schema führt dazu, dass die in Hubbards Sinn „richtige" Form der Machtausübung in ihrer Umsetzung eine Abfolge rechtswidriger Willkürhandlungen ist. Im Spiegel dazu sieht Scientology im rechtsförmigen Vorgehen „Dummheit" und die Unfähigkeit, sich durchzusetzen.

Die große Gefahr dieses absurden „Rechtsdenkens" der Scientologen liegt dabei darin, dass faktisch jeder – sei er Sympathisant, Kritiker oder ein der Bewegung völlig gleichgültig gegenüberstehender Mensch – willkürlich in die Schubladen „gut" oder „böse" gelangen kann und daraus resultierende Beeinträchtigungen seiner Persönlichkeitsrechte erfährt. Dabei zieht Scientology den Kreis der sie vermeintlich bedrohenden „unterdrückerischen Personen" („SP") sehr weit. So werden bereits jene, die nur mit einer solchen Person in Kontakt sind, als „PTS" („Potential Trouble Source", potentielle Ärgernisquelle) eingestuft und dementsprechend „bearbeitet". Dies dann für Außenstehende als „Umerziehung" zu deklarieren, mag allenfalls den Effekt einer propagandistischen Verschleierung haben. Dass solche Maßnahmen bedrohlich bis hin zur Gefährdung der nackten Existenz sind, steht außer Zweifel.

Inzwischen sehen dies auch viele deutsche Politiker so. Am 19. Juni 1998 beschäftigte sich der Deutsche Bundestag mit dem Endbericht der Enquete-Kommission „So genannte Sekten und Psychogruppen." Unter dem Tagesordnungspunkt 19 stellte die Abgeordnete Ortrun Schätzle (CDU/CSU) nach 49 Sitzungen der Kommission fest: „Die Petitionen, die zur Einsetzung der Enquete-Kommission ‚So genannte Sekten und Psychogruppen' geführt hatten, sprachen eine klare Sprache. Sie berichten von Menschen, die durch physische und psychische Schädigung, durch Ausbeutung, Erpressung und den Einsatz manipulativer Techniken zu Opfern geworden waren." (81) Ihre Abgeordneten-Kollegin Angelika Mertens (SPD) sah in diesem Zusammenhang eine „staatliche Verpflichtung zur Gefahrenabwehr." Die Politikerin weiter: „Staatlicher Handlungs- und gegebenenfalls Interventionsbedarf besteht nämlich sehr wohl im Bereich der verschiedenen Konflikte, die sich aus dem Entstehen und Wirken einiger Gruppen ergeben. So definiert die Enquete-Kommission sehr deutlich: Die Konflikte, die durch die sozialen Handlungen im Zusammenhang mit neuen religiösen und weltanschaulichen Gemeinschaften und Psychogruppen, in Einzelfällen auch nur von Individuen, ausgehen, lassen sich insbesondere in drei Bereiche unterteilen: a) Verstöße gegen geltendes Recht, b) Machtmissbrauch bei der Ausnutzung von rechtsfreien Räumen, durch die es zu einer Rechtsgütergefährdung kommt. Hier besteht staatlicher Regelungsbedarf, c) Verstöße gegen die aus der Grundwerteordnung abgeleiteten guten Sitten und sozialen Verpflichtungen. In diesem Bereich ist staatliches Handeln nötig und möglich." (82). Im Gesamtrahmen der neuen so genannten Sekten und Psychogruppen sahen die Volksvertreter Scientology als besondere Gefahr an und forderten – mit Ausnahme der Partei Bündnis 90/ DIE GRÜNEN – deren Beobachtung durch den Verfassungsschutz.

Damit haben sich dann immer wieder Gerichte auseinander zu setzen, denn trotz der Selbstjustiz in den eigenen Reihen weiß Scientology den Rechtsstaat durchaus zu nutzen, wenn es um die Durchsetzung eigener Ziele geht. Im Mittelpunkt solcher Verhandlungen steht natürlich der Anspruch der Bewegung, die Privilegien einer Religionsgemeinschaft zu genießen. Doch die Richter beschränken sich nicht auf diesen einen Punkt, sondern erwägen alle Faktoren, auch die zugunsten von Scientology. Dennoch steht am Ende meist ein vernichtendes Urteil, wie z. B. im Streit darüber, ob Scientology im Saarland vom Verfassungsschutz mit nachrichtendienstlichen Mitteln beobachtet werden darf.

Am 29. März 2001 verkündete das Verwaltungsgericht des Saarlandes unter dem Aktenzeichen 6 K 149/00 dazu sein Urteil. Die Richter haben es sich dabei nicht leicht gemacht, ging es doch schließlich um ganz grundlegende Persönlichkeitsrechte, die vom Grundgesetz garantiert sind. Deshalb stützten sie sich bei der Urteilsfindung auch auf die Materialien, die Scientology selbst verbreitet und die für die Bewegung als „ewige Weisheiten" gelten. Ergebnis: „So gibt es Anhaltspunkte, dass in einer scientologischen Gesellschaftsordnung das Recht auf Bildung und Ausübung einer parlamentarischen Opposition nicht existiert. Die Klägerin (die Scientology-Kirche – der Autor) erhebt einen Absolutheitsanspruch. Dieser kommt in Versuchen zum Ausdruck, gegenläufige oder andersartige Auffassungen zu eliminieren und totale Disziplin zu fordern, besonders aber im rücksichtslosen Umgang mit Kritikern. In einer scientologischen Gesellschaft bleibt daher kein Raum für Opposition, schon gar nicht für eine parlamentarische. Ein dominierendes Prinzip der Ideologie der Klägerin ist die Ausübung einer alles umfassenden Kontrolle, um „Fehlverhalten" und „unethisches Verhalten" zu verhindern. ... Darüber hinaus liegen tatsächliche Anhaltspunkte für das Ziel vor, die Bindung der Gesetzgebung an die verfassungsmäßige Ordnung und der vollziehenden Gewalt sowie der Rechtssprechung an Gesetz und Recht abzuschaffen. Die Formulierungen etwa im HCO-Führungsbrief vom 18. 03. 1965 ..., (und) im Handbuch des Rechts .., stellen Anhaltspunkte für den Verdacht dar, dass die Scientology-Organisation ein eigenes, für alle Menschen verbindliches Rechtssystem mit organisationseigenen Normen etablieren will, das keine Rechtswegegarantie und keine Gewährleistung des rechtlichen Gehörs kennt sowie ohne eine gesetzmäßige Verwaltung funktioniert. Die Gerichte sollen nicht unabhängig sein, sondern haben die von der Führung der Organisation detailgenau vorgegebenen, standardisierten „Scientology-Technologien" umzusetzen ..." (83)

Dass die Scientology-Absichten möglicherweise gar nicht so sehr ernst zu nehmen seien, mochten die Richter nicht glauben: „Auf das Fehlen einer politischen Bestimmtheit des Handelns der Klägerin (der „Scientology-Kirche" – der Autor) kann auch nicht deshalb geschlossen werden, weil sie sich als Religionsgemeinschaft begreift. Ob es sich bei der Klägerin um eine solche handelt, ist in der Rechtssprechung umstritten." (84)

Die Saarbrücker Richter folgten da der Meinung der höchsten deutschen Arbeitsrichter: „Das Bundesarbeitsgericht – Beschluss vom 22. 03. 1995 – 5 AZB 21/94, NJW 1996, 143 – hat festgestellt, dass es sich bei der Hamburger Scientology-Organisation nicht um eine Kirche handele. Diese ergebe sich insbesondere aus dem Umstand, dass es das erklärte Ziel sei, das Vermögen der Organisation mit allen Mitteln zu mehren. Religion und Weltanschauung seien lediglich vorgeschoben; ein tatsächlicher Bezug zu den zum Verkauf angebotenen Waren und Dienstleistungen sei nicht feststellbar." (85)

Damit haben die Richter kurz und knapp die wahren Hintergründe der gesamten Scientology-Aktivitäten umrissen.

KAPITEL 3 – QUELLEN

(1)   Hubbard, L. Ron (o.J.): Was ist Scientology. Kopenhagen. S. 247
(2)   Deutsche Bundesregierung, Hrsg. (1979): Neuere Glaubens- und Weltanschauungsgemeinschaften. Antwort der Bundesregierung. Drucksache 8/2790 vom 27.04.1979
(3)   Hubbard, L. Ron (o.J.): Einführung in die Ethik der Scientology. Kopenhagen. S. 110
(4)   Hubbard, L. Ron (o.J.): Einführung in die Ethik der Scientology. Kopenhagen. S. 208-211
(5)   Haack, Friedrich-Wilhelm (1982): Scientology – Magie des 20. Jahrhunderts. München. S. 221: Handbuch für den ehrenamtlichen Geistlichen, S. 355
(6)   Hubbard, L. Ron (o.J.): Einführung in die Ethik der Scientology. Kopenhagen. S. 180, 188, 191f.
(7)   Hubbard, L. Ron (o.J.): Was ist Scientology. Kopenhagen. S. 283
(8)   Scientology Kirche AOSH EU & AF, Hrsg. (1977): Fragen und Antworten über die Sea Org. Kopenhagen
(9)   Deutsche Bundesregierung, Hrsg. (1979): Neuere Glaubens- und Weltanschauungsgemeinschaften. Antwort der Bundesregierung. Drucksache 8/2790 vom 27.04.1979, S. 7
(10) HCO Policy Letter, 21.10.1971 (Issue II): „Du als Scientologe". Zitiert nach: Haack, Friedrich-Wilhelm (1982): Scientology – Magie des 20. Jahrhunderts. München. S. 168

(11) Kaufman, Robert (1972): Übermenschen unter uns. Frankfurt/Main
Und: Erfahrungsberichte von Scientologen in Kapitel 5 und 6

(12) ABI-Archiv

(13) Deutsche Bundesregierung, Hrsg. (1979): Neuere Glaubens- und Weltanschauungsgemein-schaften. Antwort der Bundesregierung. Drucksache 8/2790 vom 27.04.1979. S. 4

(14) ABI-Archiv

(15) ABI-Archiv

(16) ABI-Archiv

(17) Hubbard, L. Ron (1965): „Haben Sie geholfen"? In: Der Auditor, Nr. 9

(18) HCO Policy Letter, 07.02.1965: „Die Funktionsfähigkeit von Scientology erhalten."

(19) Deutsche Bundesregierung, Hrsg. (1979): Neuere Glaubens- und Weltanschauungsgemein-schaften. Antwort der Bundesregierung. Drucksache 8/2790 vom 27.04.1979

(20) ABI-Archiv

(21) ABI-Archiv

(22) ABI-Archiv

(23) HCO Policy Letter, 25.02.1966: „HCO-Abteilung. LRH Comm. Angriffe gegen Scientology."

(24) Hubbard, L. Ron (o.J.): Technique 88: „On Control and Lying".

(25) ABI-Archiv

(26) ABI-Archiv

(27) ABI-Archiv

(28) ABI-Archiv

(29) ABI-Archiv

(30) Landesamt für Verfassungsschutz Hamburg (o.J.): Der Geheimdienst der Scientology-Orga-nisation.

(31) StA beim LG München. Az: 115 Js 4298/84

(32) Hubbard, L. Ron (1989). Einführung in die Ethik der Scientology. NEW ERA Publications. Kopenhagen. S. 20

(33) HCO Policy Letter, 18.06.1968: „Ethik."

(34) HCO Policy Letter, 16.10.1967: "Ethik. Verwaltungs-Know-How Nr. 16: Unterdrücker und die Verwaltungskraft."

(35) Hubbard, L. Ron (1979/1959): Handbuch des Rechts. Hubbard Kommunikationsbüro

(36) Landesamt für Verfassungsschutz Hamburg (o.J.): Der Geheimdienst der Scientology-Organisation.

(37) Landesamt für Verfassungsschutz Hamburg (o.J.): Der Geheimdienst der Scientology-Organisation.

(38) Landesamt für Verfassungsschutz Hamburg (o.J.): Der Geheimdienst der Scientology-Organisation.

(39) Landesamt für Verfassungsschutz Hamburg (o.J.): Der Geheimdienst der Scientology-Organisation.

(40) Landesamt für Verfassungsschutz Hamburg (o.J.): Der Geheimdienst der Scientology-Organisation.

(41) Hubbard, L. Ron (1955): A Manual on the Dissemination of Material. S. 55

(42) Landesamt für Verfassungsschutz Hamburg (o.J.): Der Geheimdienst der Scientology-Organisation.

(43) Landesamt für Verfassungsschutz Hamburg (o.J.): Der Geheimdienst der Scientology-Organisation.

(44) Landesamt für Verfassungsschutz Hamburg (o.J.): Der Geheimdienst der Scientology Organisation.

(45) Landesamt für Verfassungsschutz Hamburg (o.J.): Der Geheimdienst der Scientology-Organisation.

(46) Landesamt für Verfassungsschutz Hamburg (o.J.): Der Geheimdienst der Scientology-Organisation.

(47) Landesamt für Verfassungsschutz Hamburg (o.J.): Der Geheimdienst der Scientology-Organisation.

(48) Landesamt für Verfassungsschutz Hamburg (o.J.): Der Geheimdienst der Scientology-Organisation.

(49) Landesamt für Verfassungsschutz Hamburg (o.J.): Der Geheimdienst der Scientology-Organisation.

(50) Landesamt für Verfassungsschutz Hamburg (o.J.): Der Geheimdienst der Scientology-Organisation.

(51) HCO Policy Letter, 25.02.1966: „Angriffe auf Scientology."

(52) HCO Bulletin, 27.09.1966: „Die Antisoziale Persönlichkeit. Der Antiscientologe".

(53) HCO Policy Letter, 18.10.1967 (Issue IV): „Penalties for lower conditions", „Enemy – SP Order Fair Game".

(54) Landesamt für Verfassungsschutz Hamburg (o.J.): Der Geheimdienst der Scientology-Organisation.

(55) Landesamt für Verfassungsschutz Hamburg (o.J.): Der Geheimdienst der Scientology-Organisation.

(56) Atack, Jon (1995): „Scientology – Religion or Intelligence Agency? The view from the lion's den". A paper by Jon Atack, delivered at the Dialog Centre International Conference, Berlin. 10/1995. Auszug aus dem Internet ohne Seitenangabe

(57) Landesamt für Verfassungsschutz Hamburg (o.J.): Der Geheimdienst der Scientology-Organisation.

(58) Landesamt für Verfassungsschutz Hamburg (o.J.): Der Geheimdienst der Scientology-Organisation.

(59) Landesamt für Verfassungsschutz Hamburg (o.J.): Der Geheimdienst der Scientology-Organisation.

(60) Landesamt für Verfassungsschutz Hamburg (o.J.): Der Geheimdienst der Scientology-Organisation.

(61) HCO Policy Letter, 16.02.1969 (Issue IV): „Targets, Defense." Neuherausgabe 24.09.1987

(62) Landesamt für Verfassungsschutz Hamburg (o.J.): Der Geheimdienst der Scientology-Organisation.

(63) HCO Policy Letter, 16.02.1969: „Confidential Battle Tactics." Neuherausgabe 24.09.1987

(64) Landesamt für Verfassungsschutz Hamburg (o.J.): Der Geheimdienst der Scientology-Organisation.

(65) Landesamt für Verfassungsschutz Hamburg (o.J.): Der Geheimdienst der Scientology-Organisation.

(66) Landesamt für Verfassungsschutz Hamburg (o.J.): Der Geheimdienst der Scientology-Organisation.

(67) Landesamt für Verfassungsschutz Hamburg (o.J.): Der Geheimdienst der Scientology-Organisation.

(68) Landesamt für Verfassungsschutz Hamburg (o.J.): Der Geheimdienst der Scientology-Organisation.

(69) Landesamt für Verfassungsschutz Hamburg (o.J.): Der Geheimdienst der Scientology-Organisation.

(70) Miscavige, David (1996): Die machtvollste Bewegung zur Rettung des Menschen. In: Impact Nr 69, S. 8-11

(71) Landesamt für Verfassungsschutz Hamburg (o.J.): Der Geheimdienst der Scientology-Organisation.

(72) Church of Scientology International (CSI) (1988): Die Führungskanäle der Scientology. S. 10, 25

(73) Landesamt für Verfassungsschutz Hamburg (o.J.): Der Geheimdienst der Scientology-Organisation.

(74) Landesamt für Verfassungsschutz Hamburg (o.J.): Der Geheimdienst der Scientology-Organisation.
(75) Landesamt für Verfassungsschutz Hamburg (o.J.): Der Geheimdienst der Scientology-Organisation.
(76) Landesamt für Verfassungsschutz Hamburg (o.J.): Der Geheimdienst der Scientology-Organisation.
(77) Landesamt für Verfassungsschutz Hamburg (o.J.): Der Geheimdienst der Scientology-Organisation.
(78) Süddeutsche Zeitung, 24.10.2000: „Experten: Gehirnwäsche in Scientology-Lagern". Ebenso: Die Welt, 24.10.2000; Focus, 23.10.2000
(79) Hubbard, L. Ron: (o.J.): Einführung in die Ethik der Scientology. Kopenhagen. S. 202f.
(80) Hubbard, L. Ron (o.J.): Einführung in die Ethik der Scientology. Kopenhagen. S. 208-211
(81) Deutscher Bundestag: Protokoll der 242. Sitzung vom 19.06.1998, Drucksache 13/10950, Tagesordnungspunkt 19
(82) Deutscher Bundestag: Protokoll der 242. Sitzung vom 19.06.1998, Drucksache 13/10950, Tagesordnungspunkt 19
(83) VG des Saarlandes, EZ 6 K 149/00, Urteil vom 29.03.2001
(84) VG des Saarlandes, EZ 6 K 149/00, Urteil vom 29.03.2001
(85) VG des Saarlandes, EZ 6 K 149/00, Urteil vom 29.03.2001

4. KAPITEL

4.1 „Make money, more money ..." Die geheimen Geschäfte von Scientology

Scientology strebt die Weltherrschaft an und der Weg dorthin führt übers Geld. Das wird in der Wirtschaft verdient und deshalb ist sie der wichtigste Angriffspunkt der Bewegung von Ron Hubbard. Seine Anhänger machen daraus nicht einmal ein Geheimnis. So heißt es in einer der grundlegenden Richtlinien des „World Institute of Scientology Enterprises" (WISE), dem wirtschaftlichen Koordinationszentrum von Scientology: Das Ziel aller ökonomischen Aktivitäten der Bewegung sei „die Übernahme der Wirtschaft auf der ganzen Welt durch die Scientology, indem die LRH-Verwaltungstechnologie in jeder Firma der Welt vollständig eingeführt wird, ob es sich um Scientologen handelt oder nicht." (1)

Dass der Dreh- und Angelpunkt im Wettlauf nach höchstmöglichem Profit dabei die religiös verbrämte „Kirche" der Scientologen ist, hat Hubbard schon frühzeitig eingeräumt: „Viele haben mich bestürmt, sie zu auditieren, und ich wurde ein ziemlich überarbeiteter Mann. Ich wurde nur durch die Gründung der Kirche gerettet, der ich meine Kunden übergeben konnte." (2) Wenig später wird er noch deutlicher und weist in seinem Führungsbefehl vom 9. März 1972 als Hauptaufgabe klipp und klar an: „MAKE MONEY, MAKE MORE MONEY, MAKE OTHER PEOPLE PRODUCE SO AS TO MAKE MONEY ..." (3)

Eine derart profitorientierte Zielstellung machte auch das Bundesarbeitsgericht stutzig, das 1995 über Arbeitsverhältnisse deutscher Scientologen zu entscheiden hatte. Die Richter: „Eine solche Kommerzialisierung, die auch die interne „Kirchen"-Anordnung betrifft, ist für Religions- und Weltanschauungsgemeinschaften höchst ungewöhnlich. Schon dies rechtfertigt die vom Bundespatentgericht getroffene Beurteilung, nach der Scientologen hinsichtlich der Herausgabe und des Vertriebs von Druckschriften, der Abhaltung von Kursen, Seminaren und Auditing mit Institutionen und Vereinigungen vergleichbar ist, „die gegen ein oft nicht geringes Entgelt auf meist kommerzieller Basis dem Interessenten größere Effektivität im persönlichen und geschäftlichen Leben, geistigen und seelischen Aufbau oder Erfolg, Lebenshilfe, Beseitigung psychologischer Hemmnisse, Vermittlung besonderer Kenntnisse und Fähigkeiten durch spezielle Programme usw. versprechen." (BpatGE 31, 103, 108). (4)

Auch als die Juristen die konkreten Scientology-Angebote durchforsteten, stießen sie immer wieder erstaunt auf geschäftliche Hintergründe: „Wie sehr es dabei um kommerzielle Interessen geht, zeigt auch das von Scientology selbst so bezeichnete ‚berühmte LRH-Telex vom 20. Februar

1979, betrifft: Einführungsdienste'. Darin heißt es wörtlich: ‚C) Verstärkt diese kostenlosen Einführungsdienste, D) Setzt auch bezahlte kleinere Dienste fort und erweitert sie ... E) Die korrekte Weiterleitung für neue Leute aus der Öffentlichkeit ist von kostenlosen Einführungsdiensten zu einem bezahlten wie ein in D) angeführter und zusätzlich jeglicher größere Dienst. ...'" (5) Die Schlussfolgerung der Richter: „Eine Werbung für eine Religionsgemeinschaft ohne Hinweis darauf, dass es sich um eine Religionsgemeinschaft handelt, ist ungewöhnlich. Man kann sie in Anlehnung an eine Gesetzesbezeichnung (Gesetz gegen den unlauteren Wettbewerb) als unlauter bezeichnen." (6)

Was hier alles noch mit recht vornehmer Zurückhaltung beschrieben wird, hat inzwischen kaum noch zu überschauende Dimensionen angenommen. Scientology heute, das ist ein weltweit operierender, multinationaler Konzern zur Vermarktung des Warenzeichens „Scientology" und der von Gründer L. Ron Hubbard übernommenen Urheberrechte. Das geschieht nicht nur über die im Extremfall bis zu 600.000 EUR teuren Selbsterkennungskursen (OT-Pakete), sondern auch unter Inkaufnahme von bleibenden psychischen und manchmal auch physischen Schäden, die die Opfer („Kunden") dieses Konzerns, und immer öfter auch die Täter, davontragen. Für Macht und Einfluss verstießen einzelne Scientologen brutal gegen das Zivilrecht, gegen Strafrecht, Steuerrecht und Verwaltungsrecht. Scientology-Gegner sind einem üblen System strafrechtlich relevanter Bedrohungen ausgesetzt, die von simpler Beleidigung bis hin zu üblen Komplotten reichen.

Die Scientology-Geschäfte scheinen jedes Mittel recht sein zu lassen, geht es doch um nichts geringeres, als die Weltherrschaft. Dabei versteht es sich fast von selbst, dass gerade dieser Hauptteil der Scientology-Aktivitäten besonders sorgfältig getarnt und verschleiert wird.

4.2 Scientology-Strategien auf dem Weg zum großen Geld

Geld verdient wird bei Scientology durch die Vermarktung der Ideologie der Bewegung („Technologie" genannt). Dies geschieht zum Einen direkt durch den Verkauf an Kunden („Mitglieder") in Deutschland (siehe dazu auch Kapitel 2), zum Anderen „en gros" durch das Eindringen in Firmen, die dann nach der „LRH-Technologie" arbeiten und dafür Lizenzen an die Bewegung zahlen müssen. Diese Gebühren sind an das „World Institut of Scientology Enterprises" (WISE) zu entrichten, faktisch ein Dachverband, der nur aus ihren Mitgliedern besteht.

Die Gefahr der fragwürdigen Geschäftsmethoden von Scientology liegt besonders darin, dass die von ihr propagierte Ideologie auf aggressive Expansion und Unterdrückung jeglicher „Gegner" gerichtet ist und in diesem Sinne nachhaltig die Persönlichkeit der Betroffenen verändern soll. Dass die dazu angebotenen „Selbsterkennungskurse" weniger durch wertvolle Inhalte als durch exorbitante Preise bestechen, mag in diesem Zusammenhang nur an zweiter Stelle stehen.

Typisch für die Scientology-Strategie im Kampf um Macht und Einfluss in der Wirtschaft ist nicht die Schaffung eigener Firmen, sondern das Eindringen in bereits bestehende Firmen. Dies geschieht mit Hilfe von vier wichtigen Strategien, die auch alle miteinander verbunden sein können.

Die erste Strategie besteht darin, Geschäftsbeziehungen zu großen Firmen durch Scientology-Beratungsfirmen aufzubauen. Dem Vertragspartner bleibt dabei in der Regel verborgen, dass Scientology hinter der emsigen Firma steckt, die die nützlichen Kontakte vermittelt. Diese Methode dient besonders der perspektivischen Arbeit und wird auch in der Form direkter Personalvermittlung praktiziert. Dabei sprechen Scientology-Agenturen Firmen an und übernehmen für sie die Suche nach „qualifizierten Mitarbeitern". So bereitet Scientology oftmals die zweite Strategie, das direkte Eindringen in die Firma vor.

Diese Vorgehensweise der internen Unterwanderung von Unternehmen wird faktisch nach dem Schneeballprinzip organisiert. Sie beginnt damit, dass zunächst ein Scientologe in der Firma platziert wird. Er wirbt unter den Kollegen, streut und steuert Gerüchte gegen Gegner und entwickelt so schließlich eine Scientology-„Zelle", die sich dann immer wieder teilen soll. Ergänzt wird diese Strategie durch Weiterbildungsangebote unter den Kollegen im Freizeitbereich, wo dann mit den für alle nützlichen Fertigkeiten – zum Beispiel in einem „Kommunikationskurs" zu erlangen – geworben wird.

Die dritte Strategie besteht in der Nutzung von Firmen, die sich direkt in der Hand von Scientologen befinden oder von diesen gründlich unterwandert sind. In Deutschland rechnen Experten von der ABI mit etwa 700 solcher Unternehmen, weltweit sind es etwa 2500 bis 3000. Beobachtet wird in diesem Zusammenhang auch der Verkauf von scientologischen Firmen, verbunden mit der Verpflichtung, auch die Belegschaft zu übernehmen. Da die scientologische Struktur des Unternehmens meist nicht auf den ersten Blick zu erkennen ist, besteht so für die Bewegung eine gute Chance, quasi unerkannt die Arbeit nach Hubbard-Prinzipien fortzusetzen.

Die vierte Strategie liegt im Angriff auf das Firmenvermögen. Dabei reicht das Spektrum vom Versuch, Zugriff auf Erbschaften zu erlangen, über die Beeinflussung von Banken im Zusammenhang mit Kreditangelegenheiten bis hin zur Auftragsvermittlung an Fremdfirmen und daraus entstehende Abhängigkeiten. Eine wachsende Rolle spielt in diesem Rahmen die Softwarebranche. Hier sind heikle Daten über Kunden, Projekte und Geschäftsbeziehungen zu finden, die Angriffe auf die gesamte Firma ermöglichen.

Angewandt werden diese Strategien von Scientology mit Vorliebe für den Bereich der Makler- und Beratungsfirmen. Als Methode wird immer wieder beobachtet, dass Scientologen vor allem Unternehmer im mittleren Management ansprechen. Sie bieten ihnen an, mit einer Management-Analyse die Stärken und Schwächen der Firma zu untersuchen. Ebenso wie bei den im privaten Bereich praktizierten „Persönlichkeitsanalysen" lassen sich auch in Firmen meist sehr schnell Möglichkeiten der Optimierung von Arbeitsabläufen, einer besseren Motivation der Mitarbeiter oder einer effektiveren Personalpolitik finden. Dann folgt der Vorschlag, solche Punkte durch eine „einmalige" Management-Technologie zum Nutzen des Unternehmens zu verbessern und der Einstieg für eine Schulung nach Scientology-Manier ist geschafft.

Wie subtil und vielfältig Scientology dann ihre Strategien auf dem Weg zu Geld und Einfluss handhabt, sei an einigen Beispielen demonstriert.

Mitte der 90er Jahre flatterten an einigen Mietshäusern in Berlin-Neukölln plötzlich gelbe Transparente. „Sekte macht den Deal – wir machen mobil" und „Phönix aus der Asche, greift dir in die Tasche" stand darauf. K. B., Verkaufschefin der „Phönix-Immobilien" war in heller Aufregung. Per Brief teilte sie den aufgeschreckten Mietern mit: „Die Umwandlung in Eigentumswohnungen ist ein gesetzlich zugelassenes Geschäft. Nicht nur dass es erlaubt ist, sondern es hat auch sehr viele positive Seiten ..." Das ist wohl wahr, besonders wenn man es so betreibt wie Scientologen, die offenbar bei „Phönix-Immobilien" das Sagen hatten.

Normalerweise kauft jemand ein Mietshaus, modernisiert es und stößt es mit Gewinn in Eigentumswohnungen umgewandelt wieder ab. Anders bei Scientologen, die zu dieser Zeit in deutschen Großstädten schon bis zu 50 Prozent des so genannten „Umwandlungsmarktes" beherrschten. Sie kauften sanierungsbedürftige Häuser, zahlen den Kaufpreis aber erst nach einem Jahr voll. Bis dahin verscherbeln sie die einzelnen Wohnungen, unsaniert und als „Schnäppchen". Einziges Problem dieser Methode: Innerhalb eines Jahres müssen in der Regel die in einem schlechten Zustand sich befindenden Wohnungen verkauft sein, damit der Hauseigentümer ausgezahlt werden kann.

Um dies zu bewerkstelligen, kommt nun Ron Hubbards „Technologie" ins Spiel. Geschulte „Mietberater" klingeln an den Türen und bieten ihre „Hilfe" an. Freundlich, höflich, aber immer auch ungeheuer aufdringlich stellen sie die bisherigen Mieter vor die Alternative: Schneller Wohnungskauf oder schneller Auszug, manchmal sogar mit dem Versprechen einer Abfindung. Dass sie Scientologen sind, sagen sie nicht. Bevorzugt lief dieser miese Deal in Häusern mit „kleinen Leuten" ab, die ihre Mietrechte kaum kennen. Falschinformationen über angeblich drohende Mieterhöhungen oder Kündigungen wegen Eigenbedarfs machen zusätzlich Druck. Gehen die eingeschüchterten Mieter auf das dubiose Geschäft ein und „kaufen" die Wohnung, erwerben sie rein rechtlich gesehen etwas, was dem Verkäufer – also Scientologen – gar nicht gehört, denn er hat das Haus ja noch nicht bezahlt. Klappt der Verkauf aller Wohnungen im Haus nicht, platzt der Kaufvertrag mit dem ursprünglichen Hauseigentümer und es bleibt nur ein langer Klageweg, um wenigstens einen Teil des an die von Scientologen geführte Firma bereits gezahlten Geldes zurückzubekommen. Doch selbst wenn alles gut geht, kommt das dicke Ende meist nach: Die

„Mietberater" haben Ausbaumöglichkeiten versprochen, für die es nachher keine Genehmigung gibt oder die Kosten steigen, weil umwandlungsbedingte Umbauten, wie z. B. Innen-WC, nicht berücksichtigt wurden.

Inzwischen machten Mietervereine und Makler-Verbände gegen solch unseriöse Geschäftspraktiken mobil. Dennoch schätzen Experten, dass in deutschen Großstädten immer noch Dutzende von Häusern von dieser Betrugsmasche der Scientologen betroffen sind. Firmen unter dem Einfluss der Bewegung machen pro Wohnung bei diese Arten von „Geschäften" etwa 40 bis 50 Prozent Gewinn! (7) Diese Firmen im Immobilienmarkt, die bundesweit Verbindungen zur SO haben, sind in der „Bundesfirmenliste" der ABI (7/2004) aufgeführt.

Doch soviel muss nicht immer herausspringen. In Deutschland folgt Scientology der alten Volksweisheit: „Kleine Schritte bringen auch voran". So tauchten in der Vorweihnachtszeit 2000 besonders in Großstädten Werbeplakate für Ron Hubbards Uralt-Bestseller „Dianetik – Die Grundlagen des Denkens" auf. Der Name „Scientology" stand nicht auf den Plakaten; er war nur auf dem abgebildeten Buchumschlag zu erkennen. Dafür einen forschen Spruch: „Es geht nicht darum, wohin sie wollen. Es geht darum, wie sie dorthin kommen." Das mag dem Verkauf auf die Sprünge geholfen haben und illegal war schließlich auch nichts daran: Scientology ist ja nicht verboten und darf demzufolge auch werben. (8)

Am liebsten sind den Scientologen jedoch Geschäfte, die sowohl Profit, als auch Einfluss bringen. Das schien mit der Einführung des damals neuen Microsoft-Betriebssystems „Windows 2000" zu gelingen. Die Zulieferfirma des Scientologen Craig Jensen, „Operierender Thetan der Stufe VIII", hatte die Programm-Komponenten „Diskkeeper" geliefert. Das ist ein elektronisches „Werkzeug", das die auf der Festplatte verstreuten Bits und Bytes zusammenfügt und so die Ladezeiten des Computers wesentlich verkürzt. Damit hat „Diskkeeper" Zugriff auf alle gespeicherten Daten und Informationen all jener, die ihr Betriebssystem „Windows NT" durch das modernere „Windows 2000" ersetzten. Technisch wäre es damit möglich, diese Daten direkt über das Internet unbemerkt an Scientology zu schicken.

Dabei ist gewiss zu beachten, dass damit schier unübersehbare Datenmengen entstanden wären und das Herausfiltern einzelner relevanter Informationen sicher Wochen gedauert hätte. Dennoch sei daran erinnert, dass es Scientology schließlich um die Erringung der Weltherrschaft geht und die Bewegung allein deshalb den theoretisch möglichen Zugriff auf Daten von PC-Nutzern sicher eher als positive Einflussmöglichkeit, denn als technisch kaum zu lösendes Problem gewertet hat. Erst nach erheblichen weltweiten Protesten programmierte Microsoft eine Prozedur, um den Datenzugriff durch den Scientology-„Diskkeeper" zu unterbinden. (9)

Nachdem es Scientology in den ersten 20 Jahren ihres Bestehens meist gelang, ihre ökonomischen Strategien vor der Öffentlichkeit wirksam zu verbergen, ist die profitorientierte wirtschaftliche Tätigkeit der Bewegung gerade in den letzten 10 Jahren immer stärker in den Mittelpunkt der Kritik gerückt. Das hatte zur Folge, dass sich immer häufiger auch Gerichte mit dieser Seite von Scientology beschäftigen mussten.

4.3 „Scientology ist ein Gewerbe" – Dunkle Geschäfte vor Gericht

Am 6. Juli 1993 urteilte das Hamburgische Oberverwaltungsgericht unter dem Aktenzeichen OVG Bf VI 12/91 darüber, ob die örtliche Scientology-Organisation für ihre geschäftliche Tätigkeit ein Gewerbe anmelden müsse, oder ob ihr dies als Religionsgemeinschaft erspart bliebe. Zu untersuchen war folgender Tatbestand: „Der Kläger (eine Hamburger Scientology-Organisation – der Autor) wendet sich gegen die Aufforderung der Beklagten (der Hamburger Senat – der Autor), den Verkauf von Büchern, Broschüren und so genannten Elektrometern sowie die entgeltliche Durchführung von Kursen und Seminaren als Gewerbe im Sinne des § 14 Gewerbeordnung (GewO) .... anzuzeigen. Dabei streiten die Beteiligten vor allem darüber, ob der Kläger insoweit gewerblich tätig ist oder ob es sich – wie der Kläger meint – bei dem Verkauf der Bücher, Broschüren und Elektrometer sowie bei der Durchführung der Kurse und Seminare um nicht dem Gewerberecht unterliegende, sondern der Religionsausübung zuzurechnende Tätigkeiten handelt." (10)

Die Richter wälzten die Satzung des Vereins und bewerteten deren zahlreiche Änderungen. Dann suchten sie Aufschluss in den diversen Veröffentlichungen, die Scientology herausgibt. Schließlich kamen sie zu dem Urteil: „Die zulässige Berufung hat in der Sache keinen Erfolg…" Klartext. Scientology betreibt Gewerbe statt Religion und will damit Gewinne erwirtschaften. Deshalb muss die Bewegung dieses auch entsprechend anmelden und versteuern.

Aus den Entscheidungsgründen des Gerichtes:

„… Der Kläger tat – und tut – das, was die Beklagte als gewerbliche Tätigkeiten angezeigt wissen will: Er verkauft nach wie vor Bücher, Broschüren … und führt nach wie vor entgeltlich Kurse und Seminare durch … Der Kläger verkauft nach wie vor so genannte E-Meter. Hinsichtlich der rechtlichen Einordnung gilt das Gleiche wie im Hinblick auf den Verkauf der Bücher und Broschüren: Es handelt sich bei der Abgabe der E-Meter zu festen Preisen um Verkäufe im Rechtssinne, ungeachtet dessen, dass der Kläger die von dem Erwerber zu erbringende Gegenleistung als „Spendenbeitrag" bezeichnet… Der Kläger ist bei dem Verkauf von Büchern, Broschüren und E-Metern gewerblich tätig und führt auch gewerblich Kurse und Seminare durch…" (11) Dem folgt eine ausführliche Begründung, die sich auch auf entlarvende Scientology-Materialien stützt:

„Der Kläger bietet nicht nur Bücher, Broschüren, E-Meter, Kurse und Seminare in einer Art und Weise an, die ihrem Erscheinungsbild nach gewerblich ist. Es ist auch davon auszugehen, dass der Kläger dabei in gewerberechtlicher Gewinnerzielungsabsicht handelt.

Es spricht schon nach den sog. Führungsanweisungen von L. Ron Hubbard manches dafür, dass der Kläger bei dem Verkauf von Büchern, Broschüren und E-Metern sowie bei der entgeltlichen Durchführung von Kursen und Seminaren in der Absicht handelt, für sich Geld und Wohlstand zu erwerben.

So heißt es in einer Führungsanweisung von L. Ron Hubbard vom 4. Mai 1982, die an verschiedene Organisationsgliederungen, darunter die „Leiter der Buchläden" sowie „alle Mitarbeiter der Organisationen" gerichtet ist und unter dem Thema „Ein freimütiger Vortrag über Bücher" steht (Bl. 3272 ff. d.A.), u.a. wie folgt:

„In der Verbreitung stehen Bücher an erster Stelle.

Wenn Sie kein Marketing für Bücher machen und Sie nicht in großem Umfang an völlig neue Leute aus der Öffentlichkeit verkaufen, werden Sie letztendlich keine Kunden haben …

Ihre Buchverkäufe bestimmen Ihr zukünftiges Gesamteinkommen. Falls Sie sich heute Sorgen über Ihr Gesamteinkommen machen, werden Sie sich morgen die Haare raufen, außer Sie haben für völlig neue Leute Bücher auf den Markt gebracht und sie ihnen verkauft. Also muss immer ein Teil Ihres Werbeetats an Buchverkäufen für völlig neue Leute aus der Öffentlichkeit gehen – und darf nicht für Massensendungen allgemein eingeplant werden.

Wenn Sie nur ein Buch oder ein E-Meter in einem Buchladen haben, ist es sehr unwahrscheinlich, dass die Leute es kaufen. Die Leute werden kaufen, wenn Sie weitaus mehr im Regal oder vorrätig haben. Nicht Mangel, sondern Überfluss an Buchbeständen bringt Verkäufe …

Lassen Sie nicht zu, dass Ihre Buchbestände knapp werden oder dass man Ihnen Ihre Lagerbestände leer räumt. Bücher stellen ein Vermögen dar. Achten Sie auf die Bestände und das Geld, was Sie dafür bekommen, und bestellen Sie damit neue Bücher. Obwohl Sie an Büchern verdienen können, ist das daraus folgende Gesamteinkommen für Dienstleistungen weitaus größer…

Alles Geld, das Sie aus Buchverkäufen erhalten, sollte dazu verwendet werden, mehr Bücher zu kaufen. Das Marketing und der Verkauf dieser Bücher wird Leute für Dienstleistungen hereinbringen und Ihrer Organisation zu Wohlstand verhelfen…" (12)

Das Gericht war davon überzeugt, dass all dies für Scientology ein recht einträgliches Geschäft darstellte: „Unter diesen Umständen muss das Berufungsgericht davon ausgehen, dass der Kläger durch den Verkauf von Büchern, Broschüren und E-Metern Gewinne erzielt. Wenn sich der Kläger seinen prozessualen Mitwirkungspflichten entzieht und es dem Gericht verwehrt, die mit dem Verkauf von Büchern, Broschüren und E-Metern verbundenen Aufwendungen verlässlich zu ermitteln und dadurch festzustellen, ob den Erlösen, die der Kläger durch den Verkauf von Büchern, Broschüren und E-Metern erzielt, entsprechend den Behauptungen des Klägers gleich hohe oder gar höhere Aufwendungen gegenüberstehen, dann ist die Annahme gerechtfertigt, dass die Aufwendungen in Wahrheit nicht so hoch sind, wie es der Kläger vorgibt, und ihm deshalb ein Überschuss verbleibt." (13)

Dieser Überschuss lag allein bei der Hamburger Scientology-Organisation in Millionenhöhe. Das Gericht nennt dazu viele Fakten. Hier nur wenige Beispiele: „Zweitens erzielt der Kläger aus dem Verkauf von Büchern, Broschüren und E-Metern erhebliche Erträge. So hat der Kläger nach den Angaben des als Zeuge vernommenen Wirtschaftsprüfers W. in der Sitzung vom 29. Juni 1993 aus dem Verkauf von Büchern pp. – worunter der Verkauf von Büchern, Broschüren, E-Metern und anderer Artefakte zu verstehen ist – folgende Erträge erzielt: 457.000,– DM (1984), 354.000,– DM (1985), 400.000,– DM (1986), 442.000,– DM (1987), 956.000,– DM (1988), 1.825.000,– DM (1989), 659.000,– DM (1989) [sic], 1.503.000,– DM (1991) und 1.813.000, – DM (1992)." (14)

Revision wurde gegen das Urteil nicht zugelassen. Interessant war dies aber auch noch aus einem ganz anderen Grund: Wenn es ums Geld geht, verschleiert, täuscht und fälscht Scientology, dass sich die Balken biegen. Durch die Beweisaufnahme vor Gericht kam erstmals in Deutschland ans Tageslicht, mit welchen Summen hantiert wird.

4.4 Das Scientology-Angebot auf einem Richtertisch

Das Hamburgische Oberverwaltungsgericht untersuchte zunächst die vor Jahren geltenden Preise bei Scientology und sah sich an, was dafür so geboten wird. Ergebnis: „Der Kläger ... bietet gegen Entgelt zahlreiche Bücher und Broschüren von L. Ron Hubbard an, für die er zum Teil durch Postwurfsendungen und Handzettel warb und wirbt. Zu diesen Büchern gehört vor allem das Buch „Dianetik", das auf dem Titelblatt zunächst den Zusatz „Die moderne Wissenschaft der geistigen Gesundheit" trug und das in der Taschenbuchausgabe jetzt mit dem Zusatz „Der Leitfaden für den menschlichen Verstand" erscheint. Das Buch kostete nach einer Postwurfsendung gebunden zwischen 66,67 DM (Juni) und 73,50 DM (August) und als Taschenbuch zwischen 23,25 DM (Juni) und 25,65 DM (August); jetzt ist es als Taschenbuch für 14,80 DM erhältlich. Außerdem bietet der Kläger u.a. das Buch „Alles über radioaktive Strahlung" von L. Ron Hubbard an, das nach den Angaben des Klägers in den Werbezetteln zwischen 73,40 DM und 125,– DM kostete und nunmehr für 35,– DM zu haben ist. Ferner vertreibt der Kläger eine Broschüre mit dem Titel „Der Weg zum Glücklichsein", die nunmehr in Paketen zu je 12 Exemplaren zum Preis von 28,– DM erworben werden kann, davor aber wesentlich teurer war.

Außer Büchern und Broschüren bietet der Kläger gegen Entgelt verschiedene Kurse und Seminare an. Dem Angebot konkreter Kurse geht in der Regel die Durchführung eines Persönlichkeitstests voraus. Der Test enthält zweihundert Fragen, unter denen sich folgende Fragen befinden: Bekommen Sie manchmal ein Zucken in Ihren Muskeln, auch wenn es keinen ersichtlichen Grund dafür gibt? (Nr. 13); geraten Sie gelegentlich in Schwierigkeiten? (Nr. 51); können Sie eine Party „richtig in Schwung bringen"? (Nr. 65); müssten Sie sich eindeutig anstrengen, um über Selbstmord nachzudenken? (Nr. 102); schlafen Sie gut? (Nr. 113); sind Sie gegen den „Strafvollzug auf Bewährung" für Kriminelle? (Nr. 179); werden Sie von anderen herumgestoßen? (Nr. 195). Nach Auswertung der ausgefüllten Fragebogen durch den Kläger werden im Wege einer so genannten Falleinschätzung den Interessenten bestimmte Kurse und Seminare angeboten, um die in dem Test nach Ansicht der Mitarbeiter des Klägers zutage getretenen Defizite und Probleme zu beheben. Zu diesen Kursen und Seminaren gehört ein so genannter „Kommunikationskurs". Nach den Ermittlungen der Beklagten soll ein Teilnehmer für den ersten Kommunikationskurs 270,– DM, einen zweiten Kurs 700,– DM und einen dritten Kurs schließlich 10.000,– DM gezahlt haben. In einer Beilage zu der von der „Church of Scientology AOSH EU & AF" in Kopenhagen – der für den Kläger zuständigen kontinentalen Kirche – herausgegebenen Publikation OT-News 9 sind für mehrere Kurse zusammen Preise bis zu 238.969,– DM angegeben." (15)

Dann stellte das Gericht fest, dass sich diese an sich zunächst moderat erscheinenden Preis doch ganz schnell vervielfachen können: „In der nur für Mitglieder des Klägers bestimmten Liste „Vervollständigen Sie Ihre LRH-Bibliothek" werden für gebundene Bücher Preise zwischen 62,50 DM und 312,50 DM, für Taschenbücher und Broschüren Preise zwischen 14,80 und 425,– DM (für 6 Bücher) und für Bände Preise bis zu 6.375,– DM (für ein 18-bändiges Werk) genannt, wobei Mitglieder der internationalen Vereinigung von Scientologen (IAS) – wie es auf Seite 4 der Preisliste heißt – eine zwanzigprozentige „Ermäßigung auf viele Artikel des Buchladens" erhalten ..." (16)

Obwohl der Dianetic-Heimkurs bereits für 50 Mark zu haben war, kann laut Gericht auch die Scientology-Gehirnwäsche tüchtig ins Geld gehen: „Der Kläger hat aber eingeräumt, dass es höhere und teurere Kurse gibt.

So hat Herr R. in der Sitzung vor dem Verwaltungsgericht am 11. Dezember 1992 erklärt, dass es höhere Arten von Kursen gebe, für die entsprechend höhere Gebühren entrichtet würden. Jedenfalls im Ausland, wo die höchsten Stufen der Kurse abgehalten werden, die nach der Vorstellung des Klägers für die Erreichung seines Zieles durchlaufen werden müssen, hat es Kurse gegeben, die – in einem Paket zusammengefasst – bis zu 238.969,– DM kosten, wie sie in einer Beilage zur „OT-News 9" von der Church of Scientology AOSH EU & AF in Kopenhagen angeboten worden sind. Der Zeuge K. hat in der Sitzung vom 23. März 1993 bekundet, dass es zwar nicht beim Kläger, wohl aber bei der Scientology-Kirche in Kopenhagen und England solche Kurse gegeben habe, die einen Aufwand in dieser Größenordnung mit sich brächten, und es auch sein könne, dass Mitglieder des Klägers an solchen Kursen teilgenommen hätten oder teilnehmen würden." (17) Hier sei daran erinnert, dass Scientologen stets von einem Kurs in den anderen gedrängt werden und dass das gesamte schriftliche Material darauf ausgerichtet ist, sie von der Notwendigkeit solcher Kurse zu überzeugen!

Richtig abkassiert wird dann auch noch einmal beim E-Meter. Das Oberverwaltungsgericht dazu: „Der Kläger nimmt für E-Meter erhebliche Entgelte, wobei die Preisangaben schwanken: So kostete ein Mark VI E-Meter nach einer vom Kläger ausgestellten Quittung 6.994,– DM abzüglich 20 % = 5.595,20 DM. Nach den Angaben des Klägers in einem Schriftsatz kostete das Mark VI E-Meter damals 3.985,– DM und eine erhältliche verfeinerte Version Mark VII 5.340,– DM. Nach der bereits erwähnten Preisliste des Klägers kostete das Mark VII E-Meter 7.950,– DM; eine Sonderausgabe kostete 9.250,– DM. In der Sitzung vom 16. März 1993 hat der Vizepräsident des Klägers, Herr R., dazu erklärt, das grundlegende E-Meter, das der Geistliche in der Ausbildung erwerbe, koste 800,– DM, für die auf Seite 11 der Schrift „Was ist Scientology" abgebildete Ausführung des E-Meters bezahle man etwa 4.000,– DM; in der Zeit vor 1992 habe das „übliche" E-Meter für das Mitglied rund 5.000,– DM gekostet, ab Mitte 1992 gebe es wieder das alte Standard-E-Meter für 800,– DM." (18)

Diese Beispiele ließen sich fortsetzen und mit Akten deutscher Gerichte belegen, Beweisen würden sie alle letztlich aber nur: Scientology macht skrupellos überall dort Geschäfte, wo es Geld zu verdienen gibt. Das ist moralisch verwerflich, es bedroht immer gleich die gesamte Existenz der Opfer. Dies ist aber sehr schnell der Fall, gerät jemand direkt in die Fänge dieser Bewegung.

4.5 Wie Mitglieder abgezockt werden

Neben allen Versuchen von Scientology, in Firmen Fuß zu fassen, sprudeln die indoktrinierten Mitglieder immer noch als ergiebigste Geldquelle. Mit welch riesigen Zahlungsverpflichtungen oder Knebelverträgen sie an Scientology gebunden werden, ist manchmal so unglaublich, dass hier ausschließlich Entscheidungen deutscher Gerichte als Beweise dafür angeführt werden.

So stellte z. B. das Bundesarbeitsgericht unter dem Aktenzeichen 5 AZB 21/94 am 22.03.1995 fest: » c.) Die Mitgliedschaft und die „religiösen" Dienste sind kommerzialisiert ... Der Beklagte (eine deutsche Scientology-Organisation – der Autor) und seine Schwesterorganisationen lassen sich von ihren Mitgliedern erhebliche Geldbeträge zahlen. Der Kläger hat zu Beginn seiner Mitgliedschaft insgesamt 17.449,00 DM für „seelsorgerische Dienste" gezahlt. Er erhielt für die in der Zeit von Januar 1990 bis September 1991 geleistete Arbeit vom Beklagten insgesamt ca. 10.000,00 DM an „wöchentlichen Unterstützungen". Wenn man die geleistete Rückzahlung von 6.483,00 DM berücksichtigt, hat der Kläger im Ergebnis überhaupt kein Entgelt für seine in erheblichem Umfang geleistete Arbeit erhalten. «

Vor der Entscheidung des Bundesarbeitsgerichts gab es folgende Instanzen:

1. Instanz: Arbeitsgericht Hamburg 8 Ca 556/92 Beschluss vom 12. 8. 93

2. Instanz: Landesarbeitsgericht Hamburg 6 Ta 24/93 Beschluss vom 31. 5. 94

»Leitsätze:

1. „Scientology Kirche Hamburg e. V." ist keine Religions- oder Weltanschauungsgemeinschaft im Sinne der Art. 4, 140 GG, Art. 137 WRV.

2. Hauptamtliche (aktiv tätige) außerordentliche Mitglieder von Scientology sind Arbeitnehmer im Sinne von § 5 Abs. 1 Satz 1 ArbGG.

3. Die Begründung vereinsrechtlicher Arbeitspflichten darf nicht zur Umgehung zwingender arbeitsrechtlicher Schutzbestimmungen führen.

In Sachen Kläger (früherer Scientology-Mitarbeiter) gegen Beklagten (Scientology-Organisation) hat der fünfte Senat des Bundesarbeitsgerichts in der Sitzung am 22. März 1995 durch den Vorsitzenden Richter (Name), die Richter (Namen) sowie die ehrenamtlichen Richter (Namen) beschlossen:

1. Die weitere sofortige Beschwerde des Beklagten gegen den Beschluss des Landesarbeitsgerichts Hamburg vom 31. Mai 1994 – 6 Ta 24/93 zurückgewiesen.

2. Der Beklagte trägt die Kosten beider Beschwerdeverfahren.« (www.Ingo-Heinemann.de)

In der BAG-Entscheidung heißt es auch:

„Es ist in der Scientology Kirche üblich, für geistliche Beratung und das Ausbildungswesen von Mitgliedern, die sich entschlossen haben, auch Preclears und Studenten zu werden, Beiträge zu erbitten und anzunehmen, um damit die Aufwendungen zu decken, da die Scientology-Kirche keine Kirchensteuer erhebt." (19) Ein solches „Abkassieren" von Scientology-Mitgliedern birgt – wenn auch nur über viele Hürden – immerhin noch die Möglichkeit, das gezahlte Geld bei Nichterhalt der Scientology-Dienstleistung zurückzufordern. Schlechter sieht es da für jene aus, die sich als Arbeitskraft an die Bewegung binden.

Das belegt der Fall eines jungen Kochs (inzwischen pflegebedürftig), in dem das Arbeitsgericht München rechtskräftig urteilte. Er arbeitete für den Scientology-Ableger Narconon und wurde um einen großen Teil seines Lohns betrogen. Als Alleinkoch bei 48 Stunden wöchentlicher Arbeitszeit hätte ihm eine Vergütung von 2567 Mark im Monat zugestanden. Da er 11 Monate für Narconon tätig war, betrug die Summe 28.237 Mark. Bekommen hat er nur Kost und Logis, für die ihm der Verein 5527,96 Mark in Rechnung stellte. Das Gericht verurteilte Narconon zur Nachzahlung der fehlenden 22.709,04 Mark zuzüglich 4 % Zinsen. Das hatten die Scientology-Leute – in diesem Fall nun erfolglos – von vornherein vertraglich verhindern wollen. Deshalb hatten sie eine Vereinbarung über die „Mitarbeit" des Klägers unterzeichnet. In der formularmäßig gehaltenen Vereinbarung, die auf eine Zeit von zweieinhalb Jahren gelten sollte, sind folgende „Bedingungen für die Mitarbeit" niedergelegt:

1. Narconon e.V. arbeitet an sieben Tagen in der Woche. Es wird nach Möglichkeit so eingerichtet, dass alle Mitarbeiter mindestens einen Tag frei haben, Ziel ist, dass sie zwei Tage zur freien Verfügung haben. Es wird von den Mitarbeitern erwartet, dass sie in ihrer Freizeit studieren und wenn erforderlich über die Zeit hinaus arbeiten.

2. Urlaub 10 Tage pro Jahr nach einem Jahr Mitarbeit.

3. Krankenurlaub 2 Tage je Kalendermonat bei Vorlage eines ärztlichen Attests, nicht in Anspruch genommene Tage verfallen am Monatsende.

4. Pensionen – Narconon e.V. gibt keine Pension.

5. Bezahlung – Es besteht kein Anspruch auf Bezahlung. Es wird eine wöchentliche Entschädigung für die Mitarbeit gezahlt, die in Bezug auf die Stellung innerhalb der Mitarbeiter und den Status, sowie die Verhältnisse von Einnahmen und Ausgaben des Vereins für seine Zwecke ... errechnet werden.

6. Richtlinien – Mitarbeiter unterliegen in ihrer Arbeit und ihrem Verhalten den derzeitigen Richtlinien von L. Ron Hubbard, soweit sie für Narconon gültig sind, diese können Änderungen oder Ergänzungen erfahren. Mitarbeiter studieren Policies (Richtlinien), Bulletins

(techn. Anweisungen) und Directives (Anordnungen), die sich auf ihren Posten beziehen und werden daraufhin geprüft, und ebenso auf andere Policies, Bulletins und Directives, wie es von Zeit zu Zeit verlangt wird.

7. Posten – Mitarbeiter sollen jeden Posten innerhalb von Narconon e.V. annehmen, der ihnen zugewiesen wird, und zwar in Übereinstimmung mit der geltenden Richtlinie dafür.

8. Status – Vorläufige oder provisorische Mitarbeiter können im Einklang mit HCO Policy Letter vom 4.1.1966 „Personal Staff Status" (kann auf Verlangen eingesehen werden) entlassen werden. Auch permanente Mitarbeiter sind dieser Richtlinie unterworfen.

9. Leistungen bei einem 2-Jahres-Vertrag: Processing bis Grad IV kostenlos, (der folgende Satz ist ausgetippt: Ausbildung bis Klasse IV kostenlos, Power und Power Plus und höhere Kurse mit 50 % Ermäßigung). Diese Leistungen KÖNNEN gegeben werden.

10. Leistungen bei einem 5-Jahres-Vertrag: Processing bis Grad IV kostenlos, (der folgende Satz ist ausgetippt: Ausbildung bis Klasse IV, kostenlos. Power und PowerPlus und höhere Kurse mit 50 % Ermäßigung. Klasse VI und weitere Auditorenausbildung kostenlos). Dies nach Ermessen von Narconon e.V., bemessen nach der Arbeitsstatistik des Mitarbeiters.

11. (Der folgende Satz ist ausgetippt. Wöchentliche Mitarbeit – Mitarbeiter, die keine Vereinbarung für 2½ bzw. 5 Jahre getroffen haben, arbeiten auf wöchentlicher Basis).

12. Mitgliedschaft – Neu eingetroffene Mitarbeiter werden als Narconon-Mitarbeiter in gutem Ansehen betrachtet. Personen, die durch ordnungsgemäß zusammengesetzte Narconon-Autorität als nicht mehr in gutem Ansehen stehend erklärt werden, sind nicht berechtigt, länger Mitarbeiter zu bleiben.

13. Leistungen an Mitarbeiter unter Vertrag für den Fall, dass ein Mitarbeiter unter Vertrag, die Leistungen ermäßigt oder kostenlos erhalten hat, seinen Vertrag bricht, entweder, indem er sein Verhältnis als Mitarbeiter beendet, bevor sein Vertrag abläuft, oder indem er das gute Ansehen von Narconon e.V. so verletzt, dass er, im Einklang mit bestehenden Richtlinien, entlassen werden muss, muss er die Summe an Narconon e.V. zahlen, die den Kosten aller Leistungen entspricht, die er während seiner Zeit als Mitarbeiter unter Vertrag erhalten hat.

Im gesondert unterzeichneten Nachsatz heißt es:

Diese Vereinbarung wird im Geiste getroffen, dass wir uns nur eine bessere Gesellschaft schaffen können, wenn wir – jeder für sich und in Kooperation mit allen – die Probleme der Gesellschaft erkennen und das Siechtum an der Wurzel der Gesellschaft mit aller Kraft angehen. Narconon e.V. benutzt die von L. Ron Hubbard zur Verfügung gestellten Materialien und Techniken zur Rehabilitierung von Drogen- und Alkoholsüchtigen und Usern (Benutzern), sowie von Kriminellen und ehemaligen Straffälligen." (20)

Ein solcher Sklaven-Vertrag bedarf kaum eines weiteren Kommentars, doch selbst dieser ist noch lange nicht der skrupellose Gipfelpunkt der scientologischen Geldgier. Sie macht nämlich nicht einmal vor Schwerkranken halt.

4.6 Geld machen ohne Tabus – Wucher und Betrug gegen einen Behinderten

Gerichtsurteile sind oftmals keine sehr spannende Lektüre. Anders bei einem schon vor einiger Zeit gefällten Urteil des Strafgerichtes Basel-Stadt. Durch Anklage der Staatsanwaltschaft war dieses gezwungen, wegen Wuchers und eventuell fortgesetztem Betrug gegen zwei hohe Funktionärinnen von Scientology zu verhandeln. Sie hatten einen Behinderten skrupellos ausgenommen:

»I. Die Angeklagte X war von Dezember bis März Präsidentin der Basler „Scientology-Kirche", einer – nach eigener Darstellung – „religiösen" Gemeinschaft, die aufgrund der Lehren ihres Begründers L. Ron Hubbard „einem Individuum bei der Erlangung der Freiheit als geistiges Wesen helfen will". In dieser Eigenschaft war sie für sämtliche Belange der Kirche, insbesondere auch für das Finanzwesen verantwortlich.

Die Angeklagte Y war – bevor sie ab April von X das Amt der Präsidentin übernahm – Mitarbeiterin und Vorstandsmitglied der „Scientology-Kirche".

II. Der Geschädigte (geb. 1957) leidet als Folge eines erlittenen Verkehrsunfalls – nach Schädeltrauma – an einem Psychoorganischen Syndrom und ist in seiner Denk- und Handlungsfähigkeit in erheblichem Maße eingeschränkt. Als Entschädigung für die Unfallfolgen hatte er eine Versicherungsleistung in Höhe von Fr. 100.000.- erhalten, die in Form von Obligationen auf der Gewerbebank Männedorf/ZH angelegt wurden.

Der Geschädigte, der damals in Sch. wohnte und im Arbeitszentrum für Behinderte in Str. beschäftigt wurde, kam in Basel erstmals mit der „Scientology-Kirche" in Kontakt. Nachdem er von einem Werber auf der Straße zu einem „Persönlichkeitstest" eingeladen worden war und sich anschließend diesem Test in einem Lokal der „Scientology-Kirche" unterzogen hatte, wurde ihm bedeutet, dass er sich in sehr schlechter Verfassung befinde und unbedingt das Hubbard-Buch „Dianetik", welches ihm denn auch für Fr. 45.- verkauft wurde, lesen müsse.

Sodann folgte (der Geschädigte) einer schriftlichen Einladung der „Scientology-Kirche" zum Besuch einer Veranstaltung im Restaurant Seegarten in M., wo er unter anderem mit den Angeklagten X und Y zusammentraf. Von den beiden Angeklagten dazu aufgefordert, fand er sich hierauf am Neujahrstag am damaligen Sitz der „Scientology-Kirche Basel" ein. Die Angeklagte Y, die ihn empfing, überredete ihn bei dieser Gelegenheit zum Kauf des Kurses „Erfolg durch Kommunikation" für Fr. 110.- und eines entsprechenden Buches für Fr. 43.30, worauf (der Geschädigte) noch am selben Tag einen Teil des Kurses sowie – angeblich wegen Versagens und nach Bezahlung von weiteren Fr. 95.- – sogleich auch den Kurs „Auf und Ab im Leben" absolvieren und schließlich noch das „Auf und Ab Buch" für Fr. 54.70 erwerben musste.

III. Fortgesetzter Wucher, evtl. fortgesetzter Betrug

Nachdem die Angeklagten X und Y von (dem Geschädigten) erfahren hatten, dass er über Vermögen verfügt, versprachen sie ihm anlässlich eines folgenden Besuchs in Basel, dass er seine geistigen und körperlichen Fähigkeiten durch Absolvierung weiterer, von der „Scientology-Kirche" angebotener Kurse entscheidend verbessern und dadurch die Möglichkeit erlangen könne, eine gute Arbeitsstelle zu erhalten.

1. Unter vorsätzlicher Ausbeutung seiner Geistes- und Charakterschwäche und durch die arglistige Vorspiegelung, er könne durch die Methoden der Dianetik und Scientology einen großen Teil seiner Invalidität verlieren, veranlassten die Angeklagten X und Y (den Geschädigten) zunächst in unrechtmäßiger Bereicherungsabsicht dazu, im Voraus Fr. 3.704.40 für einen sog. „Reinigungs-Rundown" zu bezahlen.

   Dabei waren sie sich bewusst, dass die Höhe dieser Vermögensleistung mit der erbrachten Leistung – lediglich bestehend in der Berechtigung, die kircheneigene Sauna an der Gundeldingerstraße während rund zwei bis drei Wochen zu besuchen, wobei jeweils Vitaminpräparate u.a. einzunehmen waren – in einem offenbaren, krassen Missverhältnis stand und entgegen ihren Zusicherungen auch nicht geeignet war, eine nennenswerte Besserung der körperlichen und geistigen Gesundheit zu bewirken.

2. Wenige Tage später eröffneten die beiden Angeklagten (dem Geschädigten) in Basel, dass er für die erfolgreiche Behandlung seiner Leiden weitere Kurse benötige, für die er gesamthaft Fr. 59.000.- bezahlen müsse.

Obschon (der Geschädigte) versuchte, sich gegen dieses Ansinnen zu wehren, gelang es den Angeklagten X und Y, ihn unter erneuter Ausnützung seiner Urteilsschwäche und durch Täuschung über die – wie sie wussten, kaum vorhandenen, indessen arglistig vorgespiegelten – Heilungschancen dazu zu überreden, seine Obligationen für ein Bankdarlehen in entsprechender Höhe zu verpfänden.

Einige Zeit später fuhr die Angeklagte Y mit ihrem Personenwagen nach Str., holte (den Geschädigten) an seinem Arbeitsort im Arbeitszentrum für Behinderte ab und führte ihn zur Filiale der Allgemeine Aargauischen Ersparniskasse nach Z., wo die beiden vom Bankprokuristen ... empfangen wurden. In Befolgung der ihm von der Angeklagten Y vorgängig erteilten Instruktionen bat (der Geschädigte) hierauf um Gewährung eines Kredits von Fr. 59.000.-, der ihm – gegen Hinterlegung von Obligationen – grundsätzlich zugesichert wurde.

Später suchte die Angeklagte Y (den Geschädigten) erneut in Str. auf, ließ ihn ein vorbereitetes Schreiben unterzeichnen, mit welchem um direkte Überweisung des Betrages von Fr. 59.000.– auf das Konto der „Scientology-Kirche" bei der Volksbank in Basel ersucht wurde, und schickte ihn damit zur Bank nach Z. Nach Erledigung der Formalitäten nahm diese die gewünschte Überweisung schließlich vor.

Gemäß den von der Angeklagten X für (den Geschädigten) – ohne dessen Mitwirkung und ohne nähere Erläuterungen – ausgestellten Quittungen war der bezahlte Betrag für folgende „Leistungen" bestimmt:

Quittung Nr. 13691 – 12 „Intensive" und 1 „Sun-Rundown" Fr. 45.290,30

Quittung Nr. 13692 – „HQS"-Kurs und „Solo I"- Kurs Fr. 4.747,15

Quittung Nr. 13693 – „1 Mark VI E-Meter" sowie div.–Fachbücher über Scientology und Dianetik Fr. 6.730,50

Quittung Nr. 13694 – div. Kursunterlagen und Tonbandkassetten mit Vorträgen von L. Ron Hubbard Fr. 1.401,50

Quittung Nr. 13695 – „Anzahlung" für Bücher Fr. 830.55 – Total Fr. 59.000.–

Diese zwecks unrechtmäßiger Bereicherung der „Scientology-Kirche" von (dem Geschädigten) geforderte und in Ausbeutung seiner geistigen Unterlegenheit bzw. durch arglistige Irreführung auch erlangte Vermögensleistung stand ebenfalls in einem offensichtlichen Missverhältnis zu den versprochenen Leistungen. So wurden ihm ein „E-Meter", welches einen Materialwert von höchstens Fr. 200.– aufweist, für Fr. 7.786.– (abz. 20 % Rabatt) und 12 „Intensive", bestehend in je 12 Stunden „Auditing" (Verhör durch einen Scientologen) für Fr. 46.665.– (abz. 5 % wegen Vorauszahlung) in Rechnung gestellt. Im Übrigen wären auch diese „Kurse" und „Lehrmittel" in keiner Weise geeignet gewesen, (dem Geschädigten) zu der ihm von den Angeklagten vorgegaukelten entscheidenden Verbesserung seines Gesundheitszustandes zu verhelfen.

IV. Im Wissen, dass (der Geschädigte) über weitere Fr. 41.000.– verfügen konnte, und in der Absicht, auch den Rest seines Vermögens der „Scientology-Kirche" nutzbar zu machen, beauftragte X kurze Zeit später das Sektenmitglied R.F., ihn zu einer erneuten Kreditaufnahme in Höhe von Fr. 41.000.– zu überreden. Diesen Betrag sollte (der Geschädigte) einem anderen Mitglied (J.B.) als Darlehen für die Bezahlung von Kursen der „Scientology-Kirche" zur Verfügung stellen. Zwei Wochen später suchten F. und B. denn auch (den Geschädigten) in Str. auf, um über die geplante Darlehensgewährung zu verhandeln. Das Geschäft kam in der Folge jedoch nicht zustande, weil Arbeitgeber und Eltern (des Geschädigten) davon erfuhren und rechtzeitig eine Kontosperre sowie die Errichtung einer Beiratschaft über (den Geschädigten) veranlassen konnten.

In der Folge brach (der Geschädigte) seine Beziehungen zur „Scientology-Kirche" ab.« (21)

Der Fall wirbelte Staub auf und Scientology zahlte dem schamlos ausgenommenen Behinderten Fr. 62.000 zurück. Die Scientology-Geschäftemacherinnen wurden zu 11 bzw. 12 Monaten Gefangnis, ausgesetzt auf zwei Jahre Bewährung, und zu 900 und 1000 Franken Geldbuße verurteilt. Sicher ein „schäbiger" Preis für den kriminellen Missbrauch eines hilflosen Menschen, den es fast die Existenz gekostet hätte!

Doch solche dunklen Flecken auf der Scientology-Weste hat die Zentrale gar nicht gern und deshalb wird statt der „Abzocke" Einzelner eher der große Stil bevorzugt. Zum Beispiel durch Eindringen in weltweit operierende Unternehmen. Das geschieht dann an irgendeinem unbemerkten Ort mit einer unauffälligen Methode und bringt den Effekt, ganz langsam die Scientology-Saat aufgehen zu lassen. Dass die Hubbard-Bewegung hinter solch einer Infiltration steckt, bleibt oft unentdeckt, denn rein äußerlich fällt zuerst meist nur der rüde Umgang mit den Mitarbeitern auf.

4.7 Der Fall UPS – Paketaustragen ließ die Scientology-Kasse klingeln

Er gehört zu den ganz Großen in der Branche: Der „United Parcel Service" (UPS). Das fast 100 Jahre alte weltweit operierende Logistik-Unternehmen bietet die schnelle Lieferung von Paketen aller Art von Haus zu Haus. Schon Anfang der 90er Jahre hatte UPS einen Stamm von mehr als 1,1 Millionen Firmen und Einzelkunden, davon über 50.000 in Deutschland. Ein Netz

Foto: privat

Ein UPS-Mitarbeiter bei der Belieferung der Scientology-Organisation (SO) in Berlin.

von 2.250 Niederlassungen sorgte für schnelle und reibungslose Zustellung der Pakete, 265.000 Mitarbeiter – in Deutschland über 12.000 – dienten der Firma. Eine Flotte von etwa 450 Flugzeugen, darunter 30 Riesen-Transporter vom Typ Boeing 757-200 PF, transportierten die Waren auf eigenen Linien, für weitere 25 große Boeings gab es Kaufoptionen. Am Boden ging's dann mit der eigenen Auto-Flotte – alle in dunkelbraun mit goldener UPS-Aufschrift – weiter: Auf allen Kontinenten rollten 131.000 Transporter für UPS, allein in Deutschland waren es 4.200 Paketwagen, 350 Lkw-Anhänger und 1.600 Container. Das damals bereits größte Distributionsunternehmen der Welt machte schon 1992 stolze 16,5 Milliarden US-Dollar Umsatz! (22)

Doch das Unternehmen hat noch viel weitgehendere Pläne – Wir haben uns auf den Weg gemacht, um die weltweite Führungsposition in der Paketdistribution einzunehmen. Und – dank Ihrer aller Anstrengungen – sind wir unserem Ziel schon ein Stück näher gekommen." (23) Auch wenn es sich bei der ganzen Sache letztlich nur um das schlichte Pakete austragen handelt, erweckt UPS den Eindruck, die Aufgabe sei nur durch eine verschworene Gemeinschaft der Mitarbeiter zu erfüllen. Nahezu religiös klingt es, wenn dann in diesem Zusammenhang über „Vision und Werte" geredet wird: „Wir hatten das Glück, Mitarbeiter mit einer Vision zu haben – Mitarbeiter, die die Bedeutung dieser Vision verstanden." (24) All das erinnert an die Diktion, die auch von Scientology im Kampf um die weltweite Macht benutzt wird, doch UPS verbindet seine „Visionen" im Gegensatz zu Scientology gleich direkt mit der ökonomischen Aufgabe: „Heute bekommen viele Unternehmen, kleine wie große, die Auswirkungen einer sich ändernden, unsicheren Weltwirtschaft zu spüren. Diese Unsicherheiten liegen in den eskalierenden Kosten, den Herausforderungen des Weltmarktes, den sich ändernden Marktbedingungen, gestiegenen Kundenerwartungen und einem schärferen Wettbewerb... Um in einem solchen Umfeld zurechtzukommen, muss ein Unternehmen schnell reagieren und seine Operationen und Technologien, um weiterhin Sicherheit und Rentabilität zu gewährleisten, anpassen." (25)

Angesichts solcher Aufgabenstellung liegt die Suche nach neuen „Technologien" auf der Hand, und Partner, die ihre wirtschaftlichen Interessen ebenso pseudoreligiös tarnen – wie es zum Beispiel Scientology tut – dürften nicht unwillkommen sein. Doch im Kampf um Macht und Einfluss ist äußerste Geheimhaltung oberstes Gebot. Nur so lassen sich Strategie und Taktik effektiv durchsetzen und allein deshalb werden jegliche mögliche Verbindungen vehement abgestritten.

Dennoch finden sich auch in offiziellen Verlautbarungen immer wieder Spuren. Zum Beispiel im Vergleich der Tonart, in der Aufgaben formuliert werden. Es erinnert schon an ein „Glaubensbekenntnis", wenn UPS seine „Werte" so den Mitarbeitern nahe bringt.

„Wir sind davon überzeugt, dass Integrität und Erstklassigkeit das Kernstück aller unserer Aktivitäten bilden."

„Wir sind davon überzeugt, dass die Aufmerksamkeit, welche wir den sich ändernden Bedürfnissen unserer Kunden widmen, entscheidend ist für den Erfolg von UPS."

„Wir sind davon überzeugt, dass Menschen dann ihr Bestes geben, wenn ihre Mitwirkung sie mit Stolz erfüllt, wenn sie mit Würde behandelt werden und wenn sie ihre besonderen Fähigkeiten in einer Umgebung entfalten können, die Vielfalt fordert."

„Wir sind davon überzeugt, dass Innovation unser Unternehmen stärkt, indem wir neue Wege finden, sowohl unseren Mitarbeitern, als auch unseren Kunden zu dienen." (26)

Von missionarischem Eifer geprägt, scheint die Aussage zur „Zielsetzung": „WIR SIND WEGBEREITER DES WELTWEITEN HANDELS". (27) Und auch das von UPS deklarierte „Strategie"-Motto: „Den Kern bewahren, die Zukunft gestalten" – erinnert eher an Glaubenskrieg, denn an simple Werbebotschaften. Auszüge: „Wir werden weitere Fähigkeiten entfalten, den Waren-, Informations- und Kapitalfluss auf der ganzen Welt zu integrieren ... Wir werden geeignete Technologien einsetzen, um neue Dienstleistungen zu entwickeln und um unsere Operationen und Netzwerke zu stärken ... Wir werden die begabtesten Menschen anziehen und ihnen Möglichkeiten bieten, sich weiterzuentwickeln, ihr Engagement und gutes Urteilsvermögen und ihre Loyalität werden unserem Unternehmen helfen, seine Aufgaben zu erfüllen." (28)

Nochmals zur Erinnerung: Hier wird nicht die Erlösung der Welt angepeilt, sondern der Service des perfekten Paketeaustragens! Dass dabei immer wieder anspruchsvolle Worte wie „Operationen", „Technologie", „Netzwerke" und der ständig wiederholte Hinweis auf das Ziel, weltweit die Nummer 1 in diesem Bereich zu werden, auftauchen, mag Zufall sein. Er stellt sich aber in einem völlig anderen Licht dar, weiß man, dass es tatsächlich Verbindungen zwischen UPS und Scientology gibt.

4.8 Manager in den Fängen von Scientology

Die „Aktion Bildungsinformation" (ABI) Stuttgart wollte näheres dazu wissen und regte eine weltweite Recherche an.

Die erste Spur findet sich im Internet. (29) Dort wird von den beinahe unglaublichen Erfolgen eines Workshops „Learning how to learn" – Lernen wie man lernt – berichtet. Teilnehmer einer „Multi-Millionen-Dollar-Elektronik-Company" hätten dort beispielsweise in nur drei Tagen ihr „Verständnis" um 333 % gesteigert und für die gesamten in das Training investierten 10.000 Dollar für 23.000 Dollar Nutzen gezogen. Das klingt alles sehr nach Scientology und der Kursanbieter bestätigt sehr schnell diese Vermutung: Es ist die Scientology-Unterorganisation „Applied Scholastics".

Ein Gespräch in der Scientology-Zentrale von Costa Rica in San José ergibt die offizielle Bestätigung. Carlos Elizondo, der persönliche Assistent der Leiterin, erklärt frank und frei: „Ja, Anfang und Mitte der 90er Jahre haben Kurse von Applied Scholastics in San José stattgefunden." Sie hätten unter den dort tätigen Geschäftsleuten ein großes Echo gefunden und wurden direkt aus dem Scientology-Hauptquartier in Los Angeles (USA) gesteuert.

Das bestätigt auch der WISE-Präsident von Costa Rica, Didier Rodriguez. Als örtlicher Repräsentant des „World Institute of Scientology Enterprises" (WISE) hat er natürlich selbst an solchen Scientology-Kursen teilgenommen. Geleitet wurden sie von zwei Professoren aus den USA, an deren Namen er sich nicht mehr erinnere, beteiligt war auch die Lehrerin Martha Music aus Costa Rica. Und er hat noch einen besonders interessanten Hinweis: „Die Teilnehmer der Scientology-Kurse waren international." Sie kamen aus Firmen wie dem Bananen-Produzenten Chiquita Tropical Products, der GTE Sylvania, offiziellen Institutionen Costa Ricas wie der National-Bank und dem Transport- und Wirtschaftsministerium und – von UPS! Rodriguez: „Ich weiss, dass UPS-Manager beispielsweise 1995 an solchen Kursen teilgenommen haben."

Bei der Einrichtung der Kurse im international wenig beachteten Costa Rica machte sich Scientology die Hilfsbedürftigkeit des kleinen Entwicklungslandes zunutze. So wurden zunächst Sprachkurse in Englisch gratis angeboten. Lehrer, öffentliche Organisationen und sogar Führungskräfte der Polizei-Akademie nahmen daran teil. Das erleichterte die Beschaffung der notwendigen Genehmigungen, um nun auch Firmen-Kurse anzubieten. Natürlich gegen Bezahlung. Aber das war wohl nicht einmal der Hauptzweck. Der Scientology-Ableger Applied Scholastics verkaufte den Kursteilnehmern Lizenzen zu so genannten beträchtlichen Preisen. Sie „berechtigten" die Lizenzinhaber, unter der Regie von Applied Scholastics selbst Schulungen und Trainingsseminare in ihren Firmen nach der Hubbard-Methode anzubieten und durchzuführen. Mit diesen Lizenzen ist es Scientology gelungen, wieder einmal ein perfektes „Schneeballsystem" zu etablieren, das bis heute Früchte trägt.

Inwieweit es bei UPS funktioniert, wird streng geheimgehalten. Trotz der Bestätigung der Teilnahme von UPS-Managern an den Kursen in Costa Rica durch den örtlichen WISE-Präsidenten Rodriguez – und damit also direkt durch Scientology – streitet die UPS-Personalchefin in San José, Maria Ruiz, zuerst einmal alles ab. „Applied Scholastics – sagt mir nichts. Von uns wurde definitiv niemand geschult. Ansonsten geben wir keine Informationen über Mitarbeiter."

Das weiß Dr. Rolando Zamora González besser. Der heutige Pensionär und frühere leitende Direktor im Bildungsministerium von Costa Rica, verantwortlich für Schulungen, hat am ersten Kurs von Applied Scholastics 1991 teilgenommen. Er erinnert sich: „Damals stellte unser Ministerium sogar Räume zur Verfügung. Später wurden dann Hotels in den Stadtteilen San Josés „San Franzisco" und „Guadelupe" genutzt." Die Kurse dauerten in der ersten Phase 30 Wochen. Didier Rodriguez bestätigt, dass sie später ein Jahr lang liefen und UPS-Mitarbeiter häufig auch dabei waren. González: „Die Einladungen der Teilnehmer gingen direkt an die Firmen. Die schickten dann ausgewählte Mitarbeiter. Bei den Schulen und Ministerien war es genauso. Das weiß ich, weil ich bei uns im Bildungsministerium dafür verantwortlich war."

Noch während der Recherche im abgeschiedenen Costa Rica funktionieren die Scientology-Alarmdrähte. So bestätigt auch Camilo Acosta Nino von der Stiftung „Costa Rica – USA", dass Applied Scholastics im Land Lehrgänge durchgeführt hat und neben Managern mehrerer großer US-Firmen auch UPS-Leute daran teilgenommen hätten. Er kenne etliche Schulungsteilnehmer und könne Gespräche vermitteln – doch am nächsten Tag ist er nicht mehr erreichbar! Nackte Angst auch bei der Mit-Organisatorin der Scientology-Kurse in San Jose, Martha Music. Am Telefon teilt sie mit stockender Stimme mit: „Ich darf dazu nichts sagen. Wenden Sie sich an die Scientology-Zentrale in Kalifornien..."

Das Netz des Schweigens zieht sich wieder zusammen. Doch es gibt weitere Spuren. Denn wenn tatsächlich eine Zusammenarbeit zwischen Scientology und UPS existiert, muss irgendwo und irgendwie auch Geld des gutverdienenden Partners an die Finanzsekte fließen. Wieder hilft das Internet weiter. Dort findet sich eine Seite des „World Literacy Crusade". (30) Dieser „Kreuzzug" für die Alphabetisierung ist eng mit Applied Scholastics verbunden und eine weitere Scientology-Tarnorganisation. Beide verfolgen als Hauptaufgabe, Menschen über Alphabetisierungsprogramme oder „Lerntechniken" an das Gedankengut von Ron Hubbard heranzuführen. Dabei wird von Anfang an das Sprachverständnis und die Persönlichkeit des „Schülers" im Sinne von Scientology manipuliert. So können mit dieser Unterwanderungsstrategie neue Anhänger der Scientologen rekrutiert werden, doch das alles kostet viel Geld. Es zu beschaffen half dem „World Literacy Crusade" (WLC) offenbar UPS. So heißt es auf der WLC-Internetseite unter der Frage: „Wer finanziert die Organisation" u. a., „World Literacy Crusade hat Geldmittel von ARCO, United Parcel Service, Gentleman's Quarterly Magazine, Northwest Airlines, US Airlines... bekommen."

Diese Tatsache belegt nicht nur ein weiteres Mal die Beziehungen zwischen Scientology und UPS, sondern weist auch auf einen anderen wichtigen Aspekt hin: WLC-Gründer ist der Scientologe Alfreddie Johnson, der sich in Scientology-Publikationen besonders als Ankläger gegen Psychiater und Psychiatrie hervortut. Diese „Anklagen" sind ein spezieller Teil der Scientology-Strategie gegen Deutschland. Anknüpfend an die verabscheuungswürdigen Verbrechen von Nazi-Psychiatern während des Dritten Reiches wird Deutschland vorgeworfen, diese Art und Weise des Umgangs mit Kranken fortzusetzen (siehe oben) und daraus einen Grund für die „Unterdrückung" von Scientology zu konstruieren. Die Bewegung setzt sich scham- und skrupellos mit den Opfern des Holocaust gleich und hat es sogar verstanden, amerikanische Politiker in dementsprechenden Propaganda-Feldzügen einzusetzen.

Dies findet seinen Niederschlag, indem im US-Senat und US-Kongress, immer wieder Resolutionen eingebracht werden, die Deutschland angeblicher Menschenrechtsverletzungen durch Beschneidung der religiösen Freiheit – und hier insbesondere, indem die Scientology-„Kirche" nicht als Glaubensgemeinschaft akzeptiert wird – bezichtigen. So gab es am 22. Oktober 1999 eine entsprechende gemeinsame Resolution von Senat und Kongress, die im Namen von Senator Michael B. Enzi und der Senatorin Mary Landrieu eingebracht wurden. Enzi erhielt 1997 und 1998, Landrieu 1999 und 2000 Geldspenden von UPS.

Das mag noch ein ungünstiges Zusammentreffen von Geld und Pro-Scientology-Politik gewesen sein. Aber am 17. November 1999 fasste auch das „House of Representatives" eine Resolution gegen die „Unterdrückung von Scientology". Sie wurde von 48 Abgeordneten eingebracht. 42 dieser Volksvertreter kassierten in der Legislaturperiode 1997-98 bzw. 1999-00 Geldspenden („contributions") von UPS!

Insgesamt leistete United Parcel Service an Abgeordnete und Senatoren, die namentlich die Resolutionen gegen die Bundesrepublik Deutschland unterstützten, 1997 bis 1998 direkte Geldspenden im Gesamtumfang von 116.089 US-Dollar und 1999 bis 2000 von insgesamt 121.625 US-Dollar. Dabei wurde nach guter Kaufmannsart jeder genau nach seinem Wert bezahlt; mehr als 70 Einzeleinzahlungen im Umfang von 100 bis zu 10.000 Dollar sind dokumentiert. (31)

Das alte Geschäftsmotto „Eine Hand wäscht die andere" gilt natürlich auch für die geheimen

Deals zwischen Scientology und UPS. Deshalb ist es kaum verwunderlich, dass die Hubbard-Bewegung und ihre zahlreichen Unterorganisationen inzwischen umfangreiche Lieferverträge mit UPS abgeschlossen haben. Beide wollen in ihrem jeweiligen Bereich nicht weniger als die größere Herrschaft erringen.

Der Antrag wurde jedoch in beiden Häusern des US-Kongresses mit hoher Mehrheit abgelehnt. Für Scientology ist der Kontakt mit UPS ein Schritt, den Einfluss in der Wirtschaft zu verstärken. Er hilft, die „Technologie" Hubbards zu verbreiten und befördert das, was Scientologen besonders gern tun: Unbeteiligte werden ohne ihr Wissen benutzt. Jeder, der seine Pakete mit UPS versendet, muss wissen, dass er damit indirekt auch die Finanz- und Schlagkraft von Scientology sowie die Kriegskasse stärkt.

Vorteile hat diese Connection natürlich auch für UPS, denn stabile Lieferverträge sind faktisch Teil des Grundkapitals der Firma. Und schlechtes Gewissen gehört ohnehin nicht zum Geschäft – was kann der Bote dafür, wenn in den von ihm zugestellten Paketen Schund und Schmutz ist? Dennoch fällt auf, dass UPS immer dann besonders heftig dementiert und durch die gerichtlichen Instanzen zieht – allerdings meist ohne Erfolg – wenn es um die geheimen Geschäftsverbindungen zu Scientology geht.

Ein Blick hinter die Fassade von UPS offenbart Erstaunliches: Der interne Umgang mit den Mitarbeitern erinnert in nahezu fataler Art und Weise an die Management-Techniken Ron Hubbards! Er reicht von inhumanen Arbeitsbedingungen über Schikanen gegen die Arbeitnehmer bis hin zur Manipulation von Betriebsratswahlen.

4.9 Auffallende Ähnlichkeiten der Management-Techniken von UPS mit der Management-Technologie der SO

Seit mehr als 10 Jahren macht der Paket-Riese UPS der Gewerkschaft ÖTV (heute Verdi) heftige Sorgen. Aus allen deutschen UPS-Niederlassungen mehren sich die Alarmmeldungen der UPS-Mitarbeiter über inhumane Arbeitsbedingungen, Schikanen, Manipulationen von Betriebsratswahlen und gesetzeswidrige Arbeitszeiten.

„Die wirtschaftliche Situation bei UPS ... ist in Wahrheit eine Führungskrise, nicht jedoch eine Kostenkrise" (32), wissen inzwischen die Insider. Niemand von ihnen kann beschwören, dass diese eskalierende Führungskrise durch die ihr unmittelbar vorausgegangenen Kontakte zwischen UPS und Scientology ausgelöst wurde. Zu ihnen gehören Verletzung von Rechten ebenso wie die menschenverachtende Management Technologie von L. Ron Hubbard und die Einhaltung der strikten Hierarchie zwischen Chefs und Personal.

Die Gewerkschaft hat trotz massiver Behinderungen durch UPS Dutzende von Fakten und Aussagen gesammelt, die Einflüsse und Verhaltensweisen belegen, die es vorher so im Unternehmen nicht gab. Da nun kaum zu vermuten ist, dass sich UPS in seinem Führungsstil am Manchester-Kapitalismus des 19. Jahrhunderts orientiert, können andere Einflüsse dahinter stecken.

„In Zukunft sollen alle Mitarbeiter genauer durchleuchtet werden. Es wurde schon eine dazu erforderliche Handsonde angeschafft, ... der betroffene Mitarbeiter soll nun bis ‚unter die Haut' durchleuchtet werden, ... dazu soll er dann in das Zimmer der Wachmannschaft treten und erst einmal alles auspacken, was er bei sich hat. Schlägt aber die Sonde dann immer noch aus, soll er sich vor den Augen der Anwesenden ausziehen?! Selbstverständlich wird diese Zeit nicht bezahlt und jeder Mitarbeiter muss diese Prozedur während seiner Freizeit über sich ergehen lassen..." (33)

„Selbst 30- bis 40-jährige werden heute bereits als „Leistungsgeminderte' ausgemustert." (34)

„Menschliche Schwächen in Stresssituationen nämlich werden einem Zusteller nicht zugestanden, die gesteht sich die Geschäftsleitung nur selbst zu, z. B. wenn Kollegen angepöbelt oder nach allen Regeln der Kunst fertiggemacht werden... Wer nicht reibungslos funktioniert – fliegt." (35)

„Bei UPS hat sich ein Klima der krämerhaften Kumpanei und Kungelei, der berechnenden Regelverletzung und bedenkenlosen Cleverness ausgebreitet, das seinesgleichen sucht. Geradezu schwindelerregend ist das Tempo, in dem UPS in einen Zustand von Versumpfung und Abzockertum abdriftet." (36)

Angesichts solcher Beobachtungen von UPS-Insidern ist die Gewerkschaft der Meinung, dass die Firmenphilosophie von UPS durch die Nähe zu den ideologischen Strukturen von Scientology geprägt ist. So hat die Gewerkschaft unter anderem folgende Parallelen zwischen dem UPS- und Scientology-Verhalten festgestellt:

— Anweisungen werden klar von „oben nach unten" durchgestellt. Es gibt kaum Entscheidungsspielräume für den Einzelnen. Kritische Bemerkungen sind ausnahmslos den Vorgesetzten mitzuteilen. Eigentlich geht es dabei dann darum, sich dem Vorgesetzten „seelisch" anzuvertrauen und zu öffnen.

— Gegen kritische Berichterstattung in den Medien über UPS wird wie auch bei Scientology rigoros vorgegangen. Auch bei schlichten Meinungsäußerungen – ein im Grundgesetz, Artikel 5 verankertes Recht jedes Bürgers – werden Gerichte angerufen und oft durch mehrere Instanzen bemüht.

— Top-Manager von UPS werden ebenso wie bei Scientology direkt in der „Zentrale" in den USA geschult. Bei niederen Chargen werden sektenähnliche Bedingungen, z. B. Schulungen in einer Anlage wie auf einem Truppenübungsplatz, abgeschnitten von bestimmten Informationen und der gesamten Außenwelt, durchgeführt.

— Wie Scientology unterhält auch UPS einen internen Sicherheitsdienst, L. P. („Lost Prevention", Firmenjargon: „Betriebsstasi") genannt. Neben verständlichen Aufgaben wie Werkschutz und Schadensvorbeugung führt er auch Observationen von Mitarbeitern im privaten Bereich durch. Dabei werden geheimdienstliche Methoden, wie z. B. Video-Aufzeichnungen und illegales Betreten von Autos und Wohnräumen, benutzt, um Material gegen „unliebsame" Mitarbeiter (Geheimdienstbezeichnung: „Compromate") in die Hand zu bekommen.

— UPS-Führungsmaterialien wie die „10 Kommentarpunkte" müssen von den Mitarbeitern auswendig gelernt werden. Ebenso wie Scientology das Abweichen von der „Technologie" strikt verbietet und unter Strafe stellt, wird auch bei UPS darauf geachtet, dass solche Materialien jederzeit von den Mitarbeitern wortwörtlich aufgesagt werden können. Entsprechende Kontrollen führen L. P. und Management regelmäßig durch.

— In Verdacht geratene UPS-Mitarbeiter werden zu internen „Verhören" eingeladen, die 3 bis 4 UPS-Funktionäre über 15 bis 25 Minuten mit bedenklichen Methoden durchführen. Bekannt wurden auch Dauer-„Gespräche", die einige Stunden gingen, wobei der zu Verhörende die ganze Zeit isoliert blieb.

Ebenso wie bei Scientology-Aussteigern herrscht auch bei den UPS-Mitarbeitern in Deutschland eine tiefsitzende Angst und Verunsicherung. Dennoch scheint inzwischen das Maß des gerade noch Erträglichen inzwischen so voll zu sein, dass immer mehr Details auch an die Öffentlichkeit drangen.

„Bei UPS-Inc. gärt es" Schlagzeilen wie diese aus „MEGA-Paket", der ÖTV-Betriebszeitung für Beschäftigte der UPS-Inc. und UPS-Transport in Herne, sind etwa ab Mitte der 90er Jahre immer öfters zu finden. Und auch in den Betriebsversammlungen wird immer häufiger Klartext gesprochen. Selbst wenn es sich dabei scheinbar nur um manche Kleinigkeiten handelt, wurde doch ein sehr authentisches Bild darüber sichtbar, wie sich die neuen Management-Methoden bei UPS auswirken und die Mitarbeiter darunter zu leiden haben. In solchen Versammlungen kann nichts behauptet werden, was nicht stimmt, kaum etwas verschwiegen werden, was die Kollegen bedrückt. Deshalb sei hier ausführlich eine Rede der ÖTV-Gewerkschaftssekretärin Monika Hettwer dokumentiert, die ein erschütterndes Bild über die Arbeitsbedingungen bei UPS reflektiert – sie wurde übrigens mehrfach durch heftigen Beifall unterbrochen.

»Liebe Kolleginnen und Kollegen – hier steht also das Schreckgespenst, dass die große Geschäftsleitung derart in Panik versetzt, dass sie fluchtartig die Versammlung verlässt. Ich frage mich allerdings, ob die starken Männer der Geschäftsleitung nicht mutig genug sind, sich mit mir auseinander zu setzen oder ob sie ihren eigenen Argumenten nicht trauen.

Wie auch immer, ich bin davon überzeugt, dass diese theatralische Aufführung der Geschäftsleitung in Wahrheit gar nichts mit mir zu tun hat, sondern dass lediglich ein Vorwand gesucht wird, um sich der Betriebsversammlung entziehen zu können.

Seit die Geschäftsleitung nicht mehr mit Video-Filmen und Overheadprojektor die schöne heile UPS-Welt vermitteln kann, sondern sich kritischen Fragen von Euch stellen müsste, entzieht sie sich lieber. Was davon zu halten ist, kann wohl jede und jeder von Euch selbst bewerten!!!

Aber greifen wir doch bei dieser Gelegenheit ein paar Beispiele von Schein und Sein bei UPS auf,
– „unsere Menschen sind unser höchstes Gut"
– „jeder soll wissen, dass die Vorschläge von UPS-Mitarbeitern wertvoll sind"
– „unsere Mitarbeiter werden fair behandelt, sie werden für ihre Anstrengungen belohnt"
– „die Allgemeinheit hilft uns, ein guter Bürger zu sein, der von allen respektiert wird"
und so weiter – Ihr kennt das alles. Es sind nur 4 Zitate aus der wunderschönen Hochglanzbroschüre „UPS – Unsere Zukunft" – und wie sieht die Realität aus?

Wie es UPS mit Eurer Zukunft hält, das steht in den Sternen – vielleicht ist das Symbol auf der schönen Broschüre, nämlich die im All schwebende UPS-Weltkugel, ganz bewusst gewählt?

Aber bleiben wir bei der Gegenwart:

Was heißt es eigentlich in der Realität, wenn UPS sagt: „unsere Mitarbeiter sind unser höchstes Gut", „unsere Mitarbeiter werden fair behandelt" usw.

Es ist etwa ein halbes Jahr her, da wurden die Befürchtungen der Mitarbeiterinnen, körperliche Schäden durch die Einführung der 70-kg-Pakete davon zu tragen, als Hysterie des Betriebsrates und der ÖTV (jetzt verdi) vom Tisch gewischt.

Mit schönen Worten, wie wir dies von Herrn M. kennen, wurde verkündet, alle erhielten Schulungen und jede Hilfe. Heute wissen wir, nichts davon wurde jemals realisiert. Die Kolleginnen plagen sich ab, die ersten Krankheiten wegen Rückenproblemen treten auf – und Ihr könnt sicher sein, wer sich erst den Rücken endgültig ruiniert hat und öfter ausfällt, der wird schnell als „höchstes Gut" schlicht und ergreifend mit krankheitsbedingter Kündigung entlassen.

Das ist die faire Behandlung, wie UPS sie versteht!

Vor fast genau einem Jahr, als Herr M. mit seinem Gefolge hier in der eiskalten Halle im Mantel saß, versprach er mit großen Gesten, ich werde persönlich dafür sorgen, dass das Heizungsproblem gelöst wird.

Tja, nun wollen wir Herrn M. ja nicht unterstellen, er mache leere Versprechungen – wahrscheinlich arbeitet er noch an der Problemlösung und kann deshalb heute nicht hier sein??

Kleiner Tipp von dieser Stelle: Vielleicht trägt es ja zur Beschleunigung bei, wenn Herr M. jetzt über die Wintermonate seinen Schreibtisch hier in die Halle stellt!

In Bischofsheim funktioniert seit ewigen Zeiten die Belüftungsanlage nicht richtig. Die Kolleginnen und Kollegen klagen über Beschwerden, und es treten gehäuft Erkältungskrankheiten auf.

Die Betroffenen bitten um Abhilfe – auch im Interesse des Unternehmens – und was tut die Geschäftsleitung?

Sie beweist den Mitarbeiterinnen, dass ihre „Vorschläge wertvoll sind." Sie lässt aus Kostengründen nicht etwa die Anlage richten, sondern spricht krankheitsbedingte Kündigungen aus. Schließlich ist es nicht im Interesse des Unternehmens, wenn Mitarbeiter häufig Beschwerden und Erkältungskrankheiten haben.

Mir scheint, der Slogan „unsere Mitarbeiter sind unser höchstes Gut", ist von der Geschäftsleitung so gemeint: weil unsere Mitarbeiter unser höchstes Gut sind, wollen wir ihnen die krankmachenden Arbeitsbedingungen nicht länger zumuten, deshalb sprechen wir ihnen zum eigenen Schutz eine Kündigung aus. Schließlich behandeln wir unsere Mitarbeiter fair!

Und die Kollegen Zusteller?

Auf jedem Reklamefoto sieht man den lächelnden, freundlichen, jungen Mann plaudernd in ein Gespräch verwickelt. Im Schulungsfilm springt ein fröhlicher Zusteller aus dem Paketwagen – alle Türen weit geöffnet, versteht sich – und schlendert zu der Kundschaft. Welch ein himmelschreiender Zynismus.

Dem Zusteller ist in schöner Regelmäßigkeit das Lächeln schon vergangen, bevor er überhaupt das Betriebsgelände verlassen hat.

Die Autos werden vollgestopft bis zum Anschlag, wer deswegen in Panik gerät oder sich gar zu wehren versucht, erlebt bereits jetzt den freundlichen Umgang mit „dem höchsten Gut".

Hetze, Stress und Druck prägen den Alltag und wer irgendwo die Nerven verliert,' weil jedes kleinste Hindernis dazu führt, dass das Pensum nicht geschafft werden kann, der bekommt nicht etwa Hilfe, sondern mindestens eine Abmahnung.

Das schöne Spielzeug Diad (das UPS-interne Abrechnungssystem – der Autor) macht es der Geschäftsleitung nun auch endlich möglich, die Kollegen schon dann abzumahnen, wenn sie ein Paket zu spät zustellen!!! Das ist Fortschritt, das sichert die Zukunft – fragt sich nur wessen Zukunft?

Die der Mitarbeiter bei UPS schon lange nicht mehr!

Doch so langsam wird das Blendwerk von Video-Filmen und Hochglanzbroschüren auch denen deutlich, die lange daran geglaubt haben!

Unmut wird laut: Zunehmend durchschauen die Mitarbeiter und Mitarbeiterinnen das Spiel, das hier auf ihre Kosten gespielt wird.

Die Geschäftsleitung ist offensichtlich angetreten, das Rad um Jahre zurückzudrehen. Und wer glaubte, die alte UPS-Methode, Männer mit Bärten aus dem Betrieb zu drängen, gehöre nun wirklich der Geschichte an, sieht sich getäuscht. Jetzt wird die Kleiderordnung in Einzelgesprächen durchexerziert!

So werden die Mitarbeiterinnen bei UPS für ihre Anstrengungen belohnt!

Doch auch wenn es Euch die Geschäftsleitung ständig weismachen will, nur in Gustavsburg gäbe es völlig zu Unrecht ständige Unzufriedenheit, so lasst Euch sagen, dass auch dieses falsch ist: Überall in Deutschland regt sich Widerstand gegen die leider so berühmt-berüchtigten UPS-Methoden: In Hannover wird zur Zeit ein Betriebsrat gewählt – leider hat die Geschäftsleitung schon wieder die Hände im Spiel – in zwei weiteren Städten, deren Namen ich hier zum Schutz der Betroffenen nicht nennen kann, werden Betriebsratswahlen vorbereitet. In einigen Städten wurden Flugblätter verteilt, in H. hat sich eine Oppositionsgruppe zum geschäftsleitungstreuen Managerbetriebsrat gebildet, die inzwischen auch eine Zeitung herausgibt.

Das Lächeln von Herrn M. – so man ihn überhaupt noch zu Gesicht bekommt – wirkt zunehmend versteinert. Aber dies sollte eher bei ihm zum Nachdenken als bei Euch zu Mitleid führen, denn zu Lachen haben die Beschäftigten bei UPS schon lange nichts mehr, egal, wo sie arbeiten!« (37)

Hier ist noch nicht die Rede davon, dass es einen direkten Einfluss von Scientology auf UPS gibt. Dennoch sprechen die aufgezeigten Fakten eine eindeutige Sprache.

4.10 Gerichte bestätigen: UPS hat dubiose Verbindungen zu Scientology

Wer öffentlich über Verbindungen von Scientology und UPS redet, bekommt die geballte Wut des Konzerns zu spüren. Die Anwälte von UPS Deutschland scheuen dabei nicht einmal davor zurück, unabhängige deutsche Gerichte, wie das Berliner Landgericht, zu diffamieren. So heißt es in einer „Berufungsbegründung" vom 17. April 2001 –. „Das Landgericht hat die Bedeutung und Tragweite der ... Presseinformation vom 12. 10. 2000 gründlich verkannt. Mit seinen gänzlich theoretischen Überlegungen zur Abgrenzung zwischen zulässigen Meinungsäußerungen einerseits und unzulässigen Tatsachenbehauptungen andererseits hat es den Aussagen ... einen Gehalt zugeschrieben, die nicht einmal ansatzweise an das Ergebnis einer lebensnahen, an der Sicht eines objektiv-verständigen Lesers orientierten Auslegung der Presseinformation herkommt." (38)

Warum diese Beschimpfung der Richter?

Am 12. Oktober 2000 hatte die Aktion Bildungsinformation e. V. Stuttgart (ABI) die Öffentlichkeit über Verbindungen zwischen Scientology und UPS informiert, die die Verbraucherschützer auch beweisen konnten. Dennoch wollte ihnen der Paket-Riese den Mund verbieten lassen. Das lehnte das Berliner Landgericht am 1. Februar 2001 unter der Geschäftsnummer 270682/00 ab. UPS ging in die Berufung und verlangte, folgende ABI-Aussagen zu untersagen:

a.) „die Sekte Scientology sei durch Zusammenarbeit mit der Antragstellerin (UPS – der Autor) ihrem Ziel, den Einfluss auf die Wirtschaft zu verstärken und die Management-Technology von L. Ron Hubbard weiter zu verbreiten, einen Schritt näher gekommen." (39)

Dazu hatte das Berliner Landgericht geurteilt:

„So kann sich die Antragstellerin (UPS – der Autor) nicht gegen die ... Behauptung verwahren, sie arbeite mit der Scientology-Organisation zusammen. Darin könnte nur dann eine falsche Tatsachenbehauptung liegen, wenn die Antragsgegner (Aktion Bildungsinformation e. V. – der Autor) den Vorwurf erhoben hätten, dass die Antragstellerin mit der Zusammenarbeit die Absicht verfolge, die Ziele der Scientology-Organisation zu fördern. Ein solches gewolltes Zusammenwirken haben die Antragsgegner nicht unter Beweis gestellt. ... Die für sich genommen unstreitige Tatsache, dass der Mutterkonzern der Antragstellerin mit seinen Spendenmitteln auch ein Projekt zur Förderung lernschwacher Jugendlicher gefördert hat, dessen Organisatoren der Scientology-Organisation nahe stehen, gibt keinen Aufschluss darüber, ob die Antragstellerin davon Kenntnis hatte, wer hinter diesem Projekt stehe. ... Nichts anderes als die Verfolgung der eigenen wirtschaftlichen Interessen lässt sich schließlich auch aus der erwähnten Tatsache ableiten, dass der Logistikkonzern auch Lieferverträge mit der Scientology-Organisation und ihren Unterorganisationen abgeschlossen habe. ... Selbst wenn ein Leser die in der Pressemeldung (der ABI – der Autor) genannten Umstände als hinreichendes Indiz dafür werten sollte, dass die Antragstellerin mit der Scientology-Organisation verwoben sei, so könnte eine solche eigene Schlussfolgerung des Lesers doch nicht mehr dem Antragsteller zugerechnet werden." (40)

Das war also abgeschmettert worden. Doch damit noch nicht genug. Auch diese Information wollte UPS verbieten lassen:

b.) „es habe Geldzahlungen der Antragstellerin (UPS – der Autor) in Höhe von insgesamt bis zu $ 240.000,00 an Abgeordnete des Senats der Vereinigten Staaten von Amerika gegeben, die die Antragstellerin im Zusammenhang mit der unter anderem von diesen Abgeordneten eingebrachten Resolution vom November 1999, in der die Bundesrepublik Deutschland schwerer Menschenrechtsverletzungen und der Verfolgung und Diskriminierung religiöser Minderheiten, unter anderem von Scientology, beschuldigt worden sei, erbracht habe." (41)

Dazu hatte das Berliner Landgericht festgestellt:

„Aus den vorgenannten Gründen kann den Antragsgegnern (Aktion Bildungsinformation e. V. – der Autor), auch nicht die Behauptung untersagt werden, die Antragstellerin (UPS – der Autor) habe an Angehörige des Repräsentantenhauses der Vereinigten Staaten von Amerika Spenden in Höhe von insgesamt bis zu 240.000 Dollar gezahlt. Die Antragsgegner haben sich auf die unstreitig zutreffende Aussage beschränkt, dass Gelder in dieser Größenordnung geflossen seien..." (42)

Macht 2:0 für ABI, doch da war noch etwas, das UPS nicht gefiel – auch diese Tatsache sollte verschwinden:

c.) „die Antragstellerin (UPS – der Autor) stärke die Finanzkraft, die Schlagkraft und die Kriegskasse von Scientology". (43)

Dazu hatte das Berliner Landgericht folgende Ansicht:

„Ebenso unbenommen bleibt es den Antragsgegenern (Aktion Bildungsinformation e. V. – der Autor) kund zu tun, die Antragstellerin (UPS – der Autor), stärke die Finanzkraft und die Kriegskasse von Scientology. Der auf seine Wahrheit hin überprüfbare Kern dieser Aussage beschränkt sich auf die unstreitige Tatsache, dass die Antragsstellerin bzw. ihr Mutterkonzern ihren Unternehmensgewinn in Form von Spenden auch Tarnorganisationen der Scientology-Organisation und ihr mutmaßlich nahestehenden Abgeordneten hat zu Gute kommen lassen. ..." (44)

Damit waren UPS wohl endgültig die Felle davongeschwommen; doch es gab immer noch etwas an der ABI-Dokumantation zu bemängeln:

d.) „es gäbe auffallende Ähnlichkeiten der Management-Techniken bei der Antragsstellerin (UPS – der Autor) mit der totalitären Management-Technologie von L. Ron Hubbard, insbesondere im Hinblick auf inhumane Arbeitsbedingungen, Schikanen, Manipulationen von Betriebsratswahlen und gesetzwidrige Arbeitszeiten." (45)

Doch auch hier hatte das Berliner Landgericht unerbittlich geurteilt:

„Soweit die Antragsgegner (Aktion Bildungsinformation e.V. – der Autor) in ihrer Pressemitteilung ausgeführt haben, es bestünden auffallende Ähnlichkeiten zwischen der Management-Technik der Antragsstellerin (UPS – der Autor) und der totalitären Management-Technologie eines L. Ron Hubbard, handelt es sich um eine Wertung, die allein die persönliche Meinung der Antragsgegner zum Ausdruck bringt und sich nicht auf ihren Wahrheitsgehalt überprüfen und gegebenenfalls als falsch verbieten lässt. Dass Ähnlichkeiten bestehen, ließe sich allenfalls ausschließen, wenn die Antragsstellerin auf ein Management verzichten würde. ...“ (46)

Gesamtergebnis: In allen Punkten hatte der Logistikkonzern UPS gegen die ABI verloren. Nun musste also das dem Landgericht übergeordnete Berliner Kammergericht erneut entscheiden.

Am 17. Juli 2001 lehnte auch dieses Gericht es ab, der ABI zu verbieten, Verbindungen zwischen UPS und Scientology zu veröffentlichen. Grund: Die ABI berichtete in Pressemeldungen beweisbar über UPS-Spenden an eine Tarnorganisation der Scientology, UPS-Zahlungen an Abgeordnete des amerikanischen Repräsentantenhauses und Lieferverträge zwischen Scientology und UPS. Darüber hinaus führe die Scientology-Organisation Schulungsmaßnahmen mit UPS-Managern durch.

Diese Enthüllungen blieben nicht ohne politische Folgen. So legten die Abgeordneten des Deutschen Bundestages Dr. Uwe Jens (SPD), Gunnar Udall (CDU) und Rainer Funke (FDP) ihr Mandat im „Wissenschaftlichen Beirat" von UPS nieder.

Trotz des nun vorliegenden rechtskräftigen Urteils (im einstweiligen Verfügungsverfahren), sind weitere juristische Auseinandersetzungen zum großen Thema der Verbindungen zwischen Scientology und UPS zu erwarten. Es geht um Geld und um Macht – da werden schnell ganze Heerscharen von Anwälten mobilisiert, um auf keinen Fall zuviel Informationen an die Öffentlichkeit dringen zu lassen. Denn Geheimhaltung ist das A und O im Scientology-Wirtschaftskrieg gegen die ganze Welt und da macht natürlich auch Deutschland keine Ausnahme.

4.11 Scientologys Wirtschaftskrieg gegen Deutschland

In der letzten Zeit häufen sich die Nachrichten, nach denen Scientology in Deutschland sich am Rand einer Pleite befinden soll. Wie die Bilanzen der Bewegung dabei genau aussehen, weiß niemand. Schätzungen von Experten beschränken sich auf die Umsätze mit Kursen, Büchern und Lizenzen und die belaufen sich allein dafür auf rund 200 Millionen EURO jährlich in Deutschland.

Diese Größenordnung berechtigt zu der Vermutung, dass hinter Negativschlagzeilen zur angeblich schlechten wirtschaftlichen Lage von Scientology in Deutschland durchaus eine gezielte Verschleierungstaktik stecken kann, um den eskalierenden Wirtschaftskrieg gegen Deutschland zu tarnen.

Tatsache ist, dass das Agieren von Scientology in Deutschland komplizierter geworden ist, denn der politische Widerstand gegen die Hubbard-Jünger wächst. Je mehr sie im öffentlichen Blickfeld stehen, um so schwieriger wird das Geldverdienen, denn viele Scientology-Strategien richten sich gerade darauf, wenig oder gänzlich uninformierte Opfer abzuzocken.

Andererseits ist bei der Bewertung der wirtschaftlichen Potenz von Scientology zu berücksichtigen, dass es sich um einen international verflochtenen Finanzkonzern handelt, für den Ländergrenzen relativ unbedeutend sind.

Wie dabei agiert wird, illustriert der Ortswechsel der Zentrale der Hamburger Scientology-Organisation. Ende 1999 wurde das seit 1989 genutzte Gebäude am Steindamm 63 in City-Randlage aufgegeben. Scientology hinterließ Mietschulden in Höhe von 1,6 Millionen Mark – ein Vorgang also, der durchaus auf finanzielle Probleme hindeuten könnte.

Dennoch wurde aber ein neues Haus gekauft, in der Domstraße 9. Nun in bester City-Lage verfügt Scientology über 3000 Quadratmeter auf fünf Etagen. Neben Büros findet sich Platz für eine „Kapelle", einen Festsaal, einen Buchshop, Auditing-Räume und sogar eine Sauna. Der Kaufpreis von geschätzten 20 Millionen Mark soll direkt aus der Zentrale der Bewegung in den USA gezahlt worden sein. Mit Bezug des neuen Hauses verband sich gleichzeitig eine Verstärkung der Scientology-Werbe-Aktivitäten, z. B. durch die Ausstellung „Was ist Scientology", in Hamburg. Und es gab noch eine Merkwürdigkeit: Nach Bezug des neuen Domizils in der Domstraße begannen sofort Umbaumaßnahmen. Da vom Hamburger Bauprüfamt – Dienststelle Hamburg-Mitte – dafür keine Genehmigungen erteilt worden waren, besuchte eine Mitarbeiterin die Scientology-Zentrale, um dem Verein eine Frist für die Beschaffung der notwendigen Unterlagen zu setzen. Nur 48 Stunden nach diesem Besuch meldete sich der Referent für Politik und Wirtschaft im US-Generalkonsulat Hamburg, Michael Budig, bei der Sekten-Beauftragten des Hamburger Senats, Ursula Caberta, zum Gespräch an. Der Diplomat teilte mit, er sei vom State Department in Washington angewiesen worden, sich um den Streitfall zu kümmern! (47)

Solche Tatsachen lassen Zweifel an schwindender oder gar mangelnder Wirtschaftskraft von Scientology in Deutschland aufkommen. Sie werden verstärkt, weil auch gerade in jüngster Zeit neue Aktivitäten von Scientology-Aktivisten zu beobachten sind, die sich insbesondere in der boomenden EDV-Branche niederlassen. Dabei macht die Bewegung daraus nicht einmal ein Geheimnis.

So wurden beispielsweise im Heft Nr. 134 der von der Stuttgarter Scientology-Niederlassung herausgegebenen »Dianetik-Post« drei neue Dianetik-Gruppen und ihre Gruppenleiter vorgestellt, die in diesem Bereich tätig waren:
• Yvonne F. Stahl in Hohen Neudorf
• Heidi und Reinhold Goettel in Welzheim und
• Andreas Kazmierczak in Ostfildern (beide im Großraum Stuttgart).

Der Name Andreas Kazmierczak steht dabei nicht nur hinter einer der neuen Dianetik-Gruppen. Andreas Kazmierczak ist auch der Inhaber eines Softwareunternehmens, das unter der Firma „Ingenieurbüro Kazmierczak GmbH" DXF-Konvertierungsprogramme und andere Zusatzprogramme für CAD-Programme mit den Programm-Namen wie dxfkonv, Kontor oder Deep View vertreibt und als Kazmierczak Akademie »Power Trainings« in verschiedenen deutschen Städten und in der Schweiz anbietet.

In der Prospektwerbung und in der Internet-Werbung der Kazmierczak GmbH vom Oktober 1998 waren neben Andreas Kazmierczak noch zwei weitere Scientologen, die ebenfalls für das Unternehmen arbeiteten, abgebildet: Bernd Korell und Andrei Santic. Wenig später ließ sich die Internet-Seite mit der Abbildung nicht mehr anklicken.

Das Ing.-Büro Kazmierczak zählte die Swissair, Siemens, Mannesmann, Thyssen-Krupp, die Commerzbank, die Dresdner Bank, die Neckarwerke Stuttgart und andere Stadtwerke sowie Fachhochschulen und Universitäten zu den Anwendern seiner Programme. (48)

Mit solchen ökonomischen Aktivitäten ging eine Ausweitung der Tätigkeit des Scientology-Geheimdienstes „Office of Specials Affairs" (OSA) in Deutschland einher, die sich in einer vermehrten Bespitzelung von Scientology-Gegnern bis hin zu direkter Belästigung ausdrückte. Gleichzeitig trat die Bewegung wieder massiver auf den Straßen auf und suchte nach neuen Angriffszielen, um Mitglieder zu werben. In Hamburg wurde in diesem Zusammenhang das Eindringen in Fahrschulen beobachtet, wo es potentielle Sympathisanten unter jungen Menschen gibt. Außerdem soll Scientology bereits ein erster Pflegedienst in der Hansestadt gehören. (49)

Damit setzt sich der seit Anfang der 90er Jahre bis 2004 intensivierte Scientology-Wirtschaftskrieg gegen Deutschland ungebrochen fort.

Die Scientology-Organisation (SO) versucht das vor allem durch Management-Kurse, mit deren Hilfe Manager und Unternehmer von der Scientology-Idee überzeugt und dazu gebracht werden sollen, diese Ideologie in ihren Unternehmen organisatorisch zu verankern mit dem Ziel, von oben nach unten das Unternehmen und seine Mitarbeiter zu scientologisieren. Broschüren von WISE (des Weltverbandes der scientologischen Unternehmen) nennen ausdrücklich als Ziel, dass viele Mitarbeiter derart „überwanderter" Unternehmen „die Brücke hinaufgehen", womit gemeint ist, dass sie das Kursprogramm von Scientology absolvieren." (50)

Für die wirtschaftliche Infiltration interessieren sich auch die Industrie- und Handelskammern und die Ministerien. Ihnen liegen zwar keine offiziellen Erkenntnisse über Zahl, branchenmäßige Gliederung und internationale Vernetzung von Unternehmen unter der Leitung von Scientology vor. Aber: es gibt „seit längerem vermehrt Informationen, dass Scientologen sich insbesondere als Immobilienhändler, Anlageberater und Werbefachleute, im Verlags- und Versicherungswesen sowie in der Computer- und Softwarebranche betätigen. Ferner sind Scientologen als Firmenberater und Anbieter von Management-Schulungen aktiv."

Und weiter heißt es: „Bekannteste Firmen sind demnach beispielsweise die Personalberatungen, die mit dem Fragebogen arbeiten, der von der Scientology-Organisation sonst als „kostenloser Persönlichkeits-Test" als Lockmittel vor allem bei der Straßenwerbung verwendet wird. Eine andere Firma ist die AMK (Akademie für Management und Kommunikation), die eindeutig scientologische Lehrinhalte verbreitet. Der Immobilienhändler Götz Brase unterstützte Scientology ebenso wie der im Baubereich tätige Thomas Ganz (beide Hamburg), der sogar schon im Verdacht stand, Firmen zu Lasten ihrer Gläubiger und Kunden finanziell ausbluten zu lassen und das Geld zur Unterstützung von Scientology zu verwenden.

In Mecklenburg-Vorpommern hatte die scientologische Firma Heilig-Werbeideen (Geschäftsführer Detlef Foullois) viel von sich reden gemacht. Nachdem sich Heilig, der Marktführer im Geschäft mit Ortseingangstafeln gewesen sein will, damit gebrüstet hatte, innerhalb eines halben Jahres rund 6 Millionen DM für Scientology „erwirtschaftet" zu haben, wurden die Behörden aufmerksam. Heilig wurde wegen des Verdachts der Steuerhinterziehung in Höhe von 900.000 DM festgenommen. In Baden-Württemberg wurde die Stahlbautechnik Neckar GmbH (Inhaber. G. Haag) von Scientologen gemanagt. Wie ein ausgestiegenes Mitglied der damaligen Geschäftsleitung berichtete, hat es „täglich 14 bis 16 Stunden gearbeitet, wie alle anderen auch. Und warum? Ganz einfach, man bezahlt 8 Stunden mit normalem Gehalt, und die restlichen Stunden erhalten sie dann schwarz – bis zu 3.000,– DM im Monat nebenbei. Sozialabgaben wurden dafür nicht gezahlt. Die Mitarbeiter wurden aber erpressbar. Diese Leute stellten sich verständlicherweise hinter Haag. Sie schrieben sogar wunderschöne Briefe an Zeitschriften, in welch einer tollen Firma sie arbeiten. Sie können aber gar nicht anders, die meisten von ihnen haben sich strafbar gemacht." (51)

Bei solchen Aktivitäten profitiert Scientology im Wirtschaftskrieg gegen Deutschland davon, dass es nicht „in" ist, sich als unterwandertes Unternehmen zu „outen". Die meisten Firmen fürchten einen Image-Schaden und versuchen deshalb, dieses Problem unternehmensintern und von der Öffentlichkeit unbemerkt zu lösen.

Demgegenüber ist aber in jüngster Zeit eine zunehmende Sensibilisierung der Mitarbeiter gegen Scientology zu beobachten. So beschäftigen sich mittlerweile viele Führungskräfteseminare mit der Problematik „Mein Kollege ist Scientologe" und versuchen, in Rollenspielen den Umgang mit Scientologen zu üben. Dabei richtet sich die Aufmerksamkeit auch auf jene, die sich nicht offen als Scientologen bekennen. Sie fallen oft durch typische Persönlichkeitsveränderungen auf, wie die nach außen provokant zur Schau gestellte Aura der Unverletzlichkeit und der persönlichen Stärke. Dies geht meist mit hohem Realitätsverlust und einem wachsenden Stress einher, verursacht durch die Scientology-Workshops und Seminare an den Abenden und an Wochenenden. Dies hat einen permanenten Geldbedarf zur Folge, so dass sich für viele Firmen aus dem Scientology-Einfluss Sicherheitsprobleme ergeben: Bei Scientologen in Stellungen mit hoher Einzelverantwortung wächst die Gefahr gravierender Fehlentscheidungen mit fatalen Ergebnissen.

Trotz dieser erhöhten Aufmerksamkeit gegenüber jeglicher Scientology-Infiltration wird nach wie vor hart zurückgeschlagen, wenn jemand es wagt, eine Meinung zu äußern, nach der es in einer Firma Einflüsse der Bewegung geben könnte. Das musste der Journalist Frank Lassak erfahren, der in der Zeitschrift „werben und verkaufen", Nummer 45/94, eine Verbindung zwischen der Firma Hirschmann (Antennen) in Esslingen und der Scientology-Organisation (SO) herstellte. Die Fakten lieferte die ABI. (52) Das Landgericht Stuttgart entschied am 9. Februar 1995 (AZ: 17 0 598/94), dass es sich bei dieser Aussage um eine zulässige Meinungsäußerung handelte, die vom Artikel 5 Grundgesetz geschützt ist.

Da scheint es verständlich, dass viele von Scientology-Infiltration Betroffene wegen drohender Prozesse lieber den Mund halten und aufatmen, wenn sich der mit der Bewegung verbundene Unternehmer von selbst zurückzieht. So geschah es zum Beispiel in Zwickau (Sachsen).

„Ich empfinde Erleichterung", meinte Zwickaus Oberbürgermeister Rainer Eichhorn (CDU), Unionsfraktionschef Frank Seidel machte einen „Sieg der Demokratie" und „Erfolg all jener, die dem Sekten-Guru bis zuletzt die Stirn gezeigt hätten" aus, und auch Oppositionsführer Werner Fischer

(SPD) hoffte: „Jetzt kommt Zwickau endlich aus den Negativschlagzeilen." Was war geschehen? Mit dem Bauboom im Osten war der Scientologe Kurt Fliegerbauer in die sächsische Indust-riestadt gekommen. Mit seiner Firma „Schloss Osterstein Verwaltungs-GmbH" hatte er innerhalb kürzester Zeit ein Immobilien-Imperium aufgebaut. Seit Anfang 1995 sanierte Fliegerbauer rund 250 Gebäude in Zwickau. Mehr als 500 Kapitalanleger ließen dabei rund 500 Millionen Mark in die Stadt fließen. Durch die exakte Anwendung der „Geld-Dynamik", einer Anweisung von L. Ron Hubbard, hat der „Übermensch" Fliegerbauer dabei einen geschätzten Gewinn vor Steu-ern von 100 Mill. DM gemacht. Viele Zwickauer Immobilien gehörten dem Scientologen per-sönlich. Sechs Jahre später zog er sich zurück, verlegte seinen Geschäftssitz nach München. Offiziell hieß es, die Aufgabe in Zwickau sei „nicht mehr so umfangreich und habe keine Zukunft." Außerdem führe ja auch die Nachfolgefirma „Solid Hausbau GmbH" die Geschäfte weiter. (53)

Zu diesen in Sachsen gesammelten Erfahrungen gehörte auch die, wie man unbescholtene Poli-tiker in Scientology-Geschäfte einbeziehen kann, ohne dass sie überhaupt merken, worauf sie sich da einlassen. So wurden der spätere Innenminister Hessens, Volker Bouffier, sein Kollege aus dem Ressort Justiz, Dr. Christean Wagner (beide CDU), und der CDU-Fraktionschef im hes-sischen Landtag, Herbert Kartmann, jetzt Landtagspräsident, auf das günstige Angebot an Gründerzeithäusern in Zwickau – Sonderabschreibung Ost inklusive – aufmerksam. Sie kauften bei Fliegerbauer kräftig ein. Für Scientology sicher ein interessanter Kontakt, auch wenn die getäuschten CDU-Politiker nichts ahnten und mit der Bewegung natürlich nichts zu tun haben wollten! (54)

So hat der Scientology-Wirtschaftskrieg gegen Deutschland mittlerweile viele Facetten. Experten schätzen, dass dabei bisher noch nicht einmal die Spitze des Eisbergs entdeckt wurde. Sie mei-nen, dass gerade einmal 5 % der geheimen Scientology-Aktivitäten in den Zeitungen stehen, weitere 15 % vielleicht noch den Insidern bekannt sind, aber 80 % hinter den großen Mauern verborgen bleiben. Auch die Stuttgarter Spieler und Seeberger Immobilien GmbH, die von dem hochrangigen Scientologen Franz Josef Spieler geführt wird, will im „Verborgenen" arbeiten. Es gelang ihm sogar, einem Ex-SPD-Stadtrat eine Wohnung zu verkaufen, der den Scientology-Hintergrund nicht kannte!

Die Aggressivität der Scientology-Organisation, verbunden mit dem Wirtschaftskrieg gegen Deutschland, deutsche Firmen und einige europäische Firmen, hat diesen in den letzten Jahren unerwünscht große Schwierigkeiten gemacht. Einige sind durch miese Tricks in Verdacht gera-ten, Verbindung zur SO zu haben. Andere haben sich heftig gewehrt. Bei der nachfolgenden Aufzählung handelt es sich um beweisbare, wahre Tatsachen, die unzweifelhaft und unbestreit-bar sind. Das Vorgehen von der Scientology-Organisation gegen diese Firmen entspricht in etwa dem vierfachen Zangengriff, wie er auf den Seiten 106 und 107 beschrieben ist: ABB: (Entlas-sung eines stv. Vorstandsmitglieds durch den Aufsichtsrat vor mehreren Jahren; bittere Bilanz: Scientology-Gehirnwäsche ruinierte das Leben eines ABB-Mitarbeiters – siehe Seiten 143–145). Allianz: Wegen Vertrag mit teurer Werbeagentur von Scientologen (1998). Breunin-ger: Rufschädigung von unbekannter Seite. BASF: Unterwanderungsversuche/Industriespionage. BMW Schweden: Sponsoring (2004) und auf Referenzliste von Scientologen. Bosch Werk Reut-lingen: Unterwanderungsversuch vor mehreren Jahren. Coca-Cola Schweden: Sponsoring (1993/2004). Canon Schweden: Sponsoring (2004). Debis: Methodik und überhöhte Schulungs-kosten. Elektrolux Schweden: Sponsoring (2004) – Dementi nur für Konzernebene –. Freuden-berg: Unterwanderungsversuch (1995). IBM: Androhung von Sanktionen wegen Personalfrage-bogen (2000). SAP: unzulässiges Ansprechen von Mitarbeitern für Scientology-Training und Schulung. Siemens: Referenzliste eines Scientology geführten Lieferanten. Südwest LB: falsche Angaben bei Hypodarlehen. Dr. Willems: Verbindung zu Scientology geführter Firma führte zum Selbstmord des Inhabers. Warsteiner: Rufschädigung von unbekannter Seite. ZF: Unterwande-rungsversuch/Rufschädigung von unbekannter Seite.

Alle Firmen hatten sich vor mehreren Jahren oder in dem konkret genannten Jahr erfolgreich gewehrt.

KAPITEL 4 – QUELLEN

(1) WISE-Richtlinie Nr. 2 vom 05.05.1986
(2) Haack, Friedrich-Wilhelm (1982): Scientology – Magie des 20. Jahrhunderts. München. S. 221: Handbuch für den ehrenamtlichen Geistlichen, S. 649f.
(3) HCO Policy Letter, 09.03.1972 (Issue I). Neuherausgabe 04.08.1983
(4) BAG, AZ 5 AZB 21/94. 22.03.1995; ebenso die Quellen Nr. (5) und (6)
(7) Sonneberg, Gudrun (1995): Mietberater klingeln an der Tür und bieten ihre Hilfe an. Berliner Zeitung. 16.03.1995
(8) Förster, Jochen (2000): Scientology für den Gabentisch. In: Die Welt, 23.11.2000
(9) Stern 31/2000, 13.01.2000, S. 146; Hamburger Abendblatt Nr. 272, 21.11.2000
(10) Hamburgisches OVerwG, EZ Bf Vi 12/91 vom 06.07.1993; ebenso die Quellen Nr. (11) bis (18)
(19) BAG, AZ 5 AZB 21/94 vom 22.03.1995
(20) Arbeitsgericht München, EZ 24 Ca 14748/86 vom 27.11.1987
(21) Strafgericht Basel-Stadt: Urteil vom 10.06.1987
(22) UPS (1993): UPS – Unsere Zukunft. Arbeitsbuch für UPS-Mitarbeiter; ebenso die Quellen Nr. (23) bis (28)
(29) http:// applied scholastics.org/html/aps20.htm
(30) @worldliteracy.org
(31) Sämtliche Materialien zu den Beziehungen UPS – Scientology im ABI-Archiv
(32) ÖTV-Betriebszeitung für Beschäftigte der UPS-Inc., UPS-Transport in Herne, Ausgabe 1/95: Mega-Paket
(33) ÖTV-Betriebszeitung für Beschäftigte der UPS-Inc., UPS-Transport in Herne, Ausgabe 7/95: Mega-Paket
(34) ÖTV-Betriebszeitung für Beschäftigte der UPS-Inc., UPS-Transport in Herne, Ausgabe 1/95: Mega-Paket
(35) ÖTV-Flugblatt, ABI-Archiv
(36) ÖTV-Betriebszeitung für Beschäftigte der UPS-Inc., UPS-Transport in Herne, Ausgabe 1/95: Mega-Paket
(37) ABI-Archiv
(38) Berufungsbegründung an das Kammergericht Berlin, Gesch.-Nr. 14 U 60/01 vom 17.04.2001; ebenso die Quelle Nr. (39)
(40) LG Berlin: Urteil. Gesch.-Nr. 27 O 682/00 vom 01.02.2001
(41) Berufungsbegründung an das Kammergericht Berlin, Gesch.-Nr. 14 U 60/01 vom 17.04.2001
(42) LG Berlin: Urteil. Gesch.-Nr. 27 O 682/00 vom 01.02.2001
(43) Berufungsbegründung an das Kammergericht Berlin, Gesch.-Nr. 14 U 60/01 vom 17.04.2001
(44) LG Berlin: Urteil. Gesch.-Nr. 27 O 682/00 vom 01.02.2001
(45) Berufungsbegründung an das Kammergericht Berlin, Gesch.-Nr. 14 U 60/01 vom 17.04.2001
(46) LG Berlin. Urteil. Gesch.-Nr. 27 O 682/00 vom 01.02.2001
(47) Focus 52/1999, 27.12.1999; Hamburger Abendblatt, 07.04.2000
(48) ABI-Pressemitteilung, 22.02.1999
(49) Die Welt, 03.05.2001
(50) ABI-Archiv; ebenso die Quelle Nr. (51)
(52) LG Stuttgart: Urteil. AZ 17 O 598/94 vom 09.02.1995
(53) Freie Presse Online, 10.02.2000
(54) Schmidt-Lunau (2000): Hessens CDU in Bedrängnis. In: Der Tagesspiegel, 16.03.2000

Die Quelle der in den Kapiteln 5 bis 7 verwendeten Materialien ist das Archiv der gemeinnützigen Aktion Bildungsinformation e. V. (ABI), Stuttgart.

5. KAPITEL

5.1 Scientology-Opfer berichten

Seit 1973 bis zum Jahr 2004 sind der gemeinnützigen Aktion Bildungsinformation e.V. (ABI), Stuttgart Tausende von erschütternden Berichten von Scientology-Opfern, ehemaligen Anhängern der Bewegung und Betroffenen bekannt geworden. Fast alle Schicksale illustrieren die verhängnisvolle Spirale in den Abgrund bis hin zum psychischen und physischen Zusammenbruch. Es beginnt meist ganz harmlos mit Neugier und der Suche nach Lebenshilfe. Doch schon bald nach dem ersten Kontakt mit Scientology folgt finanzielle Abhängigkeit und Ausbeutung. Nach oft hilflosen Versuchen, sich aus den Fangarmen des Kraken Scientology zu befreien, leiden die Opfer meist noch Jahre unter den seelischen Wunden, die ihnen die angeblichen Heilsbringer beigebracht haben.

Deshalb, und um sich vor weiteren Nachstellungen und Belästigungen durch Scientology zu schützen, werden hier alle Namen, Ortsangaben und zeitlichen Zusammenhänge anonymisiert. Sprachliche Fehler und Ungeschicklichkeiten entsprechen den Original-Dokumenten und wurden nicht korrigiert.

Die Originale der folgenden Berichte liegen der ABI und dem Autor vor.

5.2 „Lebensreparatur" am Lügendetektor

Nachdem ich in früheren Jahren sehr unter Schüchternheit, Hemmungen und Kontaktschwierigkeiten litt, interessierte ich mich bereits vor vielen Jahren für einen Kurs bei Dianetics. Zu dieser Zeit wohnte ich jedoch noch in Tübingen und belegte aus verkehrstechnischen Gründen zu dieser Zeit noch keinen Kurs. Damals wurde ich durch ein Zeitungsinserat auf Dianetics aufmerksam. (Nach mehreren Gesprächen und Übungen zur Ermittlung sog. „Fähigkeitskurse", die das Opfer bereits über Kredite finanzierte, wurde es zur Fallanalyse nach München einbestellt.)

In der Scientology-Org 10.45 Uhr eingetroffen, dann um ca. 11.30 Uhr zu einem Mitarbeiter ans E-Meter gekommen. Es wurden mir 50 oder 100 Fragen gestellt (z.B. Wie ist das Verhältnis zu Deiner Mutter. Vater, Chef – Bist Du aus eigenem Entschluss hier – Kennst Du jemand, der gegen Scientology ist – Welche Krankheiten hattest Du – Welches Hobby hast Du – Hast Du schon mal Rauschgift genommen – Hast Du Operationen gehabt, wenn ja, was für welche und in welchem Jahr – Was für Medikamente hast Du schon eingenommen – Hast Du einen Freund – Hast Du viele Bekannte und Freunde – Trinkst Du Alkohol – Warst Du schon in psychotherapeutischer Behandlung, Behandlung mit Elektroschock oder Hypnose – Hattest Du schon Mord- oder Selbstmordgedanken -). An mehr kann ich mich augenblicklich nicht erinnern, es waren einfach zu viele Fragen. Von ca. 14.00 bis 15.30 Uhr besprach Frl. S. W. die Auswertung der Fragen und Antworten mit mir. Ich machte ihr klar, was ich erreichen möchte, und zwar, dass ich vollends ganz frei werde in Bezug auf Kommunikation in der Gruppe, einfach, dass ich diese Hemmungen vollends ganz abbauen kann. Sie sagte mir, dass dieses Problem durch Life repair bestimmt gelöst werden kann.

Diese Schwierigkeiten würden durch den Auditor entsprechend gehandhabt. Dafür würde ich vier Intensive á 12½ Stunden = 50 Stunden benötigt. Sie bereitete sogleich den Vertrag vor. Außerdem nannte sie mir noch die Beiträge, wenn ich noch im Dezember bezahle und dann im Januar des folgenden Jahres wieder 5 % mehr. Mir schien der Betrag in Höhe von 3.184.40 DM schon sehr hoch und ich sagte ihr auch, dass dies ja erst mal verdient werden müsste. Und so viel Geld hätte ich eben auch nicht, dass ich jetzt sagen könne: Ja, ich bezahle es morgen. Auch sie sprach davon, das Geld vielleicht irgendwo aufzunehmen (Kredit oder von Freunden); dies missfiel mir zwar, aber nachdem ich bereits in Stuttgart von verschiedenen Leuten nur positive Urteile über diese Life repair gehört hatte (allerdings Leute, die immer noch bei Scientology noch Kurse und Auditing machen!) entschloss ich mich, dieses Auditing zu machen.

Zu diesem Zeitpunkt hatte ich auch noch die Hoffnung, dass ich dadurch tatsächlich mein Ziel (befreit von sämtlichen Hemmungen und Ängsten) erreichen würde. Am (...) war S. W. hier in

Stuttgart beim Dianetic-College zu Besuch und rief mich von dort aus an. Sie erkundigte sich, wann ich jetzt mit dem Life repair beginnen würde und ob ich das Geld schon hätte. Ich verneinte das und sagte ihr, dass ich ihr im Augenblick noch keinen Termin nennen könne. 6 Tage später rief mich diese S. W. wieder an, um zu fragen, wie es mir geht und wann ich jetzt nach München komme. Auch zu diesem Zeitpunkt konnte ich ihr keine konkreten Angaben machen. Mir kamen plötzlich Zweifel, ob ich den Vertrag vielleicht doch wieder rückgängig machen soll, denn es fiel mir nicht leicht, diesen hohen Betrag einfach zu überweisen. Ich überlegte dann hin und her, ob ich das Geld nun überweisen soll oder nicht. Dann traf ich in der Stadt einen Scientologen (Name), wir unterhielten uns und auch er hatte das Life repair gemacht und machte zu jener Zeit gerade den Drogenrundown in München. Nun hörte ich von ihm wieder, wie fantastisch dieses Life repair in seiner Wirkung ist. – Dann endlich, wieder 7 Tage später, bezahlte ich den Betrag von 3.200,-- DM durch Verrechnungsscheck, den ich an S. W. sandte, wie es vereinbart war. Dann bekam ich von München Nachricht – wenn ich mich richtig erinnere – welches Wochenende er mich einplanen soll. Außerdem wurde mir in diesem, oder in einem kurz darauffolgenden Brief das Buch „Selbstanalyse" empfohlen, das ich zur Vorbereitung auf das Auditing, durcharbeiten solle. Ich kaufte dann dieses Buch im Info-Centrum bei Herrn B. Ich entschied mich dann für ein Wochenende für den Beginn des Life repair.

Zusammenfassung zu Scientology München: Der geforderte Beitrag für dieses Life repair ist entschieden zu hoch. 70 bis 80 % der Zeit mindestens wurde für Worterklären verwendet. Wenn deutsche Wörter gebraucht würden, wäre es sehr viel vernünftiger. Jedoch sind dies Scientologen-Ausdrücke und Abkürzungen, die in keinem normalen Wörterbuch zu finden sind. Kann man das entsprechende Wort nicht genau deuten, bzw. gefällt es dem Auditor nicht, wie man sich ausdrückt, so muss man das Wort oder den Begriff mit Demo-Material (Bleistift, Tubenverschlüsse, Radiergummi etc.) darstellen. Erst wenn der Auditor dann mit dem Gezeigten zufrieden ist, wird zum nächsten Wort übergewechselt.

Dieser Vorgang wurde x-mal wiederholt, und jedesmal kamen neue Wörter hinzu.

Die Auditing-Listen bestehen hauptsächlich aus diesen Scientologen-Wörtern. Der Auditor liest diese Liste und fischt ein Wort heraus, bei welchem angeblich die Nadel ausgeschlagen hat. (Beispiel: Listingfehler, PTS-Item, (Potential Trouble Source = möglicher „Unruhestifter"). Einen Tonarm reparieren, der nicht hoch ist, einen Tonarm reparieren, der nicht niedrig ist, übergelistet). Nun muss man diesen Begriff demonstrieren, bzw. erklären. Dies wird solange wiederholt, bis die Nadel angeblich „schwebt". Es kommt die nächste Liste. Hier werden Begriffe aufgeführt, wie z.B. Mutter, Vater, Chef, etc. Schlägt nun die Nadel bei „Mutter" aus, so muss man von der Mutter erzählen, und zwar vom jetzigen Zeitpunkt soweit zurück wie man sich erinnern kann. Bei diesem ganzen Frage- und Antwortspiel hat man das Gefühl, als ob man verhört würde. Außerdem kann man nicht kontrollieren, ob der Zeiger des E-Meters so ausschlägt, wie es der Auditor sagt. Ich hatte sogar das Gefühl, dass diese Anzeigen gar nicht stimmten. Vor jeder Sitzung muss man die Hände mit einer Lanolin-Lotion einbalsamieren, dann wird man gefragt: Wieviel Stunden hast Du geschlafen, bist Du müde? Bist Du hungrig? Dann heißt es „Das ist die Sitzung". Und später dann „Das ist die Liste". Man darf auch keine engen Kleidungsstücke tragen, enge Schuhe muss man ausziehen, den Rock- oder Hosenbund öffnen, Ringe ablegen.

Auch wird kontrolliert, ob man die Dosen richtig in der Hand hält, ob die Hände auch warm genug sind. Nach der Sitzung wird man gefragt, ob man noch etwas fragen möchte, bevor Pause gemacht wird. Dann wird man zum Examiner gebracht, bei dem man wieder ans E-Meter gesetzt wird. Seine Aufgabe ist es, festzustellen, ob die Nadel schwebt, also, ob alles in Ordnung ist. Wenn er sagt: „Deine Nadel schwebt", kann man gehen.

Nachdem das Auditing auch mit Wartezeiten verbunden ist, wurde ich darauf hingewiesen, dass ich mich für diese Zeit für einen kleinen Kurs einschreiben solle, dann könnte ich die Wartezeit besser ausnützen und müsste nicht nur herumsitzen. Als ich dann sagte – ich glaube, die Mechthild oder der Peter hatte mich daraufhin angesprochen – dass ich dafür nicht auch noch Geld hätte, wurde mir gesagt, dass dies aber auch gut für das Auditing wäre, ich würde dadurch schneller und besser durchkommen.

Ich hatte jedoch den Eindruck, dass es nur darum ging, wieder einen Kurs zu verkaufen. Einmal wurde ich von einem Mitarbeiter angesprochen, der mit einer Plastiktüte durchs ganze Haus marschierte, ob ich Vitamine brauche. Ich verneinte dies. Andere Kursteilnemer, bzw. Scientologen, die sich auch in diesem PC-Warteraum (Warteraum für Preclears, der Autor) befanden, kauften [auch Vitamine für größere Summen]. Es kommen sämtliche Vitamine in Form von Pillen und Flüssigkeiten zum Verkauf. Eine Dame, die neben mir saß, meinte, das müsste ich auch nehmen, da würde man viel besser durchs Auditing kommen, man würde nicht so müde werden und außerdem könnte man sich viel besser konzentrieren und man würde sich irgendwie richtig glücklich fühlen.

Alle, die ich kennengelernt habe, die diese Vitamine schlucken, kamen mir irgendwie eigenartig vor, und zwar so, als ob sie gar nicht in der Wirklichkeit leben würden. Und man konnte sich mit ihnen wirklich nur über Scientology unterhalten, alles andere schien für diese Leute gar nicht zu existieren. Mir kam es z.T. so vor, als ob manche von ihnen unter einem hypnotischen Zwang stehen würden. – Nachdem ich z.T. längere Wartezeiten hatte, machte ich so meine Beobachtungen. Und wurde bis heute den Verdacht nicht los, dass es sich bei den zum Verkauf kommenden Vitaminen nicht nur um reine Vitamine handelt, sondern dass darin noch irgendein anderer Stoff enthalten ist. Leider habe ich keine Beweise dafür. Denn bei Einnahme normaler Vitaminpräparate zeigt sich kein derartiges Verhalten.

Ich stellte fest, dass es in diesem Haus eine Unmenge Mitarbeiter gibt. Da wundert es einen dann nicht, dass die Leistungen so hoch bezahlt werden müssen. Ich kam mir vor wie in einem Bienenhaus; dauernd „schwirrten" andere Gesichter mit irgendwelchem Aktenmaterial unterm Arm vorüber.

Für das Life repair, aus welchem ich überhaupt keinen Nutzen ziehen konnte und das mir in keiner Weise einen bleibenden „Gewinn" brachte, (nur den weiter oben angeführten, und zwar am 18. Dezember dieses Jahres, dass ich im Laufe eines Prozesses plötzlich <u>besser sehen konnte</u>; dieser Zustand war jedoch von sehr kurzer Dauer. Außerdem dürfte dies darauf zurückzuführen sein, dass ich mich in diesem Augenblick in einem sehr entspannten Zustand befand), habe ich folgende Ausgaben gehabt:

Beitrag für Life repair (Programm)	3.184,40 DM *)
Buch „Selbstanalyse"	23,00 DM
Heft „Die Axiome der Scientology"	6,00 DM
Fahrtkosten u. ÜF	290,00 DM
Gesamtkosten	3.503,40 DM

*) Bis zum Jahr 2004 – also in etwa 20 Jahren – hat sich dieser Preis auf knapp 20 000,– EUR verzehnfacht.

5.3 „Ich wollte doch nur wieder gesund werden ... !"

„Ich wollte Ihr Schreiben schon früher beantworten, wollte jedoch zuvor abwarten, bis die Org in München mir mein Geld zurückbezahlt hat, das sich noch auf meinem Konto dort befindet. Leider ist das bis jetzt noch nicht geschehen und nun will ich Sie nicht länger warten lassen.

Ich leide seit Jahren an Schwindelgefühl, was sicher psychosomatisch ist. Da mir Ärzte kaum helfen konnten, suchte ich weiter.

So fand ich eine Anzeige über das Buch „Dianetics – die moderne Wissenschaft der geistigen Gesundheit". Ich ließ mir das Buch kommen und las es. Da man aber durch die Lektüre des Buches allein nichts erreicht, wurde mir geraten, in Stuttgart in der Neuen Brücke den Kommunikationskurs zu machen. Da wurde mir gesagt, das sei Voraussetzung für das Auditing, welches dann meine gesundheitlichen Probleme meistern sollte. Der Kurs in Stuttgart kam mir komisch vor, doch ich machte weiter, denn alles war eifrig dabei und lobte das spätere Auditing in München.

So schloss ich dann den Kurs ab und bekam Auditing in München. Auch dieses Auditing fand ich von Anfang an blöd. Doch da die anderen Leute (meist Personen mit Abitur oder Realschule, meist junge Leute) eifrig bei der Sache waren und ich mir eine Verbesserung meines Gesundheitszustandes erhoffte (was mir auch bei der Einzahlung des Geldes – 7.200,-- DM versprochen wurde) machte ich weiter. Dieses „Gesundsein" ging aber nicht so schnell, ich musste immer mehr einzahlen und war jedesmal enttäuscht, wenn ich wieder abreiste. Doch die Scientologen machten mir immer wieder Mut. Nun begann ich von anderer Seite etwas über Scientology zu erfahren, außerdem tauschte ich Adressen mit Leuten, die auch zum Auditing kamen. Man unterhielt sich. Und siehe da, vielen war es wie mir ergangen, sie hatten Geld eingezahlt, wurden enttäuscht und traten schließlich aus. Meine Kameraden fragten sich, warum sie überhaupt auf so etwas hereingefallen seien, doch sie kamen immer wieder wie ich zum selben Schluss: Meist Probleme psychischer Art oder Krankheiten, welche von Ärzten nicht geheilt werden konnten, waren der Grund, dass man anfing. Bei den Scientologen wurde nun alles gelobt und überall hingen „Erfolgsberichte", welche aber meist gleichartig lauteten und sehr allgemein gehalten waren. Jeder, der nicht diese Erfolge verspürte, war ruhig und wollte nicht als Versager auffallen, wenn die anderen von ihren „Gewinnen" sprachen. Wenn man wissen wollte, aus was diese „Gewinne" bestehen, bekam man keine vernünftige Antwort. Ich selbst war oft überrascht, dass ich eine Stufe abgeschlossen hatte und dann nach den Gewinnen gefragt wurde. Ich musste zuerst immer überlegen, was denn ein Gewinn hätte sein können. Ich sagte aber jedesmal, dass mein Hauptübel (Schwindel, Kopfweh, Benommenheit) bisher nicht beseitigt sei, obwohl es im Auditing immer angegangen worden sei.

Nun hieß es, es sei eine unterdrückerische Person am Werke. Da eine solche nicht gefunden werden konnte, musste ich letzte Weihnachten den PTS/SP-Kurs machen für 1.100 oder 1.400 DM (– im Jahr 2004 wesentlich teurer – der Autor). Außerdem brauchte ich als Voraussetzung für diesen Kurs den BSM und den Mini-Tonbandkurs. Darauf kam man aber erst, als ich schon für den PTS/SP gezahlt hatte.

Ich musste über 10 Tage täglich rund 10–14 Stunden studieren, damit ich mit den Kursen fertig wurde. Erst nach Bestehen der Kurse sollte ich wieder Auditing bekommen, was ich ja wollte, denn ich konnte es nicht erwarten, meine Krankheit loszuwerden.

Die Scientologen in meiner Umgebung glaubten alle daran, und sie machten mir Mut, weiter zu machen. Dies war aber mit immer mehr Kosten verbunden, denn schließlich wurden die Preise für Auditing monatlich 5 % teurer.

Nun hieß es außerdem, dass der große Boom komme, man müsse sich schnell auditieren lassen und Geld einbezahlen, denn sonst könnte man eventuell nicht mehr drankommen, da angeblich immer mehr Leute die „Dienstleistungen" von den Auditoren wollten.

Mir wurde dann im Februar gesagt, was ich noch alles machen müsse, bis eventuell mein Gesundheitszustand wieder hergestellt sei. Ich überschlug dies und siehe da, mindestens nochmals 20.000.- DM hätte ich anlegen müssen. Sie wollten nun, dass ich in den Osterferien 5.000.- DM mitbringe, so würde ich auch Geld sparen, da ja immer alles teurer würde. Inzwischen hatte ich mich aber bei den Kirchen und bei der ABI erkundigt. So kam ich im April wieder nach München und wollte mein restliches noch nicht verbrauchtes Geld. Dies war jedoch nicht so einfach. Nun gab es endloses Warten und dann wieder Befragungen bei Ethik. Es wurde mir zu dumm, ich fuhr nach Hause und beantragte schriftlich meinen Austritt und wollte mein restliches Geld. Formulare wurden geschickt, die man noch notariell beglaubigen lassen sollte. Das machte ich nicht, sondern schrieb ihnen, ich wolle nun ohne Umschweife mein Geld zurück. Sie schrieben mir, dass der Antrag bearbeitet werde. Bis jetzt habe ich von der Bank noch keine Mitteilung bekommen, dass das Geld eingegangen ist. Ich hoffe, dass Sie aus diesem Brief manches erfahren können.

Freundliche Grüße."

5.4 Mit 200 Fragen („Persönlichkeitstest") fing alles an

„Hier schreibe ich Ihnen den Brief mit meinen persönlichen Erfahrungen, die ich im Dianetic-College, Stuttgart, Hauptstätter Str. 126 und in der Münchner Scientoloy-Kirche Deutschland gemacht habe ......

Mein Bekanntwerden mit Dianetics fing damit an, dass ich den 200-Fragen-Persönlichkeitstest auf der Königstraße bekam. Ich füllte ihn aus und bekam schneller als erwartet einen Termin. Es fand die Besprechung statt, wo man mir meine persönlichen Schwächen und Stärken zeigte und das anschließende Angebot mit dem Kurs für elementare Kontrolle und Kommunikation machte. Preis 450.- DM.

Mit der Entscheidung ließ ich mir ein paar Monate Zeit, auch um nur Informationen einzuholen. Trotz kritisch-reservierter Meinungen fing ich mit dem oben genannten Kurs an. Zwischen Testbesprechung und Kursbeginn bekam ich regelmäßig Post vom Dianetic-College. Innerhalb von 5 Wochen wurde ich mit dem kurz genannt „Kommkurs" fertig. Die Erfolge des Kommkurses, der aus mehreren (Verhaltens-)Trainings bestand, taten mir ungeheuer gut. Gegen Ende oder nach Ende des Kurses fuhren wir, d.h. Mitarbeiter und Kursteilnehmer, nach München zur so genannten „Fallanalyse". Mir und wahrscheinlich den meisten Teilnehmern wurde der Vorschlag gemacht, 100 Stunden Auditing in München in jeweils 50 Stunden „Life-repair" und 50 Stunden „Drogen-Rundown" zu nehmen. Preis: nicht ganz 6.000.- DM. Ferner wurde das Trainingspaket in Stuttgart angeboten für 3.000.- DM, das aus BSM, HQS und Dianetics besteht. Ich überzeugte mich vorher bei anderen Kursteilnehmern, die bereits auf den oberen Kursen sind, ob das ratsam sei und die Antworten waren immer zustimmend. Auf die Kursteilnehmer komme ich später noch zu sprechen.

In München fragte mich die Mitarbeiterin, ob sie mich anrufen könne und ich sagte ihr eindeutig, dass ein Anruf von ihr nicht erwünscht sei.

Tatsächlich rief am nächsten Tag zwar nicht sie – aber ein Mitarbeiter von Stuttgart an. Wir beschlossen, am nächsten Tag zu einem Kreditinstitut zu gehen. Der Mitarbeiter konnte mich dazu bewegen, als Grund bei der Kreditaufnahme Möbel anzugeben. Glücklicherweise bekam ich jedoch keinen Pfennig, weil ich damals vor einem Berufswechsel stand. Von meinen Sparbüchern hob ich dann noch 3.000.- DM ab, um mit dem Trainingspaket beginnen zu können. Bald danach stellte ich immer mehr fest, dass die Methoden, die in Dianetics und Scientology herrschen, mehr oder weniger anstößig sind. Ich glaube, man kann sie als faschistisch bezeichnen. Erst einmal mit dem BSM angefangen, erfuhr ich, dass man auch noch einige Materialien benötige, die auch nicht gerade billig sind, ganz zu schweigen das E-Meter mit 700.- DM. Hinzu kommt, wenn man das Dianetic im Co-Audit in Stuttgart kaufen will, was bisher gar nicht möglich ist, noch unbekannte Unkosten für den Case-Supervisor (Fallüberwacher). Ich stellte den Mitarbeiter G. B., mit dem ich bis dahin zu tun hatte, zur Rede. Er stellte sich verwundert, dass ich das nicht erfahren hatte. Auf meine Fragen, ob er das anderen gesagt habe, meinte er ja. Es kam eine leichte Einschränkung „das hänge vom Verlauf des Gespräches ab". Ich gab mich mit der Antwort nicht zufrieden und forschte bei anderen Kursteilnehmern. Hier gab es kaum einen, der auch nur andeutungsweise beim Abschluss des 3.000.-DM-Geschäftes wusste, dass auch weitere Unkosten von wahrscheinlich über 1.000.- DM dazukommen.

Bei einer kurzen Diskussion fragte ein Teilnehmer unter anderem, was ein Arbeitsloser dafür könne, wenn er es schon bei 19 Arbeitgebern probiert habe und immer noch keine Arbeit gefunden hätte. Prompte Antwort des überzeugten Scientologen:

„Der hat irgendwann einmal in einem früheren Leben eine Tat begangen und hat jetzt Angst, sonst würde er es ein 20. Mal versuchen." Ein anderer Kursteilnehmer meinte einmal, dass er jemanden tödlich überfahren habe. Antwort des Staff-Mitgliedes: „Das ist nicht so schlimm, der Thetan von dem hat sich längst einen neuen Körper gesucht." (Anm. d. Autors: diese Bemerkung ist kein Einzelfall!). Ich hatte ab und zu den Eindruck, es mit Verrückten zu tun zu haben. Vielleicht ist es auch nur Taktik von Scientology, wenn sie betonen, politisch neutral zu sein, weil man sie ansonsten möglicherweise gleich verbieten würde.

Ein paar Mal wurde ich gefragt, ob ich am kommenden Samstag Tests austeilen würde. Das Gespräch spielte sich ungefähr wie folgt ab: „Teilst du am Samstag Tests aus?" „Nein" – „Warum teilst du keine Tests aus?" – „Weil ich keine Zeit habe" – „Gut, warum hast du keine Zeit?" – „Ich muss am Samstag ausschlafen" – „Gut, warum musst du am Samstag ausschlafen?" – „Weil ich unter der Woche zu wenig schlafe" – „Gut, willst du, dass Baden-Württemberg als erstes Bundesland CLEAR wird?" – „Ja" – (hätte am liebsten Nein gesagt, aber das hätte möglicherweise weitere Komplikationen gegeben). „Gut, bist du jetzt ein Thetan oder nicht?" – „Ja" – „Gut, was ist dir lieber, dass Baden-Württemberg CLEAR wird oder dass du ausschläfst?" – „Dass ich ausschlafen kann" – „Ja" – „Gut, zuviel schlafen ist ungesund, da rostet zuviel ein. Schau mich an, ich arbeite bis nachts zwei Uhr und sehe so frisch aus" – „Das ist mir egal" – „Gut, hat das noch einen anderen Grund?" – „Nein". Damit war das Gespräch beendet. Der gleiche Mitarbeiter sagte mir auch, dass es viel zu viele Krankenhäuser und Altenheime gebe.

Es ist wahrscheinlich tatsächlich so, dass die meisten Mitarbeiter zu wenig schlafen. Vermutlich dient das dazu, um die ohnehin kaum vorhandene Kritikfähigkeit eines Staff-Members durch chronischen Schlafentzug vollends auszulöschen. Mit Sicherheit können viele Scientologen Wahn und Wirklichkeit nicht mehr auseinander halten. Sonst würde nicht im hinteren Kursraum ein Schild mit der Beschriftung hängen: „Unser Ziel: 50 Class IV Auditors". Soviel ich weiß, gibt es gerade einen Class IV Auditor, während einige auf der Akademie zum Class IV Auditor sind, bei weitem jedoch keine 50, und die sind aller Wahrscheinlichkeit noch nicht fertig. Man müsste wohl den Termin ziemlich lange verschieben.

Überhaupt dürfte es bei den Mitarbeitern mit dem ARK-Dreieck (Affinität, Realität, Kommunikation = ARK) nicht ganz stimmen, jedenfalls was die Affinität fehlt, geht wohl bereits daraus hervor, dass das ganze System auf Lügen, Zwang und Terror aufgebaut ist.

Dies möchte ich noch an ein paar weiteren Beispielen verdeutlichen.

Freitag ....: Komme 20 Minuten zu spät, stelle mich betrunken (hatte mich geärgert, weil ich ein paar saftige Arbeiten bekam), werde hinauskommandiert. Kursleiterin sagt, es gebe eine Strafe von 1/2 Stunde MEST-Arbeit (MEST Materie-Energie-Raum-Zeit). Muss 1/2 Stunde lang Tische abputzen. Bin Kurs-out, muss in zweiten Stock gehen, und werde ans E-Meter gesetzt, darf keine Antworten verweigern. Hier werden unter anderem folgende Fragen gestellt:

> Beabsichtigen Sie oder haben Sie beabsichtigt, geheime Daten den Kommunisten bekannt zu geben?
> der Regierung dto.
> einer Partei dto.
> dem Militär dto.
> der Polizei dto.
> einem Journalisten dto.
> der Presse dto.
> einem Anwalt dto.

einem Angehörigen der geistigen Gesundheit (Arzt oder Psychologen) bekannt zu geben?
Haben Sie eine kriminelle Vergangenheit?
Sind Sie mit Personen in Verbindung, die Dianetics und Scientology ablehnend gegenüberstehen?
Haben Sie vor oder hatten Sie vor, wegen Dianetics oder Scientology vor Gericht zu gehen?
Sind Sie in Dianetic, um eine Schwäche zu finden?
Sind Sie in Dianetic, nur um die Wirksamkeit zu überprüfen?
Manche Fragen werden öfters wiederholt (ca. 6–8 Mal).
Donnerstag (6 Tage später)
Darf wieder am Kurs teilnehmen, wenn ich mich anständig verhalte. Wenn es nochmals vorkommt, wird es über Manchen gehandhabt.
Sonntag (3 Tage später)
Muss Aufsatz schreiben, wie verhalte ich mich auf Kurs?
Donnerstag (4 Tage später)
Kursleiterin fragt einen Kursteilnehmer, warum er lachen würde. Kursteilnehmer sagt, wir hätten uns (er und ich) über etwas unterhalten. Muss mit ihr hinausgehen, fragt mich nach der Ursache, fragt so lange, bis ich antworte. Antworte, ich hätte gesehen, dass ich ein Pink Sheet bekomme (Pink Sheet = Rosa Blatt. Man bekommt es, wenn man auf einem bereits überprüften Text Missverständnisse hat. Wird jedoch sehr oft auch als Strafarbeit benutzt).
Kursleiterin sagt: „Wenn das noch einmal vorkommt, fliegst du hinaus."
Samstag (ca. 3 Wochen später)

Kursleiterin: Du machst eine Stunde „MEST-Arbeit" (Strafarbeit). Begründung: War 14 Tage unentschuldigt nicht auf Kurs. Allerdings hatte ich mich auch nicht eingetragen, weil zu dieser Zeit gar kein Eintragungsblatt an der Wand hing.

Sonntag (nächster Tag)

Leiste die „MEST-Arbeit" morgens um 10 ab. Muss das Klo putzen, einen Raum sauber machen und den Knettisch saubermachen. Tatsächliche Zeit 1,25 Stunden.

Freitag (drei Wochen später)

Kursleiterin fragt mich, warum ich eine Woche nicht gekommen bin. Sage ihr die Gründe (Arbeit, Feiern, wenig Checkouts). In gewohnter Weise schiebt sie mir die Schuld zu, ich würde dafür die Verantwortung tragen. Sage ihr, dass ich das Training TRO für mich alleine machen würde. Sie weist darauf hin, dass das Squirreling sei (Squirreling = Abweichen zu seltsamen Praktiken. Bekomme ein Pink Sheet (Strafarbeit). Man darf also nicht einmal in seiner Freizeit machen, was man will, ohne dafür bestraft zu werden!

Ich erinnere mich an eine Kursteilnehmerin, eine überzeugte Scientologin, damals auf dem Dianetics-Kurs, heute in München weiterstudierend, der es einmal furchtbar schlecht war. Nachdem ihr die Kursleiterin verbot, deshalb heimzugehen, ging sie ohne Erlaubnis nach Hause. Sie wurde dafür mit Pink Sheets bestraft. Heute kann sie wahrscheinlich besser „konfrontieren" als damals. Da wird auch der Satz vom HQS-Material verständlich: Wenn wir jemanden zum Auditor ausbilden, dann wollen wir ihn lieber tot als unfähig haben. Einmal war ich in der Pause mit zwei befreundeten Kursstudenten in der Wirtschaft. Die Kursleiterin befahl mir, mit ihr hinauszugehen. Sie fragte mich, ob jemand von uns Alkohol getrunken habe. Hier musste ich sie mit einer verneinenden Antwort anschwindeln. Sie glaubte mir. Solche Verhöre, mit oder ohne E-Meter, finden in der Regel ohne Zeugen statt und sind deshalb schwer zu beweisen. Mit Sicherheit erspare ich dem einen Kursteilnehmer damit den Gang zum „Ethik-Offizier" oder irgendeine schwere Strafe.

Was die Fortschritte oder Gewinne auf den einzelnen Kursen betrifft, so kann das unendlich langsam gehen. In der Regel ist man bemüht, die Leute auf den 1. Kurs, also dem Kommunikationskurs (450,-- DM) schnell voranzubringen, was auf den höheren Kursen keineswegs garantiert ist. Insofern muss der Kommunikationskurs als Lockvogel angesehen werden (Anm. des Autors: es wurden immerhin einige Tausend DM im Voraus bezahlt). Schnell ist man dann nur noch, den Leuten das Geld aus der Tasche herauszuziehen. Im Monat Dezember war das besonders krass. Hier war der Staff unterbesetzt. Mindestens eine Mitarbeiterin, wenn es nicht sogar zwei oder drei waren, traten aus, eine war zu dieser Zeit in München. Ich musste oft wegen Checkouts (Überprüfungen) mehrere Male (ca. 10 bis 20 Mal) die Kursleiterin aufsuchen, die dann keine Zeit hatte. Als ich sie darauf ansprach, dass ich keine Fortschritte mache, fragte sie dummdreist: „Woran liegt das?" Ich antwortete ihr: „An der Unterbesetzung des Staffs". Zynisch konterte sie: „Du bist selber schuld, du trägst die Verantwortung dafür."

Man bezahlt hier also eine Menge Geld, bekommt wegen der geringsten Anlässe dicke Strafen, die Kursleiterin hat wegen der Schlamperei der Organisation keine Zeit und dann ist man noch selber schuld, wenn man keine Fortschritte macht. (Scientologische Gedankenakrobatik!!)

Zum Schluss möchte ich noch sagen, dass es zwar recht gut ist, wenn fortlaufend Prozesse gegen Scientology gewonnen werden, dass das aber recht wenig nützt, so lange Scientology noch besteht. Hier wäre zu überlegen, ob nicht ein generelles Verbot gegen Dianetics und Scientology das einzig Richtige wäre. Wie Sie selbst aus meinem Brief ersehen, geht das, was hier passiert, weit über Betrug hinaus. Dies verletzt auch die Menschenrechte. Da wäre ein Hinwirken auf ein Verbot der „Kirche" dringend wünschenswert, bevor es zu spät ist. Sonst könnte es eines Tages wirklich ein „Auditing mit Erschiessen" geben. Ich jedenfalls werde, ob mit oder ohne „Life repair" diese faschistische Organisation in den nächsten Wochen verlassen.

Hochachtungsvoll"

Der Verfasser dieses Briefes forderte einen Teil des von ihm bezahlten Geldes zurück. ...... erhielt er mit einem Scheck das folgende Schreiben, datiert vom Februar desselben Jahres!!):

Scientology Kirche Deutschland HSO München
HCO Ethic Order
An die, die es betrifft
Vom HCO München
Betreff: Ausscheiden
(Name) Mitglied aus (Adresse) ist nicht länger in Übereinstimmung mit den festgesetzten Zielen von Scientology oder bereit, sie zu unterstützen. Dies ist durch die Forderung nach Rückzahlung einer Spende, die er der Kirche vermacht hat, bewiesen. Er ist jetzt ordnungsgemäss von der Scientology-Kirche ausgestoßen.
Er darf keine geistliche Beratung oder Training von irgendeiner Scientology Kirche erhalten, bis er nicht einen Akt der Reue vollbracht hat und Zuflucht bei der Kirche sucht.
Die erste derartige Zuflucht ist:
Finde heraus, wer du wirklich bist.
Walter Sak H.A.S.
Für das Direktorium der Scientology-Kirche Deutschland
Die Scientologen bezeichnen die Honorare für die Kurse fälschlicherweise als Spenden. Üblicherweise erwartet man für eine Spende keine Gegenleistung. Auf der Quittung ist beispielsweise vermerkt: „Mitgliedsbeitrag für geistige Training (BSM + HQS + HSDC) 3000,- DM." Der Begriff Mitgliedsbeitrag ist in diesem Zusammenhang allerdings irreführend. Abschliessend schreibt der nunmehr „Exkommunizierte" an die ABI:
„Sehr geehrte Herren!
Wie Sie aus dem beigefügten Scientologyschreiben ersehen, bekam ich nun doch das Geld zurück, durch einen Verrechnungsscheck. Abgezogen wurden mir 150,- DM. Damit dürfte der Fall für mich erledigt sein. Wenn es Ihnen gelingt, die Daten derart unkenntlich zu machen, dass ein Rückschluss auf meine Person nicht möglich ist, können Sie selbstverständlich den Bericht oder auch Teile davon veröffentlichen, wenn mein Name nicht genannt wird (das gilt auch für diese Seite).
Übrigens musste ich damals in Manchen wegen meines Austrittes an zwei Nachmittagen von Auditor zu Auditor, von E-Meter zu E-Meter gehen. Keiner dieser Auditoren bemerkte, dass ich des öfteren ziemlich deutlich mit den Händen in die Dosen drückte. (Anm. des Autors: dadurch wird ein Zeigerausschlag und damit nach Meinung der Scientologen eine geistige Regung quasi vorgetäuscht. Ich sagte dies einem befreundeten Scientologen, der dies bei nächster Gelegenheit in Stuttgart bei der Kursleiterin ausprobierte, die natürlich auch nichts bemerkte. Er hatte den Mut, sie darauf hinzuweisen, worauf sie kurz zu zittern begann.
In München wurde ich noch als Unterdrücker bezeichnet (Begründung: Jeder, der austritt, ist ein Unterdrücker). Für den Fall des Wiedereintritts in Scientology hätte ich mit einer „Wiedergutmachungsarbeit" zu rechnen, die zwischen 50 und 500 Stunden beträgt, natürlich unentgeltlich.
Mit freundlichen Grüßen"
Das auf der vorigen Seite wiedergegebene „Ausschlussschreiben" bedient sich der üblichen Formeln Hubbards. Wie das folgende Beispiel zeigt, ist eigentlich nur auffällig, dass der Copyright-Vermerk fehlt:
College für angewandte Philosophie, Franken e. V.
MISSION DER SCIENTOLOGY-KIRCHE
Ethik-Anordnung vom .... alle, die es betrifft vom Hubbard Kommunikationsbüro, Mission Franken
(Name), Student und Mitglied der Scientology Mission Franken, ist am .... von der Mission weggegangen und hat seitdem nicht mit der geistigen Ausbildung weitergemacht. Es wurde mehrmals versucht, ihn zu veranlassen, dass er zu der Mission kommt, um die Angelegenheit aufzuklären. Das hat er aber jedes Mal abgelehnt zu tun. Er hat .... mitgeteilt, dass er sich von der Mission trennen will.
Laut HCO Policy-Letter 19. April 1965, „Ethics, Training and Processing Regulations" ist es eine unterdrückerische Handlung, ohne Zustimmung vom Kurs abzuhauen. Seine Kondition ist

FEINDSCHAFT. Bevor er mit seiner Ausbildung weitermachen darf, muss er die Angelegenheit mit dem Ethik-Offizier der Mission Franken in Ordnung bringen, und die nötigen Wiedergutmachungsschritte durchfahren. Der erste Schritt ist: Finden Sie heraus, wer sie WIRKLICH sind.
Bruce Hines Hubbard Kommunikationsbüro Bereich Sekretär
Scientology Mission Franken e. V.
Der „Zustand" der Feindschaft ist die vorletzte Stufe der „gleitenden Skala von Erfolg und Mißerfolg" (nach: Evan, Kulte des Irrationalen, Rowohlt, S. 114). Bereits minder schlimme Zustände werden hart bestraft. Für Feindschaft ist vorgesehen: Man darf jemandem das Eigentum abnehmen, ihn in jeder Weise verletzen, ohne dass man von einem Scientologen bestraft wird. „Man darf ihm Streiche spielen, ihn verklagen, ihn belügen oder ihn vernichten" (nach: Kaufman: „Übermenschen unter uns").
Die Scientologen behaupten heute, dies alles habe lediglich symbolischen Charakter. Der Berichterstatter jedenfalls hat die Toilette nicht bloß symbolisch geputzt. Die Scientologen selbst scheinen einen gewissen Wert darauf zu legen, dass an die Anwendung dieser Strafen geglaubt wird, vermutlich um Ex-Scientologen den Mund zu stopfen. Scientologen bestrafen nicht nur Abtrünnige, sie begehen auch Straftaten zum vermeintlichen Vorteil der Finanzseite. Am 11. Juli 1977 berichteten die Stuttgarter Nachrichten: FBI Razzia bei der „Church of Scientology – Denunziant fürchtet Ermordung – Mitglieder angeblich bei der Steuerbehörde eingebrochen" – so lauteten die Überschriften eines Beitrages aus den USA. Man sollte diese Science-Fiction-Gruppe allerdings nicht verharmlosen, denn tatsächlich gehen Einbruch und Urkundenfälschung nachweisbar auf das Konto von Scientologen; nicht aus Eigennutz, sondern zum vermeintlichen Vorteil der Sekte.

5.5 Wie Scientology Menschen fängt – Mitglied wider Willen

Auf der Geschäftsstraße in (...) wurde ich von einem jungen Mann angehalten. „Wollen Sie Ihr Leben verbessern?" Zögernd sagte ich ja. Er führte mich dann in das Büro von Scientology. Der Name und die Organisation waren mir bis dahin unbekannt. Dort unterhielt sich ein anderer junger Mann (Name) mit mir. Während dieses Gesprächs fand er sehr schnell meine Probleme in schulischer Hinsicht heraus. Er machte mir Hoffnungen, dass mit Hilfe von Scientology diese Probleme zu lösen seien. Ungefähr eine 1/4 Std. später unterhielt sich eine junge Frau (...) mit mir. Auch sie machte mir Scientology schmackhaft.
Mein erster Eindruck von den Leuten war sehr angenehm. Ich ließ mich dazu überreden, den Scientology I Rundown mitzumachen. Sie wollte mir auch am ersten Tag das Buch „Dianetics" verkaufen. Als ich an einem der nächsten Tage mit ihr sprach, erfuhr ich zu meinem Erstaunen, dass ich Mitglied der Organisation geworden war. Ich machte mir aber keine weiteren Gedanken darüber. Denn zu diesem Zeitpunkt und in den folgenden Wochen war ich sehr angetan von dieser scheinbar harmonischen Welt. Ich hatte auch selten zuvor so aufmerksame und geduldige Zuhörer. Merkwürdig fand ich von Anfang an das E-Meter. Als ich mal fragte, wie das denn funktioniere, kniff man mich in den Arm und ließ mich die Reaktion der Nadel beobachten. Ungefähr zwei Wochen nach der ersten Begegnung sagte mir der (...), dass er unbedingt neue Staff-Mitglieder brauche. Dazu entschloss ich mich aber nicht. Ich wurde auch von anderen gefragt, wann ich denn Staff würde.
Mitte Dezember fragte mich der (...). Er legte ein Vertragsformular heraus, das mich für fünf Jahre an Scientology gebunden hätte. Da ich zögerte, holte mich der junge Mann in sein Büro und versuchte mir in einem stundenlangen Gespräch die Schlechtigkeiten in der Gesellschaft und dagegen die Welt von Scientology zu zeigen. Ich unterschrieb nicht. Im Dezember belegte ich den HQS-Kurs (Hubbard qualifizierter Scientologe, Kostenpunkt DM 1200.-). Da mir ein angebliches Stipendium gewährt wurde, brauchte ich nur DM 940.- zu bezahlen. Ursprünglich hatte man mir den Student Hut empfohlen (DM 5400.-). Ich hatte bei der Vielzahl der Kurse, den englischen Ausdrücken und fremden Begriffen gar keinen richtigen Durchblick.
Wir wurden immer wieder dazu angehalten, Briefe an den Ron zu schreiben. Eines Abends, nach

einer Filmvorführung, drückte man mir Papier und Kugelschreiber in die Hand und bestimmte, dass ich schreiben sollte.

Wenige Tage später wollte man mich als FSM haben (freier Scientology-Mitarbeiter). Ich hätte angeblich einen Teil der 940,- DM durch eigene Arbeit wieder zurückbekommen können. Auf meinen Einwand, es wäre doch möglich, dass ich mal von Scientology wegginge, antwortete er mir, dieses gäbe es nicht. „Wenn du nicht mehr willst, wird man sich solange mit dir hinsetzen, bis du wieder willst." (...)

Es fanden mehrmals und zu unbestimmten Zeiten so genannte „Sessions" statt. Das waren „geistliche Beratungen" am E-Meter. Ich musste Fragen beantworten, wobei immer die Reaktion der Nadel beobachtet wurde. Zwei Fragen sind mir besonders in Erinnerung geblieben:

Hast du vorgehabt, ein Gerichtsverfahren gegen Scientology einzuleiten?

Gibt es in deinem Bekannten- und Verwandtenkreis irgend jemanden, der feindlich gegenüber Scientology eingestellt ist, oder es anzweifelt?

Der Kurs gefiel mir überhaupt nicht. Er entsprach weder meinen Erwartungen, noch den Versprechungen. Er hatte mit meinen Problemen überhaupt nichts gemein. Ich hatte den Eindruck, – und wenn ich mir heute das Kurspaket durchsehe, verstärkt sich dieser Eindruck – dass mir auf diese Art und Weise Scientology eingetrichtert werden sollte. Außerdem herrschte im Kursraum eine strenge Disziplin. Zweiminütiges Zuspätkommen wurde mit einem Ethikzettel geahndet. Abends mal früher zu gehen war untersagt, ebenso zu sprechen, essen oder trinken. Wenn jemand mal aus dem Fenster schaute, kam gleich der jeweilige Kursleiter auf ihn zu. Ich merkte, dass man immer mehr Besitz von mir ergreifen wollte. Es wurde mehr und mehr über mich bestimmt. Als ich mich traute, zu sagen, dass ich an meinem Geburtstag etwas später kommen würde, kam prompt die Frage: wohin gehst du, wann kommst du? Einige Tage erschien ich nicht. Als ich wieder kam (man hatte versucht, mich zu Hause abzuholen, ich öffnete aber nicht), musste ich zum Ethik-Offizier.

Später musste ich auch mal das Büro saugen. Im Januar war im Lokalteil der ...... ein Artikel über Scientology. An meinem nächsten Termin verlangte man von mir, einen Leserbrief zu schreiben. Da ich mich ebenso oft weigerte, wie man mir bestimmte, einen zu schreiben, musste ich wieder mal zum Ethik-Offizier. Ich sagte nun, dass mir der Kurs überhaupt nicht gefiele. Man fragte mich, ob ich das Geld wiederhaben wollte.

Der Zeitungsreporter sollte fertiggemacht werden. Es wurden Dutzende von Klagen beim Gericht eingereicht. Bei einem Pfarrer, der ebenfalls in der Zeitung berichtete, sollten Spitzel in den Verwandten- und Bekanntenkreis eingeschleust werden. Dadurch, dass ich oft fragte und kritisierte, stand ich bald auf „Zweifel" dann „Feindschaft". Einmal musste ich jedes der Mitglieder fragen, warum er Scientologe sei. Ich verkaufte auch keine Bücher oder sprach Personen auf der Straße an. Wie wir freien Mitarbeiter Leute zu kommunizieren und an Scientology heranzubringen hatten, wurde uns eingedrillt.

Die Bezeichnung hierfür hieß „Verbreitungs-Drill"; Kontaktiere das Individuum, handhabe es, rette es, bringe es zum Verständnis. Beim Bücherverkauf sollte um passendes Geld gebeten und dem Käufer gesagt werden, man könne nicht herausgeben. Die Aufmerksamkeit des Käufers auf das Geld sollte so schnell abgelenkt werden. Mitte Januar war der ausführliche Artikel im ...... Ich wagte es erst nach einigen Tagen zu fragen, wie es dazu kommen konnte, dass eine Frau nach Scientologen-Behandlung glaubte, in einem früheren Leben mit Bismarck verheiratet gewesen zu sein. Die Antworten waren ausweichend. Irgendwann im Januar vermutete man, ich sei ein Spitzel von einer anderen Organisation. Statt das ganz ruhig zu sehen, war ich total fertig. Ich hatte nämlich nie schlechte Absichten gehabt. Etwas später wurde ich dann fotografiert. Etwa drei Tage lang war ein Scientologe aus München da. Nachdem er an einem Abend einen Vortrag gehalten hatte, erhielt jeder die Gelegenheit, sich mit ihm zu unterhalten. Ich fragte ihn nach der jungen Frau. Als Antwort erhielt ich, sie sei eben in ihrer „reaktiven Bank" gewesen. (In der „reaktiven Bank" sind nach Scient. die negativen Einflüsse eines Menschen im Laufe seines Lebens gespeichert.) Obwohl ich mehrmals sagte, dass ich kein Geld mehr zur Verfügung hatte, versuchte er immer wieder, mich zu weiteren Kursen und höherem Auditing zu überreden. Ich ließ mich dann zu einem Co-Auditing überreden. Ich habe dieses jedoch nie genossen und auch nicht bezahlt. Mit meinem Kurs kam ich immer schlechter voran. Man bestimmte schließlich, dass ich noch einmal von vorne beginnen sollte.

Donnerstag, den (...) war ich wieder beim Ethik-Offizier. Ganz überraschend nahm man mich dann ans E-Meter. (...) Dabei beobachtete er sehr genau die Nadel des E-Meters. Der Abend endete mit meinem Hinauswurf. Ich war durch diese Wendung und diese Behandlung ziemlich fertig. Als ich am nächsten Tag wiederkam, um das Geld abzuholen, wie man es mir am Vortag gesagt hatte, hieß es dann, ich hätte zwei Möglichkeiten, die erste war, die Schule aufzugeben, arbeiten zu gehen und möglichst viel Auditing zu bekommen. Die zweite Möglichkeit war, ich sollte nach München fahren. Auf meine Bemerkung hin, dass ich am Tag vorher hinausgeworfen worden war und man mir die Rückgabe des Geldes, wie vorher schon zwei Mal, angeboten hatte, sagte man mir, es wäre nicht so, dass Scientology von sich aus den Austritt und die Rückgabe des Geldes anböte. Im Falle meines Austritts würde mein Name in sämtlichen Scientolgogy-Büros der Welt bekannt sein, und Scientology verfüge über ein gut funktionierendes Kommunikationssystem. Ich entschied mich für München. Dort sollte ich gleich am nächsten Tag hinfahren. Das war mir zu überstürzt, ich einigte mich dann für den nächsten Samstag.

Am nächsten Tag, Samstag, ging ich wieder hin und wollte endgültig austreten. Man sagte mir, dass ich in der nächsten Woche noch einmal kommen sollte. Bis dahin hätte man dann die Unterlagen für meinen Austritt fertig. Auch das Geld könnte ich nicht sofort bekommen. Am vereinbarten Termin, Dienstag oder Mittwoch (...) legte man mir dann ein Schreiben vor, in dem man mir wieder zwei Möglichkeiten anbot. Die eine war mein Austritt, und die andere ein Angebot, womit man auf die zweimonatige Unterbrechung, um die ich einige Wochen zuvor gebeten hatte (weil mir kaum noch Zeit für Privates blieb) einging. Obwohl ich mit dem festen Entschluss gekommen war, aufzuhören, stimmte ich dem Angebot zu. Wir einigten uns, dass ich am (...) wieder erscheinen würde.

In diesen zwei Monaten hatte ich nun Zeit, die Bücher zu lesen, die ich mir in den Monaten meiner Mitgliedschaft gekauft hatte. Doch ich muss gestehen, dass ich diese Bücher dann nur teilweise gelesen habe, und mein Interesse daran verging. Vor allem das Buch „Dianetic" ist meiner Meinung nach ein technisches Sammelsurium, in dem mich die grauenhaften Formulierungen von L. Ron Hubbard sehr erschreckt haben. Da ich nun nicht mehr unter der Einflussmöglichkeit der anderen Sektenmitglieder stand, konnte ich nun nüchtern über meine bisherige Mitgliedschaft reflektieren.

Es wurde mir klar, wie gefangen ich dort war und dass es bei einer längeren Mitgliedschaft noch schlimmer werden würde. Am Freitag erschien ich dann wieder und sagte, dass ich austreten würde. Da der (...) mir sagte, dass es nicht möglich sei, mir das Geld sofort auszuzahlen, vereinbarte ich mit ihm den (...) als Rückgabetermin. Ich sagte ihm auch, dass ich mich nicht mehr ans E-Meter setzen würde. Er fertigte nun eine Liste über die Personen an, die ich aufzusuchen hatte. (...) Er begründete es damit, dass Scientology sich rechtlich absichern müsse. Außerdem war ich nun ein Feind der Organisation. Am Mittwoch erledigte ich einen Teil der Aufgaben, ich wollte meinen Austritt so reibungslos wie möglich machen und dann in Ruhe gelassen werden. Der (...) war an diesem Tag nicht da. Aus diesem Grund sollte ich am nächsten Tag wiederkommen. Donnerstag, war er dann da. Er sagte mir aber, dass er etwas anderes zu tun habe, was ihm wichtiger sei. Ich sollte mir Freitag viel Zeit nehmen, damit er alles über meinen Austritt mit mir klären könne. Am Freitag ging dann seine Frau (...) eine Liste mit mir durch, wobei sie mich alltägliche Wörter und Begriffe aus der Scientology erklären liess. Man wollte prüfen, ob ich alle Wörter und deren Bedeutungen verstanden hatte, um dann am E-Meter Fragen beantworten zu können.

Als der (Name) mich dann ans E-Meter holen wollte, weigerte ich mich. Nach einer kurzen Beratung mit einem anderen Sektenmitglied wollte er mich dann in das Zimmer holen, wo er sich beraten hatte. Ich weigerte mich und wollte nach Hause gehen. Man befahl mir: „Du gehst nicht nach Hause." Ich zog aber trotzdem meinen Mantel an und wartete dann aber doch ab. Die zwei berieten sich wieder. Mir wurde immer schauerlicher zumute. Nach einiger Zeit wurde ich dann in das Büro gerufen. Dort fragte mich dann das andere Mitglied, auf kameradschaftliche Art, was denn überhaupt los sei. Er versuchte mir nochmals das E-Meter zu erklären. Als er merkte, dass es nichts nützte, sagte er, man solle mich doch ruhig gehen lassen und ich hätte nichts von Scient. begriffen. Während der ganzen Zeit saß der (...) etwas schräg hinter mir und beobachtete mich mit einem Gesicht, das ich schlecht beschreiben kann. Zorn, Hass, alles schien sich darin widerzuspiegeln.

Dann war ich mit ihm allein im Zimmer. Er versuchte herauszufinden, warum ich mich nicht mehr ans E-Meter setzen wollte. Der Grund war für mich sehr einfach, 1. war ich nicht mehr Mitglied und brauchte das E-Meter nicht mehr zum Auffinden eventueller seelischer Spannungen, womit mir die Funktion des E-Meters beschrieben worden war und 2. hielt und halte ich das E-Meter für eine menschenunwürdige Sache.

Da ich seiner Meinung nach etwas zu verbergen hätte, wovon ich nicht wollte, dass Scientology oder jemand anders etwas davon erführe, müsste Scientology herausfinden, was das sei. Wenn ich es nicht selbst sagen würde, warum ich austreten bzw. nicht mehr ans E-Meter wolle, würde Scientology Leute in meinen Bekanntenkreis einschleusen, um mein Leben zu durchleuchten. Ich hatte aber alles über die Gründe meines Austritts bereits gesagt. Seine Behauptungen trafen nicht die Wahrheit, die Wahrheit war, dass ich ganz einfach wegwollte. Er beschuldigte mich, eine unterdrückerische Person zu sein, weil ich ihn daran hindern würde, seine Hilfestellung an mir auszuüben. Wenn ich keine Klarheit schaffen würde, hätte ich keine Möglichkeit, zu Scientology zurückzufinden, und nun ein Zitat: „Und ich möchte dich dorthin zurückführen." Er prophezeite mir, dass sich die Unterwelt vor mir auftun und ich in der Gosse landen würde, sobald ich die Tür hinter mir geschlossen hätte. Er vermutete, ich wäre homosexuell, was in Scientology einem Verbrechen gleich ist. Über die Rückgabe meines Geldes machte er vage Bemerkungen. Die könnte in einem Monat geschehen oder in einigen Monaten, man wolle schließlich wegen mir nicht die nächste Miete versäumen. Ich sollte noch einmal anrufen und wiederkommen. Da ich nun starke Zweifel hatte, ob ich jemals das Geld zurückerhalten würde und um denen zu zeigen, dass ich nicht so ganz alleine dastand, bat ich wenige Tage später einen Rechtsanwalt um Hilfe. Nachdem dieser ein Schreiben mit der Bitte um Überweisung des Geldes verschickt hatte, erhielt ich dann einen Brief mit einem Terminvorschlag. Da ich nun einen Rechtsanwalt beansprucht hätte, habe man die Sache der Rechtsabteilung übergeben. Seitdem habe ich nichts mehr von Scientology gehört, und auch keinen Pfennig Geld gesehen. (...)

Wenn ich die Sektenmitglieder mit anderen Gleichaltrigen aus meinem Bekanntenkreis verglich, schienen sie tatsächlich glücklicher zu sein. Auch ich fühlte mich ja zunächst sehr gut. Bis ich dann merkte, dass alles nur eine Scheinwelt war, in der ich nicht mehr viel zu sagen hatte, in der andere über mich bestimmten. Ich finde es erschreckend, mit welcher Kritiklosigkeit sich die Mitglieder, die überwiegend in meinem Alter waren, L. Ron Hubbard und seiner „Erfindung" Scientology ergeben hatten. Eine Organisation, die sehr autoritär und hierarchisch aufgebaut ist, was ich auch in dem Büro in (Ort) merkte. Mr. Hubbard ist in meinen Augen ein Diktator. Während meiner Mitgliedschaft gab es zwei Personen, die „clear" waren, die also zu den „höchsten und glücklichsten Wesen" gehörten. Nach meinem Empfinden waren gerade sie die bedrohlichsten mir gegenüber. Folgendes habe ich im Bericht nicht erwähnt: Die Wände im Büro waren „tapeziert" mit Urkunden und Scientology-Postern. Als ich den Rundown beendet hatte, wurde ich beglückwünscht. Es wurde mir von den einzelnen Mitgliedern immer wieder mitgeteilt, wie glücklich sie seien. Jeden Abend fragte der Kursleiter, wer einen Gewinn hatte. (...)

Ich hörte niemanden der Mitglieder etwas Kritisches sagen, außer den neuen, die ungefähr zu meiner Zeit eingetreten waren. Wenn es doch mal vorkam, wie bei mir, dass einer etwas sagte, wurde er aus dem Raum herausgeholt, um so nicht die Atmosphäre der Eintracht zu stören. Es kam auch vor, dass man mich, besonders als ich austreten wollte, mehr als eine Stunde warten ließ. Als ich mal schnell in der Zeit etwas einkaufen wollte, befahl man mir zu bleiben. Im Büro sind mal 4.000.- DM abhanden gekommen. Da ich vorher zu verstehen gegeben hatte, dass ich kein Geld mehr für weitere Kurse hatte, gab man mir zu verstehen, dass nur ich als verdächtig galt. Einmal muss irgend etwas vorgefallen sein. Ich hörte ein Geräusch und Rufe. Hinterher mußte ich aufschreiben, was ich gesehen und gehört hatte. (...)

Durch die Misstrauensbezeugungen der anderen mir gegenüber wurde in mir so eine Art Schuld-gefühl erweckt. Ich wollte den Kurs zu Ende machen, um zu zeigen, dass ich wirklich keine schlechten Absichten hatte. Leider habe auch ich so genannte „Erfolgsberichte" geschrieben, die nun gegen mich verwendet werden könnten. Ein anderes Mitglied, das ich einige Wochen nach meinem Austritt traf (er war etwas später als ich eingetreten und wollte auch weg), musste am E-Meter bestätigen, dass er in Urlaub fuhr.
Unterschrift, 23 Jahre

5.6 Hilferuf an ABI. Scientology hat sich in unser Leben geschlichen

Herr Eberhard Kleinmann Vors. des Vorstandes der
Aktion Bildungsinformation (ABI) e.V.
Alte Poststraße 5
70173 Stuttgart
Sehr geehrter Herr Kleinmann,
haben Sie recht herzlichen Dank für das heutige Telefonat.
Zu Ihrem besseren Verständnis schreibe ich Ihnen den „Werdegang" unseres Falles noch einmal auf. Meine Schwiegereltern besitzen seit über 30 Jahren eine Druckerei (...)
In dieser Firma sind heute ca. 30 Mitarbeiter beschäftigt, u.a. die Söhne (...), die dort auch ihre Drucker-Ausbildung absolvierten. Ich (...) bin seit meiner Heirat mit (...) vor 9 Jahren ebenfalls in der Firma beschäftigt: Der Inhaber ist (...). seine Frau hat volle Prokura. Die Söhne sind zwar lei-tende Angestellte, haben jedoch keine Handlungsvollmacht wie Bankvollmacht etc. Sie stehen auch nicht im Handelsregister.
Vor gut drei Jahren begann es, dass wir von der Firma X bzw. von der Firma Y, die Herrn Detlef Foullois (einem Scientologen; Firmen hier anonymisiert, aber der ABI bekannt; der Autor) gehört, Druckaufträge zur Herstellung von Informationsschildern bekamen. Der Umsatz mit diesen Druckaufträgen war beträchtlich. (Meine Schwiegereltern sowie mein Mann und ich) wurden zu einer Firmenjubiläumsfeier von Herrn Foullois eingeladen. Dort wurde meinem Mann und mir erstmals klar, dass es sich hier um Scientologen handelt. Wir haben daher auch jeden weiteren persönlichen Kontakt vermieden. Meine Schwiegereltern trafen sich danach gelegentlich mit dem Ehepaar Z.! und noch einem Ehepaar, deren Namen ich aber nicht kenne. Den Äußerungen mei-ner Schwiegereltern nach zu urteilen, waren sie auch gegen Scientology, zumal sie auch das Buch „Scientology – Ich klage an" von Frau Hartwig gelesen haben.
Anfang dieses Jahres begann es, dass sie des Öfteren zu einer „Rosemarie" gingen. Dass dies eine Psychologin der Scientologen ist, ist uns nun auch klar. Wenig später erzählten sie uns, dass sie nun ein Ernährungsprogramm absolvieren, mit Saunagängen und Vitaminen. Was das auf sich hatte, wussten wir, nachdem wir vor zwei Wochen das zweite Buch von Frau Hartwig gelesen haben. Da wir zum dem Zeitpunkt, als meine Schwiegereltern dieses „Reinigungsprogramm" absolvierten, noch nichts konkretes über Scientology wussten, fanden wir dies auch nicht merk-würdig. Die Tageszeitung wurde dann auch abbestellt, da dort ja nur negative Dinge stehen.
Anfang Juni stellten wir eine neue Mitarbeiterin als Druckhelferin ein. Dieses junge Mädchen bekam Anfang August einen Kreislaufkollaps. Von den Ärzten wurde auch noch ein Magenge-schwür diagnostiziert. Es folgten dann mehrere Krankmeldungen – wovon die letzte von einem Nervenarzt ausgestellt wurde, der sie zwecks einer Therapie in eine psychiatrische Klinik einwies. (Als Anmerkung: Die Eltern des Mädchen sind „von heut' auf morgen" nach Amerika ausgewan-dert, und das hat es nicht verkraftet.)
Als meine Schwiegereltern dies erfuhren, sind sie sofort in die Klinik gefahren und haben das Mädchen mit Hilfe von Dokumenten der „Kommission gegen Verstöße der Menschenrechte in der Psychiatrie" dort herausgeholt. Als Mitbürge wurde ein Herr K. angegeben.
Meine Schwiegereltern haben zum (...) eine Kreuzfahrt in der Karibik (auf der Freewinds) gebucht. Vor einigen Tagen erzählte meine Schwiegermutter dann von Kursen, die sie besuchen. Dabei fie-len auch Wörter wie „clear" und „Auditing" und dass sie während der Kreuzfahrt auch Kurse

besuchen. Dies war Mitte September und von dem Tag an war uns klar, dass meine Schwiegereltern Scientologen sind. Wie tief sie dort allerdings verstrickt sind, wurde uns erst bewusst, nachdem wir das zweite Buch von Frau Hartwig gelesen haben. Dort konnte man jeden Schritt nachlesen, welchen sie schon hinter sich hatten. Zumal in der Firma nun auch Post von „WISE" eintrifft, wo sie die Mitgliedschaft beantragt haben.

Am (...) haben wir uns (mein Mann, seine Geschwister und ich) bei meinen Schwiegereltern privat getroffen, mit der Absicht, sie von dieser Kreuzfahrt abzubekommen. Dafür haben wir uns und den fünf Enkelkindern Fotos angefertigt und ein kleines Fotoalbum zusammengestellt, mit der Hoffnung, dass sie in dieser Sache auch an die Familie denken, die dadurch zerstört wird. Wir haben ganz ruhig und liebevoll (aber mit Nachdruck!) versucht, ihnen klarzumachen, was alles noch folgen wird. Sie haben es nicht verstanden und waren von ihren „eingetrichterten" Thesen nicht abzubringen. (...) sind sie in die Karibik gefahren. Am Freitag ist dann mein Schwager nervlich zusammengebrochen. Er hat in jedem einen Scientologen gesehen, ist gewalttätig geworden, so dass uns nichts anderes übrig blieb, als ihn in eine Klinik zu bringen. Dort wird er leider bis auf Weiteres bleiben müssen. Und wir sind nicht sicher, ob er sich jemals davon wieder erholt. Herr Kleinmann, soweit meine Schilderung.

Für uns ist es jetzt wichtig zu erfahren, welche Schritte wir weiter unternehmen können, um die Beiden da wieder herauszubekommen. Einerseits geht es um unsere Eltern, die wir lieben, dazu kommt, dass die Junioren bisher nur für die Firma gelebt haben. Dies alles gibt man ja nicht einfach auf. Meine Schwiegereltern sind in der Karibik und bis dahin müssen wir alle wichtigen Informationen erhalten.

Mein Mann, sein Bruder und ich sind nicht bereit, weiter in der Firma zu arbeiten, wenn sich meine Schwiegereltern nicht von den Scientologen zurückziehen. Bloß wäre es für uns natürlich ungünstig, von selbst zu kündigen, da wir dann ja völlig mittellos sind. Es wäre sehr nett von Ihnen, uns für diesen Fall, falls er eintreten sollte, einen kompetenten Rechtsanwalt zu nennen, der uns im Vorwege schon einmal beraten kann.

In der Hoffnung auf schnelle Hilfe verbleibe ich mit freundlichen Grüßen

5.7 Bittere Bilanz: „Scientology-Gehirnwäsche ruinierte mein Leben."

Sehr geehrter Herr Kleinmann,
Sie erhalten einige Informationen über meine ehemalige Kontakte zur AMK (Private Akademie für Management und Kommunikation GmbH). Die AMK hat die persönlichen Daten, die Aussagen und die Verhaltensweisen der einzelnen Schulungsteilnehmer fein säuberlich registriert und dadurch allen AMK-Mitarbeitern (Scientologen) zugänglich gemacht. Abends gegen 22 Uhr, wenn die Studenten gegangen sind, finden Mitarbeiterbesprechungen statt, in denen sicherlich die weitere *Bearbeitung* der Teilnehmer diskutiert wird. Ich fühlte mich auf jeden Fall dauernd beobachtet. Verblüfft hat mich, dass der Leiter des Kommunikationsseminars III, den ich vorher noch nie gesehen hatte, mir gerade ins Gesicht sagte: „Ich kenne Sie! Sie sind der, der aufgrund einer Anzeige zu uns gekommen war." Offensichtlich war ich der einzige dieser Art, denn die anderen wurden in irgendwelchen Fußgängerzonen (Mannheim, Karlsruhe, Wiesbaden, (...) angemacht. Deshalb bin ich der Meinung, dass dieses Datum zusammen mit ein oder zwei zusätzlichen Informationen aus diesem Brief zu meiner Identifizierung führen würden. Und daran habe ich in diesem Moment, in dem ich verzweifelt eine Arbeitsstelle suche, beim besten Willen kein Interesse.

Ich bin mit der AMK in Kontakt gekommen. Ich war damals als wissenschaftlicher Mitarbeiter bei ABB beschäftigt. Ich war damals mit dem Verlauf meiner beruflichen Karriere sehr unzufrieden. Auf dem zwischenzeitlichen Hoch erlitt ich (einen) Unfall und war (...) arbeitsunfähig (...). Dadurch haben mich jüngere Kollegen überholt, von denen mich einer während meiner Krankheit bei einem Wochenseminar der Gesellschaft (...) vertreten durfte. Nachdem ich trotz mehrfacher Wunschäußerung nie zu einem Weiterbildungsseminar (Führungskräfte-Seminar) eingeladen wurde, hatte ich mich entschlossen, mein Glück selbst in die Hand zu nehmen, d.h. meine Fortbildung selbst zu finanzieren. Was mir damals (und heute noch) fehlte, war entsprechendes Durchsetzungsvermögen und die Fähigkeit, die eigenen Künste besser zu verkaufen. Die AMK war damals sehr aktiv, sowohl auf der Straße (Fußgängerzone Mannheim) als auch in Anzeigenblättern. Ein Arbeitskollege hatte Informationen angefordert, und wir bekamen daraufhin immer wieder neue Termine zugesandt. Es waren Einladungen zu kostenlosen Informations-Seminaren, die in Mannheim im Hotel ... (Nähe HBF) stattfanden. Irgendwann bin ich dann abends einmal hingegangen. Was da erzählt wurde klang alles sehr plausibel (wie übrigens vieles im Laufe der folgenden Seminare). Am Ende der Veranstaltung konnte man die kostenlose Oxford-Persönlichkeitsanalyse machen. Das Ergebnis musste man dann bei der AMK abholen und wurde dabei zur Teilnahme am ersten kostenpflichtigen Seminar überredet (gute Verkäufer gibt es bei der AMK).

Das Seminar „Erfolg durch Kommunikation I" bestand aus Basis- und Aufbauseminar und wurde an zwei Wochenenden im Hotel ... in Neckarsulm abgehalten, in dem jedes Wochenende auch eine Gruppe der (...) tagte. Der Preis für dieses Einstiegsseminar war relativ günstig (ca. 1.500.- DM). Schon am ersten Wochenende (Sonntagabends) wurde wieder eine Oxford-Analyse gemacht und die diesmal weitaus besseren Ergebnisse der Teilnehmer dazu benutzt, die nächsten Kurse zu verkaufen. Herr B. verkaufte an ca. 80 % der Teilnehmer weitere Seminare, die in Blöcken angeboten wurden. Es war natürlich besonders günstig, Block A (3 Seminare) und Block B (4 Seminare) auf einen Schlag zu buchen. Dies kostete mich weitere 12.900.- DM (Einzel-Seminare hätten 2.500.- DM gekostet, also zusammen 17.500.- DM).

Erst am dritten Wochenende gestand Herr Kolb ein, dass er selbst Scientologe war, wie alle – bis auf eine Verwaltungsangestellte – bei der AMK. Die AMK wäre aber eine ganz normale private Akademie, die lediglich die Lehrmaterialien von der WISE bezieht (weil diese so besonders gut sind) und dafür Lizenzgebühren pro Teilnehmer zahlen müsste. Parallel zu den Kommunikations-Seminaren (die in Gruppen stattfanden) konnte man die anderen Seminare (Einzelstudium) beginnen. Man arbeitete jeweils ein Kapitel durch und wurde dann von der Kursraumaufsicht oder von einem anderen Kursteilnehmer geprüft. Die Kurse waren unheimlich gut aufeinander abgestimmt. Es wurde versucht, einem in kleinen Portionen immer gerade soviel an *Wahrheit* zu verkaufen, wie man gerade noch verkraften (aufnehmen) konnte. Da es aber manchmal wirklich zuviel des Guten war (Jemand wartet angebunden auf seine Hinrichtung. Der Schütze legt das Gewehr schon an. Frage: wird der Verurteilte erschossen? Richtige Antwort: Nein, wenn er einen größeren Willen als der Henker hat!), kam mir der Verdacht, dass hier etwas nicht mit rechten Dingen zuging. Das E-Meter nach dem ersten erfolgreich abgeschlossenen Einzelstudium verstärkte den Verdacht noch, bis es letztendlich zur Gewissheit wurde. Auch die Ehepartner sollten entsprechend gepolt werden. Deshalb war pro gebuchtem Block ein Wochenende für den Partner gratis! Nachdem klar war, worauf ich mich da eingelassen hatte, nahm ich nur noch an den Gruppenseminaren teil, weil es da offensichtlich keine Gefahren (Gehirnwäsche) gab. Meinen Arbeitsplatz bei ABB hatte ich zu diesem Zeitpunkt schon verloren. Ein ABB-FAX an den Chef (eines großen Kunden von ABB), in dem ich ihm meine Ideen für (...) mitteilte, das von dessen Chefsekretärin abgefangen und an den ABB-Vorstand retourniert wurde, war angeblich Grund genug, mich unter Androhung von Konsequenzen zur Kündigung zu zwingen. Nachdem mein Leben nun ruiniert ist (wer weiß, ob ich auf dem miserablen Arbeitsmarkt für (...) je wieder eine adäquate Position finden werde), muss ich nun auch noch mit ansehen, dass die (Firma) die Ideen, die ich in meinem FAX (wegen dem ich meinen Arbeitsplatz verlor) aufgeworfen habe, Schritt für Schritt in die Tat umsetzt (siehe Anlage und Meldungen in der Presse dieser Woche über den neuen (...). In diesem Zusammenhang schießen mir immer wieder die folgenden Fragen in den Kopf.

Hat es Sinn, die Leute, die mein FAX abgefangen haben, wegen Ideenklaus zu verklagen?

Ist das Institut in (...) von dem (...) Mitarbeiter zu Verkäufern ausbilden lässt, auch der Scientology verbunden (während eines meiner Wochenenden im Hotel fand dort auch eine Schulung der (...) statt.

Die Scientology wirbt übrigens auch auf gutbesuchten Jahrmärkten, auf denen sie kurzfristig einen Bücherladen aufstellt. So geschehen im ..., zu dem regelmäßig mehrere tausend Besucher aus Nah und Fern kommen. Sie können sich sicher vorstellen, dass mir die Galle hochkam, als ich das sah. Den Bürgermeister, den Gemeinderatsvorsitzenden sowie unseren Pfarrer konnte ich nicht erreichen. So machte ich dem Pfarrer (...) Mitteilung, und irgendwie war der Bücherstand eine Stunde später verschwunden. Die Gemeindeverwaltung konnte mir nicht sagen, wer diesen Stand gemeldet hatte. Es war halt nur ein Bücherladen, der kurzfristig einen der letzten freien Plätze belegt hatte. Auf eine detailliertere Antwort des Gemeindebediensteten Herrn (...) warte ich noch heute vergeblich. Es wäre gut, wenn Sie die Gemeinden anschreiben würden, um etwas mehr Sensibilisierung, bei der Vergabe von Marktparzellen zu erreichen.

Ein weiterer Werbekanal sind die elektronischen Medien. Von jeder Universität bzw. von jedem industriellen (Computer) (...) haben Sie Zugriff auf die NewsGroups des Internet (z.B.: news.answers), in denen monatlich so genannte FAQs (frequently asked questions) abgelegt werden. Beispiele der FAQs von Scientology finden Sie in der Anlage, es gibt jedoch noch einige mehr. Wie wäre es, wenn die ABI in derselben NewsGroup monatlich ein FAQ kontra Scientology ablegen würde (dies ist übrigens kostenlos)?

In der Anlage finden Sie mehrere Kopien von Briefen sowie Seminarangeboten, die ich von der AMK erhalten habe. Seither wurde ich glücklicherweise in Ruhe gelassen und ich möchte im Moment nicht, dass es wieder von vorne losgeht, obwohl ich in einer der von Scientology beherrschten Firma wenigstens wieder einen Arbeitsplatz finden könnte. Nachdem ich meinen Arbeitsplatz bei ABB verloren hatte, hat die AMK nicht nur mir eine Stelle in einem nicht näher bezeichneten Immobilienmaklerbüro angeboten. Auch die Übernahme einer Seminarleiterfunktion wurde mir in Aussicht gestellt. Von den gebuchten Kursen (Block A und B) habe ich nur die Kurse AI und AII komplett absolviert und die Kurse AI-II und BIII abgebrochen. Letzte Woche bekam ich Reklame von der Firma. Dieses Mal lag auch eine Beilage der New Era GmbH im Brief. Eine Kopie davon findet sich ebenfalls in der Anlage. Weiterhin viel Erfolg im Kampf gegen Scientology! (Dieses schlimme Schicksal eines früheren ABB-Mitarbeiters spielte sich vor mehreren Jahren im Raum Mannheim und Heidelberg ab – der Autor).

6. KAPITEL

6.1 Dokumente beweisen: Es geht um Geld und Macht

Vor den Schranken der Gerichte platzt der religiöse Lack von Scientology sehr schnell ab. Inzwischen gibt es bis 2004 zahllose Urteile und Berichte weltweit, die belegen, dass die von L. Ron Hubbard gegründete Bewegung nichts weiter als ein international verflochtenes Wirtschaftsunternehmen ist, dem es ausschließlich um Geld und Macht geht. Im Folgenden werden einige Beispiele genannt, die die Flut aktueller Dokumente zu diesem Bereich der Tätigkeiten von Scientology nur vage andeuten können. Weitere einschlägige Unterlagen sind im ABI-Archiv gesammelt.

6.2 „Im Namen des Volkes ..." Ein ahnungsloser Bürger als Scientology-Opfer

Der folgende Bericht zeigt belegbar auf, wie ein ahnungsloser Bundesbürger Opfer einer Anweisung von L. Ron Hubbard wurde („Geräuschvolle Ermittlungen").
Amtsgericht Frankfurt am Main verkündet am: (...) 1995
Geschäftsnummer: 32 C 538/95 – 72
Urteil im Namen des Volkes
Im Rechtsstreit
gegen ...
hat das Amtsgericht Frankfurt am Main ... aufgrund der mündlichen Verhandlung vom (...) 1995 für Recht erkannt: Der Beklagte wurde verurteilt, seine gegenüber dem Fernmeldeamt Frankfurt im Zusammenhang mit dem geäußerten Verdacht, sein – des Beklagten – Telefon werde abgehört, geäußerte Behauptung, dass hierfür nur der Kläger in Frage komme, zu widerrufen.
Der Beklagte wird verurteilt, eine derartige Behauptung künftig zu unterlassen. Für den Fall der Zuwiderhandlung wird gegen den Beklagten ein Ordnungsgeld in Höhe bis zu 500.000,- DM, ersatzweise Ordnungshaft, festgesetzt.
Im Übrigen wird die Klage abgewiesen.

Die Kosten des Rechtsstreits haben zu 10 % der Kläger und zu 90 % der Beklagte zu tragen. Das Urteil ist vorläufig vollstreckbar.

Der Kläger darf die Vollstreckung gegen Sicherheitsleistungen in Höhe von 150,- DM abwenden, wenn nicht jeweils der Gegner vor der Vollstreckung Sicherheit in gleicher Höhe leistet.

Tatbestand:

Der Kläger war bei dem Fernmeldeamt in Frankfurt am Main als technischer Beamter beschäftigt. Unter dem (...) 1994 richtete der Beklagte an das Fernmeldeamt 4, Frankfurt, Personalstelle, ein mit der Überschrift „Anzeige" versehenes Schreiben folgenden Inhalts:

Sehr geehrte Damen und Herren, von einem Herrn (...) aus Ihrem Haus, aus der Tele-Comm, wurde ich informiert, dass ich abgehört wurde.

Ich möchte dies zur Anzeige bringen. Meines Wissens kommt dafür nur eine Person in Frage. Es handelt sich dabei um Herrn (...) wohnhaft in (...). Soweit mir bekannt ist arbeitet er bei der Tele-Comm in (...) und hat die Personalnummer (...).

Aus begreiflichen Gründen wäre mir sehr daran gelegen, dass es – verifiziert wird, ob es diese Person ist, die mich abhört, – dass diese Person, die abhört, zur Rechenschaft gezogen wird und dass die Abhöraktionen künftig unterbleiben. Mit vielem Dank für Ihre Bemühungen und freund-lichen Grüßen (...)

Mit vorprozessualem anwaltlichem Schreiben vom (...) 1994 forderte der Kläger den Beklagten ergebnislos auf, seine Behauptungen zu widerrufen und solche künftig zu unterlassen.

Mit der vorliegenden Klage verfolgt der Kläger dieses Begehren weiter.

Der Kläger beantragt,

1. den Beklagten zu verurteilen, seine gegenüber dem Fernmeldeamt Frankfurt geäußerte Behauptung, der Kläger würde ihn mit dem Telefon abhören, zu widerrufen.

2. den Beklagten zu verurteilen, eine derartige Behauptung künftig zu unterlassen. Für den Fall der Zuwiderhandlung gegen den Beklagten ein Zwangsgeld in Höhe bis zu 500.000,00 DM, hilfsweise Ordnungshaft, festzusetzen.

Der Beklagte rügt die Unzuständigkeit des Gerichts und beantragt im Übrigen, die Klage abzu-weisen.

Der Beklagte behauptet, am (...) 1994 habe bei ihm ein Herr (...) angerufen, der sich als Mitar-beiter der Telekom ausgegeben habe und der ihn darüber informiert habe, dass er, der Beklagte, abgehört werde. Der Beklagte behauptet zudem, bei dem Anrufer namens (...) habe es sich um einen Freund des Klägers gehandelt, der im Auftrage des Klägers den Beklagten unter Nennung des Namens (...) angerufen habe und der ihm diese „Informationen" habe zukommen lassen.

Zur Ergänzung des Sach- und Streitstandes wird auf die zwischen den Parteien gewechselten Schriftsätze sowie auf die in der mündlichen Verhandlung abgegebenen Erklärungen der Parteien Bezug genommen.

Entscheidungsgründe

Das Amtsgericht Frankfurt am Main ist örtlich zur Entscheidung über den Rechtsstreit zuständig. Die Zuständigkeit ergibt sich aus § 32 ZPO, da der Kläger seinen Anspruch auf eine unerlaubte Handlung, nämlich eine Ehrverletzung durch den Beklagten, stützt, die dieser u.a. in Frankfurt am Main begangen hat; dies folgt bereits daraus, dass der Beklage sein Schreiben mit der den Kläger betreffenden ehrverletzenden Behauptung an die damalige Arbeitgeberin des Klägers in Frankfurt am Main richtete.

Die Klage ist auch überwiegend begründet.

Der Kläger hat gem. § 823 Abs. 1 BGB gegen den Beklagten Anspruch auf Widerruf der ehrver-letzenden Behauptung in dem im Tenor angegebenen Umfange sowie Anspruch auf künftige Unterlassung einer derartigen Behauptung.

Dem Beklagten ist zwar darin zu folgen, dass in seinem ersten Schreiben vom (...) 1994 nicht die Behauptung aufgestellt worden ist, dass der Kläger ihn abhöre, insoweit konnte dem Begehren des Klägers auch nicht in vollem Umfange stattgegeben werden. In dem Schreiben vom (...) 1994 findet sich jedoch die Behauptung, dass für den Fall, dass der Beklagte abgehört werde, nur der Kläger dafür in Betracht komme. Allein in dieser schriftlichen Äußerung ist bereits eine Behauptung ehrverletzenden Inhalts den Kläger betreffend zu sehen. Denn der Kläger wird aufgrund dieser Behauptung, dass für etwaige Abhöraktionen „nur eine Person in Frage" komme, nämlich der Kläger, in seiner Individualsphäre beeinträchtigt. Denn diese Behauptung ist durchaus geeignet, den Kläger bei seiner Arbeitgeberin in einem schlechten Licht erscheinen zu lassen, ihn möglicherweise anzuschwärzen.

Diesem Eingriff in die Individualsphäre des Klägers durch den Beklagten stehen keine schützenswerte Interessen auf Seiten des Beklagten gegenüber, durch welche dieser Eingriff gerechtfertigt erscheinen könnte. Der Beklagte vermochte seine Behauptung, er habe am (...) 1994 einen Anruf erhalten, es habe sich ein Mann unter dem Namen (...) gemeldet und ihn darüber informiert, dass sein – des Beklagten – Telefon abgehört werde, nicht zu beweisen. Beweis dafür, dass dieser Anruf tatsächlich stattgefunden hat ist von dem Beklagten nicht angeboten worden, insbesondere kann in den von dem Beklagten vorgelegen Telefonnotizen kein Beweis dafür gesehen werden, dass es diesen Anruf tatsächlich gab.

Soweit der Beklagte in diesem Zusammenhang noch behauptet hat, bei dem Anrufer namens (...) habe es sich um einen Freund des Klägers gehandelt, der unter falschem Namen angerufen, die „Information" erteilt und damit das Schreiben des Beklagten an das Fernmeldeamt provoziert habe, und soweit sich der Beklagte in diesem Zusammenhang auf das Zeugnis des Herrn (...) des Freundes des Klägers, berufen hat, war dieser Beweis nicht zu erheben. Denn diese Behauptung beruht ganz offensichtlich auf einer reinen Spekulation des Beklagten. Wie der Beklagte ausführte, will er die Stimme des Anrufers – dieser soll mit hessischem Dialekt gesprochen haben – der Ehefrau des Klägers beschrieben haben. Die Ehefrau des Klägers soll daraufhin diese Stimme als diejenige des Freundes des Klägers namens (...) identifiziert haben. Aufgrund dessen, dass im hessischen Raum es unzählige männliche Personen gibt, die hessischen Dialekt sprechen, erscheint es unwahrscheinlich, dass die Ehefrau des Klägers allein aufgrund einer Beschreibung der Stimme eine bestimmte Person zu identifizieren vermag.

Da die Verletzung der Individualsphäre des Klägers – so der Anruf tatsächlich stattgefunden hat – allein auf Spekulationen des Beklagten beruht, ist das Persönlichkeitsrecht des Klägers, dessen Schutz in diesem Fall auch Individualsphäre erfasst, verletzt. Der Eingriff ist auch rechtswidrig, selbst wenn den Beklagten der von ihm behauptete Anruf erreicht haben sollte, hätte er eine Überprüfung seiner Telefonleitung erreichen können, ohne hierbei gleichzeitig den Kläger als Abhörer zu verdächtigen.

Der Beklagte handelte bei der Verletzung des Persönlichkeitsrechts des Klägers auch schuldhaft, da die Behauptung, dass der Kläger nur als abhörende Person in Frage komme, vorsätzlich erfolgte und er hierbei billigend in Kauf nahm, dass das Ansehen des Klägers bei seiner Arbeitgeberin Schaden erleiden werde.

Aus den vorgenannten Gründen hat der Kläger Anspruch auf Widerruf dieser haltlosen Behauptung sowie Anspruch darauf, dass der Beklagte solche Behauptungen in Zukunft unterlassen werde.

Die Entscheidung zu den Kosten folgt aus § 92 Abs. I ZPO, da der Kläger mit der Klage nicht in vollem Umfange obsiegt hat, der Klage war nur aus mit der aus dem Tenor ersichtlichen Einschränkung stattzugeben, war der Kläger in 10 % der Kosten zu verurteilen, die übrigen 90 % waren dem Beklagten aufzuerlegen.

Der Ausspruch zur vorläufigen Vollstreckbarkeit hat seine Rechtsgrundlage in den §§ 708, Nr. 11 und 711 ZPO.   (Unterschrift)

6.3 Scientology zieht den Kürzeren

Stuttgarter Zeitung, vom 15. April 1996
Scientologe zieht den Kürzeren
Amtsgericht hebt Strafbefehl gegen ABI-Chef Kleinmann auf
ESSLINGEN. Für die Stuttgarter Verbraucherschutzorganisation Aktion Bildungsinformation (ABI) und die Scientology Church respektive deren Anhänger, ist es schon leidige Tradition, dass man sich auch gerichtlich beharkt. Hat ABI nach eigenen Angaben von mittlerweile 40 Prozessen nur

drei verloren, so kann sie nunmehr einen weiteren Punktsieg verbuchen: Laut einer Pressemitteilung der Verbraucherorganisation ist jetzt vom Esslinger Amtsgericht ein Strafbefehl über 1500 Mark gegen den ABI-Vorsitzenden Eberhard Kleinmann aufgehoben worden. Kleinmann war von einem Hubbard-Jünger aus Sachsenheim bereits im letzten Jahr wegen Verleumdung und übler Nachrede angezeigt worden.

Bei Informationsveranstaltungen vor Sektengegnern in Denkendorf und Neckarsulm-Obereiseseheim soll Kleinmann den Sachsenheimer Kaufmann und späteren Kläger als „Mitglied einer wirtschaftskriminellen Sekte" bezeichnet haben. Die Staatsanwaltschaft in Stuttgart hatte zwar das von dem bekennenden Scientologen angestrengte Strafverfahren zunächst einstellen wollen, gab dann jedoch dem Druck des Anzeigenerstatters nach. Das Esslinger Amtsgericht verhängte in der Folge gegen Kleinmann im Juli vergangenen Jahres im schriftlichen Verfahren wegen Ehrverletzung den Strafbefehl über 1500 Mark.

Da Kleinmann nicht akzeptierte, kam es zur mündlichen Verhandlung, die sich wegen der Anhörung weiterer Zeugen zunächst hinschleppte. Der ABI-Vorsitzende bestritt seine auf den Sachsenheimer Kaufmann gemünzten Äußerungen nicht. Allerdings sei er zuvor von dem Scientologen mehrfach als „Naziverbrecher" tituliert worden, dem, so wird seitens der Verbraucherorganisation rekapituliert, sogar Judenmorde zuzutrauen gewesen wären, wäre er nicht „60 Jahre zu spät" geboren worden. Die massive Verunglimpfung habe dazu gedient, Kleinmann die moralische Rechtfertigung abzusprechen, gegen Scientologen anzutreten. Da Zeugen das Gericht offenbar davon überzeugten... dass der Fall anders zu bewerten ist, hob der Amtsrichter in Übereinstimmung mit der Staatsanwaltschaft den Strafbefehl auf, die Kosten übernimmt die Staatskasse. „Dieses Strafverfahren zeigt die Gefährlichkeit und Widersprüchlichkeit der Scientologen sowie die Schwierigkeiten der Sektengegner, sich im Rechtsstaat zu wehren", heißt es zusammenfassend in der ABI-Erklärung zu dem Fall. Und daraus lässt sich unschwer folgern, dass der 41. Prozess zwischen den beiden Gruppierungen nicht zwingend auch der letzte war.

Wiedergabe mit freundlicher Genehmigung der Stuttgarter Zeitung, Redaktion Esslingen

6.4 Veroniques Rechnungen

1.) Abschrift von Schriftstücken und Rechnungen an Frau Veronique Lumpe *) aus dem Großraum Stuttgart aus dem Jahr 1990

„Veronique hat uns allen gezeigt und sich bewiesen, dass sie das Zeug hat, sich durch Hindernisse hindurchzubeißen und keine Stops zu akzeptieren.

Ihr Weg in die Freiheit ist gebahnt – Sie wird Clear!

Ron sagt dazu: „Das entscheidende Kriterium für einen Thetan ist seine Fähigkeit Dinge zum Funktionieren zu bringen."

     Weiter so, Veronique!

     Dein Registrar

     (folgt Unterschrift)

     und der gesamte Stuttgarter Staff

*) Name vom Autor geändert. Dieses Scientology-Opfer erhielt bis zum Clear Rechnungen von insgesamt fast 400.000 (vierhunderttausend) Mark. Im Folgenden ist nur ein Teil davon wiedergegeben. Im Jahr 2004 betragen die Preise für die gleichen „Leistungen" etwa 350 000,- EUR. Die Preislisten sind im Jahr 2004 meistens in US Dollar angegeben.

2. Rechnung an Veronicpie Lumpe (Abschrift)

Auditing- bis Clear

Normalbeitrag: einzeln, nicht im Paket zusammengefasst;

150 Stunden Auditing	85.000,– DM
Reinigungsprogramm	5.300,–
Lebensreparatur	8.480,–
Benötigte Materialien	6.000,–
Gesamt	104.780,– DM

Beitrag für Veronique, einzeln nicht im Paket zusammengefasst;

150 Stunden Auditing	52.500,– DM
Reinigungsprogramm	5.300,–
Lebensreparatur	8.480,–
Benötigte Materialien	6.000,–
<u>Gesamt</u>	<u>72.280,– DM</u>

Gez. (Unterschrift)

3. Rechnung an Veronique Lumpe (Abschrift)

Auditing- bis Clear

Normalbeitrag:

150 Stunden Auditing	67.200,– DM
Reinigungsprogramm	5.300,–
Lebensreparatur	8.480,–
Benötigte Materialien	6.000,–
<u>Gesamt</u>	<u>86.980,– DM</u>

Beitrag für Veronique:

150 Stunden Auditing	52.500,– DM
Reinigungsprogramm	3.047,–
Lebensreparatur	4.240,–
Benötigte Materialien	<u>65.787,– DM</u> im Paket **

** im Paket: Beitrag ist auf einmal zu zahlen.

Gez. (Unterschrift)

6.5 Blitzkarriere bei Scientology – Oliver Schramm erzählt

Fellbach (off). „Führen Sie, ungeachtet einer persönlichen Gefahr, einen effektiven Schlag gegen die Feinde der Gruppe aus" – so steht es in Hubbards „Ethik der Scientology". Was das heißt, bekam auch Oliver Schramm zu spüren, dem es nach einer sechsmonatigen Blitzkarriere auf einem Schiff in der Karibik gelang, sich von der Sekte zu lösen.

Auf der Suche nach einem Job unterzog sich Schramm, wie er bei der Informationsveranstaltung in Fellbach erzählte, einem Persönlichkeitstest bei einer Advantage Investment AG in Vaihingen, die sich offen zu Scientology bekannte. In drei Monaten investierte er 15.000 Mark in Seminare, in denen der Weg zum „Clear" vorbereitet wurde (der Weg dorthin kostet in der Regel einige hunderttausend Mark).

Einen Karrieresprung versprach die Arbeit an Bord der „Freewinds", einem Schiff, mit dem die Scientologen in der Karibik herumschippern. Laut Scientology erlernen die Mitglieder auf dem Schiff „die höchsten geistlichen Stufen". Schramm erlebte jedoch, wie die Mitglieder finanziell ausgepresst wurden. „Da kommen an einem Abend wie diesem 138.000 Dollar zusammen", so der Ex-Scientologe.

Dass er alles in Deutschland verkaufen musste, bevor er an Bord ging, Details aus seinem Sexualleben angeben und auch den Kontakt zu seiner Familie abbrechen musste, hatte Schramm noch anstandslos akzeptiert. Spätestens beim Geldeintreiben auf dem Schiff, für das er verantwortlich war, wurde ihm jedoch bewusst, um was für eine Organisation es sich handelt.

In einer Nacht- und Nebelaktion informierte er seinen Anwalt. Man fingierte ein Telefongespräch am nächsten Tag, in dem es hieß, Schramm müsse unbedingt in einer wichtigen Immobilienangelegenheit nach Deutschland. Schramm schauspielerte, der Trick zog. Allerdings dauerte es noch sechs Wochen, bevor er endlich das Schiff verlassen durfte – eine lange und bange Zeit, hatte Schramm doch gesehen, dass Sekten-Kritiker mit Schien- und Nasenbeinbrüchen an Bord zurückgebracht wurden. „Die schrecken auch vor körperlicher Gewalt nicht zurück."

Zurück in Deutschland begann der Telefonterror in seinem Bekanntenkreis. Das Landeskriminalamt in Stuttgart riet ihm, mit der Polizei zu drohen. Als Wehrpflichtiger bei der Bundeswehr fand Schramm dann letztendlich seine Ruhe vor den Scientologen.

7. KAPITEL

7.1 Scientology stoppen – Abwehrratschläge

Die ABI hält grundsätzlich jeden Kontakt mit Scientologen für problematisch, weil der Gründer von Scientology, L. Ron Hubbard, seinen Anhängern den ausdrücklichen Auftrag erteilt hat, zur Verbreitung von Scientology beizutragen und gesellschaftliche Stellung dafür zu benützen:

„Erobern Sie, egal wie, die Schlüsselpositionen, die Position als Vorsitzende des Frauenverbandes, als Personalchef einer Firma, als Leiter eines guten Orchesters, als Sekretärin des Direktors, als Berater der Gewerkschaft – irgendeine Schlüsselposition ... Einige von uns werden Zentren in Gang, halten, um sie mit den benötigten Dienstleistungen zu versorgen, und wir werden ihnen Munition und Bücher liefern. Und all die anderen von uns sollten lieber eine Invasion in jeden Aktivitätsbereich unternehmen, den es gibt, und zwar auf einer hohen Erfolgsebene, und auf den Kommunikationslinien der Welt unseren Einfluss spürbar machen."

Die Rekrutierung von neuen Scientology-Mitgliedern erfolgt oft getarnt. Viele der Angesprochenen merken zunächst gar nicht, mit wem sie es eigentlich zu tun haben. Ihnen wird ein tolles Angebot gemacht und die Hoffnung suggeriert, endlich den besten Weg zur Überwindung der eigenen Sorgen und Probleme gefunden zu haben. Geschickt wird Neugier geweckt, alles ist erst einmal „völlig unverbindlich" und natürlich wird versichert, die eigene Entscheidung jederzeit zu respektieren. Oft sprechen die Werber nur geheimnisvoll von der „Gruppe", ihre wahre Identität halten sie zunächst meist geheim.

7.2 Gefahr erkennen – Checkliste

Die Elterninitiative zur Wahrung der geistigen Freiheit (EL), Geschwister-Scholl-Str. 28 in 51377 Leverkusen (Frau Ursula Zöpel) hat eine Checkliste erarbeitet, mit der jeder, der mit Sekten oder Psychogruppen in Kontakt geraten ist, überprüfen kann, ob es sich um eine Falle handelt.

Lesen Sie die folgenden 18 Merkmale zum Verhalten solcher Gruppen. Wenn Ihrer Meinung nach einer der genannten Faktoren auf das Ihnen unterbreitete Angebot Ihrer neuen „Freunde" zutrifft, kennzeichnen sie ihn mit einem Kreuzchen (= ja):

1. Diese neue Gruppe hat Ihnen endlich einfache Antworten auf brennende Fragen gegeben. Hier fühlen Sie sich beschützt und angenommen. Hier haben Sie „etwas Besonderes" erlebt.

ja ? nein

2. Die Anweisungen der Gruppe sind einfach, und so kann jeder daran teilhaben, etwas für die Zukunft zu tun.

ja ? nein

3. Die Gruppe ist wie eine Familie. Die „Alten" helfen den „Neuen", um sie in ihren Fragen und Sorgen nicht allein zu lassen.

ja ? nein

4. Die Gruppe hat einen Meister/Guru/Vater, der die Inhalte der Lehre an die Menschheit weitergibt. Er hat das Wissen um die Wahrheit verwirklicht. Ihm soll Ehre erwiesen werden.

ja ? nein

5. Die Gruppe erklärt, dass die Menschheit durch den Abfall von der „wahren Lehre" dem Untergang geweiht ist. Doch wenn die „wahre Lehre dem Menschen wiedergebracht wird, kann sich der Zustand der Welt wieder bessern.

ja ? nein

6. Nur ganz besondere Menschen verstehen die Wichtigkeit dieser Lehre und dieser Gruppe, und sie sind durch ihre Missionstätigkeit besonders „gesegnet". Die große Masse der Menschen ist allerdings verblendet und damit verloren. Eine Rettung wird erst möglich, wenn sie die Lehre annehmen.

7. Diese Lehre ist nicht einfach Glaube – sie ist „Wissenschaft". Die so genannte moderne Wissenschaft ist im eigentlichen Sinn nur Verblendung.

ja ? nein

8. Die Lehre ist perfekt. Sie soll nicht interpretiert werden; spekulieren, diskutieren und unnütze Gespräche über andere Philosophien sind Zeitverschwendung. Die Lehre ist unverfälscht, rein und ohne Fehler. Zweifel und Misstrauen sind eine Form des Ungehorsams.

ja ? nein

9. Weil die Außenstehenden die Lehre und die Gruppe nicht verstehen wollen oder neidisch auf den Erfolg der Gruppe sind, versuchen sie, die Mission zu unterbinden.

ja ? nein

10. Wer sich der Gruppe anschließt, muss damit rechnen, dass seine Freunde und Verwandten gegen seine Entscheidung sind. Dann sollte man sich von diesen Menschen trennen. Auch meinen Partner soll ich aufgeben, wenn er meinen Weg nicht mitgeht.

ja ? nein

11. In der Gruppe gibt es wichtige Regeln, die von einer höheren Autorität kommen und unbedingt befolgt werden müssen. Dinge wie die Ernährung, die Kleidung, die Beziehung zwischen Mann und Frau usw. sind besonders geregelt.

ja ? nein

12. In der Gruppe gibt es „neue Begriffe" zu lernen. Sie dienen zur besseren Verständigung untereinander.

ja ? nein

13. Disziplin ist ein Prinzip. Rettung können Sie nur erreichen, wenn Sie Gehorsam gegenüber den „wirklichen Autoritäten" üben.

ja ? nein

14. Sie sollen in der Gruppe keine Zeit für unnütze Dinge verschwenden, sich nicht von anderen absondern, denn die „Gemeinschaft" ist ein Prinzip.

ja ? nein

15. Ihre Zeit ist für die Mission da. Sie sollen sie immer irgendwie in den Dienst der Sache stellen.

ja ? nein

16. Zweifel an der Wahrheit und an der Wirksamkeit der Lehre kommen aus Ihren „negativen Gedanken" und dem „Wunsch, etwas anderes zu tun, als die Lehre vorschreibt".

ja ? nein

17. Sie sollen sich heute entscheiden, denn morgen könnte es zu spät sein: „Werde heute Mitglied!"

ja ? nein

18. Die Zeit, über das Gehörte nachzudenken, fehlt Ihnen, aber es wurde Ihnen gesagt, dass das „Erleben und Leben der Lehre" wichtiger sei als das „trockene Nachdenken" darüber.

ja ? nein

Auswertung: Je mehr Kreuzchen Sie gemacht haben, um so größer ist die Gefahr, dass Sie von Werbern unseriöser Gruppen wie Scientology angesprochen worden sind. Äußerste Vorsicht ist geboten!

7.3 Scientology-Infiltration – So können Sie sich schützen

Wer Personal einstellt, sollte es keinesfalls versäumen, Bewerber nach möglichen Kontakten zu Scientology zu fragen.

Der öffentlichen Verwaltung empfiehlt die ABI, sich bei der Vergabe von Aufträgen an die folgenden Punkte zu halten:

Erstens sollte die Absicht bekundet werden, Firmen aus dem Umfeld der Scientologen keine städtische Wirtschaftsförderung zukommen zu lassen.

Zweitens sollten scientologisch unterwanderte Unternehmen von städtischen Aufträgen ausgeschlossen werden.

Drittens sollte verhindert werden, dass Rathausmitarbeiter bei Fortbildungsmaßnahmen von Scientologen geschult werden. Beratungsfirmen sollten deshalb Ausschlussklauseln abverlangt werden, wie sie weiter unten wiedergegeben sind.

Viertens sollten städtische Räume grundsätzlich nicht an die Scientology-Organisation verpachtet werden. Eine Nutzung anderer Räume, speziell von Versammlungsräumen, sollte ebenfalls ausgeschlossen werden, falls der Verdacht strafbarer Handlungen sich bestätigt oder diese dadurch verhindert werden können.

Ein **fünfter** Punkt ist wegen der Diskussionen um Parallelen zum so genannten Radikalenerlass noch umstritten, auch wenn sich eine Verwaltung dabei auf ein Urteil des Bundesarbeitsgerichtes (Aktenzeichen 5 AZB 21/94) berufen könnte. Die Richter in Kassel legten fest, dass aktiv tätige Scientologen als Arbeitnehmer anzusehen seien. Wenn sie in der öffentlichen Verwaltung eine Stelle anstrebten, wäre die Zugehörigkeit zu Scientology eine „genehmigungspflichtige Nebentätigkeit". Eine Stadt könnte somit beschließen, alle Bewerber um ein Dienstverhältnis schriftlich bestätigen zu lassen, dass sie nicht der Scientology-Organisation angehören.

Um zu verhindern, dass durch geschäftliche Kontakte, insbesondere durch Schulungs- und Beratungsunternehmen, Scientology-Ideologie in den eigenen Betrieb hineingetragen wird, empfiehlt die ABI, die Geschäftspartner folgende Erklärung unterschreiben zu lassen:

„Mir ist bekannt, dass der Auftraggeber Scientology und die scientologischen Techniken – insbesondere die so genannte L. Ron Hubbard (TRH-Technologie) strikt ablehnt und nicht wünscht, dass diese Techniken in seinem Betrieb Anwendung finden.

Ich versichere, dass meine Mitarbeiter und ich weder Scientology-Techniken oder L. Ron-Hubbard-Technik anwenden, noch andere nach Scientology-Techniken oder L. Ron-Hubbard-Technologie schulen. Weder meine Mitarbeiter noch ich selbst werden oder wurden in der Vergangenheit nach L. Ron-Hubbard-Technologie geschult. Es ist nicht meine Absicht, Scientology oder L. Ron-Hubbard-Technologie in dem Betrieb des Auftraggebers oder in irgendeinem anderen Unternehmen einzuführen. Ich lehne Scientology und die so genannte L. Ron-Hubbard-Technologie ab."

Es ist besonders wichtig, dass in der Erklärung der Begriff L. Ron-Hubbard-Technologie verwendet wird, obwohl die so genannte L. Ron-Hubbard-Technologie inhaltlich mit der Scientology-Lehre identisch ist. Der Begriff „Scientology" wird verwendet, wenn Hubbards Lehre als Religion ausgegeben wird. Den Begriff „L. Ron-Hubbard-Technologie" dagegen verwenden Scientologen, wenn sie Hubbards Lehre als Managementtechnik anbieten. Wird nur nach Scientology gefragt, so berufen sich Scientologen auf das Recht der negativen Bekenntnisfreiheit, also auf das Recht, das religiöse und weitanschauliche Bekenntnis zu verschweigen und keine oder eine falsche Auskunft zu geben.

Der ABI ist bisher kein Fall bekannt geworden, in welchem gegen eine ausdrückliche Versicherung, die L. Ron-Hubbard-Technologie nicht anzuwenden oder zu verbreiten, verstoßen worden wäre. Die Klausel bringt Kritik an Hubbard zum Ausdruck. Hubbards Lehre erlaubt jedoch weder Zweifel noch Kritik. Scientologen brechen daher in der Regel die Geschäftsbeziehungen ab, wenn diese Klausel zur Unterschrift vorgelegt wird.

Sollten Sie wider Erwarten andere Erfahrungen machen, bitten wir Sie, uns sofort zu informieren, damit wir dies bei unserer künftigen Beratungstätigkeit berücksichtigen können.

(s. auch Seite 153)

7.4 Eidesstattliche Erklärungen – Muster

Eine weitere Möglichkeit, sich vor der unerwünschten Infiltration von Scientology-Anhängern zu schützen, besteht darin, Geschäftspartner oder Bewerber um die freiwillige Abgabe einer eidesstattlichen Erklärung zu bitten. Eine solche Erklärung kann als Anlage zum sonstigen Vertrag – auf Wunsch auch vertraulich – verwendet werden.

Muster für die eidesstattliche Erklärung:

Eidesstattliche Erklärung

Ich, der Unterzeichnende erkläre

1. dass weder ich, noch meine Mitarbeiter jemals Kurse von Scientology besucht haben.

2. dass ich bzw. mein Unternehmen nicht nach der Technologie von L. Ron Hubbard arbeiten.

3. Dass weder ich noch meine Mitarbeiter nach der Technologie von L. Ron Hubbard geschult werden bzw. keine Kurse und/oder Seminare nach der Technologie von L. Ron Hubbard besuchen und

4. dass ich die Technologie von L. Ron Hubbard zur Führung meines Unternehmens (zur Durchführung meiner Seminare) ablehne.

5. Die Erklärungen 2, 3 und 4 gelten genauso für andere sog. Sekten und Psychogruppen jeglicher Art mit analoger Formulierung.

Ort/Datum   Unterschrift

Eidesstattliche Erklärung

Name:

Trainingsinstitut:

Straße:

Wohnort:

Ich versichere hiermit, dass ich weder passives noch aktives Mitglied von Scientology bin. Ich bin kein Anhänger oder Sympathisant dieser Organisation, gehöre auch nicht irgendeiner Tarnorganisation von Scientology an und verbreite auch nicht deren Gedankengut. Ich arbeite auch nicht nach den Methoden von L. Ron Hubbard. Dies versichere ich auch für die Zukunft.

Sollte die vorliegende Erklärung insgesamt oder in Teilen nicht der Wahrheit entsprechen, bin ich mir im Klaren, dass dies für die .... einen wichtigen Grund für eine fristlose Kündigung des Vertragsverhältnisses mit mir bzw. dem Beratungsunternehmen, für das ich tätig bin, darstellt. Unabhängig hiervon verpflichte ich mich in diesem Falle zur Zahlung einer Vertragsstrafe in Höhe des zehnfachen des mit der .... im Rahmen des Vertragsverhältnisses vereinbarten Honorars. Durch die Verwirkung einer Vertragsstrafe wird ein Anspruch auf weitergehenden Schadenersatz nicht ausgeschlossen.

Ort/Datum   Trainer

Eidesstattliche Erklärung

Wir versichern, dass uns nicht bekannt ist, dass Mitglieder bzw. Mitarbeiter unserer Firma aktive oder passive Mitglieder von Scientology oder deren Anhänger oder Sympathisanten dieser Organisation sind. Es ist uns auch nicht bekannt, dass Mitarbeiter oder Mitglieder unserer Firma einer vergleichbaren Organisation angehören oder das Gedankengut von Scientology verbreiten oder nach diesen Methoden arbeiten. Zukünftig werden wir auch darauf achten, dass solche Mitarbeiter nicht für uns tätig sind. Sollte diese Aussage insgesamt oder in Teilen nicht der Wahrheit entsprechen, gilt die Regelung aus Anlage 1 (vorherige Seite) in gleicher Weise (einschließlich der Vertragsstrafenregelung) zu Lasten unserer Firma.

Ort/Datum   Trainer

Zudem sind Unternehmen bei Stellenanzeigen durch ein Urteil des OLG Stuttgart vor Infiltration geschützt: Enge Verbindung zu Scientology darf nicht verschwiegen werden (ABI-Versand 2000).

8. Kapitel

– Anhänge –

8.1. Informationen und Auskunft (Berateradressen)

Die folgende Liste ist nach <u>Postleitzahlen</u> geordnet. Sie stammt von www.religio.de und wird hier mit freundlicher Genehmigung von Winfried Müller veröffentlicht.
Sie besteht aus knapp 250 Berateradressen.

Bezeichnung	Ansprechpartner	Straße	PLZ, Ort
Studentenrat TU Dresden, Referat Sekten und Psychokulte	Michael Laudeley Diana Richter Marlene Lippmann		01062 Dresden
Eltern gegen psychische Abhängigkeit (c/o KISS)	Frau Renate Linné	Ehrlichstr. 3	01067 Dresden
Sächsisches Staatsministerium für Kultus	Hedwig Deipenwisch-Ruscher	Carolaplatz 1	01097 Dresden
Beauftragter für Weltanschauungs- und Sektenfragen der ev.-luth. Landeskirche	Pfarrer Dr. Harald Lamprecht	Caspar-David-Friedrich-Str. 5	01219 Dresden
Informations- und Beratungsstelle Jugendschutz	Herr Andreas Jähne	Wiener Str. 41	01219 Dresden
Kath. Beauftragter für Sekten und Weltanschauungsfragen im Bistum Dresden-Meißen	Pfarrer Gerald Kluge	Dresdener Str. 31	01454 Radeberg
Ev. Kirche der Schlesischen Oberlausitz	Pfr. Jörg Michel	Martin-Luther-King-Haus, Postfach 3344	02965 Hoyerswerda
Kath. Pfarramt	Pfr. Peter Paul Gregor	Badergasse 1	02997 Wittichenau
EBI, Eltern- und Betroffenen-initiative gegen psychische Abhängigkeit Sachsen e.V.	Solveig Prass	Lessingstr. 7	04109 Leipzig
Sekten- und Weltanschauungsbeauftragte der ev. Kirche des kirchenbezirks Leipzig	Pastorin Ingrid Dietrich	Huttenstr. 1	04249 Leipzig
Beauftragter der ev. Kirche Anhalts (Dessau)	Dr. Karl-Wilhelm Berenbruch	Allee 23	06493 Ballenstedt/ Harz
EBI-Außenstelle Thüringen Eltern- und Betroffeneninitiative gegen psychische Abhängigkeit	Dipl.-Theol. Winfried Müller	Fuchslöcherstr. 8	07749 Jena
Stadt Zwickau, Jugendamt, Jugendschutzbeauftragte	Frau Christine Allert	Hauptstr. 44	08056 Zwickau
Kontakt- und Informationsbüro für präventive Jugendarbeit (KIB)	Herr Carsten Lehmann	Anton-Makarenko-Str. 40	08066 Zwickau
Landesamt für Familie und Soziales, Abt. 5.: Landesjugendamt	Frau Sandra Kis-Hocza	Postfach 1048	09010 Chemnitz
Aktion Jugendschutz (AJS) Sachsen e.V.	Herr Dieter Heinrich	Albert-Köhler-Str. 91	09122 Chemnitz
Ev.-luth. Ansprechpartner für Chemnitz	Pfr. Stephan Brenner	Marie-Tilch-Str. 51	09123 Chemnitz
Evangelische Zentralstelle für Weltanschauungsfragen (EZW)		Auguststr. 80	10117 Berlin
Beauftragter für Sekten- und Weltanschauungsfragen der ev. Kirche der Kirchenprovinz Sachsen	Dr. Andreas Fincke	Auguststr. 80	10117 Berlin
Senatsverwaltung für Schule, Jugend und Sport, Ref. V F 3	Anne Rühle	Beuthstr. 6-8	10117 Berlin

elefon	Telefax	E-Mail	URL	Träger
51/4632042	0351/4634714	sekten@stura.tu-dresden.de		privat
51/4826-351	0351/4826-350			privat
51/5642715	0351/5642702	sekteninfo.deipenwisch-ruscher@ smk.sachsen.de		staatlich
51/47960330	0351/47960332	lamprecht@confessio.de	www.confessio.de	kirchlich
51/4640256				staatlich
528/442229	03528/442229	gerald.kluge@gmx.de	www.sekten-sachsen.de	kirchlich
571/414227	03571/414227			kirchlich
5725/70985	035725/71085	peter-paul.gregor@t-online.de		kirchlich
41/6891590	0341/6891590	ebi-sachsen@gmx.de	www.ebi-sachsen.de	privat
41/4251680	0341/4251679			kirchlich
948/380318				kirchlich
641/448503	03641/826414	winfried.mueller@jena.thur.de; mueller@religio.de	www.religio.de	privat
75/835162	0375/835166			staatlich
375/43099123	0375/43099124	mail@kib-zwickau.de	www.kib-zwickau.de	privat
371/577316	0371/577282	Sandra.Kis-Hocza@slfs.sms.sachsen.de		staatlich
371/212232	0371/212232	ajssachsen-dh@t-online.de		privat
371/518668				kirchlich
30/28395211	030/20395212			kirchlich
30/28395160	030/28395212			kirchlich
30/9026-5574	030/9026-5010	Anne-Kathrein.Ruehle@ SenSJS.Verwalt-Berlin.de		staatlich

Bezeichnung	Ansprechpartner	Straße	PLZ, Ort
Büro des Beauftragten für Sekten- und Weltanschauungsfragen c/o Dominikanerkloster St. Paulus	Pater Justin M. Reich	Oldenburger Str. 46	10551 Berlin
Landesarbeitsstelle Kinder- und Jugendschutz e.V.		Weißenhöhestr. 73-89	12683 Berlin
INTERIM – Hilfe und Selbsthilfe e.V.	Mathias Krase	Baseler Str. 18	13407 Berlin
Landeskirchliches Pfarramt für Sekten- und Weltanschauungsfragen der Ev. Kirche in Berlin-Brandenburg	Pfr. Thomas Gandow	Heimat 27	14165 Berlin
Eltern- und Betroffeneninitiative gegen psychische Abhängigkeit für geistige Freiheit e.V.	Thomas Gandow	Heimat 27	14165 Berlin
AG Sekten beim ASTA der FU Berlin	Markus Wende	Otto-von-Simson-Str. 23	14195 Berlin
Ministerium für Wissenschaft, Forschung und Kultur des Landes Brandenburg	Reinhold Kier	Friedrich-Ebert-Str. 4	14467 Potsdam
Landesarbeitsstelle Kinder- und Jugendschutz Brandenburg		Schloßplatz 2	16515 Oranienburg
Landesarbeitsgemeinschaft Kinder- und Jugendschutz Mecklenburg-Vorpommern im Landesjugendamt		Postfach 2108	17011 Neubrandenb
Beauftragter für Sekten- und Weltanschauungsfragen im Erzbistum Hamburg	Pfarrer Michael Sobania	Kietzstraße 4	17192 Waren/Müritz
Beauftragter der Ev. Landeskirche Pommerns	Pfr. Friedrich v. Kymmel	Dorfstr. 50	17406 Morgenitz/ Usedom
Jugendamt	Astrid Hisserich	Anklamer Str. 15/16	17489 Greifswald
Psych. Beratungsstelle kath. Kirchen Mecklenburg mit Zusatzqualifikation Sekten	Peter Bluhm	Trägerstr. 10	18055 Rostock
Amt für Gemeindedienst der Ev.-Luth. Landeskirche Mecklenburgs	N.N.	Domplatz 12	18273 Güstrow
Kultusministerium Mecklenburg-Vorpommern, Referat VII, Sekten-informationsstelle (SISt)	Dr. Sigrid Hermes	Werderstr. 124	19055 Schwerin
Arbeitsstelle für Sekten- und Weltanschauungsfragen c/o Amt für Öffentlichkeitsdienst	Pastor Jörn Möller Pastorin Dr. Gabriele Lademann-Priemer	Feldbrunnenstr. 29	20148 Hamburg
Arbeitsstelle Sekten- und Weltanschauungsfragen der Nordelbischen ev.-luth. Kirche	Jörn Möller; Dr. Gabriele Lademann-Priemer	Feldbrunnenstr. 29	20148 Hamburg
Arbeitsgemeinschaft Kinder- und Jugendschutz (AJS) Hamburg e.V.		Hellkamp 68	20255 Hamburg
Behörde für Inneres, Arbeitsgruppe Scientology	Ursula Caberta	Eiffestr. 664 B ab 01.05.1999:	20537 Hamburg
Behörde für Schule und Berufsbildung der Freien und Hansestadt Hamburg	Udo Pauer	Hamburger Str. 31	22083 Hamburg
Beauftragter des Jugendamtes der Hansestadt Lübeck für Sekten und Psychokulte	Eberhard Arent	Braunstr. 21	23539 Lübeck
Ehe-, Familien- und Lebens-Beratungsstelle	Doris Jaschke	Bahnhofstr. 6	23843 Oldesloe
Informations- und Dokumentationsstelle Sekten und sektenähnliche Vereinigungen bei der Ministerpräsidentin des Landes Schleswig-Holstein	Matthias Knothe	Düsternbrooker Weg 80	24105 Kiel

lefon	Telefax	E-Mail	URL	Träger
0/39732200	030/39732201	RSW-Berlin@t-online.de		kirchlich
0/5144995	030/5143544			privat
0/45083269	030/45083269	interim-berlin@snafu.de	www.interim-berlin.de	privat
0/8157040	030/84509640	gandow@is.in-berlin.de; gandow@dialogzentrum.de		kirchlich
0/8183211	030/8154796			privat
		markuswende@comundo.de		privat
31/866-4960				staatlich
301/598343	03301/598343			privat
95/380-2703	0395/380-2303			privat
991/121144	03991/731684	kath.pfarramt.waren@t-online.de		kirchlich
8372/70251	038372/70251	pfarramt-morgenitz@t-online.de		kirchlich
834/68338				privat
71/5243113				kirchlich
843/685203	03843/685203			kirchlich
85/5887190				staatlich
0/413224-70	040-413224-18	NEK-Sektenberatung@gmx.de		kirchlich
9-(0)40/413224-70	+49-(0)40/413224-18	NEK-Sektenberatung@gmx.de		kirchlich
0/40172272	040/40172292			privat
0/42886444	040/428866445	fhhags@t-online.de		staatlich
0/2988-3901				staatlich
51/1225740				staatlich
531/87399	04531/87399			kirchlich
31/988-1880	0431/988-1882			staatlich

Bezeichnung	Ansprechpartner	Straße	PLZ, Ort
Ehe-, Familien- und Lebens-Beratungs- stelle mit Zusatzqualifikation Sekten	Lieselotte Jordan	Adolfstraße 31	24105 Kiel
Aktion Kinder- und Jugendschutz (AJS), Landesarbeitsstelle Schleswig-Holstein	Christa Limmer	Prinz-Heinrich-Str. 1	24106 Kiel
Ehe-, Familien- und Lebens-Beratungs- stelle mit Zusatzqualifikation Sekten	Margarete Hilz	Augustastr. 2	24534 Neumünster
Initiative besorgter Bürger Rendsburg und Umgebung e.V.	Irmtraut Wulf	Postfach 501	24768 Rendsburg
DELPHIN e.V.	Dr. Andreas Schlothauer	Dorfstr. 20	25779 Glüsing
Landeskirchlicher Beauftragter für Sekten- und Weltanschauungsfragen	Pfr. Rainer Schumann	Wilhelmstr. 27	26121 Oldenburg
Sekten-Info-Weser-Ems e.V.	Dieter Büchte	Postfach 1104	26811 Rhauderfehn
Beauftragter für Sekten- und Weltan- schauungsfragen	Pastor Johannes Göhler	Neue Str. 21	27624 Ringstedt
Sektenberatung Bremen e.V.	Bernhard Brünjes	Postfach 101 543	28015 Bremen
Senatsverwaltung für Gesundheit, Jugend und Soziales der Hansestadt Bremen	Ilse Bartels	Bahnhofplatz 29	28195 Bremen
Ev. Beauftragter für Sektenfragen	Pastor Helmut Langel	Heymelstr. 35	28359 Bremen
Kulturverein „Schwarzer Hahn" e.V.	Angelika Held	Am Rundling 1	29462 Wustrow-Lens
Niedersächsisches Frauenministerium	Birgit Maaß	Hamburger Allee 26-30	30161 Hannover
Arbeitsstelle für Religionen und Weltanschauungsfragen der ev.-luth. Landeskirche Hannovers	Dr. Ralf Geisler Pastorin Gisela Hessenauer	Archivstr. 3	30169 Hannover
Niedersächsische Elterninitiative gegen den Missbrauch der Religion e.V.	Dr. Ralf Geisler Gisela Hessenauer	Archivstr. 3	30169 Hannover
Landesstelle Jugendschutz (LJS) Niedersachsen		Leisewitzstr. 26	
Bischöfl. Generalvikariat, Referat Sekten- und Weltanschauungen	Dipl.-Päd. Marion Hiltermann	Domhof 18-21	31134 Hildesheim
Ev.-luth. Landeskirche Hannovers Bereich Wunstorf/Han.	Pastor Thomas Just	Kirchplatz 8	31515 Wunstorf (Luth
Landeskirchenamt der ev.-luth. Landeskirche Schaumburg-Lippe		Herderstr. 27	31675 Bückeburg
Beauftragter der Selbständigen ev.-luth. Kirche	Pastor Hinrich Brandt	Ostlandstr. 19	31863 Coppenbrügge
Arbeitskreis Sekten e.V.	Karin Paetow	Auf der Freiheit 25	32052 Herford
Beauftragter der ev. Landeskirche Lippe	Pastor Claus Wagner	Molinder Grasweg 10	32657 Lemgo
Erzbischöfl. Generalvikariat Paderborn	Theo Wegemann	Domplatz 3	33098 Paderborn
Mitarbeiterin beim Sektenbeauftragten im Erzbistum Fulda	Dagmar Denker	Wilhelmshöher Allee 184	34119 Kassel
Beauftragter für Sekten- und Weltan- schauungsfragen der ev. Kirche Kurhessen-Waldeck	Pfr. Eduard Trenkel	Wilhelmshöher Allee 330	34131 Kassel
Diözese Fulda, Sektenreferat	Ferdinand Rauch	Amand-Ney-Straße 22	36037 Fulda
Kirchenkreisbeauftragter für Weltan- schauungsfragen im Kirchenkreis Göttingen	Ingolf Christiansen	Nikolausberger Weg 73	37073 Göttingen
Ev. Jugendarbeit in der Kirchenprovinz Sachsen	Peter Grundmann	Tismarstr. 23	39108 Magdeburg

efon	Telefax	E-Mail	URL	Träger
1/562606	0431/5796292			kirchlich
1/336086	0431/337130			privat
21/14729				kirchlich
31/63650				privat
36/715	04836/709			privat
1/16237	0441/13807	r.g.schumann@t-online.de		kirchlich
52/82140	04952/82140			privat
08/242	04708/242			kirchlich
05/1609	04205/1609	Bernhard.Bruenjes@t-online.de		privat
21/3614749				staatlich
21/231991				kirchlich
43/241	05843/1413			privat
1/120-8843				staatlich
1/1241452	0511/1241941	ralf.geisler@evlka.de		kirchlich
1/1241-972 -140	0511/1241-499			privat
75 Hannover	0511/858788	0511/2834954		privat
21/307337	05121/307-505			kirchlich
31/74283		just.thomas@t-online.de		kirchlich
22/9600				kirchlich
56/1739				kirchlich
221/5998-57	05221/56358			privat
61/71240				kirchlich
251/125-383	05251/125-470			kirchlich
1/87467	0561/7004150	dagmar.denker@t-online.de		kirchlich
1/9378-243	0561/9378-424	ekkw.sekteninfo@t-online.de		kirchlich
1/602205	0661/602205	Ferdinand.Rauch@t-online.de	www.bistum.fulda.net	kirchlich
1/59765	0551/487175	ichgoe@t-online.de		kirchlich
1/7336378				kirchlich

Bezeichnung	Ansprechpartner	Straße	PLZ, Ort
Ministerium für Arbeit und Soziales des Landes Sachsen-Anhalt	Werner Theisen	Seepark 5-7	39116 Magdeburg
Ministerium für Arbeit, Gesundheit und Soziales des Landes Nordrhein-Westfalen	Ingeborg Hansen	Fürstenwall 25	40219 Düsseldorf
Jugendamt Düsseldorf, Stadtjugend-seelsorger	Bogdan Kaczmarek	Hubertusstr. 5	40219 Düsseldorf
Ev. Kirche im Rheinland, Beauftragter für Sekten und Weltanschauungsfragen	Pfr. Joachim Keden	Rochusstr. 44	40479 Düsseldorf
Bistum Aachen, Beratungs- und Informationsdienst für Sekten und Weltanschauungsfragen	Herbert Busch	Beeker Str. 115	41844 Wegberg
Kontakthilfe bei Sektenproblemen e.V.	Heike Langmann-Keller	Bahnstraße 29	42781 Haan-Gruiten
Artikel 4 – Initiative für Glaubensfreiheit e.V.	Walter Krappatsch Evelyn Huegli	Postfach 101202	44712 Bochum
Artikel 4 – Glaubens- und Gewissensfreiheit	Hügli-Schmidt, Evelyn	Postfach 101 202	44712 Bochum
SEKTEN-INFO Bochum, Verein für Jugend- und Sozialarbeit e.V.	Alfred Labusch	Amtsstr. 4	44809 Bochum
Sekten-Info Essen e.V.	Sabine Riede	Rottstr. 24	45127 Essen
Diözese Essen, Sektenbeauftragter	Herr Klaus Gerhards	Zwölfling 16	45127 Essen
Beauftragter für Sekten und Weltan-schauungsfragen im Bistum Essen	Pfarrer Gary Lukas Albrecht	Fehrenkotten 15	45259 Essen
Ehe-, Familien und Lebens-Beratung Recklinghausen	Peter Teglas	Kemnastr. 7	45657 Recklinghausen
Ehe-, Familien- und Lebensberatung Borken	Elisabeth Emmerich	Turmstraße 16	46325 Borken
Ehe-, Familien- und Lebens-Beratungsstelle	Melitta Pawlow-Deconinck	Turmstraße 36 b	47533 Kleve
Beratungsstelle für Kinder, Jugendliche und Erwachsene	Andrea Wenske	Mühlenweg 35	47608 Geldern
Erziehungsberatung	Renate Philippen	Vorster Str. 6	47906 Kempen
Bischöfl. Generalvikariat Münster, AK Sekten- und Weltanschauungs-fragen	Brigitte Hahn	Rosenstr. 16	48143 Münster
Kath. Landesarbeitsgemeinschaft Kinder- und Jugendschutz		Salzstr. 8	48143 Münster
Ev. Arbeitskreis für Kinder- und Jugendschutz NRW		Friesenring 32	48147 Münster
Ehe-, Familien- und Lebensberatung im Kreis Coesfeld	Renate Eppert	Gartenstraße 12	48653 Coesfeld
Psychologische Beratungsstelle	Karl-Heinz Pfaffe	Eschstr. 48	48703 Stadtlohn
Elterninitiative Neue religiöse Bewegungen	c/o Anneliese Friederichs	An der Blankenburg 14	49078 Osnabrück
Beratungsstelle für Eltern, Kinder und Jugendliche	Peter Schwack	Klosterstraße 19	49477 Ibbenbüren
Psychologische Beratungsstelle	Klaus Horstmann	Hasestraße 5	49593 Bersenbrück
Bischöfl. Generalvikariat, Arbeitsstelle	Ludger Plogmann	In den Sandbergen	49808 Lingen

efon	Telefax	E-Mail	URL	Träger
)1/5674010				staatlich
1/8553497				staatlich
11/9010250				kirchlich
11/3610-246	0211/3610-223			kirchlich
434/6778	02434/25055			kirchlich
104/969898	02104/6361			privat
102/893301 Huegli); 325/60442 . Krappatsch)				privat
102/893301		evelyn.huegli@gmx.de	www.artikel-4.de	privat
34/578156				privat
)1/234646	0201/207617	SektenInfo-Essen@t-online.de		privat
01/2204280	0201/2204625			kirchlich
01/467478	0201/467701			kirchlich
361/59929	02331/338301			kirchlich
861/66011				kirchlich
821/22891				kirchlich
831/3531	02831/3531			kirchlich
152/52213				kirchlich
51/495449	0251/495474	Hahn-B@bistum-muenster.de		kirchlich
51/54027 40142	0251/518609			kirchlich
51/2709-290/1	0251/2709-573			kirchlich
541/2363				kirchlich
563/1098	02563/7490			kirchlich
41/42191				privat
451/500-223	05451/500-210			kirchlich
493/1390/2750	05493/800 165			kirchlich
91/6106114	0591/64560	ludger.plogmann@t-online.de		kirchlich

Bezeichnung	Ansprechpartner	Straße	PLZ, Ort
Erzbistum Köln	Werner Höbsch	Marzellenstr. 32	50606 Köln
Kath. Beratungsstelle für Ehe-, Familien- und Lebensfragen; Beauftragte der AG Beratung	Evamaria Wernze	Steinweg 12	50667 Köln
Arbeitsgemeinschaft Kinder- und Jugendschutz (AJS), Landesstelle NRW e.V.	Dr. Stefan Schlang Beate Roderigo	Poststraße 15-23	50676 Köln
KIDS, Kinder in destruktiven Sekten e.V.	Jutta Birlenberg	Bogenstr. 11	51375 Leverkusen
Elterninitiative zur Wahrung der geistigen Freiheit e.V.	Ursula Zöpel	Geschw.-Scholl-Str. 28	51377 Leverkusen
Ev. Beratungsstelle für Kinder, Jugendliche und Erwachsene		Kölner Str. 19-21	51429 Bergisch-Gla…
Psychologische Beratungsstelle	Ansgar Nowak	Herbstmühle 3	51688 Wipperfürth
Beratungsstelle für Ehe-, Familien- und Lebensfragen	Elisabeth Zintl	Annastraße 25	52062 Aachen
Bischöfl. Generalvikariat, Referat Sekten- und Weltanschauungsfragen	Dr. Hermann-Josef Beckers	Klosterplatz 7	52062 Aachen
Synodales Jugendreferat des Kirchenkreises Aachen		Salierallee 18a	52066 Aachen
Arbeitskreis Sekten-Okkultismus-New Age, Ev. Jugendbüro	Pfr. Herbert Döring	Adenauerallee 37	53113 Bonn
Zentralstelle Pastoral der Deutschen Bischofskonferenz	Hans Gasper	Kaiserstr. 163	53113 Bonn
Haus der Kirche: Leiter der Evangelischen Beratungsstelle	Dr. Peter Schultz	Adenauerallee 37	53113 Bonn
Bundesministerium für Familie, Senioren, Frauen und Jugend (BMFSFJ)		Rochusstr. 8-10	53123 Bonn
AGPF-Aktion für Geistige und Psychische Freiheit e.V.	Ingo Heinemann	Grabenstr. 1	53579 Erpel
Ev. Jugendbüro im Kirchenkreis an Sieg und Ruhr		Malteserstr. 52 Malteserhof	53639 Königswinter
Bischöfl. Generalvikariat Trier, Referat für Weltanschauungsfragen und Sekten	Matthias Neff	Hinter dem Dom 6	54290 Trier
Ministerium für Arbeit, Soziales, Familie und Gesundheit des Landes Rheinland-Pfalz	Brigitte Dewald-Koch	Mittlere Bleiche 61	55116 Mainz
Referat für Sekten- und Weltanschauungsfragen der Diözese Mainz	Eckhard Türk	Grebenstr. 24-26	55116 Mainz
Hauptstelle für Familien- und Lebensberatung in der EKvW	Elmar Knipp, Dipl.-Psych.	Burgstr. 23	57072 Siegen
Beauftragter für Sekten- und Weltanschauungsfragen der Ev. Kirche von Westfalen	Pfr. Dr. Rüdiger Hauth	Röhrchenstr. 10	58452 Witten/Ruhr
Kath.-Sozialethische Arbeitsstelle e.V., Referat für Sekten- und Weltanschauungsfragen	Harald Baer Stephan Weisz	Ostenallee 80	59071 Hamm
Ehe-, Familien und Lebensberatung	Hans-Dieter Braun	Elchstraße 12	59071 Hamm
SINUS (Sekten-Information und Selbsthilfegruppe Hessen-Thüringen) e. V., Geschäftsstelle	Angelika Christ Harald Achilles	Rechneigrabenstr. 10	60311 Frankfurt/Mai…

efon	Telefax	E-Mail	URL	Träger
21/1642-1313	0221/1642-1370	hoebsch.seelsorge@erzbistum-koeln.de		kirchlich
21/2051515	0221/2051510	ewernze@smail.uni-koeln.de		kirchlich
21/921392-0	0221/921392-20	schlang@mail.ajs.nrw.de		privat
4/55760	0214/55775	kidsev@telelev.net		privat
4/58372	0214/506264			privat
204/54004				kirchlich
267/3034	02267/5885			kirchlich
41/20085	0241/20086			kirchlich
41/452-419 -374	0241/452 874 gv.bistum-aachen.de	Hermann-Josef.Beckers@ gem_def/gem_def_haupt.htm	www.bistum-aachen.de/beratung/	kirchlich
41/69676				kirchlich
28/2679656-54				kirchlich
28/103-230	0228/103-334	h.gasper@dbk.de		kirchlich
28/224680				kirchlich
28/930-2864				staatlich
644/980130	02644/980131	Ingo.Heinemann@t-online.de		privat
223/3362				kirchlich
51/7105526	0651/7105405	matthias.neff@bgv-trier.de	www.sekten.dioezese-trier.de	kirchlich
31/164382	06131/162019			staatlich
131/253284	06131/253528	bw-weltanschauungsfragen@bistum-mainz.de		kirchlich
9 (0)271/ 04-273	+49 (0)271 5004-331	eknipp@hauptstelle-ekvw.de	www.hauptstelle-ekvw.de	kirchlich
302/91010-0	02302/91010-10			kirchlich
381/98020-50	02381/9802099	ksa-hamm-weisz@t-online.de	www.ksa-hamm.de	kirchlich
381/83349				kirchlich
00/74687336	0700/74687329	SINUSsekteninfo@ekhn.de		privat

Bezeichnung	Ansprechpartner	Straße	PLZ, Ort
Diözese Limburg, Referat Weltanschauungsfragen	Dipl.-Theol. Lutz Lemhöfer	Eschenheimer Anlage 21	60318 Frankfurt/Main
Beauftragter des Berufsverbands Deutscher Psychologen (BDP)	Werner Gross	Dahlmannstr. 8	60385 Frankfurt/Main
SINUS, Regionalstelle Wetterau, Kath. Pfarrzentrum St. Michael	Otto Lomb	Preulgasse	61191 Rosbach (Ober-Rosbach)
Evangelisch-Reformierte Kirchen-gemeinde	Pfr. Diethard Mertens	Pragelatostr. 112	64372 Ober-Ramstadt
SINUS, Regionalstelle Odenwald, Kath. Gemeinde Michelstadt	Harald Achilles	d'Orville Str. 22	64720 Michelstadt
Ministerium des Inneren Ref. II A3-3e 2201/1	RA Bettina Macik	Friedrich-Ebert-Anlage 12	65185 Wiesbaden
Hessisches Ministerium für Umwelt, Energie, Jugend, Familie und Gesundheit Ref. VIII, C2	Dr. Walter Kindermann	Dostojewskistr. 4	65187 Wiesbaden
Telefonseelsorge Saarbrücken	Stanislaus Klemm	Paul-Marien-Str. 22	66111 Saarbrücken
Ministerium für Frauen, Arbeit, Gesundheit und Soziales des Saarlandes	Walter Burghard	Franz-Josef-Röder-Str. 23	66119 Saarbrücken
Erziehungs-, Ehe-, Familien- und Lebensberatung Bistum Trier	Bernhard Löhle	Halbergstr. 3	66121 Saarbrücken
VITEM e.V.	Jeanette Schweitzer	Ensheimer Str. 125	66386 St. Ingbert
Referat für Sekten- und Weltanschau-ungsfragen Diözese Speyer	Dipl.-Theol. Christoph Bussen	Kleine Pfaffengasse 16	67343 Speyer
Ministerium für Kultus und Sport Baden-Württemberg, Interministerielle Arbeitsgruppe zur Beobachtung von sog. Jugendsekten und Psychogruppen (IMA-SuP)	Hans-Werner Carlhoff	Postfach 103442	70029 Stuttgart
ABI Aktion Bildungsinformation e.V.	Dr. Helga Lerchenmüller	Alte Poststr. 5	70173 Stuttgart
Arbeitsstelle für Weltanschauungsfragen der Ev. Landeskirche Württemberg	Dr. Hansjörg Hemminger Pfr. Walter Schmidt	Gymnasiumstr. 36	70174 Stuttgart
Arbeitsstelle für Weltanschauungsfragen	Dr. Hansjörg Hemminger Pfr. Walter Schmidt	Gymnasiumstraße 36	70174 Stuttgart
KISS, Selbsthilfe-Initiative für Aussteiger aus der NAK	Bernd Stöhr	Marienstr. 9	70178 Stuttgart
Aktion Jugendschutz (AJS) Baden-Württemberg e.V.		Stafflenbergerstr. 44	70184 Stuttgart
Bischöfl. Ordinariat, Ref. Religions- und Weltanschauungsfragen	Wolfgang Rödl und Dorothee Kaes	07472/169586	72101 Rottenburg/N
EBIS e.V. Eltern- und Betroffeneninitiative	Liselotte Wenzelburger-Mack	Hölderlinweg 10	72663 Großbettlingen
Ehe-, Familien- und Lebensberatung	Paul Kolle	Uracher Straße 31	73312 Geislingen
Christliche Dienste e. V. – Verein für Information und Aufklärung über Zeugen Jehovas	Pape, Klaus Dieter	Postfach 1410	74004 Heilbronn
Beauftragter für Weltanschauungs-fragen der Badischen Landeskirche und Infostelle für Weltanschauungsfragen	Dr. Jan Badewien Frau Ruf	Postfach 2269	76010 Karlsruhe
Initiative AUSSTIEG e.V.	Nora Herzog	Parkring 2a	76751 Jockgrim/Pfalz
Beratungsstelle für Okkultismusge-schädigte (Parapsychologische Beratungs- und Informationsstelle)	Dr. Dr. Walter v. Lucadou	Hildastr. 64	79102 Freiburg
Erzbischöfliches Seelsorgeamt	Dipl.-Theol. Albert Lampe	Okenstr. 15	79108 Freiburg

lefon	Telefax	E-Mail	URL	Träger
9/1501149	069/1501-159	Weltanschauungsfr-ffm@t-online.de		kirchlich
9/440917	069/443320			privat
003/3535				privat
154/2579	06154/2764			kirchlich
061/922057				privat
11/353-284	0611/353-343			staatlich
11/817-3339	0611/817-3651			staatlich
81/66401	0681/66401	Stany.klemm@t-online.de		kirchlich
81/5013118				staatlich
81/66704				kirchlich
894/870452	06894/870452			privat
232/102218	06232/102300	bussen@bistum-speyer.de		kirchlich
11/279-2872	0711/279-2795			staatlich
11/299335	0711/299330			privat
11/2068-237	0711/2068-322	HEMMINGER@ELK-WUE.DE	www.gemeindedienst.de/weltanschauung	kirchlich
11/2068 237	0711/2068 322	hemminger@elk-wue.de	www.gemeindedienst.de/weltanschauung/index.html	kirchlich
11/6406117	0711/6074561			privat
11/23737-0	0711/237237-30			privat
4/2/169419 9609	07472/16960907472-	dkaes@bo.drs.de		kirchlich
022/42411	07022/47559			privat
331/64064	07331/680879			kirchlich
131/393144	07131/393145	Diakon.Pape@gmx.de		privat
21/9175-357 . -359	0721/9175-363			kirchlich
271/52075		herzog.n@gmx.de		privat
61/77202	0761/77202			privat
61/5144136	0761/5144102	Albert.Lampe@Seelsorgeamt-Freiburg.de		kirchlich

Bezeichnung	Ansprechpartner	Straße	PLZ, Ort
Elterninitiative zur Hilfe gegen seelische Abhängigkeit und religiösen Extremismus e.V.	Willi Röder	Postfach 100513	80082 München
Bayerisches Staatsministerium für Unterricht, Kultus, Wissenschaft und Kunst	Walter Gremm	Salvatorstr. 2	80327 München
Fachbereich Sekten- und Weltanschauungsfragen der Erzdiözese München und Freising	Hans Liebl Axel Seegers	Dachauer Str. 5/V	80335 München
Beauftragter für Sekten- und Weltanschauungsfragen ev.-luth. Kirche Bayern	Pfr. Dr. Wolfgang Behnk	Marsstr. 19	80335 München
Evangelische Beratungsstelle Neue Religiöse Bewegungen	Diakon/Dekanatsbeauftragter Rudi Forstmeier	Landwehrstr. 15 Rgb. 3. Stock	80336 München
Landesarbeitsstelle Aktion Jugendschutz (AJS) Bayern e.V.		Fasaneriestr. 17	80636 München
Bayerisches Staatsministerium für Arbeit, Sozialordnung, Familie, Frauen und Gesundheit	Hilmar Mainberger	Winzererstr. 9	80792 München
Beauftragter der Ev. Reformierten Kirche in Bayern	Pfr. Norbert Müller	Kurt-Eisner-Str. 50	81735 München
Christliches Bildungswerk e.V.	Johann Buck	Maximilianstr. 8	84028 Landshut
Ehe-, Familien- und Lebensberatung	Franz Mehlsteibl	Jesuitenstraße 4	85049 Ingolstadt
Caritasverband für die Diözese Augsburg	Agathe Hubner-Hampp	Postfach 10 14 20	86004 Augsburg
Diözese Augsburg, Beratungsstelle für Religions- und Weltanschauungsfragen	Hubert Kohle	Kappelberg 1	86150 Augsburg
Beauftragter für Sekten- und Weltanschauungsfragen der Diözesen Bamberg und Eichstätt	Dipl.-Theol. Ludwig Lanzhammer	Vordere Sterngasse 1	90402 Nürnberg
Beauftragter der ev.-luth. Kirche in Bayern für religiöse und geistige Störmungen	Pfr. Bernhard Wolf	Burgstr. 7	90403 Nürnberg
Beratungsstelle für Ehe-, Familien- und Lebensfragen	Dr. Ansgar Ehrlich	Giesbertstraße 67 a	90473 Nürnberg
Ehe-, Fam. und Lebensberatung Regensburg	Ingeborg Hofbauer	Eichenweg 8	92536 Pfreimd
Beauftragter für Sekten- und Weltanschauungsfragen der Diözese Regensburg	Dipl.-Theol. Hans Rückerl	Obermünsterplatz 7	93047 Regensburg
Sektenbeauftragter der kath. Kirche der Diözese Passau	Martin Göth	Insbruckgasse 13a	94032 Passau
Ehe- Familien- und Lebens-Beratung Regensburg	Herbert Kreuzer	Fichtenstraße 2	94413 Cham
Beratungsstelle für Ehe-, Familien- und Lebensfragen	Frau Angelika Aschenbrenner	Dr.-Stich-Str. 2	94469 Deggendorf
Telefon- und Briefseelsorge	Herr Dr. Paul Gamberoni	Postfach 2747	96018 Bamberg
Kath. Sektenbeauftragter	OstR Matthias Rehrl	Artur-Landgraf-Str. 33	96049 Bamberg
Sektenbeauftragter der Diözese Würzburg	Pfarrer Alfred Singer	Postfach 110554	97032 Würzburg
Beratungsstelle für Ehe-, Familien- und Lebensfragen	Claudia Neuenzeit	Dominikanerplatz 8/ Echtergalerie	97070 Würzburg
Bürgerinitiative gegen die Vorhaben des Heimholungswerkes/Universelles Leben e.V.	Hans-Walter Jungen	Schloß-Str. 14	97265 Hettstadt

lefon	Telefax	E-Mail	URL	Träger
9/559561-0	089/559561-3	ei.muc@aol.com		privat
9/2186-2568				staatlich
9/5458130	089/54581315	sektenbeauftragter@erzbistum-muenchen.de		kirchlich
9/559561-0	089/559561-3			kirchlich
9/55029034	089/55029624			kirchlich
9/121573-0	089/1235642			privat
9/1261-1312				staatlich
9/674263				kirchlich
71/9231789		buck.landshut@gmx.de		kirchlich
41/309-138	0841/309-108			kirchlich
21/3156-225	0821/3156-215			kirchlich
21/31522-12	0821/31522-28	ReliRef.augsburg@t-online.de	www.bistum-augsburg.de/rat/sekten/sekten.htm	kirchlich
11/24449-511	0911/24449-519			kirchlich
11/2142180	0911/2142181			kirchlich
11/808160	0911/804207			kirchlich
				kirchlich
41/597-2431	0941/597-2432	sektenberatung-regensburg@t-online.de	www.kath.de/bistum/regensburg/html/sekten.htm	kirchlich
51/393366	0851/393830			kirchlich
				kirchlich
91/37134-0	0991/37134-15			kirchlich
51/28210				kirchlich
51/54450				kirchlich
31/386-63-731	0931/386-63-739	weltanschauung@bistum-wuerzburg.de		kirchlich
31/3229230	0931/3229240			kirchlich
31/46279	0931/462792			privat

Bezeichnung	Ansprechpartner	Straße	PLZ, Ort
Beauftragter für Sekten- und Weltan-schauungsfragen im Bistum Erfurt	Notker Schrammek	Regierungsstr. 44a, Postfach 296	99006 Erfurt
Landesarbeitsgemeinschaft Kinder- und Jugendschutz Thüringen e.V.	Peter Werner	Johannesstr. 19	99084 Erfurt
Thüringer Institut für Lehrerfortbildung, Lehrplanentwicklung und Medien	Dr. theol. Albrecht Schröter	Heinrich-Heine-Allee 2-4	99438 Bad Berka
Beauftragter für Weltanschauungsfragen	Kirchenrat Dr. Fr. Büchner	Fritz-Koch-Str. 7	99817 Eisenach
Bundesstelle für Sektenfragen	Dr. German Müller	Wollzeile 12/19	A-1010 Wien
Referat für Weltanschauungsfragen; Erzdiözese Wien	Brigitte Holmes-Edinger	Stephansplatz 6/ III/ 6/ 56	A-1010 Wien
GSK – Gesellschaft gegen Sekten- und Kultgefahren		Obere Augartenstraße 26–28	A-1020 Wien
Bundespolizeidirektion Wien, Abteilung I Sektenreferat		Boltzmanngasse 20	A-1090 Wien
Beauftragter für Sekten- und Weltanschauungsfragen	Pfarrer Mag. Sepp Lagger	Thaliastraße 156	A-1160 Wien
Referat für Weltanschauungsfragen; Diözese St. Pölten	Dr. Manfred Wohlfahrt	Klostergasse 15–17	A-3100 St. Pölten
Amt der Niederösterreichischen Landesregierung, Landesstelle für Sektenfragen	Peter Pitzinger	Landhausplatz 1	A-3109 St. Pölten
Beauftragter für Sekten- und Weltan-schauungsfragen (Niederösterreich)	Pfarrer Mag. Siegfried Kolck-Thut	Preinsbacherstraße 8	A-3300 Amstetten
Gesellschaft gegen Sekten- und Kultgefahren	Friedrich Griess	Doppelngasse 117	A-3412 Kierling
Beratungsstelle für Sekten- und Welt-anschauungsfragen der Diözese Linz	Mag. phil. Mag. theol. Andreas Girzikovsky	Kapuzinerstr. 84	A-4020 Linz
Beauftragter für Sekten- und Weltan-schauungsfragen (Oberösterreich)	Pfarrer Mag. Wilhelm Todter	Salzburger Straße 231	A-4030 Linz
Sektenberatungsstelle der Evang. Kirche; Diözese Oberösterreich, SBS	Pfr. Mag. Bernhard Petersen	Bahnhofstr. 9	A-4600 Wels
Verein für Sektenaufklärung	Herbert Gruber	Arbeiterheimstr. 50	A-4662 Steyrermühl
Referat für Sekten und Weltan-schauungsfragen; Erzdiözese Salzburg	Dr. Stephan Djundja	Kapitelplatz 2	A-5020 Salzburg
Beauftragte für Sekten- und Welt-anschauungsfragen (Salzburg)	Pfarrerin Mag. Susanne Lechner-Masser	Reisenbergerstraße 15	A-5023 Salzburg-Gni
Beauftragter für Sekten- und Welt-anschauungsfragen (Tirol)	Pfarrer Mag. Willi Thaler	Gutshofweg 8	A-6020 Innsbruck
kult & co tirol (Sektenstelle des Landes Tirol)	Dr. Peter Schulte	Meinhardstr. 8/1	A-6020 Innsbruck
Referat für Weltanschauungsfragen; Seelsorgeamt Innsbruck	Mag. Wolfgang Mischitz	Riedgasse 9	A-6021 Innsbruck
Referat für Weltanschauungsfragen, Sekten und religiöse Sonderge-meinschaaften; Diözese Feldkirch		Bahnstraße 13	A-6800 Feldkirch
Referat für Beauftragter für Sekten- und Weltanschauungsfragen (Vorarlberg)	Pfarrer Mag. Jürgen Schäfer	Ardetzenbergstr. 4	A-6800 Feldkirch
Referat für Weltanschauungsfragen, Sekten und religiöse Sondergemeinschaften; Pastoralamt der Diözese Eisenstadt	Mag. Gerhard Grosinger	St.-Rochus-Str. 21	A-7000 Eisenstadt
Der Sektenbeauftragte der Evangelischen Kirche; Diözese Burgenland	Pfr. Mag. Stephan Strohriegl	Hauptstr. 117	A-7331 Weppersdorf

efon	Telefax	E-Mail	URL	Träger
1/6572-377	0361/6572-319	Sekteninfo@Bistum-Erfurt.de		kirchlich
1/6442264	0361/6442265			staatlich
458/56234	036458/56300	schroeter@thillm.th.schule.de		staatlich
591/215572	03691/215572			kirchlich
3-1-513 0460	+43-1-513 0460			staatlich
3857	-523789	refwa@edw.or.at		kirchlich
27495	-3323471	gsk@xpoint.at	www.user.xpoint.at/gsk	privat
2578	-232595			staatlich
65255	-4865255	evang.pfarre.1160@xpoint.at		kirchlich
1071	-3570			kirchlich
09259	-2006034	postf3sektenstelle@noel.gv.at	www.sektenstelle.at	staatlich
2622	+43-7472 625194			kirchlich
221	+43-2243-28021 (anrufen!)	f.griess@xpoint.at	www.user.xpoint.at/f.griess	privat
530	-12078			kirchlich
2150	-382150			kirchlich
65616				kirchlich
368	-16368	sekten.aufkl@magnet.at		privat
47786	-8047788			kirchlich
5626				kirchlich
4880	-344092	wt@asn-ibk.ac.at		kirchlich
43-512-5082996	0043-512-580328	kult.co@tirol.gv.at	www.kult-co-tirol.at	privat
31026	-2231027	weltanschauungsfr-ibk@ dioezese-innsbruck.at		kirchlich
64				kirchlich
560	-77560			kirchlich
79842	-779891			kirchlich
76	-4976			kirchlich

Bezeichnung	Ansprechpartner	Straße	PLZ, Ort
Beauftragter für Sekten- und Welt-anschauungsfragen (Burgenland)	Pfarrer Mag. Stephan Strohriegel	Hauptstraße 117	A-7331 Weppersdor
Referat für Weltanschauungsfragen; Diözesanstelle Graz	Mag. Gerhard Weber	Bischofplatz 4	A-8010 Graz
Beauftragter für Sekten- und Welt-anschauungsfragen (Steiermark)	Pfr. Mag. Herwig Hohenberger	Grabenstr. 59	A-8010 Graz
Logo 1799 – Die Jugendinfo	Dr. Roman Schweidlenka	Karmeliterplatz 1	A-8010 Graz
Netzwerk – Verein gegen destruktive Kulte	Peter Hosak	Postfach 1254, Pestalozzistr. 59	A-8020 Graz
Beauftragter für Sekten- und Welt-anschauungsfragen (Steiermark)	Pfr. Wolfgang Salzer	Jahnstr. 1	A-8700 Leoben
Referat für Weltanschauungsfragen, Sekten und religiöse Sondergemeinschaften; Seelsorgeamt der Diözese Gurk	Lambert Jaschke	Tarviser Str. 30	A-9020 Klagenfurt
Beauftragter für Sekten- und Weltanschauungsfragen in Österreich (Kärnten)	Pfr. Prof. Mag. Johannes Spitzer	Italienerstr. 38	A-9500 Villach
Netzwerk – Verein gegen destruktive Kulte	Peter Hosak	Postfach 163, Rathausgasse 8	A-9500 Villach
NETZWERK, Verein gegen destruktive Kulte	Lotte oder Ines Wiedergut	Rathausgasse 8	A-9500 Villach
Ontario Center for Religious Tolerance		Box 27026, Frontenac PO,	CA ON K7K 5W7
Arbeitsstelle für Jugendseelsorge	Flavio Moresino	Burgbühl	CH-1713 St. Antoni
Kath. Pfarramt St. Theodul	Marcel Margelisch		CH-1950 Sitten
cure catholique	Yvan A. Sergy		CH-2926 Boncourt
Arbeitsgruppe Neue Religiöse Bewegungen	Herr Prof. Dr. Claudio Laim	Via S. Gottardo 9	CH-6828 Balerna
Beratungsstelle für Ehe-, Familien- und Lebensfragen	Dr. Giosch Albrecht	Plessurquai 53	CH-7000 Chur
Kath. Pfarramt Liebfrauen Zürich	Christian Betschart	Weinbergstr. 34, Postfach	CH-8006 Zürich
Evangelische Informationsstelle Kirchen Sekten Religion	Prof. Dr. theol. Georg Schmid	Im Städtli 79	CH-8606 Greifensee
Ökumen. Arbeitsgruppe Neue Religiöse Bewegungen in der Schweiz	Pfarrer Joachim Müller	Wiesenstr. 2	CH-9436 Balgach
Dialog Zentrum Berlin	Pfr. Thomas Gandow	Heimat 27	D-14165 Berlin
Selbsthilfe für NAK-Aussteiger	Siegfried Dannwolf	Schneideräckerstr. 53	D-73378 Stuttgart
Odenwälder Wohnhof e.V.	Soz.-Päd. Inge Mamay	Pfarrsteige 6	D-74740 Leibenstadt
Sekteninfo München e.V.	Soz.-Päd. Jutta Nikolai	Aachener Str. 4	D-80804 München
Diplom-Psychologe	Dipl.-Psych. Dieter Rohmann	Deisenhofenerstraße 91a	D-81539 München
Dialogcentret Danmark	Prof. Johannes Aagaard	Katrinebjergvej 46	DK-8200 Aarhus N
Alternativa Racionali a las Pseudosciencias (ARP)		Apartado de Correos 1516	E-50080 Zaragoza
Cult Information Centre		WC1N 3XX	ENGLAND London
GEMPPI Groupe d'Etude des Mouvements de Pensees en vue de la Prevention de l'Individu		Maison des Associations, 93 La Canebiere	F-13001 Marseille

lefon	Telefax	E-Mail	URL	Träger
76	-4976			kirchlich
41520	-8041557	WeberG@kath-kirche-graz.at		kirchlich
41414	-32144989	herwig.hohenberger@ balu.kfunigraz.ac.at		kirchlich
72	-8775173	info@logo.at	www.logo.at/info.htm	privat
67134		netzwerk@aon.at	www.members.aon.at/netzwerk	privat
03911	-423813	Wolfgang.Salzer@unileoben.ac.at		kirchlich
77545	-5877819	jaschke@dioezese-gurk.or.at		kirchlich
17321	-2417330	sektenreferat@evang.at		kirchlich
		netzwerk@aon.at		privat
3-4242-214430 +43-663-9633253		netzwerk-vi@aon.at		privat
gston	+001613/547-9015		www.religioustolerance.org	privat
1120				kirchlich
23209				kirchlich
41-32-4755626	0041-32-4757120	ysery@bluewin.ch	www.chez.com/infosectes	kirchlich
320351	-63829079			kirchlich
25698				kirchlich
27434	-2524420			kirchlich
-01-940 19 73	+?-01-940 19 73	infoksr@ref.ch	www.ref.ch/zh/infoksr	kirchlich
223347	-7223347	kath.ag.nrb@bluewin.ch	www.kath.ch/infosekten	kirchlich
57021	-8154777	berliner.dialog@dialogzentrum.de	www.religio.de/dialogzentrum/ start.html	privat
381489	-92939560	siegried.dannwolf@swr-online.de		privat
291-646763	040-3603-222969	wohnhof@aol.com	members.tripod.com/wohnhof/ index.htm	privat
9-36108334	089/36108334			privat
9-695299	089/696712	rohmann@germanynet.de	www.kulte.de	privat
45 86 10 54 11	+ 45 86 10 54 16	info@dci.dk	www.dci.dk	staatlich
14855	-2095210			privat
-1689) 833800			www.religio.de/richard/cicmain.html	privat
087193				privat

Bezeichnung	Ansprechpartner	Straße	PLZ, Ort
CCMM Centre Roger Ikor, Centre de documentation, d'education et d'action contre les manipulations mentales	Nelly Burgand-Brun	138, avenue Felix-Faure	F-75015 Paris
ADFI Association pour la Defense des Fammilles et de l'Individu		10 Rue Pere Julien Dhuit	F-75020 Paris
Elterninitiative Nordgriechenland	Vater Arsenios Vliagoftis	P.O. Box 6	GR Polygyros Chalkidiki
Referat für Sekten und Weltanschauungsfragen	Herr Martin Pezzei	Domplatz 2	I-39100 Bozen
GRIS – Gruppo di Ricerca e di Informazione sulle Sette		Via del Monte 5	I-40126 Bologna
Sektenbeauftragter – Diözese Luxemburg	Pfarrer Paul Goerens	5, av. Marie-Thérèse	L-2132 Luxembourg
Lietuvos Kataliku Baznycios, INFORMACIJOS CENTRAS		Valanciaus 6	LV-233000 Kaunas
actio catholica patria	Gediminas Lukas	Tvirtovesstr. 61-5	LV-233000 Kaunas
SIMPOS		Koppenhinksteeg 2	NL-2312 HX Leiden
Stowarzyszenie Ruchu Obrony Rodziny i Jednoski			PL Lublin
Sektenbeauftragter	Ks. (Priester) Pawel Górny		PL Gdanks-Orunia (Danzig)
Dominikanski Osrodek Informacji o Nowych Ruchach Religijnych i Sektach	Ojciec (Pater) Tomasz Aleksiewicz OP	ul. Dominikanska 2	PL-02-738 Warszaw (Warschau)
Diecezjalne Centrum Informacji o Sektach i Ruchach Pseudoreligijnych pod patronatem Akcij Katolickiej	Ks. (Priester)Jerzy Marcinkowski	ul. Jana Pawla II 3	PL-25-013 Kielce
Dominikanskie Centrum Informacij o Nowych Ruchach Religijnych i Sektach w Polsce	Herr Pater Jacek Galuszka	ul. Dominikanska 3/24	PL-31-043 Krakow (Krakau)
Punkt Paradnictwa Religijnego przy Parafii pw. sw. Stanislawa		ul. Krasinskiego 4	PL-38-200 Jaslo
Punkt Paradnictwa Religijnego przy Parafii pw. Ducha Swietego		ul. Wieniawskiego 28	PL-38-400 Krosno
Stowarzyszenie Ruchu Obrony Rodziny i Jednostki	Jacek Zielinski	ul. Piotrkowska 49	PL-90-417 Lodz

efon	Telefax	E-Mail	URL	Träger
987366	-53987367		www.pageszoom.com/ccmm	privat
979576				privat
		skepi@otenet.gr		privat
6789	-981391	rfw@ecclesiabz.com		kirchlich
39-51-260011;-4266	0039-51-260244	gris@bo.nettuno.it	www.chiesacattolica.it/gris	kirchlich
732	-44732	nrev@cathol.lu		kirchlich
7-0127) 5132/222549	(007-0127) 226132			kirchlich
				kirchlich
1-5127619		lokabaal@dsl.nl	www.stelling.nl/simpos	privat
23238				privat
4794				kirchlich
6185				kirchlich
48-41-3682527				kirchlich
1145	-231145	centrum@sun1.wil.pk.edu.pl	sun1.will.pk.edu.pl/centrum	kirchlich
6				kirchlich
4				kirchlich
8-42-336511 342118)	-331350			kirchlich

Kapitel 1 – Quellen

(1)   Reller, Horst, Hrsg. (1993): Handbuch Religiöse Gemeinschaften. Gütersloh. S. 868/869: Ursprung – das Magazin der Scientology-Kirche Deutschland, Juli 1972.

(2)   Scientology-Kirche Deutschland, Hrsg. (1975): Scientology ist eine Religion. München. S. 37

(3)   Hubbard, L. Ron (1980, 4. Auflage in Deutsch): Dianetik. Die moderne Wissenschaft der geistigen Gesundheit. Kopenhagen. S. 479: Über L. Ron Hubbard

(4)   Hubbard, L. Ron (1980, 4. Auflage in Deutsch): Dianetik. Die moderne Wissenschaft der geistigen Gesundheit. Kopenhagen. S. 479: Über L. Ron Hubbard

(5)   Haack, Friedrich-Wilhelm (1982): Scientology – Magie des 20. Jahrhunderts. München. S. 23

(6)   Haack, Friedrich-Wilhelm (1982): Scientology – Magie des 20. Jahrhunderts. München. S. 24

(7)   Hubbard, L. Ron (1980, 4. Auflage in Deutsch): Dianetik. Die moderne Wissenschaft der geistigen Gesundheit. Kopenhagen. S. 480

(8)   Haack, Friedrich-Wilhelm (1982): Scientology – Magie des 20. Jahrhunderts. München. S. 28

(9)   Evans, Christopher (1979): Kulte des Irrationalen, Sekten, Schwindler, Seelenfänger. Hamburg. S. 33

(10) Evans, Christopher (1979): Kulte des Irrationalen, Sekten, Schwindler, Seelenfänger. Hamburg. S. 34

(11) Haack, Friedrich-Wilhelm (1982): Scientology – Magie des 20. Jahrhunderts. München. S. 31f.: Publications Department AOSHDK (1979): Der Kommunikationskurs. Kopenhagen

(12) ABI-Archiv

(13) Hubbard, L. Ron (1980, 4. Auflage in Deutsch): Dianetik. Die moderne Wissenschaft der geistigen Gesundheit. Kopenhagen. S. 481

(14) Martens, P. Ch. (o.J.2): Geheime Gesellschaften in alter und neuer Zeit. Bad Schmiedeberg, Leipzig. S. 208

(15) Haack, Friedrich-Wilhelm (1982): Scientology – Magie des 20. Jahrhunderts. München. S. 37: King, F.: Ritual Magic in England (1887 to the Present Day). London 1970

(16) Evans, Christopher (1979): Kulte des Irrationalen, Sekten, Schwindler, Seelenfänger. Hamburg. S. 30

(17) ABI-Archiv

(18) Haack, Friedrich-Wilhelm (1982): Scientology – Magie des 20. Jahrhunderts. München. S. 43: L. Ron Hubbard (1974): Die Grundlagen des Denkens. Kopenhagen

(19) Haack, Friedrich-Wilhelm (1982): Scientology – Magie des 20. Jahrhunderts. München. Scientology Publications Organizations ApS. Der Kommunikationskurs. Kopenhagen

(20) Evans, Christopher (1979): Kulte des Irrationalen, Sekten, Schwindler, Seelenfänger. Hamburg. S. 37

(21) Hubbard, L. Ron (1980, 4. Auflage in Deutsch): Dianetik. Die moderne Wissenschaft der geistigen Gesundheit. Kopenhagen. S. 18f.

(22) ABI-Archiv

(23) Haack, Friedrich-Wilhelm (1982): Scientology – Magie des 20. Jahrhunderts. München. S. 45: Handbuch für den ehrenamtlichen Geistlichen.

(24) Scientology-Kirche Deutschland, Hrsg. (1975): Scientology ist eine Religion. München. S. 37, Fußnote

(25) Reller, Horst, Hrsg. (1993): Handbuch Religiöse Gemeinschaften. Gütersloh. S. 861 ff.; Scientologen-Report, Dezember 1968

(26) Scientology-Kirche Deutschland, Hrsg. (1975): Scientology ist eine Religion. München. S. 92

(27) ABI-Archiv

(28) Hauth, Rüdiger (1981): Jugendsekten und Psychogruppen von A – Z. Gütersloh. S. 112 f.

(29) Evans, Christopher (1979): Kulte des Irrationalen, Sekten, Schwindler, Seelenfänger. Hamburg. S. 77

(30) Haack, Friedrich-Wilhelm (1979): Jugendreligionen, Ursachen, Trends, Reaktionen. München. S. 16: Scientology – Die Brücke zu einer neuen Welt. (o.J.). Werbekarte. Kopenhagen

(31) Haack, Friedrich-Wilhelm (1979): Jugendreligionen, Ursachen, Trends, Reaktionen. München. S. 161f.

(32) Haack, Friedrich-Wilhelm (1982): Scientology – Magie des 20. Jahrhunderts. München. S. 208-210

(33) Haack, Friedrich-Wilhelm (1982): Scientology – Magie des 20. Jahrhunderts. München. S. 243: Scientology-Kirche Deutschland Guardian Office. (o.J.). Guardian Office Deutschland. München. S. 4

(34) ABI-Archiv

(35) ABI-Archiv

(36) ABI-Archiv

(37) ABI-Archiv

(38) ABI-Archiv

(39) ABI-Archiv

Kapitel 2 – Quellen

(1) ABI-Archiv

(2) Reimer, Philipp-Diether (1982): Scientology und Religion. Materialdienst der EZW. S. 244-253
Reimer, Philipp-Diether (1983): Ein "Handbuch" demaskiert den Scientology-„Geistlichen". Materialdienst der EZW. S. 244 ff.
Scientology-Kirche Deutschland, Hrsg. (1975): Scientology ist eine Religion. München. S. 95–118

(3) Advance! Die Zeitschrift der Fortgeschrittenen Organisation, 17/1981: S. 19

(4) ABI-Archiv

(5) Hubbard, L. Ron (1980, 4. Auflage in Deutsch): Dianetik. Die moderne Wissenschaft der gestigen Gesundheit. Kopenhagen. S. 44

(6) Scintology-Kirche Deutschland, Hrsg. (1975): Scientology ist eine Religion. München. S. 44

(7) Scientology-Kirche Deutschland, Hrsg. (1975): Scientology ist eine Religion. München. S. 48

(8) Scientology-Kirche Deutschland, Hrsg. (1975): Scientology ist eine Religion. München. S. 52, Anmerkung (10)

(9) ABI-Archiv

(10) ABI-Archiv

(11) Scientology-Kirche Deutschland, Hrsg. (1975): Scientology ist eine Religion. München. S. 58

(12) Scientology-Kirche Deutschland, Hrsg. (1975): Scientology ist eine Religion. München. S. 60

(13) Scientology-Kirche Deutschland, Hrsg. (1975): Scientology ist eine Religion. München. S. 61

(14) Kaufman, Robert (1972): Übermenschen unter uns. Frankfurt/Main. S. 166

(15) Scientology-Kirche Deutschland, Hrsg. (1975): Scientology ist eine Religion. München. S. 63

(16) Obst, Helmut (1984): Neureligionen, Jugendreligionen, destruktive Kulte. Berlin. S. 208

(17) Eysenck, Hans Jürgen/ Arnold, Wilhelm/ Meili, Richard, Hrsg. (1996): Lexikon der Psychologie. Augsburg. S. 467

(18) Hubbard, L. Ron (1980, 4. Auflage in Deutsch): Dianetik. Die moderne Wissenschaft der geistigen Gesundheit. Kopenhagen. S. 53

(19) Reller, Horst, Hrsg. (1993): Handbuch Religiöse Gemeinschaften. Gütersloh. S. 866

(20) Obst, Helmut (1984): Neureligionen, Jugendreligionen, destruktive Kulte. Berlin. S. 211

(21) Hubbard, L. Ron (1980, 4. Auflage in Deutsch): Dianetik. Die moderne Wissenschaft der geistigen Gesundheit. Kopenhagen. S. 86

(22) Reller, Horst, Hrsg. (1993): Handbuch Religiöse Gemeinschaften. Gütersloh. S. 866

(23) Hubbard, L. Ron (1980, 4. Auflage in Deutsch): Dianetik. Die moderne Wissenschaft der geistigen Gesundheit. Kopenhagen. S. 301-315

(24) Hubbard, L. Ron (1980, 4. Auflage in Deutsch): Dianetik. Die moderne Wissenschaft der geistigen Gesundheit. Kopenhagen. S. 301f.

(25) Hubbard, L. Ron (1980, 4. Auflage in Deutsch): Dianetik. Die moderne Wissenschaft der geistigen Gesundheit. Kopenhagen. S. 204

(26) Scientology-Kirche Deutschland, Hrsg. (1975): Scientology ist eine Religion. München. S. 70

(27) Obst, Helmut (1984): Neureligionen, Jugendreligionen, destruktive Kulte. Berlin. S. 213

(28) Reller, Horst, Hrsg. (1993): Handbuch Religiöse Gemeinschaften. Gütersloh. S. 867

(29) Reller, Horst, Hrsg. (1993): Handbuch Religiöse Gemeinschaften. Gütersloh. S. 872

(30) ABI-Archiv

(31) Obst, Helmut (1984): Neureligionen, Jugendreligionen, destruktive Kulte. Berlin. S. 214

(32) ABI-Archiv

(33) ABI-Archiv: Scientology in der Wirtschaft.

(34) Advance! Die Zeitschrift der Fortgeschrittenen Organisation, 17/1981: S. 19

(35) ABI-Archiv

(36) ABI-Archiv

(37) ABI-Archiv

(38) ABI-Archiv

(39) ABI-Archiv

(40) Obst, Helmut (1984): Neureligionen, Jugendreligionen, destruktive Kulte. Berlin. S. 217

(41) Scientology-Kirche Deutschland, Hrsg. (o.J.): Glaubensbekenntnis der Kirche der Scientology. Hubbard Scientology Organisation München e.V. München

(42) ABI-Archiv

(43) Hubbard, L. Ron (o.J.): Die Ziele der Scientology. Flugblatt. Hubbard-Copyright von 1976

(44) Advance! Mitgliedschaftsbeitrag. Beilage Nr. 72. Hubbard-Copyright von 1981/82

(45) HCO Bulletin: „Reinigungs-Rundown und Atomkrieg". 03.01.1980. Zitiert nach: Haack, Friedrich-Wilhelm (1982): Scientology – Magie des 20. Jahrhunderts. München. S. 128f.

(46) Advance! Mitgliedschaftsbeitrag. Beilage Nr. 72. Hubbard-Copyright von 1981/82

(47) ABI-Archiv. Detaillierte Angaben zu den Preisen von Scientology-Dienstleistungen siehe Kapitel 4, Abschnitt „Scientology ist ein Gewerbe"

(48) ABI-Archiv

(49) ABI-Archiv

(50) ABI-Archiv

(51) ABI-Archiv

(52) ABI-Archiv

(53) ABI-Archiv

(54) Reller, Horst, Hrsg. (1993): Handbuch Religiöse Gemeinschaften. Gütersloh. S. 877

(55) ABI-Archiv

(56) ABI-Archiv

(57) ABI-Archiv

(58) ABI-Archiv

(59) ABI-Archiv

(60) Obst, Helmut (1984): Neureligionen, Jugendreligionen, destruktive Kulte. Berlin. S. 224

(61) ABI-Archiv

(62) NJW 1961, S. 211; NJW 1969, S. 31

(63) OLG Düsseldorf, in: NJW 1983, S. 2574

(64) LG Hamburg, in: NJW 1988, S. 2617

(65) OVG Hamburg, Gewerbearchiv 1994, S. 16

(66) BVerwG, NVwZ 1995, S. 463

(67) BVerwG, NJW 1992, S. 2496

(68) VG Stuttgart, NVwZ 1994, S. 612. Vom VGH Mannheim aufgehoben, sowie VGH Mannheim: Urteil. VS 438/94 vom 02.08.1995

(69) BAG, NJW 1996, S. 143

(63) Jaschke, Hans-Gerd (1996): Gutachten im Auftrag des Innenministeriums des Landes Nordrhein-Westfalen. Düsseldorf

(71) Abel, Ralf Bernd (1996): Ist das Menschen- und Gesellschaftsbild der Scientology-Organisation vereinbar mit der Werte- und Rechtsordnung des Grundgesetzes. Gutachterliche Stellungnahme im Auftrag der Ministerpräsidentin des Landes Schleswig-Holstein. Informations- und Dokumentationsstelle „Sekten und sektenähnliche Vereinigungen".

Kapitel 3 – Quellen

(1) Hubbard, L. Ron (o.J.): Was ist Scientology. Kopenhagen. S. 247

(2) Deutsche Bundesregierung, Hrsg. (1979): Neuere Glaubens- und Weltanschauungsgemeinschaften. Antwort der Bundesregierung. Drucksache 8/2790 vom 27.04.1979

(3) Hubbard, L. Ron (o.J.): Einführung in die Ethik der Scientology. Kopenhagen. S. 110

(4) Hubbard, L. Ron (o.J.): Einführung in die Ethik der Scientology. Kopenhagen. S. 208-211

(5) Haack, Friedrich-Wilhelm (1982): Scientology – Magie des 20. Jahrhunderts. München. S. 221: Handbuch für den ehrenamtlichen Geistlichen, S. 355

(6) Hubbard, L. Ron (o.J.): Einführung in die Ethik der Scientology. Kopenhagen. S. 180, 188, 191 f.

(7) Hubbard, L. Ron (o.J.): Was ist Scientology. Kopenhagen. S. 283

(8) Scientology-Kirche AOSH EU & AF, Hrsg. (1977): Fragen und Antworten über die Sea Org. Kopenhagen

(9) Deutsche Bundesregierung, Hrsg. (1979): Neuere Glaubens- und Weltanschauungsgemeinschaften. Antwort der Bundesregierung. Drucksache 8/2790 vom 27.04.1979, S. 7

(10) HCO Policy Letter, 21.10.1971 (Issue II): „Du als Scientologe". Zitiert nach: Haack, Friedrich-Wilhelm (1982): Scientology – Magie des 20. Jahrhunderts. München. S. 168

(11) Kaufman, Robert (1972): Übermenschen unter uns. Frankfurt/Main
Und: Erfahrungsberichte von Scientologen in Kapitel 5 und 6

(12) ABI-Archiv

(13) Deutsche Bundesregierung, Hrsg. (1979): Neuere Glaubens- und Weltanschauungsgemeinschaften. Antwort der Bundesregierung. Drucksache 8/2790 vom 27.04.1979. S. 4

(14) ABI-Archiv

(15) ABI-Archiv

(16) ABI-Archiv

(17) Hubbard, L. Ron (1965): „Haben Sie geholfen"? In: Der Auditor, Nr. 9

(18) HCO Policy Letter, 07.02.1965: „Die Funktionsfähigkeit von Scientology erhalten."

(19) Deutsche Bundesregierung, Hrsg. (1979): Neuere Glaubens- und Weltanschauungsgemeinschaften. Antwort der Bundesregierung. Drucksache 8/2790 vom 27.04.1979

(20) ABI-Archiv

(21) ABI-Archiv

(22) ABI-Archiv

(23) HCO Policy Letter, 25.02.1966: "HCO-Abteilung. LRH Comm. Angriffe gegen Scientology."

(24) Hubbard, L. Ron (o.J.): Technique 88: "On Control and Lying".

(25) ABI-Archiv

(26) ABI-Archiv

(27) ABI-Archiv

(28) ABI-Archiv

(29) ABI-Archiv

(30) Landesamt für Verfassungsschutz Hamburg (o.J.): Der Geheimdienst der Scientology-Organisation.

(31) StA beim LG München. Az: 115 Js 4298/84

(32) Hubbard, L. Ron (1989). Einführung in die Ethik der Scientology. NEW ERA Publications. Kopenhagen. S. 20

(33) HCO Policy Letter, 18.06.1968: „Ethik."

(34) HCO Policy Letter, 16.10.1967: „Ethik. Verwaltungs-Know-how Nr. 16: Unterdrücker und die Verwaltungskraft."

(35) Hubbard, L. Ron (1979/1959): Handbuch des Rechts. Hubbard Kommunikationsbüro

(36) Landesamt für Verfassungsschutz Hamburg (o.J.): Der Geheimdienst der Scientology-Organisation.

(37) Landesamt für Verfassungsschutz Hamburg (o.J.): Der Geheimdienst der Scientology-Organisation.

(38) Landesamt für Verfassungsschutz Hamburg (o.J.): Der Geheimdienst der Scientology-Organisation.

(39) Landesamt für Verfassungsschutz Hamburg (o.J.): Der Geheimdienst der Scientology-Organisation.

(40) Landesamt für Verfassungsschutz Hamburg (o.J.): Der Geheimdienst der Scientology-Organisation.

(41) Hubbard, L. Ron (1955): A Manual on the Dissemination of Material. S. 55

(42) Landesamt für Verfassungsschutz Hamburg (o.J.): Der Geheimdienst der Scientology-Organisation.

(43) Landesamt für Verfassungsschutz Hamburg (o.J.): Der Geheimdienst der Scientology-Organisation.

(44) Landesamt für Verfassungsschutz Hamburg (o.J.): Der Geheimdienst der Scientology-Organisation.

(45) Landesamt für Verfassungsschutz Hamburg (o.J.): Der Geheimdienst der Scientology-Organisation.

(46) Landesamt für Verfassungsschutz Hamburg (o.J.): Der Geheimdienst der Scientology-Organisation.

(47) Landesamt für Verfassungsschutz Hamburg (o.J.): Der Geheimdienst der Scientology-Organisation.

(48) Landesamt für Verfassungsschutz Hamburg (o.J.): Der Geheimdienst der Scientology-Organisation.

(49) Landesamt für Verfassungsschutz Hamburg (o.J.): Der Geheimdienst der Scientology-Organisation.

(50) Landesamt für Verfassungsschutz Hamburg (o.J.): Der Geheimdienst der Scientology-Organisation.

(51) HCO Policy Letter, 25.02.1966: „Angriffe auf Scientology."

(52) HCO Bulletin, 27.09.1966: „Die Antisoziale Persönlichkeit. Der Antiscientologe".

(53) HCO Policy Letter, 18.10.1967 (Issue IV): „Penalties for lower conditions", "Enemy – SP Order Fair Game".

(54) Landesamt für Verfassungsschutz Hamburg (o.J.): Der Geheimdienst der Scientology-Organisation.

(55) Landesamt für Verfassungsschutz Hamburg (o.J.): Der Geheimdienst der Scientology-Organisation.

(56) Atack, Jon (1995: „Scientology – Religion or Intelligence Agency? The view from the lion's den". A paper by Jon Atack, delivered at the Dialog Centre International Conference, Berlin 10/1995. Auszug aus dem Internet ohne Seitenangabe.

(57) Landesamt für Verfassungsschutz Hamburg (o.J.): Der Geheimdienst der Scientology-Organisation.

(58) Landesamt für Verfassungsschutz Hamburg (o.J.): Der Geheimdienst der Scientology-Organisation.

(59) Landesamt für Verfassungsschutz Hamburg (o.J.): Der Geheimdienst der Scientology-Organisation.

(60) Landesamt für Verfassungsschutz Hamburg (o.J.): Der Geheimdienst der Scientology-Organisation.

(61) HCO Police Letter, 16.02.1969) Issue IV): „Targets, Defense." Neuherausgabe 24.09.1987

(62) Landesamt für Verfassungsschutz Hamburg (o.J.): Der Geheimdienst der Scientology-Organisation.

(63) HCO Police Letter, 16.02.1969) „Confidential Battle Tactics." Neuherausgabe 24.09.1987

(64) Landesamt für Verfassungsschutz Hamburg (o.J.): Der Geheimdienst der Scientology-Organisation.

(65) Landesamt für Verfassungsschutz Hamburg (o.J.): Der Geheimdienst der Scientology-Organisation.

(66) Landesamt für Verfassungsschutz Hamburg (o.J.): Der Geheimdienst der Scientology-Organisation.

(67) Landesamt für Verfassungsschutz Hamburg (o.J.): Der Geheimdienst der Scientology-Organisation.

(68) Landesamt für Verfassungsschutz Hamburg (o.J.): Der Geheimdienst der Scientology-Organisation.

(69) Landesamt für Verfassungsschutz Hamburg (o.J.): Der Geheimdienst der Scientology-Organisation.

(70) Miscavige, David (1996): Die machtvollste Bewegung zur Rettung des Menschen. In: Impact Nr. 69, S. 8-11

(71) Landesamt für Verfassungsschutz Hamburg (o.J.): Der Geheimdienst der Scientology-Organisation.

(72) Church of Scientology International (CSI) (1988): Die Führungskanäle der Scientology. S. 10, 25

(73) Landesamt für Verfassungsschutz Hamburg (o.J.): Der Geheimdienst der Scientology-Organisation.

(74) Landesamt für Verfassungsschutz Hamburg (o.J.): Der Geheimdienst der Scientology-Organisation.

(75) Landesamt für Verfassungsschutz Hamburg (o.J.): Der Geheimdienst der Scientology-Organisation.

(76) Landesamt für Verfassungsschutz Hamburg (o.J.): Der Geheimdienst der Scientology-Organisation.

(77) Landesamt für Verfassungsschutz Hamburg (o.J.): Der Geheimdienst der Scientology-Organisation.

(78) Süddeutsche Zeitung, 24.10.2000: „Experten: Gehirnwäsche in Scientology-Lagern". Ebenso: Die Welt, 24.10.2000; Focus, 23.10.2000

(79) Hubbard, L. Ron: (o.J.): Einführung in die Ethik der Scientology. Kopenhagen. S. 202f.

(80) Hubbard, L. Ron (o.J.): Einführung in die Ethik der Scientology. Kopenhagen. S. 208-211
(81) Deutscher Bundestag: Protokoll der 242. Sitzung vom 19.06.1998, Drucksache 13/10950, Tagesordnungspunkt 19
(82) Deutscher Bundestag: Protokoll der 242. Sitzung vom 19.06.1998, Drucksache 13/10950, Tagesordnungspunkt 19
(83) VG des Saarlandes, EZ 6 K 149/00, Urteil vom 29.03.2001
(84) VG des Saarlandes, EZ 6 K 149/00, Urteil vom 29.03.2001
(85) VG des Saarlandes, EZ 6 K 149/00, Urteil vom 29.03.2001

Kapitel 4 – Quellen

(1) WISE-Richtlinie Nr. 2 vom 05.05.1986
(2) Haack, Friedrich-Wilhelm (1982): Scientology – Magie des 20. Jahrhunderts. München. S. 221: Handbuch für den ehrenamtlichen Geistlichen, S. 649f.
(3) HCO Policy Letter, 09.03.1972 (Issue I). Neuherausgabe 04.08.1983
(4) BAG, AZ 5 AZB 21/94. 22.03.1995
(5) BAG, AZ 5 AZB 21/94. 22.03.1995
(6) BAG, AZ 5 AZB 21/94. 22.03.1995
(7) Sonneberg, Gudrun (1995): Mietberater klingeln an der Tür und bieten ihre Hilfe an. Berliner Zeitung. 16.03.1995
(8) Förster, Jochen (2000): Scientology für den Gabentisch. In: Die Welt, 23.11.2000
(9) Stern 31/2000, 13.01.2000, S. 146; Hamburger Abendblatt Nr. 272, 21.11.2000
(10) Hamburgisches OVerwG, EZ Bf Vi 12/91 vom 06.07.1993
(11) Hamburgisches OVerwG, EZ Bf Vi 12/91 vom 06.07.1993
(12) Hamburgisches OVerwG, EZ Bf Vi 12/91 vom 06.07.1993
(13) Hamburgisches OVerwG, EZ Bf Vi 12/91 vom 06.07.1993
(14) Hamburgisches OVerwG, EZ Bf Vi 12/91 vom 06.07.1993
(15) Hamburgisches OVerwG, EZ Bf Vi 12/91 vom 06.07.1993
(16) Hamburgisches OVerwG, EZ Bf Vi 12/91 vom 06.07.1993
(17) Hamburgisches OVerwG, EZ Bf Vi 12/91 vom 06.07.1993
(18) Hamburgisches OVerwG, EZ Bf Vi 12/91 vom 06.07.1993
(19) BAG, AZ 5 AZB 21/94 vom 22.03.1995
(20) Arbeitsgericht München, EZ 24 Ca 14748/86 vom 27.11.1987
(21) Strafgericht Basel-Stadt: Urteil vom 10.06.1987
(22) UPS (1993): UPS – Unsere Zukunft. Arbeitsbuch für UPS-Mitarbeiter
(23) UPS (1993): UPS – Unsere Zukunft. Arbeitsbuch für UPS-Mitarbeiter
(24) UPS (1993): UPS – Unsere Zukunft. Arbeitsbuch für UPS-Mitarbeiter
(25) UPS (1993): UPS – Unsere Zukunft. Arbeitsbuch für UPS-Mitarbeiter
(26) UPS (1993): UPS – Unsere Zukunft. Arbeitsbuch für UPS-Mitarbeiter
(27) UPS (1993): UPS – Unsere Zukunft. Arbeitsbuch für UPS-Mitarbeiter
(28) UPS (1993): UPS – Unsere Zukunft. Arbeitsbuch für UPS-Mitarbeiter
(29) http:// applied scholastics.org/html/aps20.htm
(30) @worldliteracy.org
(31) Sämtliche Materialien zu den Beziehungen UPS – Scientology im ABI-Archiv
(32) ÖTV-Betriebszeitung für Beschäftigte der UPS-Inc., UPS-Transport in Herne, Ausgabe 1/95: Mega-Paket
(33) ÖTV-Betriebszeitung für Beschäftigte der UPS-Inc., UPS-Transport in Herne, Ausgabe 7/95: Mega-Paket
(34) ÖTV-Betriebszeitung für Beschäftigte der UPS-Inc., UPS-Transport in Herne, Ausgabe 1/95: Mega-Paket
(35) ÖTV-Flugblatt, ABI-Archiv

(36) ÖTV-Betriebszeitung für Beschäftigte der UPS-Inc., UPS-Transport in Herne, Ausgabe 1/95: Mega-Paket

(37) ABI-Archiv

(38) Berufungsbegründung an das Kammergericht Berlin, Gesch.-Nr. 14 U 60/01 vom 17.04.2001

(39) Berufungsbegründung an das Kammergericht Berlin, Gesch.-Nr. 14 U 60/01 vom 17.04.2001

(40) LG Berlin: Urteil. Gesch.-Nr. 27 0 682/00 vom 01.02.2001

(41) Berufungsbegründung an das Kammergericht Berlin, Gesch.-Nr. 14 U 60/01 vom 17.04.2001

(42) LG Berlin: Urteil. Gesch.-Nr. 27 0 682/00 vom 01.02.2001

(43) Berufungsbegründung an das Kammergericht Berlin, Gesch.-Nr. 14 U 60/01 vom 17.04.2001

(44) LG Berlin: Urteil. Gesch.-Nr. 27 0 682/00 vom 01.02.2001

(45) Berufungsbegründung an das Kammergericht Berlin, Gesch.-Nr. 14 U 60/01 vom 17.04.2001

(46) LG Berlin: Urteil. Gesch.-Nr. 27 0 682/00 vom 01.02.2001

(47) Focus 52/1999, 27.12.1999; Hamburger Abendblatt, 07.04.2000

(48) ABI-Pressemitteilung, 22.02.1999

(49) Die Welt, 03.05.2001

(50) ABI-Archiv

(51) ABI-Archiv

(52) LG Stuttgart: Urteil. AZ 17 0 598/94 vom 09.02.1995

(53) Freie Presse Online, 10.02.2000

(54) Schmidt-Lunau (2000): Hessens CDU in Bedrängnis. In: Der Tagesspiegel, 16.03.2000

Die Quellen der Kapitel 5 bis 7 sind im ABI-Archiv enthalten.

8.3 Literatur

@worldliteracy.org

Abel, Ralf Bernd (1996): Ist das Menschen- und Gesellschaftsbild der Scientology-Organisation vereinbar mit der Werte- und Rechtsordnung des Grund-gesetzes. Gutachterliche Stellungnahme im Auftrag der Ministerpräsidentin des Landes Schleswig-Holstein. Informations- und Dokumentationsstelle „Sekten und sektenähnliche Vereinigungen"

ABI-Archiv

ABI-Archiv: Materialien zu den Beziehungen UPS – Scientology

ABI-Archiv: Scientology in der Wirtschaft

ABI-Pressemitteilung, 22.02.1999

Advance! Die Zeitschrift der Fortgeschrittenen Organisation, 17/1981

Advance! Mitgliedschaftsbeitrag. Beilage Nr. 72. Hubbard-Copyright von 1981/82

Anonymus (1993): Entkommen: Eine Ex-Scientologin berichtet. Reinbek

Arbeitsgemeinschaft Kinder- und Jugendschutz (AJS) (1993): So genannte neuere Glaubensgemeinschaften – unter besonderer Berücksichtigung der Scientology-Kirche. Bericht des Ministeriums für Arbeit, Gesundheit und Soziales des Landes Nordrhein-Westfalen. Sonderausgabe Essen

ArbG München, EZ 24 Ca 14748/86, 27.11.1987

Arendt, Hannah (1955): Elemente und Ursprünge totaler Herrschaft. Frankfurt/Main

Atack, Jon (1995): „Scientology – Religion or Intelligence Agency? The view from the lion's den". A paper by Jon Atack, delivered at the Dialog Centre International Conference, Berlin. 10/1995. Auszug aus dem Internet

Augstein, Jakob (1995): Gegenwind für die Prediger des Profits. Süddeutsche Zeitung, 27./28.05.1995

Backes, Uwe (1989): Politischer Extremismus in demokratischen Verfassungsstaaten. Opladen

Backes, Uwe/Jesse, Eckhard (1985): Totalitarismus. Extremismus. Terrorismus. Opladen

Badura, Peter (1989): Der Schutz von Religion und Weltanschauung durch das Grundgesetz. Verfassungsfragen zur Existenz und Tätigkeit der neuen „Jugendreligionen". Tübingen

BAG, AZ 5 AZB 21/94, 22.03.1995

BAG, NJW 1996

Baumgartner, Philipp-Michael, Hrsg. (1993): Verführung statt Erleuchtung: Sekten, Scientology, Esoterik. Düsseldorf

Bayerisches Staatsministerium des Innern (2001). Verfassungschutzbericht 2001 Bayern. München

Bayerisches Staatsministerium des Innern (2002). Verfassungschutzbericht 2002 Bayern. München

Beckers, Herman-Josef/Kohle, Helmut, Hrsg. (1981): Kulte, Sekten, Religionen: von Astrologie bis Zeugen Jehovas. Augsburg

Behar, Richard (1991): Scientology, ein gefährlicher Kult. In: Readers Digest 10/1999. Stuttgart

Bericht der Landesregierung (1997): Tätigkeit von Sekten in Schleswig-Holstein. Psychokulte, „Jugendreligionen", Extremgruppen. Im Auftrag der Ministerpräsidentin von Schleswig-Holstein. Kiel

Berufungsbegründung an das Kammergericht Berlin, Gesch.-Nr. 14 U 60/01, 17.04.2001

Beyes-Corleis, Aglaja (1994): Verirrt. Mein Leben in einer radikalen Politorganisation. Freiburg

Billerbeck, Liane von/Nordhausen, Frank (1994): Der Sektenkonzern. Scientology auf dem Vormarsch. Mit einem Rechtsratgeber von Ralf Bernd Abel. Gütersloh, Stuttgart

Birnstein, Uwe (1994): Gegenwind aus der Provinz. Bürgerinitiativen gegen den Psychokonzern. In: Herrmann, Jörg, Hrsg.: Mission mit allen Mitteln. Reinbek

Branahl, Matthias/Christ, Angelika (1994): Scientology – Anmerkungen für die wirtschaftliche Praxis. Köln

Braunmüller, Kurt (1995⁹: Scientologie. Bedrohung oder Erlösung? Gran Canaria/Spanien (Allein-vertrieb Deutschland Rhede/Ems. Ewert)

BVerwG, NJW 1992, S. 2496

BVerwG, NVwZ 1995, S. 463

Caberta, Ursula (1994): Probleme von Scientology-Aussteigern. Nachsorge und Selbsthilfe. In: Anstöße. Beiträge zur Landespolitik. Heft 1. Hrsg. SPD-Landtagsfraktion Baden-Württemberg. Stuttgart, S. 22-24

Carlhoff, Hans-Werner/Wittmann, Peter, Hrsg. (1994): Neue Wege zum Glück? Psychokulte, neue Heilslehren, Jugendsekten. Hrsg. Aktion Jugendschutz (AJS) Landesarbeitsstelle Baden-Württemberg. Stuttgart

Christ, Angelika/Goldner, Steven (1995): Scientology im Management. Düsseldorf

Church of Scientology International (CSI) (1988): Die Führungskanäle der Scientology.

Deutsche Bundesregierung, Hrsg. (1979): Neuere Glaubens- und Weltanschauungsgemeinschaften. Antwort der Bundesregierung. Drucksache 8/2790 vom 27.04.1979

Deutscher Bundestag: Protokoll der 242. Sitzung vom 19.06.1998, Drucksache 13/10950, Tagesordnungspunkt 19

Die Welt, 03.05.2001

Die Welt, 24.10.2000

Dönz, Michael (1994): Im Netz von Scientology verstrickt ...und wie es mir gelang, mich zu befreien. Frankfurt/Main

Dorholt, Bernd (1994²) Streifzug durch den religiösen Supermarkt: Jugendreligionen, Sekten, Psychokulte. Für die Elterninitiative zur Hilfe gegen seelische Abhängigkeit und religiösen Extremismus e.V. München, (überarbeitete und erweiterte Auflage)

Eiben, Jürgen (1993). Gesellschaftliche Rahmenbedingungen religiöser Sinnstiftung in der Moderne. In: Potthoff, Norbert J.: Scientology Analyse. Materialien für die Aufklärungsarbeit, Unterricht, Vortrag, Schulung. Krefeld, S. 7-34

Elsässer, Jutta (1997): Scientology. Ich suchte das Licht und fand die Dunkelheit. Lebenswege. München

Evans, Christopher (1979): Kulte des Irrationalen, Sekten, Schwindler, Seelenfänger. Hamburg

Eysenck, Hans Jürgen/Arnold, Wilhelm/Meili, Richard, Hrsg. (1996): Lexikon der Psychologie. Augsburg

Fleischer, Thomas (1989): Der Religionsbegriff des Grundgesetzes. Zugleich ein Beitrag zur Diskussion über die „neuen Jugendreligionen". Bochum

Focus, 23.10.2000

Focus, 27.12.1999

Förster, Jochen (2000): Scientology für den Gabentisch. In: Die Welt, 23.11.2000

Freie Presse Online, 10.02.2000

Freie und Hansestadt Hamburg. Landesamt für Verfassungsschutz, Hrsg. (1998²): Der Geheimdienst der Scientology-Organisation. Grundlagen, Aufgaben, Strukturen, Methoden und Ziele. Hamburg

Gascard, Johannes R. (1984): Neue Jugendreligionen – zwischen Sehnsucht und Sucht. Freiburg

Gaspek, Philipp/Müller, Joachim/Valentin, Friederike et al. (1995): Lexikon der Sekten, Sondergruppen und Weltanschauungen: Fakten, Hintergründe, Klärungen. Freiburg, (verbesserte Neuausgabe)

Gross, Werner (1994): Psychomarkt – Sekten – destruktive Kulte. Bonn

Guber, Tillo (1987): Jugendreligionen in der grundgesetzlichen Ordnung: Wirtschaftsgebaren, Sozialschädlichkeit und Förderungswürdigkeit aus verfassungsrechtlicher Sicht. München

Haack, Annette/Haack, Friedrich-Wilhelm (1989). Jugendspiritismus und -satanismus. München

Haack, Friedrich-Wilhelm (1979): Jugendreligionen, Ursachen, Trends, Reaktionen. München

Haack, Friedrich-Wilhelm (1982/1990²): Scientology – Magie des 20. Jahrhunderts. München

Haack, Friedrich-Wilhelm (1988²⁴): Die neuen Jugendreligionen. München, (über-arbeitete Neuauflage)

Haack, Friedrich-Wilhelm (1990): Findungshilfe Religion 2000. Apologetisches Lexikon: Aktivitäten, Ereignisse, Firmen, Gruppen, Institutionen, Orden und Personen im Zusammenhang mit religiösen und weltanschaulichen Bewegungen – ein fragmentarischer Überblick.

Haack, Friedrich-Wilhelm (1990²): Scientology, Dianetik und andere Hubbardismen. München

Haack, Friedrich-Wilhelm (1994⁶): Sekten. München, (überarbeitete und erweiterte Neuauflage)

Haack, Friedrich-Wilhelm (1995²): Europas neue Religion: Sekten, Gurus, Satanskult. Freiburg

Haack, Friedrich-Wilhelm/Gandow, Thomas (1991): Jugendsekten: Vorbeugen – Hilfe – Auswege. Weinheim

Hamburger Abendblatt Nr. 272, 21.11.2000

Hamburger Abendblatt, 07.04.2000

Hamburgisches OVerwG, EZ Bf Vi 12/91, 06.07.1993

Hartwig, Renate (1994): Scientology – ich klage an. Augsburg

Hartwig, Renate (1995): Scientology. Die Zeitbombe in der Wirtschaft. München

Hartwig, Renate (1995): Scientology: das Komplott und die Kumpane. Düsseldorf

Hassan, Steven (1993): Ausbruch aus dem Bann der Sekten. Psychologische Beratung für Betroffene und Angehörige. Reinbek

Hauth, Rüdiger (1981): Jugendsekten und Psychogruppen von A – Z. Gütersloh

HCO Bulletin: „Die Antisoziale Persönlichkeit. Der Antiscientologe". 27.09.1966

HCO Bulletin: „Reinigungs-Rundown und Atomkrieg". 03.01.1980. Zitiert nach: Haack, Friedrich-Wilhelm (1982): Scientology – Magie des 20. Jahrhunderts. München. S. 128f.

HCO Policy Letter, 07.02.1965: „Die Funktionsfähigkeit von Scientology erhalten".

HCO Policy Letter, 09.03.1972 (Issue I). Neuherausgabe 04.08.1983

HCO Policy Letter, 16.02.1969 (Issue IV): „Targets, Defense". Neuherausgabe 24.09.1987

HCO Policy Letter, 16.02.1969: „Confidential Battle Tactics." Neuherausgabe 24.09.1987

HCO Policy Letter, 16.10.1967: „Ethik. Verwaltungs-Know-how Nr. 16: Unterdrücker und die Verwaltungskraft."

HCO Policy Letter, 18.06.1968: „Ethik."

HCO Policy Letter, 18.10.1967 (Issue IV): „Penalties for lower conditions."; „Enemy – SP Order Fair Game."

HCO Policy Letter, 21.10.1971 (Issue II): „Du als Scientologe". Zitiert nach: Haack, Friedrich-Wilhelm (1982): Scientology – Magie des 20. Jahrhunderts. München

HCO Policy Letter, 25.02.1966: „HCO-Abteilung. LRH Comm. Angriffe gegen Scientology."

HCO Policy Letter, 25.02.1966: „Angriffe auf Scientology."

Herrmann, Jörg (1992): Mission mit allen Mitteln. – Der Scientology-Konzern auf Seelenfang. Reinbek

http:// applied scholastics.org/html/aps20.htm

Hubbard, L. Ron (1955): A Manual on the Dissemination of Material.

Hubbard, L. Ron (1965): „Haben Sie geholfen"? In: Der Auditor, Nr. 9.

Hubbard, L. Ron (1979/1959): Handbuch des Rechts. Hubbard Kommunikationsbüro

Hubbard, L. Ron (1980, 4. Auflage in Deutsch): Dianetik. Die moderne Wissenschaft der geistigen Gesundheit. Kopenhagen

Hubbard, L. Ron (1989). Einführung in die Ethik der Scientology. NEW ERA Publications. Kopenhagen

Hubbard, L. Ron (o.J.): Die Ziele der Scientology. Flugblatt. Hubbard-Copyright von 1976

Hubbard, L. Ron (o.J.): Einführung in die Ethik der Scientology. Kopenhagen

Hubbard, L. Ron (o.J.): Technique 88: „On Control and Lying."

Hubbard, L. Ron (o.J.): Was ist Scientology. Kopenhagen

Hutten, Kurt (1989¹⁴): Seher, Grübler, Enthusiasten. Das Buch der traditionellen Sekten und religiösen Sonderbewegungen. Stuttgart

Innenministerium Baden-Württemberg, Hrsg. (2002): Verfassungsschutzbericht Baden-Württemberg 2001. Rechtsextremismus – Linksextremismus – Ausländerextremismus – Terrorismus – Scientology – Spionageabwehr. Stuttgart

Innenministerium Baden-Württemberg, Hrsg. (2003): Verfassungsschutzbericht Baden-Württemberg 2002. Information – Wehrhafte Demokratie – Schutz – Sicherheit – Aufklärung. Stuttgart

Innenministerium Land Nordrhein-Westfalen, Hrsg. (1996): Scientology – eine Aufgabe für den Verfassungsschutz? Verfassungsschutzbericht des Landes Nordrhein-Westfalen über das Jahr 1995. Düsseldorf

Jaschke, Hans-Gerd (1995): Auswirkungen der Anwendung scientologischen Gedankenguts auf eine pluralistische Gesellschaft oder Teile von ihr in einem freiheitlich demokratisch verfassten Rechtsstaat. Gutachten im Auftrag des Innenministeriums des Landes Nordrhein-Westfalen

Jaschke, Hans-Gerd (1996): Gutachten im Auftrag des Innenministeriums des Landes Nordrhein-Westfalen. Düsseldorf

Jugendwerkstatt Ostringen e.V., Hrsg. (1995): Scientology. Ostringen

Junge Union, Hrsg. (1993): Das 1. Wormser Scientology Tribunal 27.–28. November 1993. Junge Union Deutschland, Landesverband Rheinland-Pfalz

Kaufmann, Robert (1972): Übermenschen unter uns. Frankfurt/Main

Keden, Joachim, Hrsg. (1989[5]): So genannte Jugendsekten und die okkulte Welle. Verheißungen und Gefahren. Hilfe zur Information und Auseinandersetzung. Arbeitskreis gegen destruktive Kulte der Evangelischen Jugend des Kirchenkreises Bonn. Neukirchen, (völlig überarbeitete Auflage)

Kin, L. (o.J.): Scientology – mehr als ein Modetrend? Die Entwicklung zur monetären Heilslehre. Die Philosophie im Klartext. (Scientology – More than a cult). Wiesbaden

Kind, Hans (1994): Auditing und andere Psychotechniken aus wissenschaftlicher Sicht. In: Anstöße. Beiträge zur Landespolitik. Heft 1. Hrsg. SPD-Landtagsfraktion Baden-Württemberg, Stuttgart. S. 6-9

Kind, Hans (1994): Ausgewählte Zitate und Auszüge aus dem Schrifttum von L. Ron Hubbard mit bibliographischen belegen nach Themen geordnet und kritisch kommentiert von Prof. Dr. med. Hans Kind. Hrsg. Vom Verein Informations- und Beratungsstelle für Sekten- und Kultfragen. Zürich

Klöcker, Michael/Tworuschka, Udo (1994): Religionen in Deutschland: Kirchen, Glaubensgemeinschaften, Sekten. München

Koch, Egmont R. (1992): Gehirnwäsche: eine Reportage über die Scientology-Kirche. Ein Film. Stuttgart

Köpf, Peter (1995): Stichwort Scientology. München

Kruchem, Thomas (1999): Staatsfeind Scientology? München

Küfner, Heinrich/Nedophil, Norbert et al., Hrsg. (2002): Gesundheitliche und rechtliche Risiken bei Scientology. Eine Untersuchung psychologischer Beeinflussungstechniken bei Scientology, landmark und der Behandlung von Drogenabhängigen. Lengerich

Landesamt für Verfassungsschutz Hamburg (o.J.): Der Geheimdienst der Scientology-Organisation.

Lell, Martin (1997): Das Forum. Protokoll einer Gehirnwäsche. Der Psychokonzern Landmark Education. München

LG Berlin: Urteil. Gesch.-Nr. 27 O 682/00 vom 01.02.2001

LG Hamburg, in: NJW 1988, S. 2617

LG Stuttgart: Urteil. AZ 17 O 598/94 vom 09.02.1995

Lurz, Norbert (1995): Im Staate. Sekten als Gefahr für unsere Demokratie. Im Auftrag der Fraktion CDU im Landtag von Baden-Württemberg. Stuttgart

Luschnat, Cornelia/Potthoff, Norbert (1992): Totalitäre Thetanen – macht und Ohnmacht des Individuums. Krefeld

Martens, P. Ch. (o.J.[2]): Geheime Gesellschaften in alter und neuer Zeit. Bad Schmiedeberg, Leipzig

Mendler, Martin (1994): Scientology – in den Fängen eines totalitären Psychokonzerns. Hrsg. SPD-Landtagsfraktion Baden-Württemberg. Stuttgart

Methvin, Eugene H. (1980): Die erschreckenden Praktiken der Scientology-„Kirche". Diebe, Schlepper und Spione gehören zum harten Kern einer der gefährlichsten modernen Sekten. In: Readers Digest 51/1980. Stuttgart. S. 162-170 und Readers Digest 9/1981. Stuttgart. S. 97-106

Meyer, Thomas (1989): Fundamentalismus in der modernen Welt. Frankfurt

Minhoff, Christoph/Müller, Martina (1993): Scientology – Irrgarten der Illusionen. München (Sonderdruck für die Landeszentrale für politische Bildung und die Innenbehörde in Hamburg)

Miscavige, David (1996): Die machtvollste Bewegung zur Rettung des Menschen. In: Impact Nr 69

Niebel, Gabriele/Hanewinkel, Reiner (1997): Gutachten über Meditationstechniken. Gefahren – Missbrauchspotential – Nebenwirkungen. Unter besonderer Berücksichtigung von Jugendlichen, psychisch labilen und psychisch kranken Menschen. Gutachten im Auftrag der Ministerpräsidentin von Schleswig-Holstein. Kiel

Nietsche, Elke (1995): Alptraum Scientology. Ein Tagebuch aus Leipzig. Berlin

NJW 1961, S. 211

NJW 1969, S. 31

Nordhausen, Frank (1995): Das Netz der Sekte. Interne Dokumente belegen: Viele Immobilienfirmen sind enger mit dem Scientology-Konzern verbunden als bisher bekannt. In: Die Woche. 24.11.1995. Hamburg. S. 16

Nordhausen, Frank/Billerbeck, Liane von (1997): Psycho-Sekten. Die Praktiken der Seelenfänger. Berlin

Obst, Helmut (1984): Neureligionen, Jugendreligionen, destruktive Kulte. Berlin

Obst, Helmut (1991): Neureligionen, Jugendreligionen, New Age. Berlin (erweiterte überarbeitete Auflage)

OLG Düsseldorf, in: NJW 1983, S. 2574

ÖTV-Betriebszeitung für Beschäftigte der UPS-Inc., UPS-Transport in Herne, Ausgabe 1/95: Mega-Paket

ÖTV-Betriebszeitung für Beschäftigte der UPS-Inc., UPS-Transport in Herne, Ausgabe 7/95: Mega-Paket

ÖTV-Flugblatt. ABI-Archiv

OVG Hamburg, Gewerbearchiv 1994

Pollern, Hans-Ingo von (1993): Gefährliche Seelenkäufer – Scientology und was dahintersteckt. Informationen zur neuen religiösen Szene. Freiburg/CH, Konstanz

Potthoff, Norbert J. (1994): Scientology-Techniken aus der Perspektive eines Betroffenen. In: Anstöße. Beiträge zur Landespolitik Heft 1. Hrsg. SPD-Landtagsfraktion Baden-Württemberg. Stuttgart. S. 2-5

Potthoff, Norbert J. (1993): Scientology-Analyse. Materialien für die Aufklärungsarbeit, Unterricht, Vortrag, Schulung. Krefeld

Potthoff, Norbert J. (1992): Netzwerk Scientology-Organisation, Tarnfirmen und weltweites Netzwerk. Krefeld

Potthoff, Norbert J. (1994): Scientology & Wirtschaft – Der WISE-Report. Krefeld

Potthoff, Norbert J. (1992): Was ist Scientology? Die Zeitbombe in unserer Gesellschaft. Krefeld

Rosina, Hans-Joachim (1989): Faszination und Indoktrination: Beobachtungen zu psychischen Manipulationspraktiken in totalitären Kulten (Jugendreligionen). München

Redhead, Silvia/Mucha, Ralf-Dieter (1993): Der teure Traum vom Übermenschen. Eine ehemalige Scientologin berichtet. München

Reichelt, Peter (1997): Helnwein und Scientology. Lüge und Verrat. Eine Organisation und ihr Geheimdienst. Mannheim

Reimer, Philipp-Diether (1982): Scientology und Religion. Materialdienst der EZW

Reimer, Philipp-Diether (1983): Ein „Handbuch" demaskiert den Scientology-„Geistlichen". Materialdienst der EZW

Reller, Horst, Hrsg. (1993[4]): Handbuch Religiöse Gemeinschaften: Freikirchen, Sondergemeinschaften, Sekten, Weltanschauungen, missionierende Religionen des Ostens, Neureligionen, Psycho-Organisationen. Für den VELKD-Arbeitskreis Religiöse Gemeinschaften im Auftrag des Lutherischen Kirchenamtes. Gütersloh (4. völlig überarbeitete und erweiterte Auflage)

Rieger, Angelika (1994): Ich wollte mich nur noch umbringen. Erfahrungen einer ehemaligen Scientologin. In: Herrmann, Jörg, Hrsg.: Mission mit allen Mitteln. Reinbek. S. 35-44

Rieser, Herbert (1992): Bonzen, Pfaffen, Halsabschneider: der Mensch und seine Sekten. Eine Anthropologie. Krems

Scharfetter, Christian (1994[3]): Der spirituelle Weg und seine Gefahren. Spiritualität, Begriff, Typen, Bewusstseinsbereiche, Induktoren und Inhalte, Meditation, spirituelle Krise, Sekten und totalitäre Kulte. Eine Übersicht für Berater und Therapeuten. Stuttgart, (ergänzte Auflage)

Scheffler, Albert C. (1989): Jugendsekten in Deutschland. Öffentliche Meinung und Wirklichkeit – eine religionswissenschaftliche Untersuchung. Frankfurt/Main

Schmid, Georg (1992): Im Dschungel der neuen Religiosität. Esoterik, östliche Mystik, Sekten, Islam, Fundamentalismus, Volkskirchen. Stuttgart

Schmidt-Lunau (2000): Hessens CDU in Bedrängnis. In: Der Tagesspiegel, 16.03.2000

Schneider, Karl Heinz (1991/1993[2]): Der kosten- aber nicht folgenlose Scientology-Test. München

Scholl, Albrecht, Hrsg. (1981): Handbuch Jugendreligionen. Informationen, Analysen, Alternativen. Basel

Scholz, Rainer (1993): Probleme mit Jugendsekten. Ein Ratgeber für Eltern, Erzieher und Betroffene, sowie Behörden, Gerichte und Berater. München

Scientology-Kirche AOSH EU & AF, (Advanced Organisation Saint Hill Europa und Afrika), Hrsg. (1977): Fragen und Antworten über die Sea Org. Kopenhagen

Scientology-Kirche Deutschland, Hrsg. (1975): Scientology ist eine Religion. München

Scientology-Kirche Deutschland, Hrsg. (o.J.): Glaubensbekenntnis der Kirche der Scientology. Hubbard Scientology Organisation München e.V. München

Sickora, Christian (1993): Sekten und Sondergemeinschaften in den Neuen Bundesländern. Ergebnisse einer Tagung unter dem Thema: „Jugendsekten, Psychokulte, Okkultismus". Informationsvorträge und Seminare der Friedrich-Ebert-Stiftung Büro Chemnitz, Chemnitz 15.–16.11.1991

Smith, Margaret (1994): Gewalt und sexueller Missbrauch in Sekten. Wo es geschieht, wie es geschieht und wie man den Opfern helfen kann. Zürich

Sonneberg, Gudrun (1995): Mietberater klingeln an der Tür und bieten ihre Hilfe an. Berliner Zeitung, 16.03.1995

StA beim LG München. AZ: 115 Js 4298/84

Stamm, Hugo (1995[3]): Sekten im Bann von Sucht und Macht. Ausstiegshilfen für Betroffene und Angehörige. Zürich, Stuttgart

Stamm, Hugo (1982): Scientology – Seele im Würgegriff. Horgen

Steiden, Heinrich P./Hamernik, Christiane (1992): Einsteins falsche Erben. Die unheimliche Macht von Dianetik und Scientology. Wien

Stern 31/2000, 13.01.2000, S. 146

Strafgericht Basel-Stadt: Urteil vom 10.06.1987

Süddeutsche Zeitung, 24.10.2000: „Experten: Gehirnwäsche in Scientology-Lagern."

Thiede, Werner (1992): Scientology – Religion oder Geistesmagie? Konstanz

Tinner, Andreas/Denzler, Beat (1990): Sekten im rechtsfreien Raum? Ein Gutachten. Zürich

Träger, Günther (1993): Die wollen den totalitären Staat. Interview mit dem Scientology-Aussteiger Günther Träger über die Methoden der Sekte. In: Der Spiegel Nr. 10. Hamburg. S. 84-92

UPS (1993): UPS – Unsere Zukunft. Arbeitsbuch für UPS-Mitarbeiter

Valentin, Frederike/Knaup, Horand (1992/1993): Scientology – Der Griff nach Macht und Geld. Selbstbefreiung als Geschäft. Freiburg/Breisgau, Basel, Wien

VG des Saarlandes, EZ 6 K 149/00, Urteil vom 29.03.2001

VG Stuttgart, NVwZ 1994, S. 612. Vom VGH Mannheim aufgehoben

VGH Mannheim: Urteil. I S 438/94 vom 02.08.1995

Vieser, Susanne, Hrsg. (1994): Stichwort Geheimbünde. Heine-Sachbuch Nr. 19/4004. München

Vogt, Felicitas (1992): Drogen, Sekten, New Age als Herausforderung. Bewusstseinserweiterung um jeden Preis? Dornach

Voltz, Thomas (1995): Scientology und (k)ein Ende. Solothurn, Düsseldorf

Vossmeerbäumer, Peter (1995): Inside Scientology. Meine Erfahrungen im Machtapparat der >Church<. München

Wahle, Gerhard (1995): Sekten. Ausbeuter der Gesellschaft. Das Geschäft mit der Sehnsucht. Hrsg. Redaktion der Missionar spezial, Schülerzeitung am HHG. Ostfildern-Nellingen

Weber/Herbert/Valentin, Friederike (1994): Die Zeugen Jehovas zwischen Bewunderung und Befremdung. Ein Ratgeber. Freiburg

Westphal, Hinrich (1993): Das Hamburger Aktionsbündnis gegen Scientology. In: Herrmann, Jörg, Hrsg.: Mission mit allen Mitteln. Reinbek. S. 165-168

WISE-Richtlinie Nr. 2 vom 05.05.1986

Young, Robert Vaughn (1995): Reich des Bösen. Robert Vaughn Young über Scientology's Kampf gegen Deutschland. In: Der Spiegel Nr. 39. Hamburg. S. 105-114

8.4. Glossar

Aus: Peter Voßmerbäumer: Inside Scientology – Meine Erfahrungen im Machtapparat der „Church", Universitasverlag in der F.A. Herbig Verlagsbuchhandlung GmbH, München 1996, Seiten 185-200. @Wiedergabe mit Genehmigung des Verlags.

„Ich verwende in diesem Glossar die in Scientology üblichen Definitionen, die natürlich alle einen Idealzustand beschreiben. Ich verzichte in diesem Glossar auf irgendeine Wertung, über die Richtigkeit der Verfahren und Aussagen." (Peter Voßmerbäumer)

ARK-Bruch: Die Buchstaben stehen für A = Affinität, R = Realität und K = Kommunikation. Ein plötzliches Abfallen von Affinität, Realität oder Kommunikation wird in Scientology als ein ARK-Bruch bezeichnet und ist das erste -> Rudiment, das bei Sitzungsbeginn überprüft wird, wenn die Nadel nicht schwebt oder wenn offensichtlich ist, dass der PC eine Verstimmung hat, die ihn daran hindert, mit voller Aufmerksamkeit an seinem Fall interessiert zu sein und bereit, darüber zum Auditor zu sprechen. Das Auditieren eines ARK-Bruchs ist ein spezielles Verfahren und wird bis zur schwebenden Nadel durchgeführt.

Auditing: Ein von L. Ron Hubbard entwickeltes Verfahren. Ein Auditor und eine Person sitzen sich in einem ruhigen, störungsfreien Raum gegenüber. Zwischen beiden befindet sich das -> E-Meter. Die zu auditierende Person, Pre-CLEAR genannt oder abgekürzt PC, hält in jeder Hand eine Elektrode, die mit dem E-Meter verbunden ist.

Das Auditing-Verfahren verläuft so, dass der Auditor dem PC eine Frage stellt, die dieser verstehen und beantworten kann. Der PC beantwortet die Frage und wird vom Auditor für die Antwort bestätigt. Auditing, soll nach der Theorie von LRH dem PC dabei helfen, ausgesuchte Teile seines Verstandes nach Wichtigkeiten und Unwichtigkeiten zu sortieren, und ihm zu entscheidenden Erkenntnissen verhelfen. Letztendlich soll das Auditing einen PC dahin führen, dass er den Zustand -> CLEAR erreicht.

Beim Auditing unterscheidet man zwischen -> subjektiven Prozessen, die sich direkt an den Verstand des Menschen wenden, und -> objektiven Prozessen, die sich mit Gegenständen und der Umgebung des PC befassen.

Auditor: Eine in Scientology-Auditing- und Dianetik-Prozessen ausgebildete Person, die in der Lage ist, das oben beschriebene -> Auditing zu liefern und den PC zu höheren Bewusstseinsstufen zu führen. Die Fragen, die der Auditor dem PC stellt, sind von LRH vorgegeben und dürfen vom Auditor nicht variiert werden. Auditoren, die von dieser vorgegebenen Route abweichen, werden in der Organisation der „Out-Tech" beschuldigt und als „Squirrels" diffamiert.

Man unterscheidet in Scientology zwischen Auditoren der Klassen 0 bis 4; die Klassifizierung bezeichnet jeweils den Ausbildungsstand und entspricht in der Ziffer immer dem jeweiligen -> Grad. Dianetik-Auditoren sind ausgebildet, Dianetik-Auditing zu liefern; das ist die letzte Stufe auf der unteren Gradkarte vor -> CLEAR.

Board of Directors: Das nach LRH höchste Gremium im Topmanagement der Church of Scientology, vergleichbar mit dem Vorstand einer Kapitalgesellschaft. Anordnungen des Board of Directors haben höchste Priorität in Scientology und konnten zu Lebzeiten von LRH nur von direkten Anweisungen LRHs außer Kraft gesetzt werden, was des öfteren passierte. Wenn sich bei der „Machtübernahme" durch David Miscavige dieses Gremium als etwas resistenter erwiesen hätte, hätte der Coup so nicht stattfinden können.

Brücke: Symbolbezeichnung für den ganzen Weg, den ein PC von seinem Eintritt in Scientology bis zum Erreichen von -> CLEAR zurücklegt. Die Brücke ist unterteilt in die Auditing-Seite und die Ausbildungs- oder Trainingsseite. Jede Stufe auf der Brücke hat ihr entsprechendes Gegenstück auf der Trainingsseite, zum Beispiel entsprach Grad 2 auf der Auditing-Seite der Klasse 2 auf der Trainingsseite. Mit der Entwicklung der -> OT-Stufen unterteilte man die Brücke einfach in die untere und die obere Brücke. Die Gesamtbrücke wird in Scientology auch „Bridge to Total Freedom", „Brücke zur totalen Freiheit", genannt.

Bulletins: Von LRH persönlich herausgegebene Schriften, die sich mit -> Auditing oder Training befassen, sozusagen technische Richtlinien über die Durchführung von Auditing oder Training. Bulletins, in der in Scientology üblichen Abkürzung auch HCOBs genannt, waren immer in roter Schrift auf weißem Papier gedruckt und hatten Priorität vor technischen Richtlinien, die von untergeordneten Stellen des Managements herausgebracht wurden. Wenn sich zwei dieser Richtlinien widersprachen, galt immer die von LRH geschriebene. Im Laufe der Jahre nahmen die existierenden Bulletins einen solchen Umfang an, dass sie, nach Jahren geordnet, in rote Bücher gebunden herauskamen. Für einen angehenden -> Auditor war der Erwerb dieser Bulletinsammlung obligatorisch.

CLEAR: Eine Person, frei von Ängsten und Verdrängungen, die selbstbestimmt ist, oder auch jemand, der mit Hilfe von -> Auditing den reaktiven Inhalt seines Verstandes aufgelöst hat; alle -> Engramme im reaktiven Verstand sind ausgelöscht, nicht mehr vorhanden. Ein CLEAR ist jemand, der Ursache ist über Materie, Energie, Raum und Zeit. In ganz wenigen Fällen gibt es nach Meinung von LRH auch den „Natural CLEAR", den „natürlichen CLEAR", jemand, der schon immer clear war. Es gibt noch ein ganzes Dutzend weiterer Definitionen eines CLEAR, alle beschreiben eine Wunschvorstellung, des „Übermenschen", sozusagen den Prototypen einer künftigen Menschheit.

Dynamik: LRH hatte das Leben in acht Dynamiken unterteilt, eine Dynamik soll die Triebkraft oder den Impuls in Richtung auf das Überleben symbolisieren.
Die erste Dynamik ist der Impuls zum Überleben als Individuum.
Die zweite Dynamik ist der Impuls oder die Triebkraft als eine sexuelle oder bisexuelle Einheit. Die zweite Dynamik ist auch die Sexdynamik, zu ihr gehört die Familie, die Fortpflanzung und das Aufziehen von Kindern.
Die dritte Dynamik ist die Gruppendynamik, der Impuls, als Gruppe zu überleben. Der Verein, die Firma, die Armee und jede Art von Gruppierung ist Teil der dritten Dynamik.
Die vierte Dynamik umschließt die gesamte Menschheit.
Die fünfte Dynamik ist die Naturdynamik, alle Tiere und Pflanzen sind Teil der fünften Dynamik.
Die sechste Dynamik ist der Impuls zum Überleben des materiellen Universums. Alles Physikalische ist Teil der sechsten Dynamik.
Die siebte Dynamik ist der Impuls zum Überleben aller geistigen Wesen.
Die achte Dynamik ist der Impuls zum Überleben als Unendlichkeit, auch die Gottdynamik genannt oder was immer sich der Einzelne unter Gott vorstellen mag.

E-Meter: Ein elektronisches Gerät, mit dem der PC während einer Auditiersitzung verbunden ist. Er hält dabei zwei Elektroden, in der Regel zwei Konservendosen, in Händen. Das Gerät misst über den Hautwiderstand geistige Spannung und zeigt diese in ihrer Intensität auf einer Skala an. Der -> Auditor stellt in der Sitzung dem PC eine Frage und beobachtet dabei das E-Meter, um festzustellen, ob diese Frage „geladen" ist und auditiert werden muss. Dieses Gerät ist völlig unbestechlich und präzise.

Engramm: Ein Begriff aus der Dianetik. Ein Engramm ist die Aufzeichnung eines Geschehnisses, das mit Schmerz, Verletzung und Bewusstlosigkeit verbunden ist. Nach der dianetischen Theorie zeichnet der reaktive Verstand, also der unbewusste Teil des Verstandes, während eines solches Geschehnisses alte Geräusche, Worte und andere Sinneswahrnehmungen auf, die während der Bewusstlosigkeit auf den PC einwirken. Eine spätere Ähnlichkeit im Wortlaut oder eine ähnliche spätere Sinneswahrnehmung kann beim PC eine Restimulation der alten Verletzung hervorrufen mit den gleichen Schmerzen wie im Engramm-Geschehnis.

Ethik: LRH hat zu diesem Begriff eine eigene Technologie entwickelt. Der ursprüngliche Sinn von „Ethik" war der, die Technologie von Auditing und Training möglich zu machen. Jede Störung dieses ursprünglichen Ziels verursacht automatisch das Eingreifen des Ethikoffiziers. Jeder Mitarbeiter, der sich etwas zu schulden hat kommen lassen, landet beim Ethikoffizier, der dann anhand der Ethikzustände mit dem Delinquenten die Bestrafung ausarbeitet. Die Zustände sind auf einer Skala angeordnet und heißen: 1. Verwirrung (Confusion), 2. Verrat (Treason), 3. Feind (Enemy), 4. Zweifel (Doubt), 5. Haftbarkeit (Liability), 6. Gefahr (Danger), 7. Nichtexistenz (Non-Existence), 8. Notlage (Emergency), 9. Normal (Normal), 10. Wohlstand (Affluence) und 11. Macht (Power). Nach dieser Ethik-Zustandstabelle wird in jeder Scientology-Organisation gearbeitet. In irgendeinem der oben bezeichneten Zustände befindet man sich immer. Innerhalb der -> Sea-Org werden die Ethikmassnahmen besonders hart praktiziert, wenn man sich in den Zuständen 1 bis 5 befindet.

Exterior: Ein Zustand, in dem man sich mit oder ohne volle Wahrnehmung außerhalb seines Körpers befindet, diesen aber immer noch lenkt und kontrolliert. Es gibt im -> Auditing spezielle Prozesse, die diesen Zustand herbeiführen sollen. Dieser Zustand führte bei LRH dazu, die Existenz eines Thetans anzunehmen; auf dieser Annahme beruhen die gesamten -> OT-Stufen.

Fallüberwacher (Case Supervisor oder kurz C/S genannt):
Person in einer Scientology-Organisation, die speziell dazu ausgebildet wurde, die Arbeit der Auditoren zu überwachen und die Programme zu genehmigen. Die PC-Akte wandert nach jeder Sitzung zum Fallüberwacher, der sich dann den gesamten Verlauf der Sitzung anschaut und auf Fehler überprüft. Stößt er auf Fehler, ordnet er an, dass der Auditor zwecks Korrektur beim Cramming-Offizier erscheint. Der Auditor ist für die Dauer der angeordneten Aktion vom Auditieren suspendiert. Außerdem kontrolliert der Fallüberwacher die Ausbildung neuer Auditoren.

Fluss: Im Dianetik- und Scientology-Auditing benutztes System. Man unterscheidet vier verschiedene Flüsse. Fluss 1: Etwas geschieht einem selbst. Fluss 2: Einem anderen etwas tun. Fluss 3: Andere tun anderen etwas, und Fluss 0: Man tut sich selbst etwas. Auf der -> Gradkarte und beim Diatietik-Auditing werden fast alle Prozesse am -> E-Meter auf diesen vier Flüssen „gelaufen", wenn sich am E-Meter Ladung manifestiert.

Grad: Man unterscheidet fünf verschiedene Grade in Scientology, von denen jeder ein ganz bestimmtes Endphänomen aufweist. Die Grade sollen bestimmte Fähigkeiten beim PC herstellen oder bereits vorhandene verstärken. Grad 0 hat als gewünschtes Endphänomen die Fähigkeit zum Inhalt, mit jedem über alles reden zu können. Grad 1 soll die Fähigkeit vermitteln, die Ursache von Problemen zu erkennen und Lösungen für diese Probleme zu finden. Grad 2 hat als Endphänomen die Freiheit von den Feindseligkeiten des Lebens zum Ziel. LRH ging davon aus, dass die Feindseligkeiten des Lebens daraus resultieren, dass Menschen schädliche Handlungen begehen und diese Handlungen vor ihren Mitmenschen verbergen.

Grad 3 soll die Fähigkeit vermitteln, Veränderungen erleben zu können, ohne darüber in Verstimmung zu geraten. Grad 4 räumt mit dem Mechanismus auf, sich für sein Tun rechtfertigen zu müssen. Grad 4 behandelt darüber hinaus das zwanghafte Verhalten vieler Menschen, immer Recht zu haben, was darauf hinausläuft, dass alle anderen unrecht haben. Die zwanghaften Anstrengungen vieler Menschen, andere zu dominieren, werden auch auf diesem Grad „geheilt", immer nach der Wunschvorstellung von LRH. Dass diese Theorie nicht stimmen kann, wurde mir klar, als ich das wüste Treiben der Finanzpolizei und der Clique um Miscavige erlebte. Auch die Entwicklung der 1981 entstandenen freien Zone unabhängiger Scientologen in Richtung auf Dominierung und ihre Machtgelüste sprechen eher gegen die Theorie von Grad 4.

Gradkarte: In jeder Scientology-Organisation benutzte zweigeteilte Karte, die systematisch angeordnet die gesamte Brücke von Life repair bis -> CLEAR und weiter bis -> OT 8 veranschaulicht. Auf der rechten Seite der Gradkarte, also im zweiten Teil, wird entsprechend der dazu passende Trainingsschritt erklärt.

Guardian Office: kurz GO genannt: Abteilung in einer Scientology-Organisation, die ursprünglich dazu diente, Scientology und die gesamte Theorie von Training und -> Auditing vor eventuellen Angriffen von „Feinden" der Scientology zu schützen. Im Laufe der Zeit entwickelte sich das GO immer mehr in Richtung eines x-beliebigen Geheimdienstes mit offensivem Charakter. Verdeckte Operationen, das Einschleusen von Agenten beim „Feind", selbst ganz profane Erpressung waren tägliche Routine dieses sekteneigenen Geheimdienstes.
Bei den sekteninternen Machtkämpfen 1981 zerschlagen, erlebte das GO unter dem neuen Namen OSA (Office for Special Affairs) eine Wiedergeburt.

Havingness: Aus dem englischen to have = haben abgeleitetes Scientology-Kunstwort. Das Gefühl, zu haben oder zu besitzen, wäre eine gute Definition dafür. Die höchste Form von Havingness wäre es, haben zu können und nicht zu haben. Um Havingness beim PC zu entwickeln oder ein bereits vorhandenes zu verstärken, hat LRH eine ganze Reihe von Havingness-Prozessen entwickelt.

In Session: „in der Sitzung": Am eigenen Fall interessiert und bereit, zum -> Auditor zu reden. Wenn eine dieser beiden Komponenten nicht erfüllt ist, ist Auditing nicht möglich und müssen erst die -> Rudimente gelaufen werden, um die Bereitschaft zu reden wiederherzustellen.

Intensiv: -> Auditing wird in Intensiven verkauft und nicht in einzelnen Stunden. Ein Intensiv besteht aus zwölfeinhalb Stunden.

Ladung: Schädliche Energie oder Masse, die im reaktiven Verstand abgelagert ist und beim Ansprechen durch den -> Auditor am -> E-Meter eine Anzeige hervorruft. Nach der Theorie von LRH müsste, wenn alle Ladung aus dem reaktiven Verstand mit Hilfe von Auditing entfernt ist, jemand -> CLEAR sein.

Listung und Nulling oder kurz L u N genannt: Ein auf Grad 4 oder dem -> PTS-Rundown benutztes Auditing-Verfahren, um herauszufinden, welche Sache von einer Liste die meiste -> Ladung hervorruft. L u N ist ein sehr wirksames und effektives -> Auditing, bedarf aber eines besonderen Geschicks und einer intensiven Ausbildung des -> Auditors.

Mind oder Verstand: Man unterscheidet in Scientology zwischen dem analytischen und dem reaktiven Teil des Verstands. -> Auditing richtet sich hauptsächlich an den reaktiven Teil des Verstandes, das ist der Teil, der nicht bewusst ist und auf einem simplen A=A=A-System funktioniert. Nach der dianetischen Theorie sind im reaktiven Verstand alle -> Engramme, Secondaries und Locks gespeichert. Wenn der reaktive Verstand von allen -> Ladungen befreit ist, ist jemand -> CLEAR, so sagte er, der „große Meister".

Mission: Eine meist kleine, unabhängige, privat geführte Liefereinheit in Scientology. Die Berechtigung zum Liefern von Training und -> Auditing ist beschränkt. Zehn Prozent ihrer Einnahmen müssen diese Missionen an die „Mutterkirche" abführen. Sie sind zusammengeschlossen im „Mission Network World Wide" mit Sitz in East-Grindstead in England.
Die Plünderung der Reservekonten der privaten Missionen hat viele der Missionen in den Ruin getrieben. Deutschland hatte in den siebziger Jahren ein paar sehr große Missionen, etwa in Stuttgart, wo der -> Mission Holder Andreas Ostertag die weltgrößte Mission unterhielt, die zeitweise größer war als die Münchener Organisation.

Mission-Holder: Der Betreiber einer Scientology-Mission.

NED = New Era Dianetic = Dianetik, der neuen Ära: Etwa 1978 herausgegeben, löste NED das bis dahin bestehende Dianetik-Verfahren ab. Das alte Verfahren nannte man Standard-Dianetik. NED war nötig geworden, weil es LRH auch nach dreißig Jahren Dianetic-Auditing nicht gelungen war, die im Dianetik-Buch klar beschriebenen Ergebnisse zu liefern und seine Versprechungen einzuhalten.

Der wesentliche Unterschied von NED zu Standard-Dianetik liegt darin, dass der PC in NED am Beginn einer -> Engrammkette nach dem -> Postulat gefragt wird, das er gemacht haben soll. Dieses Postulat war nach Meinung von LRH hauptsächlich dafür verantwortlich, die Engrammkette in Restimulation zu halten.

NOTs = NED für OTs: Als sich nach dreißig Jahren herausstellte, dass trotz Hunderter Stunden von Dianetik-Auditing die PCs immer noch mit ihren „Somatiken" herumliefen, kam LRH auf die Idee, das müsse etwas mit den -> OTs zu tun haben. Diese unfreiwilligen Gäste in uns und an uns, die BTs und Clusters, verursachen bei PCs die Somatiken und deshalb gehören sie auditiert. So kam es, dass -> CLEARs und OT 3, die ihren Dianetik-Fall längst hinter sich glaubten, plötzlich auf OT 5 wieder mit Dianetik-Auditing konfrontiert wurden. Alle Drogen, alle Alkoholsorten und alle Medikamente von ihrer alten Drogenliste wurden nun auf OT 5 wieder hervorgekramt, und mit NOTS-Auditing ging man den Somatiken zu Leibe. NOTs ist die Stufe, auf der selbst hartgesottene Altscientologen das Handtuch schmeißen, weil sie zu Recht befürchten, auf dieser Stufe könne man die nächsten hundert Jahre zubringen.

Objektive Prozesse: -> Auditing-Prozesse, die sich mit Objekten im Raum und in der Umgebung beschäftigen. Sie sollen den PC zu einer besseren Kontrolle seiner Umgebung und zu einer besseren Kommunikation mit dem physikalischen Universum verhelfen.

Org: Abkürzung für eine Scientology-Organisation. Scientologen sprechen immer nur von Orgs.

OT: Abkürzung für einen Operating-Thetan = einen operierenden Thetan. Jemanden, der die OT-Stufen durchlaufen und abgeschlossen hat. Laut Scientolgy-Definition ein Wesen, das völlig Ursache ist über Materie, Energie, Raum und Zeit. Dieser Übermensch soll frei sein von jeglicher Art von Fremdbestimmung, ein OT soll nach dieser Definition allbestimmend sein. Wenn dieser „Übermensch" wirklich möglich wäre, dann hätten wir ihn, den „Homo Novis".

Policy Letter: abgekürzt HCOPL genannt: Von LRH persönlich geschriebene Verwaltungsrichtlinien, die immer in grüner Farbe auf weißem Papier gedruckt waren. ECOPLs hatten immer Priorität vor allen anderen Richtlinien des höheren Managements. Sie waren geordnet nach den einzelnen Divisionen der Organisation und in sieben Bänden gesammelt. Mitarbeiter, die gut mit diesen Policies vertraut waren, hatten gegenüber weniger gut Trainierten immer große Vorteile in Auseinandersetzungen. Wenn man sich in Scientology auf Policies berufen konnte, konnte man nie etwas verkehrt machen.

Postulat: Dieser Begriff spielt in Scientology eine herausragende Rolle. Ein Postulat ist ein Entschluss, eine Entscheidung, die jemand im Hinblick auf die Zukunft aufstellt. In Scientology geht man davon aus, dass Postulate eine große geistige Kraft freisetzen, die dafür sorgt, dass aus Postulaten Realitäten werden. Ein gern benutztes Argument von -> Registraren, wenn der PC absolut kein Geld mehr auftreiben kann, ist das Anzweifeln seiner Postulate oder die Behauptung, es existierten Gegenpostulate. Daraus werden dann schnell Gegenabsichten formuliert, und der arme PC ist in diesem Falle ein Delinquent, reif für den Ethikoffizier.

Problem: Ein Problem ist in Scientology definiert als eine Absicht gegen eine andere, eine Idee gegen eine andere, ein -> Postulat gegen ein anderes. Die beiden Gegenpole sollten von vergleichbarer Größenordnung sein. Wo diese beiden Gegenpole aufeinanderprallen, hat man ein Problem. Die Frage nach einem gegenwärtigen Problem ist die zweite -> Rudimentfrage.

Prozess: Ein von LRH genau festgelegtes -> Auditierverfahren. Der -> Auditor ist gehalten, am Sinn und Inhalt von Auditing-Prozessen nichts zu ändern. Täte er es doch, würde er zu einem „Squirrel", jemandem, der die Technologie verändert, und damit würde er automatisch zum Feind. Alle Angehörigen der „freien Zone der unabhängigen Scientologen" werden von der Mutterkirche als „Squirrels" angesehen.

PTS, Abkürzung für Potential Trouble Source = möglicher Ärgernisverursacher:

Das Schlimmste, was einem in Scientology zustoßen kann, ist die Etikettierung als PTS. Nach der Vorstellung von LRH ist so eine Person mit einem Unterdrücker in Verbindung und deshalb nicht in der Lage, im -> Auditing Gewinne zu haben oder diese festzuhalten. Es läuft immer darauf hinaus, dass die PTS-Person sich von ihrem Unterdrücker trennen muss.

Häufig wird ein Familienmitglied als Unterdrücker lokalisiert, was dazu führt, dass PCs den Kontakt zu ihrer Familie abbrechen. Es genügt schon, dass ein Familienmitglied nicht damit einverstanden ist, dass der PC Scientology betreibt. Dieses „Dagegensein" stempelt das Familienmitglied automatisch zum Unterdrücker.

Mit dem Makel, PTS zu sein, kann man in einer Organisation keinerlei Posten bekleiden und sitzt deshalb bald auf der Straße.

Registrar: Person in einer Scientology-Organisation die den Leuten das Geld aus der Tasche zaubert. Die erfolgreichsten Registrare, meist Frauen, sind in ihrem Job so gut, dass sie auch in der freien Wirtschaft in ähnlichen Positionen erfolgreich wären. Registrare sind darauf spezialisiert, den -> Ruinpunkt einer Person zu finden und auf diesem Punkt gnadenlos bis zum Scheck rumzuhacken.

Reservekonto: Eine in einem Policy-Brief von LRH vorgeschriebene Verfahrensweise zwingt jede -> Org und jede -> Mission, wöchentlich zehn Prozent der Einnahmen auf ein spezielles Konto zu überweisen, das der Organisation nur im äußersten Notfall zur Verfügung steht. Im Laufe der Jahre waren auf diesen Konten enorme Beträge angewachsen. Im Jahre 1981 plünderten David Miscavige und die Finanzpolizei weltweit diese Konten.

Rudimente: Die Vorbedingungen, die erfüllt sein müssen, um einen PC zu auditieren. Zu den Rudimenten gehören -> ARK-Brüche, gegenwärtige -> Probleme und verfehlte -> Witholds. Ist ein PC offensichtlich nicht an seinem Fall interessiert oder nicht bereit, zum -> Auditor zu reden, werden die Rudimente „gelaufen" bis zur schwebenden Nadel und den guten Indikatoren beim PC.

Ruinpunkt: Der Punkt im Leben einer Person, die ihr am meisten zu schaffen macht. Der Punkt, den ein -> Registrar unbedingt finden muss, um beim PC Erfolg zu haben in dem Bemühen, ihm möglichst viel Geld abzuknöpfen.

Sea-Org oder See-Organisation: Ein Eliteorden innerhalb der Scientology-Organisation. Sea-Org-Mitglieder sind an ihren Marineuniformen und den Marinedienstgraden zu erkennen. Sie haben alle einen Vertrag unterschrieben, der sie für die nächsten Milliarden Jahre an Scientology bindet – eine zu allem entschlossene Truppe, dem heutigen Leiter, David Miscavige, blind ergeben. Wenn es jemals zu der von den Scientologen herbeigesehnten Machtübernahme (CLEAR Planet) kommen sollte, können Sie gewiss sein, dass der Sea Org dabei eine Schlüsselrolle zufällt.

Subjektive Prozesse: Das Gegenteil zu den -> objektiven Prozessen, also Auditing-Prozesse, die an das Innenleben eines PCs gerichtet sind. Der -> Auditor stellt dem PC eine Frage, die dieser verstehen und beantworten kann, der PC schaut in seinen Mind (Verstand), findet dort eine Antwort auf die Frage und beantwortet sie. Nach der Theorie von LRH soll diese Methode dazu führen, dass der PC durch das Trennen von Wichtigkeiten und Unwichtigkeiten zu einer höheren Bewusstseinsstufe und letztendlich zum -> CLEAR und -> OT wird.

Unterdrücker, kurz SP genannt, SP = Suppressive Person:

Nach Meinung von LRH weisen etwa zwei Prozent der Menschen die Merkmale eines Unterdrückers auf. Selbstverständlich sind nach Meinung von LRH alle Psychiater, alle Psychologen und Analytiker, fast alle Journalisten und Herausgeber von Zeitungen und Zeitschriften, einfach alle Menschen, die mit Scientology nicht einverstanden sind, Unterdrücker. So einfach ist das Weltbild von Scientology. Selbstverständlich gehöre ich jetzt auch diesem erlauchten Kreis an und bin abgelegt in der Kartei mit dem bezeichnenden Namen „Death File".

In einem Policy-Brief über die antisoziale Persönlichkeit beschreibt LRH in einer Checkliste mit zehn Punkten, woran man einen Unterdrücker erkennen kann: Das ist jemand, der in Verallgemeinerungen redet, oder jemand, der angefangene Handlungen nicht abschließen kann, oder auch jemand, der gerne schlechte Nachrichten verbreitet. All diese Attribute sind notwendig, um in den erlauchten Kreis dieser aufgenommen zu werden. Das ganze Elend dieser Welt existiert nur, weil es diese „bösen Unterdrücker" gibt.

Withold: Wenn jemand eine schädliche Handlung (overt) begeht, so hat er verständlicherweise die Bestrebung, dass sie nicht bekannt wird. Er hält sie vor anderen zurück. Diesen Vorgang nennt man in Scientology einen Withold (Schreibung laut LRH; aus dem Englischen: to withhold something = etwas zurückhalten).

Withold, missed: Der verfehlte Withold. Im Auditing fragt man in der Regel nach diesen verfehlten Witholds. Das ist ein Withold, der von einer anderen Person beinahe herausgefunden wurde; die teuflische Wirkung ergibt sich dadurch, dass die Person mit dem Withold in der Folgezeit pausenlos mit der Frage beschäftigt ist: Weiß oder ahnt der andere etwas oder nicht?

8.5 Bemerkungen des Autors zu diesem Buch

Etwa zwanzig Jahre nach dem Tod des Gründers von Scientology, L. Ron Hubbard, ist dieser weltweite Psychokonzern in rund einhundert Ländern tätig. Der Besitz dieses weltweiten Wirtschaftsunternehmens wird auf ca. 100 Mrd. Dollar geschätzt. Es gibt weltweit acht Mio. Sympathisanten. Die Methoden sind rücksichtsloser geworden. Für den normalen Bürger sind sie erst erkennbar, wenn es zu spät ist. Das Individuum wird mehr denn je verachtet. Die Methoden der Anwerbung haben sich zwar etwas verfeinert, die Ausbeutung der Mitglieder und „Opfer" ist nahezu gleich geblieben. Die weltweite Zielsetzung ist aggressiver denn je, wird aber viel mehr getarnt angewandt.

Schon 1980 hatte Scientology mit seinem Gründer gebrochen. L. Ron Hubbard musste einer neuen, radikaleren Generation Platz machen und verlor Anfang der 80er Jahre vor seinem Tod die Kontrolle über sein Imperium. Seine Nachfolger verschrieben sich verstärkt dem Ziel der Weltherrschaft und der Schaffung einer neuen Kultur mit einer eigenen Wirtschaftskraft, Psychologie, Geschichtsschreibung und sogar mit einem eigenen Gesundheitssystem. Eine eigene Sprache mit Worten, deren Inhalte häufig anders definiert werden, gehört wie selbstverständlich dazu. Operatives Ziel ist es zunächst, heimlich wirtschaftliche Macht zu gewinnen und Mitglieder an entscheidenden Stellen von Wirtschaft und Politik zu platzieren. Das Individuum in seiner Menschenwürde und Integrität spielt dabei überhaupt keine Rolle.

Vor den brutalen, menschenverachtenden Vorgehensweisen dieses weltweiten Wirtschaftsunternehmens kann nicht häufig genug gewarnt werden. Offen haben dies in den letzten Jahrzehnten auch Bundesregierung, Landesregierungen, Verfassungsschutzämter der Bundesländer sowie viele Großstädte und Landratsämter getan. Weltweit hat Scientology in den letzten 35 Jahren etwa 500 Zivil- und Strafprozesse verursacht, die außer bei der gemeinnützigen Aktion Bildungsinformation e. V. nirgends komprimiert zusammengefasst sind. Die meisten dieser Zivilprozesse in den USA, Canada, Südafrika, Australien, Neuseeland, Spanien, Frankreich, Großbritannien, Niederlande, Dänemark, Österreich, Schweiz, Italien, Griechenland und Deutschland hat Scientology verloren. Die verfassungsfeindlichen Ziele, die allerdings in einigen wenigen Ländern nicht erkannt wurden, sind eine Gefahr für die jeweilige Gesellschaft und für die demokratische Grundordnung. Dies ändert auch nichts an der Tatsache, dass Scientology in einem der genannten Länder als Religion anerkannt wurde. Die Bekämpfung von Scientology ist eine gesellschaftliche Notwendigkeit und das Verbot dieser totalitären Organisation in Deutschland längst überfällig. Dies wird auch durch die bereits genannten Zivil- und Strafurteile gegen die Praktiken von einzelnen Scientologen und Scientologygliederungen untermauert.

Es ist ein Erfolg der ABI e. V., dass in den letzten 30 Jahren vor Erscheinen dieses Buches, mit unwesentlichen Ausnahmen, keinerlei Unterlassungs- und Widerrufsansprüche von der Gegenseite durchgesetzt wurden.

Der Autor trägt mit diesem Buch seine Erfahrungen und Informationen zusammen, die helfen sollen, Annäherungsversuche von Scientology abzuwehren und auch Hilfe von anderen kompetenten Stellen zu finden. Ein Quellenverzeichnis hinter jedem Kapitel und ein umfangreiches Literaturverzeichnis ermöglichen dieses zusätzlich zu den aufgeführten Beraberadressen. Der Autor, der seit 38 Jahren als Vorstandsvorsitzender der ABI tätig ist, hat eines der größten Archive gegen Scientology in Europa genutzt.

Die Arbeit wird unter anderem mit einer Abwehrdatei mit ca. 160.000 Datensätzen von einzelnen Scientologen und auch mit einer Bundesfirmenliste mit 700 Firmen unterstützt, die alle Verbindungen zur Scientology-Organisation haben.

Die Brisanz der Auseinandersetzung in den letzten Jahrzehnten zeigt ein Urteil gegen den Scientology-Gründer L. Ron Hubbard vom 15. Februar 1978, das in der Tageszeitung L'Aurore wie folgt zitiert wird:

> „Ein Prophet (Hubbard) wurde verboten ... Von all den Magiern, Phantasten und Manipulatoren der Psychoorganisationen ist der große Meister der Scientology-Organisation sicherlich der brillianteste und der blühendste. Den berühmten Moon schlägt er auf dessen eigenen Gebiet. Er, der wie ein lebendiger Gott verehrt wird, hat ein religiöses System erfunden, das die Tüchigkeit der Amerikaner, die Psychoanalyse und einen Geist des totalen Gehorsams in sich vereint und dass sich insbesondere dort auswirkt, wo die Scientology ihre Hochburgen erbaut hat: in England, wo sich die „Mutterkirche" befindet, in Dänemark, wo sich die Druckereizentren befinden und in den Vereinigten Staaten, wo die Bundeskriminalpolizei FBI bereits Durchsuchungen der „Tempel" von Scientology unternommen hat".

Auch wenn der Autor sich bemüht hat, das erschreckende Phänomen von allen Seiten zu beleuchten, bleibt es nicht aus, dass der eine oder andere Aspekt zu kurz kommt. Der Autor hat sich als ehrenamtlicher Vorstandsvorsitzender der gemeinnützigen ABI bemüht, Abwehrstrategien gegen diesen Weltkonzern zu entwickeln, die besonders Wirtschaft, Handel, Handwerk, Dienstleistungsbereichen und dem Mittelstand helfen. Eine Abwehrstrategie besteht darin, dass merkwürdige Personen im Hinblick auf ihre Mitgliedschaft bei Scientology, ihre Zahlungen an die Kriegskasse (IAS) und ihre Schulungstätigkeit überprüft werden. Dabei unterstützt die Rechtsabteilung der ABI – Frau Dr. Helga Lerchenmüller als Leiterin und Herr Olaf von Elm – den Autor hervorragend. Frau Dr. Helga Lerchenmüller hat zudem als Juristin erheblich zum Erfolg der Prozesse gegen die SO und UPS beigetragen.

Der Autor dankt allen Einrichtungen und Personen, die ihn außerhalb der ABI tatkräftig unterstützt haben. Ebenso gilt der Dank den Landesregierungen von Baden-Württemberg und des Freistaates Bayern für ihre eindeutigen politischen Positionen zu diesem Thema. Auch den Mitgliedern, dem Vorstand, dem geschäftsführenden Vorstandsmitglied und den Mitarbeitern der ABI sei an dieser Stelle ein sehr herzlicher Dank ausgesprochen. Ganz besonderer Dank gilt den Mitgliedern Herrn Steinle (Gründer der ABI) und Herrn Sean Lorenz (Pressesprecher der ABI und Journalist) wegen ihres Engagements während der Prozesse des Logistikkonzerns UPS gegen die ABI. Herr Sean Lorenz hat mit seinen Recherchen erheblich zum Erfolg der Prozesse gegen die Scientology-Organisation (SO) und gegen United Parcel Service (UPS) beigetragen. Das besondere Lob gilt auch dem ABI-Mitglied Waldemar Herzog (Video-Journalist) für seine Aufnahmen. In den herzlichen Dank einbezogen werden auch die Anwälte für ihre kompetenten Leistungen und Frau Kristina Berger, Vorstandssekretärin, für ihre wertvolle Mitarbeit.

Eine weitere Würdigung gilt auch dem Bundesverband der Verbraucherzentralen und Verbraucherverbände e. V., Berlin (Verbraucherzentrale Bundesverband e. V.). Dieser hat die Aufklärungsarbeit der ABI gegen bedenkliche Praktiken von sog. Sekten und Psychogruppen sehr gut unterstützt.

Eberhard Kleinmann
Stuttgart, im Juli 2004

A B I I N F O

Aktion Bildungsinformation e.V., Alte Poststr. 5, 70173 Stuttgart, Tel.: 0711/2270074 und 0711/22021643, Fax: 0711/22021640, e-mail:
h.lerchenmueller@abi-ev.de

29. April 2004   III / Dr.HL-se

Internetadressen:
Kritik an Scientology und anderen Sekten und Psychogruppen

http://www.verfassungsschutz.de/de/publikationen/verfassungsschutzbericht/vsbericht_2002/vsbericht_2
002.pdfssungsschutz.de/de/publikationen/verfassungsschutzbericht/vsbericht_2002/vsbericht_2002.pdf
Bundesamt für Verfassungsschutz - Bericht 2002

http://www.baden-wuerttemberg.de/verfassungsschutz/fset.php?uid=11
Landesamt für Verfassungsschutz Baden-Württemberg: Berichte über Scientology
http://www.baden-wuerttemberg.de/verfassungsschutz/fset.php?uid=165
Landesamt für Verfassungsschutz Baden-Württemberg: Verfassungsschutzbericht 2002 - Kapitel
Scientology
http://www.baden-wuerttemberg.de/verfassungsschutz/fset.php?uid=156
Landesamt für Verfassungsschutz Baden-Württemberg: Verfassungsschutzbericht 2001 - Kapitel
Scientology
http://www.baden-wuerttemberg.de/verfassungsschutz/fset.php?uid=120
Landesamt für Verfassungsschutz Baden-Württemberg: Verfassungsschutzbericht 2000 - Kapitel
Scientology
http://www.baden-wuerttemberg.de/verfassungsschutz/fset.php?uid=10
Landesamt für Verfassungsschutz Baden-Württemberg: Verfassungsschutzbericht 1999 - Kapitel
Scientology

http://fhh.hamburg.de/stadt/Aktuell/behoerden/inneres/landesamt-fuer-
verfassungsschutz/publikationen/pdf-bibliothek/scientology-org-2001-pdf,property=source.pdf
 Hamburg, Behörde für Inneres, Landesamt für Verfassungsschutz: Kapitel »Scientology-Organisation«
aus Verfassungsschutzbericht 2001
http://fhh.hamburg.de/stadt/Aktuell/behoerden/inneres/landesamt-fuer-
verfassungsschutz/publikationen/pdf-bibliothek/scientology-organisation-pdf,property=source.pdf
Hamburg. Behörde für Inneres, Landesamt für Verfassungsschutz: "Der Geheimdienst der Scientology-
Organisation"

http://www.im.nrw.de/sch/doks/vs/2000.pdf
Verfassungsschutzbericht 2000 NRW

http://fhh.hamburg.de/stadt/Aktuell/behoerden/inneres/arbeitsgruppe-
scientology/veroeffentlichungen/neue-gemeinschaften/endbericht-der-enquete-kommission-
pdf,property=source.pdf
Deutscher Bundestag, 13. Wahlperiode, Drucksache 13/10950 vom 9. 6. 1998:
Endbericht der Enquete-Kommission »sogenannte Sekten und Psychogruppen«:

http://www3.landtag-bw.de/WP13/Drucksachen/2000/13_2512_D.PDF
Landtag Baden-Württemberg, Drucksache 13/2512:
6. Bericht der "Interministeriellen Arbeitsgruppe für Fragen so genannter Sekten und Psychogruppen"

http://www3.landtag-bw.de/WP12/Drucksachen/5000/12_5841_D.PDF
Landtag Baden-Württemberg, Drucksache 12/5841:
5. Bericht der "Interministeriellen Arbeitsgruppe für Fragen so genannter Sekten und Psychogruppen"
http://www3.landtag-bw.de/WP12/Drucksachen/3000/12_3822_D.PDF
Landtag Baden-Württemberg, Drucksache 12/3822:
4. Bericht der "Interministeriellen Arbeitsgruppe für Fragen so genannter Sekten und Psychogruppen"
http://www3.landtag-bw.de/WP12/Drucksachen/1000/12_1411_D.PDF
Landtag Baden-Württemberg, Drucksache 12/1411:
3. Bericht der "Interministeriellen Arbeitsgruppe für Fragen so genannter Sekten und Psychogruppen"
http://www3.landtag-bw.de/WP13/Drucksachen/2000/13_2297_D.PDF
Landtag Baden-Württemberg, Drucksache 13/2297:
Verdeckte Öffentlichkeitsarbeit von Scientologen
http://www3.landtag-bw.de/WP13/Drucksachen/2000/13_2205_D.PDF
Landtag Baden-Württemberg, Drucksache 13/2205:
Scientology im Verfassungsschutzbericht 2002 - Konsequenzen
http://www3.landtag-bw.de/WP13/Drucksachen/0000/13_0618_D.PDF
Landtag Baden-Württemberg, Drucksache 13/618:
Ritalin und Aufmerksamkeitsdefizit/Hyperaktivitätsstörung (ADHS)
http://www3.landtag-bw.de/WP13/Drucksachen/0000/13_0216_D.PDF
Landtag Baden-Württemberg, Drucksache 13/216:
Auftreten und Verbreitung der Scientology-Organisation in BW

http://www.stmi.bayern.de/infothek/scientology/index.htm
Informationen der Bayerischen Staatsregierung über Scientology

http://www.bmfsfj.de/RedaktionBMFSFJ/Broschuerenstelle/Pdf-Anlagen/PRM-2969-Broschure--
Scientology.property=pdf.pdf
Bundesministerium für Familie, Senioren, Frauen und Jugend:
Die Scientology-Organisation - Gefahren, Ziele und Praktiken -

http://www.senbjs.berlin.de/familie/sog_sekten_psychogruppen/thema_sog_sekten.asp
Senatserwaltung für Bildung, Jugend und Sport, Berlin: Informationen zum Thema sog. Sekten und
Psychogruppen
http://www.senbjs.berlin.de/familie/sog_sekten_psychogruppen/risiken_und_nebenwirkungen/risiken_u
nd_nebenwirkungen_1.pdf
Senatserwaltung für Schule, Jugend und Sport, Berlin, Dezember 1997:
Risiken und Nebenwirkungen Informationen zu ausgewählten neuen religiösen und weltanschaulichen
Bewegungen und Psychoangeboten

http://fhh.hamburg.de/stadt/Aktuell/behoerden/inneres/arbeitsgruppe-
scientology/veroeffentlichungen/scientology-organisation/gehirnwaesche-pdf,property=source.pdf
Hamburg, Behörde für Inneres, Arbeitsgruppe Scientology und Landeszentrale für Politische Bildung:
Gehirnwäsche im "Rehabilitation Project Force" (RPF) der Scientology-Organisation

http://fhh.hamburg.de/stadt/Aktuell/behoerden/inneres/arbeitsgruppe-
scientology/veroeffentlichungen/scientology-organisation/irrgarten-der-illusionen-
pdf,property=source.pdf
Hamburg, Landeszentrale für Politische Bildung und Behörde für Inneres:
Christoph Minhoff, Martina Minhoff: Scientology Irrgarten der Illusionen

http://fhh.hamburg.de/stadt/Aktuell/behoerden/inneres/arbeitsgruppe-
scientology/veroeffentlichungen/neue-gemeinschaften/start.html
Hamburg, Behörde für Inneres, Arbeitsgruppe Scientology:
Informationen über neue religiöse und ideologische Gemeinschaften und Psychogruppen

http://www.abi-ev.de
ABI Aktion Bildungsinformation e.V.

http://www.AGPF.de/inhalt.htm
AGPF Aktion für Geistige und Psychische Freiheit Bundesverband Sekten- und Psychomarktberatung
e.V., Bonn

http://members.aol.com/bbsaktuell/
Bürger beobachten Sekten e.V.
"bbs ist eine Initiative von Bürgern der Region Main-Spessart/Main-Tauber, die angesichts der massiven
Zunahme von Sekten (geschätzt: 600 Sekten und Psychogruppen bundesweit!), alle Auswirkungen dieser
Organisationen aus kritischer Distanz beobachten wollen".
Schwerpunkt: Universelles Leben (UL).

www.kids-lev.de
KIDS e.V. Kinder in destruktiven Sekten

http://www.religio.de/index.html
Winfried Müller
Religio - das elektronische Informationssystem über Sekten, neue religiöse und ideologische
Gemeinschaften und Psychogruppen in Deutschland. Jena: Religio, 1994-2003

http://www.garloff.de/kurt/sekten/
Kurt Garloff: Sekten
http://www.garloff.de/kurt/sekten/scientology.html
Kurt Garloff: Scientology

http://sites.inka.de/sites/gromit/clambake/
Stefan Kleinert: Scientology (wird nicht mehr aktualisiert)

http://home.snafu.de/tilman/scientology_ger.html
Tilman Hausherr: Scientology (deutsch)

http://www.pewid.ch/SCI/SCIstart.html
Peter Widmer: Scientology

http://charlies-playhouse.ch/index.html
Charlies kritische Scientology-Seiten
»Dies ist die Website eines Menschen der mit 22 Jahren der Scientology beigetreten ist, eine
scientologische Karriere als Mitarbeiter und Dianetik-Auditor gemacht, und noch lange nach seinem
Weglaufen nicht gemerkt hat, was da mit ihm überhaupt geschah ...«.

http://www.infolink-net.de/links.htm
Selbsthilfegruppe AUSSTIEG. e.V. und Netzwerk ehemaliger Zeugen Jehovas

http://www.dike.de/SINUSsekteninfo/index.html
SINUS e.V.

http://www.sekten-info-essen.de/
Sekteninfo Essen e.V.

http://www.ekd.de/ezw/ezw_index.html
EZW Evangelische Zentralstelle für Weltanschauungsfragen
http://www.ekd.de/download/EZW_KI_Scientology.pdf
EZW Evangelische Zentralstelle für Weltanschauungsfragen: Scientology
http://www.ekd.de/ezw/publ/ezwtexte/texte.html
Übersicht über EZW-Texte

http://www.ekibb.com/seels/sekten/
Thomas Gandow, Beauftragter für Sekten- und Weltanschauungsfragen, Pfarramt für Sekten- und
Weltanschauungsfragen der Ev. Kirche in Berlin-Brandenburg.

http://www.michelrieth.de/
Pfarrei Michelrieth: Informationen über »Universelles Leben«

http://www.sekten-sachsen.de/ausstiegsprobleme.htm
Gerald Kluge, Beauftragter für Sekten und Weltanschauungsfragen im Bistum Dresden-Meißen: Sekten
in Sachsen

http://sektinfo.org/
GSK Gesellschaft gegen Kultgefahren, Wien

Kritische Sekteninformationen in englischer Sprache:

http://fhh.hamburg.de/stadt/Aktuell/behoerden/inneres/arbeitsgruppe-
scientology/veroeffentlichungen/scientology-organisation/brainwashing-pdf,property=source.pdf
Hamburg, Behörde für Inneres, Arbeitsgruppe Scientology und Landeszentrale Für Politische Bildung:
Brainwashing in Scientology's Rehabilitation Project Force (RPF)

http://home.snafu.de/tilman/
Tilman Hausherr

http://www.freedomofmind.com/
Steven Hassans Seiten: "Combatting Cult Mind Control"

http://www.factnet.org/
F.A.C.T.Net (Fight Against Coercive Tactics Network)

http://www.scientology-lies.com
http://www.truthaboutscientology.com/
Kristi Wachter (Scientology-Aussteigerin)

http://www.xenu.net/
Andreas Heldal-Lund: Scientology

http://www.rickross.com/
Rick Ross / The Ross Institute

http://armstrong.xenu.ca
Gerry Armstrong (Scientology-Aussteiger)

http://www.lermanet.com
Arnaldo Lerma (Scientology-Aussteiger)

http://www.ezlink.com/~perry/Co$
Perry Scott (Scientology-Aussteiger)

http://www.offlines.org
http://members.aol.com/clkates
Charlotte Kates

http://www.xs4all.nl/~johanw/CoS/index.html#background
Johan Wevers: Scientology ./. Internet

http://www.spaink.net/
Karin Spaink: Scientology u.a.

AKTION BILDUNGSINFORMATION e.V.   **Dr. Helga Lerchenmüller**

Kurzlebenslauf des Autors

Eberhard Kleinmann wurde 1942 in Dessau geboren, ist verheiratet und hat zwei Töchter. Nach dem Studium der Elektrotechnik in Stuttgart arbeitete er zunächst an der Uni Stuttgart und wechselte 1978 in die freie Wirtschaft als Vertriebsgruppenleiter eines Unternehmens der Energie- und Automatisierungstechnik, wo er auch über mehrere Perioden bis 2003 dem Betriebsrat angehörte. Im Herbst 2003 ging Eberhard Kleinmann in den Vorruhestand.

Im Verlauf seines ehrenamtlichen Werdegangs wurde ihm 1970 die Ermächtigung zur Rechtsberatung und Rechtsbesorgung auf dem Gebiet der Schuldverhältnisse erteilt.

Frühzeitig widmete sich Eberhard Kleinmann allen Fragen in Zusammenhang mit dem Verbraucherschutz und ist seit 38 Jahren Vorsitzender der Aktion Bildungsinformation e.V. (ABI). Diese Organisation konzentriert sich auf Verbraucherschutz und -aufklärung in Bildungsfragen und beobachtet kritisch – in Abgrenzung zur Stiftung

Foto: reinerpfisterer.de

Warentest – unter anderem Fernunterrichtsinstitute, Sprachreiseveranstalter, Buchgemeinschaften und so genannte Sekten und Psychogruppen, im Besonderen Scientology. So erklärt sich auch die Motivation des Autors zum Schreiben des vorliegenden Buches.

In einigen Hundert Prozessen hat die ABI erfolgreich die Interessen der Verbraucher vertreten. Ein ganz besonderer Erfolg bei der Aufklärung über so genannte Sekten und Psychogruppen war der gewonnene Prozess gegen den amerikanischen Logistikkonzern UPS wegen dessen dubioser Verbindung zum Psychokonzern Scientology. Die ABI ist Mitglied im Bundesverband der Verbraucherzentralen und Verbraucherverbände e.V. Berlin (Verbraucherzentrale Bundesverband e. V.).

Die politische Heimat von Eberhard Kleinmann ist die SPD. Neben einigen Funktionen innerhalb der Partei ist er über zwei Jahrzehnte im Landesvorstand der Arbeitsgemeinschaft für Arbeitnehmerfragen in der SPD Baden-Württemberg (AfA) tätig.